Klaus-D. Taujemann

Internationale Bibliothek
Band 126

P. Brandt / J. Schumacher
G. Schwarzrock / K. Sühl

KARRIEREN EINES AUSSENSEITERS

Leo Bauer zwischen
Kommunismus
und Sozialdemokratie
1912 bis 1972

Verlag J.H.W. Dietz Nachf.

ISBN 3-8012-1126-6

Copyright © 1983 by Verlag J.H.W. Dietz Nachf. GmbH
Berlin · Bonn
Godesberger Allee 143, D-5300 Bonn 2
Lektorat: Charles Schüddekopf
Schutzumschlag: Karl Debus, Bonn
Satz: Satzstudio Hülskötter, Burscheid-Dürscheid
Druck und Verarbeitung: Göttinger Druckerei und Verlags GmbH
Alle Rechte vorbehalten
Printed in Germany 1983

INHALT

Einleitung		7
I.	*Eine jüdische Kindheit*	13
	Die Familie	13
	Chemnitz	19
	Der Konflikt mit dem Vater	27
II.	*Eine Jugend in der organisierten Arbeiterbewegung*	33
	In der sozialistischen Jugendbewegung	33
	Von der SPD zur SAP	36
	Ein junger kommunistischer Kader	41
III.	*Exil in Frankreich*	51
	In der Fremde	51
	Der Übergang zur Volksfront-Politik	53
	Die KPD in Frankreich	56
	Flüchtlingsarbeit	64
	Prag 1938/39	68
	Von der Volksfront zum Hitler-Stalin-Pakt	78
	„Feindliche Ausländer"	82
IV.	*Exil in der Schweiz*	85
	Die Schweiz 1940: Anpassung oder Widerstand	85
	Politische Arbeit in Genf 1940—42	88
	Verbindungen zwischen Südfrankreich und der Schweiz	94
	Die Agentenstory	99
	Die Gründung der Bewegung „Freies Deutschland' in der Schweiz	108
	Die weitere Entwicklung des „Freien Deutschland"	116
V.	*In der hessischen Nachkriegspolitik*	123
	Rückkehr nach Deutschland	123
	Kommunisten unter Besatzungsherrschaft	129

	Das Scheitern der sozialistischen Einheit	135
	Die Hessische Verfassung	146
	Der Weg in die Isolation	155
VI.	*Im Netzwerk der letzten Großen Säuberung*	167
	Der unfreiwillige Neuanfang in Berlin	167
	Der Berliner Rundfunk	170
	Der „Deutschlandsender"	172
	Die DDR um 1950 aus Funktionärsperspektive	180
	Untersuchungshaft	192
	Das „Geständnis" und seine Folgen	201
	Das Arbeitslager Tajschet	204
VII.	*Ein Exkommunist in der Adenauer-Republik*	213
	Das Ende der Haft und die Rückkehr nach Westdeutschland	213
	„Ich war immer Sozialist"	219
	Beim „Stern"	227
VIII.	*Die zweite Karriere*	241
	„Die Neue Gesellschaft"	241
	Als Mitarbeiter der SPD-Führung für besondere Aufgaben	251
	Der politische Generationskonflikt	257
	Historische Voraussetzungen und Bedingungen des Dialogs der SPD mit der PCI	266
	Leo Bauer als Gesprächsführer im Dialog SPD/PCI	273
	Hilfe für einen Häftling?	288
IX.	*Das Ende*	291

Nachwort ... 299

Zur Tradition und Identität der SPD. Ein Interview mit
Willy Brandt, 25. März 1983 ... 301

Abkürzungsverzeichnis ... 315

Anmerkungen ... 317

Verzeichnis der zitierten und angegebenen Quellen und Literatur ... 339

Personenregister ... 353

Über die Autoren ... 359

Einleitung

Biographien werden üblicherweise über die ganz großen „Männer" (seltener über Frauen), die — nach dem berühmten Wort Heinrich von Treitschkes —„die Geschichte machen", geschrieben: Staats- und Parteiführer, Feldherren, Unternehmerpioniere, Wissenschaftler, Schriftsteller, Künstler. In diese Kategorie wird man Leo Bauer gewiß nicht einordnen können; er war ein Mann aus dem zweiten Glied.

Kaum ein Politiker der Nachkriegszeit ist so unerbittlich vom Haß seiner Gegner verfolgt worden wie Leo Bauer, der sich durch Herkunft und Lebensweg dem militanten Antisozialismus als Negativheld scheinbar geradezu anbot. Er galt der extremen wie der weniger extremen Rechten als einer der gefährlichsten Männer im brain trust der SPD. Aversionen bei seinen Gegnern und Konkurrenten erweckte schon der junge Bauer. Dem stehen von vornherein tiefe Sympathie, Bewunderung, liebevolle und zum Teil euphorische Zuneigung und sentimentale Verehrung bei vielen gegenüber, die mit ihm privat, beruflich oder politisch zu tun hatten. Leo Bauer provozierte entweder entschiedene Ablehnung oder begeisterte Zustimmung; nur vereinzelt standen ihm die Mitmenschen gleichgültig gegenüber.

Die Biographie des heute weitgehend Vergessenen hat die Autoren nicht wegen jener „Enthüllungen" interessiert, die seinerzeit den Stoff für antisozialdemokratische Pressekampagnen abgaben. Durch die Lebensgeschichte Leo Bauers können wir über die Probleme einer ganzen Generation von Intellektuellen Aufschluß erhalten, die sich in zum Teil noch jugendlichem Alter dem radikalen Flügel der organisierten Arbeiterbewegung angeschlossen haben. Diese Generation, die in der Nachkriegszeit die Sozialdemokratie entscheidend mitgeprägt hat, hat — im Gegensatz zu den sozialdemokratischen Politikern der folgenden Generation — ihre Grundüberzeugungen und Erfahrungen in der Auseinandersetzung um die Einheit der Arbeiterbewegung am Ende der Weimarer Republik, im Kampf gegen den Faschismus und aus der Neubesinnung über die Fragen Revolution — Reform, Demokratie —

Sozialismus, Sozialdemokratie — Kommunismus in der Nachkriegssituation angesichts der Deformationserscheinungen des „realen Sozialismus" gewonnen. Vor diesem Hintergrund weist die Biographie Bauers Merkmale auf, die die Fragen nach dem Verhältnis von Kontinuität und Bruch, nach dem Verständnis von Politik allgemein und nach dem Spannungsverhältnis persönlicher Entfaltung und Organisationsdisziplin als Probleme der tradierten Arbeiterbewegung in besonderer Zuspitzung beleuchten. Entscheidende Etappen der deutschen und europäischen Geschichte des 20. Jahrhunderts treten hervor: die Situation des Judentums in Ost- und Mitteleuropa; die Weimarer Republik und die nationalsozialistische „Machtergreifung"; die deutsche Emigration 1933—45 vor dem Hintergrund der Entwicklung in Frankreich, zum Teil auch in Spanien und der Tschechoslowakei; die Nachkriegszeit im amerikanischen und sowjetischen Besatzungsgebiet Deutschlands; das Überschwappen der letzten Stalinschen Säuberungswelle (1949— 52) nach Ostdeutschland und das Leben im DDR-Gefängnis und im sibirischen Straflager; schließlich die Bundesrepublik nach ihrer Stabilisierung.

Aus einer jüdischen Kleinbürgerfamilie stammend, stieß Leo Bauer schon als Jugendlicher zur sozialistischen Arbeiterbewegung. Von der sozialdemokratischen Jugend SAJ über die linkssozialistische SAP trat er 1932 zur KPD über. 1933 wegen kommunistischer Tätigkeit für kurze Zeit in Deutschland inhaftiert und danach illegal tätig, emigrierte er Ende 1933 über Prag nach Frankreich, wo er zum engeren Kreis der KPD im Exil gehörte und sich vor allem der Flüchtlingsarbeit widmete. Von Frankreich 1939 als „feindlicher Ausländer" interniert, konnte er 1940 in die Schweiz fliehen, wo er seine politische Tätigkeit im Rahmen der KPD und der Bewegung „Freies Deutschland" fortsetzte. Wegen „Verletzung der Neutralität" wurde Leo Bauer 1942 erneut verhaftet und nach fast zwei Jahren Gefängnis bis kurz vor Kriegsende in ein Schweizer Lager überführt.

Im Sommer 1945 kehrte er nach Deutschland zurück, wo er als einer der führenden Funktionäre und Vorsitzender der Landtagsfraktion die Politik der KPD in Hessen entscheidend mitbestimmte. Nach einem Autounfall im Herbst 1947 bei Eisenach sollte er die sowjetische Zone nach dem Willen der Parteiführung nicht mehr verlassen. Bis zu seinem Ausschluß aus der SED und seiner anschließenden Verhaftung im August 1950 war er dann Chefredakteur des „Deutschlandsenders" (heute „Stimme der DDR") in Berlin. 1952 verurteilte ihn ein sowjetisches Militärtribunal wegen angeblicher Spionage für die USA („Noel-Field-Affäre") zum Tode, das Urteil wurde nach dem Tode Stalins in eine 25-jährige Arbeitslagerhaft in Sibirien umgewandelt. Nach seiner vorzeitigen Entlassung im Oktober 1955 kehrte Bauer in die Bundesrepublik zurück und schloß sich der SPD an. Nach Vortrags- und Redakteurstätigkeit (vor allem beim „Stern") war er von 1968 bis zu seinem Tode — an den Folgen einer in Sibirien erworbenen Leberkrankheit — im September 1972 Chefredakteur der SPD-Zeitschrift „Die Neue Gesellschaft" und galt in seiner informellen Funktion eines „Kanzlerberaters" als Politiker, der die ersten Jahre der Regierung Brandt/Scheel mitbestimmte. In den der „Neuen Ostpolitik" seit 1967 vorausgehenden Unterhandlungen mit der Kommunistischen Partei Italiens trat Leo Bauer als ständiger Gesprächsführer hervor.

Dieses Buch dient weder der „Entlarvung" noch der Heroisierung seiner Figur. Leo Bauer verkörpert beispielhaft die Tragödie des organisierten Sozialismus in Deutschland seit der Weimarer Republik, insbesondere der radikalen linken Intelligenz. Aus der Geschichte der sozialen Bewegungen und ihrer Organisationen darf man nicht diejenigen Ereignisse und Aspekte heraussäubern, die politisch inopportun erscheinen, und ebensowenig durften wir Leo Bauers dramatische Lebensgeschichte glätten. Wir haben versucht, sie verständlich zu machen.

Das Bemühen um Wahrhaftigkeit, dessen methodische Probleme hier nicht diskutiert werden sollen, ergibt sich nicht allein aus dem gesellschaftlichen Auftrag und — gemäß unserem Verständnis — dem Berufsethos des Historikers. Nur auf der Basis dieses Strebens kann eine Verständigung zwischen den politischen Generationen der nach dem Bruch von 1933/45 weitgehend geschichtslosen deutschen Linken zustande kommen. Dazu gehört, die je unterschiedlichen Erfahrungen ernst zu nehmen und sich — so weit wie möglich — anzueignen. Wir hoffen, mit dieser Schrift einen Beitrag dazu leisten zu können, indem wir historische Erfahrungen und Kenntnisse kritisch vermitteln, die hierzulande keineswegs Bestandteil des Bewußtseins der jüngeren und mittleren Generationen in ihren politisierten Schichten sind. Wir richten uns nicht in erster Linie an Fachwissenschaftler, sondern an alle zeitgeschichtlich und politisch Interessierten, hauptsächlich an junge, sich der Linken zurechnende Menschen. Die Autoren, der Altersgruppe zugehörig, die Ende der sechziger und Anfang der siebziger Jahre die Studentenbewegung trug, begreifen die Geschichte der sozialistischen Linken, wie sie in der Biographie Leo Bauers ausschnitthaft hervortritt, samt den Niederlagen, Irrungen und Verbrechen als Bestandteil ihrer eigenen Geschichte. Diese Feststellung beschreibt zugleich das Ausmaß und die Grenzen ihrer Identifikation mit dem Gegenstand dieses Buches, dem Politiker und Menschen Leo Bauer.

Unsere Distanz beschränkt sich auf den Vorgang der möglichst unvoreingenommenen Sammlung und Sichtung sowie der Darstellung faktischer Abläufe. Was die Ergebnisse unserer Recherchen, ihre Einordnung und Bewertung angeht, wollen wir nicht verhehlen, daß das Schicksal Leo Bauers — das, was die Mächtigen zwischen Paris und Moskau ihm antaten, auf einer anderen Ebene aber auch sein eigenes Verhältnis zur Macht — uns bisweilen stark betroffen gemacht hat, obwohl wir nicht gerade ahnungslos an diese Studien gegangen sind. Gerade auch weil wir uns — abgesehen vom Forschungsvorgang im engeren Sinne — nicht distanzieren, kann es für uns wider besseres Wissen keine Auslassungen oder Retouchen geben.

Die Vorgeschichte dieses Buches geht bis auf das Jahr 1971 zurück, als einer der Autoren mit Leo Bauer ein längeres, im weiteren mehrfach zitiertes Interview über die dreißiger und vierziger Jahre durchführte. Zeitzeugenbefragungen stellen für die Erforschung der jüngsten Vergangenheit unentbehrliche Quellen dar, die — mit, allerdings häufig fehlender, Vorsicht benutzt — die schriftliche Überlieferung ergänzen können. Dem ausführlichen Gespräch waren nur zwei oder drei Begegnungen vorausgegangen, die jedoch eine gewisse Faszination ausgelöst hatten. Ein konkretes biographisches Interesse wurde daraus jedoch erst sieben Jahre später. Geplant war ursprünglich die Edition des Interviews und anderer autobiographischer Texte Leo Bauers, die durch eine Einleitung und einen ausführlichen Kommentar verständlich gemacht werden sollten. Im Verlauf der ersten Materialzusammenstellung erwies sich indessen, daß eine solche Rohform wenig sinnvoll wäre. Eine zusammenhängende Darstellung warf die Frage nach der Materialbasis auf. Historiker lamentieren gern über die Quellenlage; in diesem Fall ist die Klage berechtigt. Ein Lebenslauf wie der Leo Bauers — mit mehrfacher gewaltsamer Unterbrechung durch Inhaftierung oder Flucht — hinterläßt beim Akteur nur wenig Papier, zumal wenn dessen Stärke nicht gerade im systematischen Sammeln liegt. Das Projekt Leo Bauer erforderte in dem Moment, wo es, weil ein Verlag gefunden war (Anfang 1982), ernsthaft in Angriff genommen werden konnte, einen Arbeitsaufwand, den ein einzelner Autor in einer vertretbaren Frist nicht hätte erbringen können. In vereinter Anstrengung war es möglich, aus Selbstzeugnissen — darunter ein unveröffentlichtes autobiographisches Romanfragment —, dem Nachlaß, Zeugenbefragungen sowie aus Archiven und privaten Sammlungen unter Berücksichtigung der (im weiteren Sinne) einschlägigen zeitgeschichtlichen Literatur ein politisches Lebensbild Leo Bauers zu rekonstruieren.

Die Kapitelentwürfe sind im Entwurf arbeitsteilig erstellt, aber gemeinsam diskutiert worden. Ohne die ständige Diskussion hätten wir eine plastische

Vorstellung von Bauers Persönlichkeit wohl nicht gewinnen können. Daß hier eine Reihe unzutreffender Angaben in den bisher zugänglichen knappen Darstellungen seines Lebenslaufs korrigiert werden mußten, sei nur am Rande vermerkt. Das Gesamtergebnis wird — wie wir unterstreichen wollen — von allen Autoren gemeinsam verantwortet.

Abschließend möchten wir uns bei allen, die uns durch die Beantwortung unserer Fragen, durch die Überlassung von Material und durch Hinweise oder auf andere Weise geholfen haben, vielmals bedanken.

I. Eine jüdische Kindheit

Die Familie

Orte, die kaum einer kennt, und abseitige Provinzen, die in der Geschichte untergegangen sind, kann man schwer beschreiben. Leo Bauer wurde am 18. Dezember 1912 in Skalat/Ostgalizien als der älteste Sohn einer jüdischen Handwerkerfamilie geboren. Der Vater war Uhrmacher. Skalat liegt nördlich des Dnjestr bei Tarnopol, etwa 150 km östlich von L'vov (Lemberg). Heute gehört das Gebiet im Rahmen der Sowjetunion zur Ukrainischen SSR. Zwischen den Weltkriegen war es polnische Provinz, und 1912 nannte man es noch „Königreich Galizien und Ludomerien". Das war damals der nordöstliche Teil der österreichisch-ungarischen Monarchie. Die Grenze zum Zarenreich lag nur ein paar Kilometer hinter Skalat.
Wir wissen wenig über Leo Bauers Familie und seine Kinder- und Jugendzeit und können nur aus Bruchstücken ein Bild seiner ersten 18 Lebensjahre entwerfen. Weder Eltern noch Geschwister oder sonstige Verwandte könnten uns heute das Kind oder den Jugendlichen Leo Bauer schildern oder überhaupt etwas aus dieser Zeit überliefern. Seine Familie und die zahlreiche Verwandtschaft wurden von den Nationalsozialisten ermordet. Von Bauer selbst wissen wir, daß er der einzige Überlebende von etwa fünfzig Angehörigen war. Er hat darüber nicht gesprochen und auch wenig von den Menschen erzählt, die ihn in seiner Kindheit und Jugend umgaben. Der Hinweis allein auf die Tragödie der Familie könnte genügen, um seine Verschlossenheit verständlich zu machen. Aber dieser Schweigepanzer hatte auch noch eine andere Bedeutung: er umklammerte einen Bruch, der einiges von den psychischen Energien deutlich macht, die sein Leben bestimmt haben. Leo Bauer hat sich im Verlauf seiner Jugendzeit vom Elternhaus, seiner jüdischen Religion und seiner ostjüdischen Tradition losgesagt und seitdem als Sozialist, Atheist und damit als Nicht-Jude begriffen. Es ist auffällig, auf welche Weise er diesen Teil seiner Biographie zeitlebens beiseite schob, so als ob er belanglos sei. Nirgendwo in seinen autobiographischen Texten erscheint zum Beispiel nur das Wort „jüdisch" oder irgendein Hinweis auf das Flüchtlings-

schicksal seiner Eltern. Er lehnte es auch lange Zeit ab, irgendwelche Zahlungen als „Wiedergutmachung" für das 1933—45 als Jude erlittene Unrecht zu beantragen. Als politisch Verfolgter des Nationalsozialismus und später dann als Opfer des Stalinismus wollte er anerkannt werden, als ethnisch Verfolgter der NS-Zeit begriff er sich nicht.
Seine Tochter aus der dritten Ehe erfuhr erst mit elf Jahren etwas über die Familiengeschichte. Der Anstoß war ein übles Erlebnis in der Schule, das sie verwirrte. Eine Lehrerin soll zu ihr gesagt haben: „Du siehst so jüdisch aus. Aber das macht nichts. Wir sind ja tolerant hier."

> „Die ersten Erinnerungen an das Elternhaus sind für Bergmann mit dem Begriff der Sorglosigkeit verknüpft. Dem ältesten Sohn wurden alle Wünsche erfüllt. Er besaß viel Spielzeug. Viele Freunde kamen zum Geburtstag, und er selbst war viel eingeladen. In diesem Leben zu Hause spielte der Glaube an Gott eine selbstverständliche Rolle."

Dieses Zitat stammt aus einem unveröffentlichten autobiographischen Manuskript, das Bauer etwa 1965 geschrieben hat. Er selbst tritt darin unter den abgewandelten Namen „Ludwig Bergmann" oder „Berger" auf. Das weist schon darauf hin, daß es ihm hier nicht um eine Selbstanalyse ging. Er wollte vielmehr sein Leben rückblickend in einen überindividuellen Zusammenhang stellen und damit für eine ganze Generation sprechen. Der Verlag, dem die ersten 80 Schreibmaschinen-Seiten angeboten wurden, hatte Bedenken. Denn einerseits zeigte es sich, daß Bauer kein überragender Literat war. Andererseits, nach den Ansprüchen an ein Selbstzeugnis beurteilt, entzog er sich zu sehr der Auseinandersetzung. Die eigene Persönlichkeit und ihre Entwicklung gerieten an vielen Stellen ins Unverbindliche und Schemenhafte. Der Verlag machte ihm den Vorschlag, doch lieber in der Ich-Form zu schreiben. Bauer war empört und lehnte ab.
Aus heutiger Sicht zeigt das Fragment, wie er auch in den sechziger Jahren nach großen ideologischen Entwürfen suchte, in welchen dann das eigene Leben aufgehoben sein sollte. Der Text enthält aber auch an verschiedenen Stellen wichtige Selbstaussagen, die zu einem Verständnis seiner Entwicklung beitragen. Der Einbezug anderer Quellen und die wenigen Bemerkungen gegenüber vertrauten Menschen zusammengenommen, erlauben es, ein Bild zu konstruieren, das von der Wirklichkeit nicht weit entfernt sein dürfte.
Wenn Bauer die Sorglosigkeit seiner Kindheit hervorhebt, so wird er das Gefühl der Geborgenheit in der Familie meinen, die Liebe von Vater und Mutter. Als erstgeborener Sohn in einer patriarchalischen Familie hat er wahrscheinlich besondere Zuwendung genossen und wurde verwöhnt. Oftmals täuschen sich jedoch Erwachsene über das Glück ihrer Kindertage und können deren seelische Bedeutung nicht ermessen.

Erst im Rückblick, wo die Konflikte zwischen den Eltern und dem noch jungen Mann weit zurückliegen, wird Leo Bauer seine Kindheit sorgenfrei erschienen sein. Für seine Eltern waren diese Jahre jedenfalls nicht sorglos, eher voller Bedrohung, Not und Angst.
Ein Blick auf die Lage der Juden in Osteuropa um das Jahr 1912 zeigt überall ein düsteres Bild in verschiedenen Abstufungen. Besonders unerträglich waren ihre Lebensbedingungen in Rußland. Die zaristische Regierung schürte den Antisemitismus, um die steigende Unzufriedenheit im Volk von sich abzuwenden. Seit 1881 wurden die jüdischen Gemeinden in Weißrußland, Russisch-Polen, in der Ukraine und dem rumänischen Bessarabien von wiederkehrenden Pogromen heimgesucht, welche die tatkräftige Unterstützung von Polizei und Verwaltung fanden. Hunderte von Toten wurden zum blutigen Zeichen einer alltäglichen Unterdrückung und Verfolgung, die Hunderttausende westwärts trieb. Skalat lag an der russischen Grenze zu den ukrainischen Provinzen, und bei Skalat befand sich seit etwa 1900 die Endstation einer Eisenbahnlinie, die über Krakau nach Wien oder Breslau führte. Viele Emigranten hofften, in den Nachbarländern Aufnahme zu finden. Besonders Deutschland erschien verlockend, da die wirtschaftliche Expansion und der Rückgang des offenen Antisemitismus im Kaiserreich eine sichere Zukunft vorspiegelten. Aber die deutschen Behörden taten alles, was in ihrer Macht stand, um die ausländischen Juden an einer Niederlassung zu hindern. So kam es, daß sich von 1904 bis 1914 allein in Hamburg 1,4 Millionen Juden einschifften, die aus dem Osten kamen und in die Vereinigten Staaten wollten. Mag für die Emigranten aus dem Zarenreich zuerst noch eine vage Hoffnung bestanden haben, innerhalb Europas eine neue Heimat zu finden, so war es offensichtlich, daß zum Beispiel Galizien keine Alternative zur Ukraine bot. Unter den Habsburgern fanden zwar keine Pogrome statt, aber der Antisemitismus und vor allem die wirtschaftliche Not waren so groß, daß auch viele galizische Juden noch vor Kriegsbeginn 1914 auswanderten.
Galizien war im Vergleich zu anderen Teilen Österreich-Ungarns ein rückständiges Agrarland mit verstreuten Ansätzen einer Industrialisierung, die in der Regel nur aus kleinen und mittleren Betrieben bestand. Die Juden bildeten 1910 aber in vielen handwerklich-industriellen Berufsgruppen 30—40 %, in Handel, Schank- und Gastwirtschaft etwa 80 % aller Berufstätigen, während zum Beispiel im Preußen der damaligen Zeit der Anteil der Juden in den handwerklich-industriellen Berufsgruppen im Durchschnitt nur 1—2 %, im Handel 11 % und in der Gast- und Schankwirtschaft nur 1,1 % erreichte. Das zeigt, in welch hohem Maße die Juden in Galizien an den städtischen Berufsgruppen beteiligt waren. Die galizischen Juden lebten überwiegend in Städten, Kreisstädten und dörflichen Zentren; in Skalat erreichten sie einen Bevölkerungsanteil von knapp 50 % bei einer Einwohnerzahl von 5.700.

Politische und wirtschaftliche Bedrohung ging von dem polnischen Nationalismus aus. Nationale Gegensätze waren eine Art politischen Markenzeichens der Habsburger Monarchie. In Galizien standen vor dem Ersten Weltkrieg 900.000 Juden (10 % der Bevölkerung) im Spannungsfeld zwischen 4,7 Millionen Polen und 3,2 Millionen Ukrainern. Westgalizien war überwiegend polnisch, aber in Ostgalizien waren die Ukrainer die größte Bevölkerungsgruppe. Um den starken polnischen Nationalismus jener Zeit besser zu verstehen, muß daran erinnert werden, daß es seit 1795 keinen polnischen Staat mehr gab. Polen war damals unter Preußen, Rußland und Österreich aufgeteilt worden.

Die polnische Bevölkerung in Galizien versuchte, die wirtschaftliche Rolle der Juden in Galizien anzugreifen, und es kam zu organisierten Wirtschaftsboykotten. So waren Juden überall in Osteuropa verschiedenen Formen der Bedrückung ausgesetzt — teils von seiten der staatlichen Behörden und der Politik der bestehenden absolutistischen oder halbabsolutistischen Staaten, teils von seiten der ihrerseits unterjochten und nach nationaler Emanzipation strebenden Völker und Volksgruppen.

Die Juden suchten daher Trost und Stütze in ihrer religiösen Überlieferung und lebten in einer lebendigen Tradition, zu der auch die jiddische Sprache gehörte. Nach jüdischem Ritus wird das männliche Kind am achten Tag nach der Geburt beschnitten und erhält seinen Namen. Der Name, den Leo Bauer erhielt, lautete: Eliezer Lippa Ben Jossip David ha Cohen. Der Namenszusatz „ha Cohen" ist eine Art erblichen Titels und bedeutet, daß seine Vorfahren dem Priestergeschlecht angehörten. Der Deckname „Katz" übrigens, den Bauer später in der Emigration trug, ist ethymologisch aus „Cohen-Zadek", „Priester der Gerechtigkeit", hervorgegangen. Der Name „Lippa" oder „Lipa" könnte ein Vorname sein. Aber es ist auch möglich, daß „Lippa" als Familienname auf die Herkunft eines Vorfahren aus der altungarischen Stadt im Bakanat hinweist, die Lippa hieß (heute: Lipova). Denn die Juden kannten ursprünglich keine Familiennamen. Als die staatlichen Bürokratien im Europa des 18. und 19. Jahrhunderts zunehmend auf der Registrierung von Nachnamen bestanden, war es nicht ungewöhnlich, wenn Juden ihre Geburtsorte oder andere Herkunftsbezeichnungen eintragen ließen. Diese Erklärung würde allerdings bedeuten, daß sich der Vater von Leo Bauer in Deutschland umbenannt hat. Der Vorname „Eliezer" heißt, aus dem Hebräischen übersetzt: Gott ist Hilfe.

> Im Talmud steht geschrieben, daß der Gläubige „immer die Namen prüfen sollte, damit er seinem Sohn einen Namen gebe, der es im Wert bedeutet, ein rechtschaffender Mann zu werden, denn manchmal ist der Name ein mitwirkender Umstand, zum Guten wie zum Bösen."

Eliezer ist in der Bibel der Verwalter von Abrahams Hausstand. In der religiösen Überlieferung der Haggada erscheint er als der Diener, den Abraham aussendet, um für Isaak ein Weib zu finden. Für die Rabbis hat Eliezer deshalb eine besondere Bedeutung: „Er wurde deshalb zum Prototyp des loyalen und selbstlosen Dieners, der die Wünsche seines Herrn ausführt, auch wenn es ihm zum Nachteil gereicht." Aus Eliezer wurde Leo, auch wenn keine inhaltliche Beziehung zwischen den Namen besteht. Auf jeden Fall ist Leo hier noch nicht — wie später — eine Kurzform von Leopold. Denn in den Schülerlisten des Realgymnasiums wurde Bauer als Leon Bauer geführt.

Anfang August 1914 brach der Erste Weltkrieg aus, Ergebnis imperialistischer Interessengegensätze und des Wettrüstens. Deutschland bremste in der Krise, die durch die Ermordung des österreichischen Thronfolgers ausgelöst worden war, seinen österreichischen Verbündeten nicht, sondern ermutigte ihn eher bei seinem Vorgehen gegen Serbien, den Verbündeten Rußlands, das wiederum mit Frankreich verbunden war. Maßgebliche politische und militärische Führer des Deutschen Reiches sahen in der Krise die — womöglich letzte — Chance, eine Neuaufteilung der Welt zugunsten Deutschlands durchzusetzen. Aber auch in den herrschenden Klassen der anderen Länder waren „Kriegsparteien" am Werk. Am 6. August erklärte Österreich-Ungarn Rußland den Krieg. Der Kreis von Mobilisierung, Gegenmobilisierung und Kriegserklärungen hatte sich geschlossen.

Die Habsburger Militärmaschine war nicht in der Lage, Galizien zu verteidigen. Nach kurzen, erfolgreichen Vorstößen auf russisches Gebiet räumte sie unter großen Verlusten zwei Drittel des galizischen Gebiets. In weniger als vier Wochen zählten die Österreicher 25.000 Tote und Verwundete. 109.000 Soldaten gerieten in Kriegsgefangenschaft. Die Leiden der Zivilbevölkerung lassen sich in Zahlen kaum ausdrücken. Tausende Familien versuchten, vor den anrückenden russischen Truppen zu fliehen und mußten oft noch die Habseligkeiten zurücklassen, die sie in Eile gepackt hatten. Ein russischer Offizier, später Pazifist, ließ 1917 in Moskau seine Feldpost veröffentlichen. Wir zitieren hier aus einem Brief, den er 1914 aus Galizien an seine Frau schrieb:

> „Kürzlich kamen wir in eine Stadt, die eben erst von den zurückgeworfenen feindlichen Truppen verlassen worden war. Ein grauenhafter Eindruck. In der ganzen Stadt war buchstäblich das Unterste zuoberst gekehrt. Die Straßen und der Bahnhof waren überfüllt, versperrt mit jeglichem häuslichen Gerümpel. Offenbar hatten die Einwohner versucht, ihre Habe wegzuschaffen, aber es war ihnen nicht mehr gelungen. An den Bahnsteigen standen fünf Züge. Im Innern der Waggons und auf den Gleisen: Betten, Sofas, Matratzen, Alben, Porträts, Frau-

enkleider, Muffe, Hüte, hebräische Bücher, jüdische Gebetsriemen, Kaffee, Leuchter, eine Kinderschaukel, Fleischhackmaschinen, Briefe und viele, viele, unzählig viele andere Sachen. Alles durchwühlt, um und umgekehrt, zertrümmert, zerschlagen. Überall, wie die Schakale um Leichen, trieben sich die abgerissenen, hungrigen Einwohner, Soldaten, Kosaken und wir herum. Wir leben nun schon ganze zwei Tage aufs großartigste. Wir sitzen auf weichen Diwans. Trinken Rotwein aus geschliffenen Karaffen. Halten Gottesdienst mit Harmonium ab. Singen Zigeunerromanzen zum Klavier. In weichen Betten liegend, läuten wir mit elektrischer Klingel der Ordonnanz. Trampeln mit Wasserstiefeln auf kostbaren Teppichen herum und betrachten uns ‚en face' und ‚de profil' im dreiteiligen Spiegel eines feinen Damentoilettentisches. Gegenüber steht mit weitgeöffneten Türen die katholische Kirche. Auch in ihr ist alles durcheinander gewühlt. Auf dem Boden liegt die lateinische Bibel. Der seidene Ornat und die Spitzenhemden der Priester sind hierhin und dorthin geworfen. Am Eingang der Kirche liegen zwei tote österreichische Soldaten. Sie haben das Gesicht zum Himmel gekehrt. Der eine ist jung und hübsch, mit offenen, erstarrten Augen. Der andere alt, sehr scheußlich, mit ausgeschlagenen Augen und Fingern, die sich tief in die Erde eingewühlt haben. Die Taschen sind, wie bei allen Toten, natürlich umgedreht: alle gieren nach Gold ...
Neben den Leichen und längs der Kirchenmauer sind die widerwärtigen Spuren menschlichen Verbleibs zu sehen ...
Über der ganzen Stadt liegt das Geheul der zurückgebliebenen Einwohner. Die erforderlichen Mengen von Petroleum, Heu, Hafer, Vieh werden requiriert. An einer Straßenlaterne raufen sich zwei ruthenische Frauen um Petroleum. Kosaken treiben sie auseinander und stellen so die Ordnung wieder her. Jeder hat unter dem Sattel eine Tischdecke aus Sammet, oder statt des Sattels ein seidengesticktes Sofakissen. Viele führen noch ein zweites, ein drittes Pferd am Zügel. Flottes Volk! Was sie für Krieger sind, ob sie sich im Kampf schonen oder nicht, darüber gehen die Meinungen auseinander; ich habe mir vorläufig noch keine eigene gebildet. Tatsache aber ist, daß sie gewerbsmäßige Marodeure sind und niemanden schonen. Übrigens liegt der Unterschied zwischen Kosaken und Soldaten in dieser Beziehung einzig darin, daß die Kosaken reinen Gewissens alles mausen: Nötiges und Unnötiges; die Soldaten aber, die immerhin einige Gewissensbisse empfinden, nur solche Dinge nehmen, die sie gebrauchen können. Ich kann in diesem Punkt nicht so streng sein. Ein Mensch, der sein Leben hingibt, kann nicht das Wohlergehen eines Galiziers und das Leben eines Kälbchens oder Hühnchens schonen. Ein Mensch, der

am eigenen Leibe die größte Vergewaltigung zu spüren bekommt, kann nicht umhin, selbst zum Vergewaltiger zu werden."
Von den Ausschreitungen der Soldaten war besonders die jüdische Bevölkerung betroffen. Das hatte eine grausame Logik: Da die Besatzer wußten, daß die Juden auf Grund der Pogrome in Rußland meist gegen den Zarismus eingestellt waren, so mußten sie folglich als besonders feindlich und gefährlich betrachtet werden. Aus allen Teilen des besetzten Galizien wurden Plünderungen und Ausschreitungen gegen die jüdische Bevölkerung berichtet. Gegenüber seiner zweiten Frau erwähnte Leo Bauer später, daß sein Großvater bei einem Pogrom 1914 ermordet worden sei. Das habe die Emigration der Familie nach Deutschland veranlaßt.

Chemnitz

Chemnitz war eine alte sächsische Fabrik- und Handelsstadt mit 320.000 Einwohnern vor Kriegsbeginn. Anders als zum Beispiel in Dresden und Leipzig prägte hier die Großindustrie nicht nur die äußeren Bezirke und Vororte, sondern die gesamte Stadtlandschaft. „Klein Manchester" wurde Chemnitz bereits im 19. Jahrhundert genannt, und für die Stadtväter war das eine Auszeichnung.

„Wer Chemnitz von seinem stattlichen Hauptbahnhof aus betritt, hat sofort das Gefühl, in einer Stadt werbenden Schaffens, dröhnender Hammerschläge und kraftvollen Pulsierens der Technik zu sein",

heißt es in einer offiziellen Stadtbeschreibung des Jahres 1923. Zwei Industriezweige beherrschten das Bild: die Textilindustrie und der Maschinenbau. Allein 55.000 Arbeiterinnen und Arbeiter waren 1907 in der Textilindustrie beschäftigt und stellten Garne und Tücher jeder Art her, Kleider- und Möbelstoffe, sowie Oberbekleidung, Unterzeug, Strümpfe und Handschuhe. Der jüngere Industriezweig war der Maschinenbau. Hier wurden vor allem Werkzeugmaschinen und Ausrüstung, Lokomotiven, Kraftwagen und Fahrräder und nicht zuletzt Kanonen und Granaten hergestellt. Als Bauers Familie wahrscheinlich im Herbst 1914 in Chemnitz eintraf, war der Krieg noch jung, die Siegeseuphorie der ersten Wochen noch nicht verbraucht, und eine hektische Kriegskonjunktur lief an. Welchen Eindruck muß das auf Leute gemacht haben, die aus einem provinziellen galizischen „Stetl" kamen!
Die Heeresverwaltung hatte bei Kriegsbeginn der Chemnitzer Metall- und Textilindustrie „die umfangreichsten Aufträge erteilt".

„Einen über alles Erwarten glänzenden Aufschwung nahm die Industrie, und ein Treiben begann, wie es die besten Friedenszeiten nicht gekannt hatten. Der Fremde, der nach Chemnitz kam, staunte, wie wenig der Krieg dem industriellen Leben Abbruch tat, der Bürger, der nach 12 und 6 Uhr die Straße durchschritt und sich von dem Leben einer reinen Industriestadt ein ganz anderes Bild gemacht hatte, schüttelte ungläubig den Kopf. ‚Wir waren bis an die Grenze der Leistungsfähigkeit beschäftigt, der Umsatz überstieg alle Vorjahre' — das Bekenntnis klingt durch alle Geschäftsberichte der großen Werke, und das alles bei dem Mangel an Rohstoffen und gelernten Arbeitern."

Das dicke Ende kam bekanntlich nach. Das betrifft besonders die Versorgung der werktätigen Bevölkerung mit Lebensmitteln. Mit Sparsamkeitsappellen begann es schon 1914. Mit Verkaufsbeschränkungen, Verbrauchsverboten und der schrittweisen Rationierung alles Eßbaren ging es weiter. Ersatzstoffe wurden eingeführt, wie etwa die Kohlrübe für die Speisekartoffel. Und schließlich wurde 1917 für den größten Teil der Bevölkerung der Hunger verordnet.

Es ist schwer, sich von den wirtschaftlichen Verhältnissen der Familie Bauer ein genaues Bild zu machen. Leos Vater kam als Uhrmacher nach Chemnitz und war auch unter diesem Beruf während der Kriegszeit im Adreßbuch verzeichnet. Ein Ladengeschäft unter seinem Namen läßt sich aber nicht nachweisen. Für einen Uhrmacher im strengen Sinne und jemanden, der nur Uhren repariert, wird zudem in der Kriegszeit kaum Bedarf bestanden haben, abgesehen davon, daß für die Uhrmachermeister bis 1918 eine Zwangsinnung bestand, zu der ein Zutritt schwer möglich war. Verschiedene Adreß-, Handels- und Telefonverzeichnisse der Jahre 1916 bis 1934 lassen die wechselhaften wirtschaftlichen Verhältnisse der Familie erkennen. Wir finden unter dem Namen von Bauers Vater in diesem Zeitraum nicht weniger als sieben verschiedene Berufsbezeichnungen, sechs verschiedene Adressen und vier Namensvariationen, die seine Vornamen David und Josef betreffen. 1919/20 ist er zusätzlich zu „Uhrm. u. Reparat." auch als Uhren- und Goldwarenhändler verzeichnet; 1920/21 ist dieser Zusatz durch „Agentur- u. Kommiss. gesch." ersetzt; 1922 heißt es, daß er nicht nur Uhrmacher, sondern auch Hersteller von Strümpfen und Garnhändler sei. Der zweite Vorname Josef fiel mehrere Jahre hindurch weg, aber die Adresse blieb dieselbe. 1923—1926 ist er nur noch als Kaufmann aufgeführt. 1927—1930 scheint sich Bauers Vater bei gleicher Wohnadresse in zwei Personen gespalten zu haben. David Bauer ist Kaufmann, wohnhaft in der Maxstraße 7, und Josef Bauer, ebenfalls wohnhaft in der Maxstraße 7, führt andernorts eine „Strumpfwarengroßhandlung" im ersten Obergeschoß eines Wohnhauses. Während Josef Bauer unter wechselnder Adresse diese Strumpfwarengroßhandlung fortführt, erscheint David Bauer in der Zeit von 1931—33 unter den Bezeichnungen „Handelsvertreter", „Vertreter" und „Strumpfvertreter". Ab 1934 gibt es keinen David Bauer mehr, sondern nur noch den Kaufmann Josef Bauer und die Strumpfwarengroßhandlung Josef Bauer. Vergleiche „über Kreuz" schließen die Möglichkeit einer Verwechslung, oder daß es etwa zwei Brüder gewesen sein könnten, aus. Somit weist alles auf die Existenz eines kleinen Zwischenhändlers und Vertreters hin. Der wirtschaftliche Höhepunkt des Bauerschen Geschäftsbetriebs scheint vor dem Höhepunkt der großen Inflation im Jahr 1923 gelegen zu haben. Als Tiefpunkt läßt sich vielleicht werten, daß für die beiden Jahre 1928 und 1929 Bauers Vater über keinen Telefonanschluß mehr verfügt. Hat er sich einen solchen nicht mehr leisten können? Gewissermaßen tragisch mutet es bei all den Änderungen der Vornamen an, daß der jüdische Vorname David 1933 aus den Verzeichnissen verschwindet. Damit stellt sich die Frage, welche Haltung der Vater zu seiner religiöskulturellen Herkunft einnahm. Sollen wir ihn uns als typischen orthodoxen Ostjuden vorstellen, als assimilierten Juden oder als jemanden, der in irgendeiner Form zwischen diesen Positionen stand? Es ist möglich, daß Bauers Familie zu den 1.200 ostjüdischen Flüchtlingen gehörte, die von der Polizei im November 1914 aus Leipzig und Dresden ausgewiesen, von der Stadt Chemnitz aufgenommen und von der dortigen jüdischen Gemeinde betreut worden waren. Neben der übergreifenden Problematik Nicht-Juden — Juden gab es innerjüdische Gegensätze und eine unterschiedliche Behandlung der ostjüdischen Flüchtlinge durch die Behörden. Es muß ein Glück im Unglück für die Bauers gewesen sein, daß sie bei Kriegsbeginn als Galizier österreichische Pässe besaßen. Denn somit galten sie vor den deutschen Behörden nicht als „feindliche Ausländer", sondern gehörten formal zu den „österreichisch-ungarischen Familien", für die bei Kriegsbeginn seitens der Stadt Chemnitz Hilfsausschüsse gebildet wurden.

Anders war die Lage ihrer Glaubensgenossen, die aus Russisch-Polen oder Rußland geflüchtet waren. Sie hatten zwar allen Grund, den Zarismus zu hassen, aber von den Behörden wurden sie als Staatsangehörige des Kriegsfeindes betrachtet und als potentielle Spione verdächtigt. Während der ganzen Kriegszeit waren sie ständig von der Internierung bedroht.

Eine solche Unterscheidung in Bezug auf die Staatsangehörigkeit wurde von der Bevölkerung nicht gemacht. Diese Leute waren eben „Ostjuden" und damit eine Gruppe, die sich offensichtlich von allen Einheimischen unterschied. Die Ostjuden waren von den deutschen Juden seit jeher als psychologische Belastung angesehen worden. Materiell leisteten die deutschen Juden enorme Hilfe, um diese Glaubensgenossen einzugliedern. Aber die kulturelle Kluft konnte nicht durch materielle Hilfe überdeckt werden. Die deutschen Juden fühlten sich den Ostjuden gegenüber kulturell und sozial überlegen. Hier strömte eine zahlenmäßig starke Gruppe in ihre Gemeinden, die sie an ihre Vergangenheit im Ghetto erinnerte, an den Zustand vor der Assimilation. Außerdem waren gerade die Ostjuden ein beliebtes Angriffsziel der Antisemiten, und das verstärkte nur die zwiespältigen Gefühle der deutschen Juden. Sah es nicht so aus, als ob die Ostjuden den langsamen Prozeß ihrer gesellschaftlichen Anerkennung zunichte machen mußten? Psychologisch sehr aufschlußreich ist die Gemeindeordnung aus Chemnitz, die eigens gegen den vermeintlich schädlichen Einfluß der Eingewanderten auf den Ablauf des Gottesdienstes in der großen Synagoge erlassen wurde. Darin war alles verboten, „was den Regeln des Anstandes zuwider ist". Insbesondere werden erwähnt: „Lachen, Plaudern, Scherzen, Verlassen des Platzes u. a." Unter den 14 Punkten befinden sich mehrere, die besonders die ostjüdischen Eigenheiten betreffen. So ist zum Beispiel nicht „das laute Küssen der Zizith, das Schaukeln während des Gebets" erlaubt.

Der Konflikt zwischen den eingewanderten Ostjuden und den deutschen Juden zeigte sich in nichts schärfer als in der Frage des Wahlrechts für die jüdische Gemeindevertretung. Die deutschen Juden fühlten sich von den zahlenmäßig überlegenen Einwanderern bedroht und bestanden darauf, daß nur Juden deutscher Staatsangehörigkeit in der Gemeindeversammlung wählen durften. Da aber die deutschen Behörden den Eingewanderten oft auch noch nach Jahrzehnten die deutsche Staatsangehörigkeit verweigerten, war eine solche Voraussetzung offensichtlich diskriminierend. Die Vorbehalte gegenüber Ostjuden kommen besonders deutlich bei dem Chemnitzer Vorsitzenden der jüdischen Gemeinde, Louis Ladewig, zum Ausdruck, der im Januar 1921 in einer Rede auf dem Deutsch-Israelitischen Gemeindetag unter anderem ausführte:

> „Wir in Sachsen haben ganz besondere Verhältnisse wie kaum in einem anderen Bundesstaat. Bei uns besteht die weitaus größte Mehrzahl der Juden aus Ausländern. Das Verhältnis der Ausländer zu den Inländern ist bei uns 4 : 1. Von den 20.000 Seelen der Leipziger Gemeinde sind 16.000 Ausländer. In Chemnitz haben wir über 4.000 Juden und davon nur 900 Deutsche. Wir haben wohl ein Herz für unsere ausländischen Glaubensgenossen, und haben wir das bewiesen, indem wir 2.000 ausländische Juden, die bei Kriegsbeginn nach Chemnitz überwiesen wurden, in der ganzen Zeit durchgehalten haben. Wir haben Hunderttausende für sie geopfert, um zu verhindern, daß sie in Konzentrationslager kämen. Sachsen ist das Einfalltor für die galizischen und polnischen Juden. Im Gegensatz zu den preußischen Behörden sind die sächsischen Behörden jederzeit tolerant gegen diese Ostjuden gewesen. Wir wollen ihnen alles gewähren, aber eines können wir nicht: Wir können ihnen nicht das Wahlrecht geben. Wir können nicht die Ausländer über unsere deutschen Juden verfügen lassen."

Bis 1925, dem Jahr ihrer Einbürgerung, gehörte Bauers Familie zu den erwähnten Ostjuden, mag es auch möglich sein, daß sich der Vater nicht mit der Masse der Flüchtlinge, sondern eher mit den deutschen Juden identifizierte. Aber dieser Annahme widerspricht das, was Leo Bauer mehreren Personen gegenüber angedeutet und in Ausschnitten beschrieben hat.
Leo Bauers zweite Frau Gitta interessierte sich, als sie ihn 1946 kennenlernte, besonders für seine Herkunft. Sie war mit jüdischen Freundinnen aufgewachsen und meinte daher, dieses Milieu zu kennen. Bauer war sehr zurückhaltend, erzählte ihr aber, daß der Vater zu dem Oberhaupt der Totenbruderschaft gehörte, beschrieb ihr einige der religiösen Rituale und sang ihr hebräische und jiddische Lieder vor.

> „Und das Merkwürdige war, dann warf er den Kopf zurück und so, wie ich es später in Synagogen in Israel gesehen habe, sang mit dieser vibrierenden Stimme, die die Juden im Gottesdienst haben. Er war ein vollkommen anderer Mensch dann. Dann fiel er zurück in seine Vergangenheit, und irgendwie hinterher war er dann immer etwas genant. Er hatte dann zu viel von sich preisgegeben."
> „Das war also auch für mich . . . eine Welt, die ich nicht kannte, trotz meiner persönlichen Bekanntschaft und Freundschaft mit Juden. Das interessierte mich einfach, weil er aus einer ganz anderen Atmosphäre kam. Die Juden, die ich aus Berlin kannte, waren sehr assimiliert und nicht so religiös."

In die „Kewra Kedischa", die hebräische Bezeichnung für die Totenbruderschaft, die im Vereinsregister als „israelitischer Krankenpflege-Unterstützungs- und Beerdigungsverein" geführt wurde, wurden nur solche Mitglieder aufgenommen, die in jeder Hinsicht als würdig galten. Dazu gehörte auch, daß der Betreffende für die religiöse Erziehung seiner Kinder sorgte. So ist es nicht verwunderlich, wenn wir hören, daß Leo Bauer mit fünf Jahren Hebräisch lernte.
Wenn wir den Aussagen des Roman-Fragments vertrauen, so hatte Leo Bauer bis 1923/24, als er etwa elf Jahre alt war, ein ungebrochenes Verhältnis zu seiner Umgebung. Er freute sich, als 1923 die Reichswehr in Sachsen einmarschierte und die Koalitionsregierung aus Sozialdemokraten und Kommunisten kurzer Hand absetzte. Denn es gab in diesen Tagen schulfrei, weil Soldaten in den Klassenräumen einquartiert wurden. Die ständige Aufgeregtheit während der Inflationszeit begriff Bauer noch nicht, sondern hielt alles für ein großes Kasperle-Theater.

> „Der kleine Ludwig Bergmann wurde von seiner Mutter gebeten, zum Bäcker zu gehen und ein Brot zu holen. Zu diesem Zwecke wurde ihm

ein Köfferchen in die Hand gedrückt, das viele Geldscheine enthielt. Als er beim Bäcker ankam und die Scheine zählte, ersuchte dieser das Kind, der Mutter auszurichten, inzwischen seien dreimal so viel Scheine nötig, um ein Brot zu erstehen. Der Junge begriff natürlich nicht, was sich da abspielte. Er hörte nur von Dollars und von der Notwendigkeit, schnellstens Sachwerte zu kaufen. Um sich herum sah er aufgeregte Menschen, die noch mehr als sonst auf sein junges Gemüt komisch wirkten. Er konnte sie nur mit den Figuren des von ihm so geliebten Kasperletheaters vergleichen. Fassungslos stand er aber auch später den Tränen der Mutter gegenüber, wenn er hungrig vom Spiel und Herumtoben um Essen bat und die Antwort der Mutter eben in diesen Tränen bestand."

Wenn die angsterfüllten und verzerrten Gesichter „noch mehr als sonst" komisch wirken konnten, so verrät das etwas von der magischen und isolierten Welt, in der der Elfjährige lebte. Alles, was Theater war oder als solches erschien, faszinierte ihn, ob es nun Gesichter oder Fratzen waren, Verkleidungen, theatralische Gesten oder effektvolle Auftritte.
Aber die Inflation war kein Spiel. Wer damals Produktionsanlagen, Immobilien oder Ackerland besaß und wer alte Schulden hatte, konnte gelassen bleiben. Die Krise bot diesen Leuten die Chance, mehr Gewinne zu machen. Aber die Sparer und die Schicht der kleinen Geschäftsleute und Zwischenhändler, zu denen Bauers Vater gehörte, wurden hart getroffen und quasi von Staats wegen durch die Geldentwertung enteignet. Wer von der Handelsspanne lebte, kaufte für schlechtes Geld ein, um später beim Wiederverkauf noch wertlosere Scheine zu erhalten. Das ruinierte.
In dieser Zeit wurde Bauer in die Sexta (5. Klasse) des „Reformrealgymnasiums mit Realschule" aufgenommen. Für die damalige Zeit war das schulpolitisch eine moderne und experimentierfreudige Schule, die aber nur Jungen vorbehalten war. Die Teilung zwischen Realschule und Gymnasium erfolgte erst nach der 6. Klasse. Die erste beziehungsweise dritte Fremdsprache waren wahlweise Englisch oder Französisch. Latein wurde ab der Quarta (7. Klasse) unterrichtet. Bauer lernte als erste Fremdsprache Englisch.
Außer auf die modernen Sprachen wurde auf die „Realien" Wert gelegt, auf Mathematik und die Naturwissenschaften. Das jährliche Schulgeld betrug 180 RM (1929), Ausländer zahlten das Doppelte, und in der 5. und 6. Klasse zählte Bauer noch zu den „Ausländern". Zu dem Schulgeld kamen die Kosten für Bücher und andere Lehrmittel. So bedeutete der Schulbesuch für viele Eltern immer noch ein großes finanzielles Opfer. Trotzdem war der Andrang auf die höhere Schule sehr groß, wie ein Lehrer 1926 schrieb:

> „Zu einem großen Teil ist die Ursache des Andrangs in der Geldentwertung zu suchen, so eigenartig das auch klingen mag. Die ungeheuerliche Enteignung, die die letzten Jahre so vielen von uns gebracht haben, das hoffnungslose Schwinden aller Ersparnisse und Rücklagen, hat in vielen die Erkenntnis vom Wert der Bildung reifen lassen, die sonst in Zeiten des Wohlergehens gegenüber den materiellen Mächten, Geld und Gut, zurücktreten mußte. Wie oft wurde als Grund, weshalb der Knabe zur höheren Schule solle, bei der Anmeldung angegeben, daß eine gediegene Ausbildung das einzig unzerstörbare Gut sei, das ein Vater heutzutage seinem Kinde mitgeben könne!"

Die höheren Schulen von Chemnitz konnten den Schüleransturm Mitte der zwanziger Jahre kaum bewältigen. Die Schulräume und das Lehrpersonal reichten nicht aus. Sogenannte Wanderklassen wurden eingerichtet, und die Lehrer mußten vor 35—45 Schülern in verschiedenen Gebäuden unterrichten.

Die Eltern der Schüler waren sozial sehr unterschiedlich gestellt. Da gab es die Söhne von Fabrikbesitzern und Großhändlern, aber auch die Söhne ihrer Angestellten und vereinzelt auch Facharbeiter, sowie Kinder, deren Väter im Krieg gefallen waren. Die Lehrer waren überwiegend konservativ, also deutsch-national orientiert. Nicht alle von ihnen werden es begrüßt haben, daß nun auch verstärkt Schüler aus sozial schwächeren Familien die Hochschulreife erwerben wollten. So ist vielleicht in den gesamten Umständen der Hintergrund für Bauers erstes Erlebnis als Sextaner zu sehen:

> „Wie ein Wesen aus anderer Zeit und aus einer anderen Welt stürmte plötzlich ein Mensch in das Schulzimmer. Die Tür hinter sich zuschlagend, brüllte er: ‚siebzehn mal achtzehn!'
> Entsetzt starrten ihn siebzig Augen an. Keiner verstand, was dieser brüllende und gestikulierende Mann wollte. Noch erschrockener aber waren sie über seine Reaktion auf das allgemeine Schweigen. Bergmann blieb sie fürs ganze Leben unvergeßlich. Und auch jetzt noch beschleunigt er bei der Erinnerung an diese Szene seine Schritte. ‚Ihr wißt nicht wieviel siebzehn mal achtzehn ist, und ihr wollt die höhere Schule besuchen? Ihr seid überflüssig auf der Welt. Es gibt schon viel zu viele Menschen, die nichts wissen und die nichts können. Ihr gehört dazu. Ihr werdet im Leben untergehen.' Das Gleiche wiederholte sich zu Beginn jeder Stunde, die ihnen ihr Klassenlehrer — um ihn handelte es sich — erteilte. Sehr bald konnten sie im Schlaf das Resultat von siebzehn mal achtzehn aufsagen, und noch heute war es Bergmann gegenwärtig. Unvergesslich blieb aber auch der Kommentar des Lehrers und seine drohenden Worte: ‚Ihr seid überflüssig auf der Welt, ihr werdet untergehen!'"

Bemerkenswert ist diese Anekdote, weil Bauer hier etwas von einer Angst schildert, die an mehreren Stellen seines Roman-Fragments durchscheint. Die Angst, überflüssig, isoliert und ungeliebt zu sein. An dieser Stelle seines Textes schreibt er die Drohung einem Lehrer zu, etwas weiter unten seinen Eltern.
Leo Bauer war ein eher unauffälliger Schüler. Die Schulkameraden interessierten sich für ihn wenig, er scheint keiner der üblichen Cliquen angehört zu haben, und es war auch nicht leicht, ihm näher zu kommen. Von Freundschaften ist nichts bekannt. Sein Abgang nach der 11. Klasse geschah ohne jedes Aufsehen, so daß einige Schulkameraden später meinen konnten, sie hätten zusammen mit ihm das Abitur gemacht. Sein Banknachbar erinnert sich, daß Bauer in den mittleren Klassen einmal einen Vortrag über die mosaische Glaubenslehre gehalten hat. Dazu brachte er auch Matze mit, das ungesäuerte Brot für das Passah-Fest. Den Mitschülern schmeckte es nicht, sie formten Kügelchen daraus und bewarfen sich damit gegenseitig. Das geschah aber nicht aus feindlicher Absicht einem jüdischen Mitschüler gegenüber, sondern bewies nur Ignoranz und Übermut. Als ein Mitschüler einmal Leo Bauer in Bezug auf die Vorliebe der ostjüdischen Küche für Knoblauch unfein karikierte, erteilte ihm der Klassenlehrer als Strafe den Karzer. Ein jüdischer Schulkamerad der Parallelklasse erinnert sich an keine antisemitischen Vorfälle in der Schule. Das Verhältnis unter den Schülern scheint kameradschaftlich gewesen zu sein. Trotzdem bestanden unsichtbare Grenzen — zumindest Bauer betreffend. Offenbar pflegte er keine nichtjüdischen Mitschüler nach Hause einzuladen und nahm in den unteren Klassen, wie die meisten jüdischen Schüler, auch nicht an den Fahrten ins Schullandheim teil. Für Bauers Banknachbar sah es so aus, daß sich die jüdischen Schulkameraden etwas abseits hielten, auf dem Schulhof absonderten, und daß man nicht zu den Geburtstagen eingeladen werden konnte.
Für eine Eigenschaft war der Schüler Leo Bauer fast sprichwörtlich bekannt: seine schulische Faulheit. So finden wir in einer Klassen-„Zeitung" vom Frühjahr 1929 folgende Annonce:

> „Erteile Privatstunden, von seinem Nachbar nützlich abzuschreiben!
> Jahrelange Praxis!
> Glänzende Erfolge!
> L. Bauer
> Maxstr. 10" [tatsächlich: 7]

Aber die Lehrer merkten das offenbar, und sie setzten Bauer mit einem Kameraden zusammen, der als ebenso „faul" galt. Den Lehrern und Mitschülern war klar, daß es nicht die Intelligenz war, die fehlte. Bauer wollte nicht, er verweigerte die Leistung. Besondere Schwierigkeiten hatte er in Mathematik und dem Fleißfach Latein. In den anderen Fächern konnte er sich, wie er selbst schreibt, durch Redegewandtheit und Frechheit durchmogeln. An den üblichen Pennäler-Streichen beteiligte sich Bauer wenig. Das trug ihm im Sommer 1929 ein hintergründiges „Lob" seiner Klassenkameraden ein. In dem Tafellied, das im Schullandheim gedichtet wurde, lautet die ihn betreffende Strophe:

> „Leon Bauer tugendsam. Juppheidi . . .
> Von ihm niemals Kunde kam . . .
> Von irgend einem dummen Streich
> Dieser scheint den Engeln gleich."

Das Realgymnasium galt im Bewußtsein der meisten Chemnitzer Zeitgenossen als „unpolitisch". Nur sehr wenige Schüler interessierten sich für politische Zeitfragen. Viele waren in den Pfadfindergruppen des Christlichen Vereins Junger Männer organisiert und begeisterten sich für Zeltlager, Lagerfeuer und Orientierungsspiele mit Kompaß und Karte. Daneben gab es als überkonfessionelle „gottlose" Konkurrenz auf gleichem Feld die Deutsche Freischar, eine ausgesprochen bündische Jugendorganisation. Keiner der acht befragten Klassen- und Schulkameraden kann sich daran erinnern, daß Bauer Mitglied der Sozialistischen Arbeiterjugend der SPD (SAJ) gewesen sei oder daß er zu den wenigen Dutzend Mitgliedern der Sozialistischen Schülergemeinschaft der SPD (SSG) in Chemnitz gehörte. Beide Gruppierungen traten an der Schule nicht öffentlich in Erscheinung, ebensowenig wie die wenigen Oberschüler, die sich hierzu zählten. Einem der Mitschüler war es damals bereits bekannt, daß sich Bauer mit sozialistischen Ideen trug und ein anderer, der den gleichen Schulweg mit ihm teilte, erinnert sich, daß sich Bauer gerne mit „Problemen" beschäftigte.

Leo Bauer hielt seine politischen Aktivitäten offenbar vor den Schulkameraden versteckt. Auf welche Weise fand er aber zu einer Orientierung, die weder vom Elternhaus noch von der Schule aus angelegt war, sondern die in einem deutlichen Gegensatz zu ihnen stand? Hierüber hat er wenig erzählt, was einer genauen Prüfung standhält. Vieles weist aber darauf hin, daß das auslösende Moment seines politischen Interesses in einem Konflikt zu suchen ist, der sowohl soziale als auch psychologische Aspekte hatte.

Der Konflikt mit dem Vater

> „Die vom Vater stets wiederholte Behauptung, wer im Sinne der Gebote Gottes lebe, würde belohnt werden, konnte natürlich von Ludwig nur als eine diesseitige Belohnung angesehen werden. Dies

wurde denn auch die Ursache für die ersten Zweifel. Der Wohlstand zu Haus erschien als die normale Belohnung für ein Leben im Sinne Gottes. Das Bild änderte sich bald. Der Vater blieb der Gleiche, er bemühte sich weiter, gerecht und gut zu sein. Er betete und versuchte, nichts Schlechtes zu tun, und doch wurde er ein Anderer. Plötzlich waren die Zeiten vorbei, in denen er mit unendlich viel Geduld die vielen Fragen seines Sohnes beantwortete, mit ihm Spaziergänge machte, ihm die Geheimnisse der Natur erklärte, sich mühte, dem Kinde die Schönheiten der Musik und eines guten Buches beizubringen. Vorbei waren die Zeiten, da der Vater mit dem Sohn zusammen bastelte oder den Sportplatz besuchte. Der Vater wurde nervös und leicht erregbar. Das Kind hatte den Eindruck, daß der Vater gar nicht mehr die aufkommenden Fragen beantworten wollte oder konnte. Oft lauschte der Junge ungesehen den Diskussionen zwischen Mutter und Vater und manchmal glaubte er auch hier den Vorwurf zu hören: Die Kinder sind überflüssig auf der Welt! Was waren die Ursachen für diesen Wechsel? Das Glück hatte den Vater verlassen. In den harten Jahren der Inflation verlor er seine Stellung. Schritt für Schritt wurde das Leben ärmer. Der Vater war den harten Kampfbedingungen des Wirtschaftskampfes jener Zeit nicht gewachsen. Vielleicht widerstrebten ihm die Mittel, die angewandt werden mußten, um ‚oben' bleiben zu können und um durch das Elend der Gesamtheit noch reicher zu werden. Aber welches auch immer die Gründe gewesen sein mögen, die Tatsache war zu verzeichnen, daß plötzlich das Sattwerden ein großes Problem geworden war, daß den Kindern nicht mehr alle Wünsche erfüllt werden konnten und daß dem jungen Ludwig Bergmann, der, da der Schein des bürgerlichen Wohlstands aufrecht erhalten bleiben mußte, trotz Not gerade zur höheren Schule geschickt wurde, nun auch der Unterschied zwischen den für die höhere Schule Auserlesenen selbst in äußerlichen Dingen sichtbar wurde. Da begann der Zweifel — instinktiv zuerst, aber doch lebendig: warum diese Änderungen? Warum hat Karl alles? Warum wird er mit dem Auto zur Schule gebracht und warum konnte er nicht einmal ein Fahrrad besitzen? Stimmt es denn wirklich, daß man von Gott belohnt wird, wenn man in seinem Sinne lebt? Das Jenseits, mit dem sich der Vater tröstete und auf das er in Beantwortung der zweifelnden Fragen seines Sohnes hinwies, war weit weg. Der Junge wollte leben. Er wollte teilhaben an dem, was ihm von seinem damaligen Standpunkt aus als lebenswert, als schön und als notwendig erschien."

Leo Bauer wollte am Leben teilhaben, und etwas schien ihm von einem gewissen Alter an alle Wege zu verbauen oder wie ein Klotz an den Beinen zu hängen: die kleinbürgerliche ostjüdische Herkunft, wie sie in der Person des Vaters vor ihm stand. Der Sohn war in den Jahren der Pubertät. Und hiermit ist nicht etwa bloßer Trotz oder ähnliches gemeint, sondern der unvermeidliche, widerspruchsvolle Prozeß der Ablösung der Kinder von den Eltern und der Abschied der Eltern von den falschen Vorstellungen, die sie sich über ihre Kinder machen. Für das Kind Leo war es leicht, den Eltern zu gefallen. Es lernte schnell, ob nun hebräische Psalmen oder jiddische Lieder und das Geigespiel. Der Sohn wird die Eltern genauso wie später noch viele andere Menschen durch seine Auffassungsgabe und seine Intelligenz, durch Ideenreichtum, Temperament sowie durch seine schauspielerische und rhetorische Begabung begeistert haben. Von dem, was er später erzählte, wissen wir, daß er die Haupt- und Sonderrolle unter den Geschwistern spielte.

Die Eltern lebten zurückgezogen und nahmen auch wenig am öffentlichen Leben oder an Gemeindeaktivitäten teil. Als Bauer nun in das Alter kam, in welchem die Rolle des eigenen Vaters in Frage gestellt wird, griff er die eine der beiden Säulen an, die das Selbstverständnis des Vaters trugen, die religiöse Überzeugung und Tradition, und brachte damit auch die andere Säule, seinen Glauben an die Familie, ins Wanken. Es ist sehr gut möglich nach allem, was man über die Generationskonflikte in Emigrantenfamilien weiß, daß Bauer gerade vor dem Vater die ganze religiöse Tradition für dessen vermeintliches Versagen im Erwerbsleben verantwortlich machte.

„Der Vater war den harten Kampfbedingungen des Wirtschaftskampfes jener Zeit nicht gewachsen", stellt der Sohn nach Jahrzehnten scheinbar nüchtern fest. Der sensible Junge wird die Widersprüche in der Existenzweise seines Vaters aufgegriffen haben, die nicht nur darin lagen, daß „der Schein des bürgerlichen Wohlstands aufrecht erhalten bleiben mußte", sondern die aus dem gesamten kulturellen Spannungsverhältnis herrührten. Beispielhaft sei hier noch einmal auf die Namensänderungen des Vaters hingewiesen.

Der Vater wiederum wird wahrscheinlich von seinem Sohn tief enttäuscht gewesen sein. Hatte er ihm nicht trotz der Not den kostspieligen Schulbesuch in der höheren Schule ermöglicht und bekam nun zu hören, daß er dies nur tun würde, um die brüchige Fassade seiner kleinbürgerlichen Existenz aufrecht zu erhalten? Es ist nicht verwunderlich, daß der Vater „nervös und leicht erregbar" wurde und der Sohn seinen Worten entnahm: „Die Kinder sind überflüssig auf der Welt". Es mußte so aussehen, als sei aus dem lieben und begabten Kind ein Egoist mit Staralllüren geworden, ein Kuckuck im Nest, der nur das Maul aufsperrte. „Leo muß ein sehr ungebärdiges Kind gewesen sein", schloß Bauers langjährige Freundin Ilse Beck später aus seinen Erzählungen. Wie stellte es sich aber umgekehrt dar, wenn wir die Partei des Sohnes ergreifen? Die Eltern erwarteten viel von ihm. Es schien ihnen ganz selbstverständlich, daß er brillierte. Der Vater wird erwartet haben, daß sein Sohn erfolgreich war. Dazu schickte man ihn auf die Höhere Schule, damit er Dinge lernte, die kaum einem Menschen aus Skalat je bekannt gewesen waren. Wir dürfen annehmen, daß weder Vater noch Mutter die Höhere Schule besucht hatten.

Wie konnte aber der Sohn unter dem Druck der nicht-jüdischen Umwelt in der Schule erfolgreich sein und sich anpassen und gleichermaßen in der Tradition des Elternhauses leben? Er merkte ja sehr deutlich, unter welchen Schwierigkeiten der Vater diese Widersprüche zu lösen versuchte. Vieles an der Glaubenspraxis seines Vaters wird ihm entweder als rückständig oder als widersprüchlich erschienen sein. Es wird laufend Reibungspunkte im täglichen Leben gegeben haben.

Als Bauer später einmal, als er bereits in Berlin wohnte, nach Chemnitz auf Besuch kam und er seinem Vater von seinem Leben erzählte, soll dessen fassungslose Reaktion in dem Satz bestanden haben: „Dann ißt Du wohl jetzt auch Schweinefleisch!"

Was der Vater im Grunde von seinem Sohn erwartete, war nichts weniger, als daß er ohne innere und äußere Konflikte an zwei Kulturkreisen und Schicksalsgemeinschaften gleichzeitig teilnahm und dabei eine eigene bürgerliche Identität in einer bedrohten und anscheinend untergehenden kleinbürgerlichen Welt fand.

Hilde Landauer hat diesen Konflikt 1927 — mit zionistischer Wertung — folgendermaßen beschrieben:

> „Die Zionisten versuchen (diese Spannung aufzuheben) durch Rückführung der Juden in eine geschlossene Volkheit, die Orthodoxen durch reine Arterhaltung in der festen Grenze der absolut jüdischen Lebensführung, die Liberalen behaupten, ihn gelöst zu haben, indem sie ganz Juden und ganz Deutsche zu sein erklären. Als eine Zwischenerscheinung ist der wurzellose Jude zu betrachten, der an einer Lösung dieses Schicksals überhaupt resigniert. Diesen länger gewohnten und beobachteten geistigen Erscheinungsformen tritt allmählich eine neue an die Seite, der Jude, der den Zwiespalt nicht schlechthin aufzuheben trachtet, nicht ungesehen machen will, sondern der ihn bewußt zur Grundlage wählt. Dieser Typus knüpft an den entwurzelten Juden an und geht über ihn hinaus."

Welchem „Typus" ist nach dieser Einteilung Leo Bauer zuzurechnen, für welchen Weg hat er sich entschieden? Er schreibt, daß er in dieser Zeit viel las, und hebt einige literarische Erlebnisse hervor, die ihn damals besonders beeindruckten. Eine besondere Rolle spielte nach seinen Angaben ein Lehrer, bei dem Bauer die rückhaltlose Bestätigung fand, die er in seiner Zerrissenheit brauchte.

„Durch den Lehrer erhielt er auch recht frühzeitig den ‚Jean Christophe' zur Lektüre und der Lehrer machte ihn mit der großartigen Gestalt eines Romain Rolland vertraut. Unnötig zu sagen, wie begeistert Bergmann von diesem Buch war, wie es ihn beeindruckte, wie er die zentrale Gestalt liebte und wie er von dem Werk beeinflußt wurde."

Mit der Gestalt des Jean Christophe aus dem gleichnamigen Roman von Rolland hat sich Bauer offenbar identifizieren können. Jean Christophe war ein ungeliebtes, unglückliches Kind, das mit der Schule und seiner Umwelt die größten Probleme hatte. Im Roman wird die Entwicklungsgeschichte von Jean Christophe verfolgt. Er bricht aus seiner Welt aus, reist durch Europa auf der Suche nach höheren Harmonien. In Paris schließt er sich für einige Zeit der Arbeiterbewegung an.

Bauer las sich außerdem nach seinen eigenen Angaben durch die ganze Palette der linksbürgerlichen und revolutionären zeitgenössischen Autoren. Hier entdeckte er für sich den Sozialismus. Was ihn an sozialistischen Gedanken offenbar am meisten faszinierte, läßt sich mit drei Sätzen umschreiben: Das war erstens die radikale Kritik an den bestehenden Verhältnissen, als deren besonderes Opfer sich Bauer zunehmend begriff. Hier fand er intellektuell einleuchtende und erleuchtende Erklärungen der „objektiven Gesetze der Wirklichkeit", unter der er litt. Zweitens wurde ihm hier eine Kampfesperspektive aufgezeigt für die individuelle Behauptung in dieser Welt. Drittens leuchtete damit als Silberstreif am Horizont eine große Utopie der menschlichen Brüderlichkeit, der gesellschaftlichen Harmonie auf, die jedem, der daran glaubte, ein persönliches Aufgehobensein versprach. Und so geriet Leo Bauer an die Politik.

II. Eine Jugend in der organisierten Arbeiterbewegung

In der Sozialistischen Jugendbewegung

An die Stelle des Vaters trat also ein Lehrer. Dieser Lehrer, kein Pauker, wie Bauer betont, gestaltete den Unterricht in einer Art und Weise, die seinen Schülern Spaß machte, er vermittelte im Deutschunterricht nicht nur die Literatur, sondern verstand es auch, die Zeit ihrer Entstehung oder die Zeit ihrer Handlung begreifbar und nachvollziehbar zu machen. Er wurde, wie Leo Bauer später schrieb, für ihn „das Vorbild, das jeder junge Mensch braucht".

> „Er beantwortete im Gegensatz zum Vater die zweifelnden Fragen Ludwigs mit der Marx'schen Darstellung des Ablaufs der Geschichte der Menschheit und der Darlegung der wirklichen Ursachen der Ungerechtigkeiten und sozialen Unterschiede zwischen den Menschen. Er machte als erster Bergmann mit der theoretischen Literatur des Sozialismus vertraut, gleichzeitig aber auch mit den Schriftstellern und Dichtern jener Zeit, die sich zum Sozialismus und damit als Feinde des Nationalismus bekannten. Für die Schulaufgaben blieb wenig Zeit. Bergmann war auch gar nicht an diesem Wissen interessiert. Mit Hingabe las er Dramen eines Toller, die Romane Alfred Döblins, die Erzählungen Nexös, die Anklagen Erich Mühsams, die Gedichte Kurt Tucholskis, Erich Weinerts. In den Werken Lion Feuchtwangers und Heinrich Manns studierte er die Auseinandersetzungen um die Lösung der sozialen Frage und begeisterte sich an der beißenden Gesellschaftskritik."

Dieser Lehrer, ein Sozialdemokrat und damit eine Ausnahme im konservativen Lehrerkollegium, bemühte sich besonders um Leo Bauer und beeinflußte ihn im Sinne des Humanismus und des Sozialismus. 1927, als Vierzehnjähriger, wurde Leo Bauer Mitglied der Sozialistischen Arbeiterjugend (SAJ), der Jugendorganisation der SPD. Neben dem erwähnten Lehrer ist von Leo Bauer die Erfahrung in der SAJ immer als besonders prägender Faktor für seinen politischen Werdegang hervorgehoben worden. Zu den führenden

Chemnitzer SAJlern wird Leo Bauer allerdings nicht gehört haben; denn niemand aus einem Kreis ehemaliger Chemnitzer SAJ-Funktionäre vermag sich an ihn zu erinnern. Inwieweit Leo Bauer der Übergang in das neue Milieu gelang, können wir nur vermuten. Einen negativen Faktor stellten nicht nur die religiöse Erziehung und die wohl noch nicht überwundene Bindung an die kulturelle Tradition des Judentums dar; auch die soziale Herkunft aus dem selbständigen Kleinbürgertum und seine eigene Stellung als Gymnasiast wirkten in der Gemeinschaft der jungen Sozialisten nicht gerade als Ausweis für „Stallgeruch" und Bewußtsein. Andererseits scheint sich Leo von Anfang an Mühe gegeben zu haben, sich zu integrieren, und beteiligte sich mit viel Engagement an den Unternehmungen der Chemnitzer SAJ.

„Als Fünfzehnjähriger fuhr ich Abend für Abend ins Erzgebirge, um dort mit Freunden gemeinsam für die Sache des Sozialismus zu werben. In den armen Dörfern begegnete ich dem Elend der Heimarbeiter, das sich kaum unterschied von den Schilderungen in Hauptmanns ‚Weber'. Die Menschen, die dort für Hungerlöhne arbeiteten, waren kaum für die Revolution, für den Sozialismus zu gewinnen. Sie gehörten religiösen Sekten an, waren verbittert und träumten vom Paradies im Jenseits. Wir aber wollten dieses Paradies bereits auf dieser Erde."

Leo Bauer avancierte sogar zum Leiter eines von der Chemnitzer SAJ veranstalteten Literaturkreises, in dem sich junge Menschen trafen, sich gegenseitig vorlasen und über das Gehörte diskutierten. Stephan Hermlin erinnert sich an eine Begegnung um 1928/29 in dieser Gruppe, bei der Bauer ihm durch übersteigertes Selbstbewußtsein und etwas übertriebene Geschäftigkeit aufgefallen sei. Arroganz ist häufig der Selbstschutz des leicht verletzlichen und verletzten Menschen. Bauer, dem in seinem weiteren Leben immer wieder Vorwürfe dieser Art gemacht wurden, scheint uns ein typisches Beispiel zu sein.

Als Leo Bauer den Schritt in die der SPD verbundene Jugendbewegung tat, befand sich diese bereits seit einiger Zeit in einer Krise. Die Mitgliederzahl, 1921/22 noch bei 80—90.000, hatte sich in den folgenden fünf, sechs Jahren halbiert. Es gelang der Jugendorganisation der SPD — die SAJ sollte die Vierzehn- bis Achtzehnjährigen organisieren — immer weniger, sich als Interessenvertreter junger Menschen darzustellen und zu einer Massenorganisation zu werden.

Ein Grund für das Scheitern der SAJ bei der Werbung um Jugendliche lag im Erscheinungsbild der Mutterpartei begründet sowie in der Art und Weise, wie die Sozialdemokratie mit jungen Menschen umging. Die relative Überalterung der SPD in der Weimarer Republik (das Durchschnittsalter der Mitgliedschaft lag bei 42,5 Jahren) im Vergleich mit KPD und NSDAP sahen vor allem viele junge Menschen auch als Grund für die „Verkalkung" der Partei im politischen Leben. Sie erlebten eine Partei, deren Funktionäre großenteils noch zur Generation der Vorkriegssozialdemokratie gehörten und mehr oder weniger selbstzufrieden auf die Errungenschaften der Bewegung zurückblickten, auf das Erreichte stolz waren und mit Unverständnis auf die Probleme der Jungen reagierten. Dieses Unverständnis und die Kluft zwischen den Alten und den Jungen zeigt sich exemplarisch in einer Rede des Parteivorsitzenden Otto Wels auf dem Kieler Parteitag der SPD 1927. An die sozialdemokratische Jugend gewandt, erklärte Otto Wels:

> „Auch ich war ein Stürmer und Dränger in meiner Jugend. Aber ich will Euch ehrlich sagen: Sowohl in der Gewerkschaft wie in der Partei war für uns immer der Gedanke der Gemeinsamkeit, für mich persönlich vor allem der Gedanke des autoritären Glaubens an die große Mission der Arbeiterklasse, untrennbar verbunden mit dem Vertrauen zu den Führern, die die Arbeiterklasse selbst an ihre Spitze gestellt hatte."

Mit dieser Haltung konnte die SPD verständlicherweise wenig Begeisterung bei der rebellischen Jugend hervorrufen, die sich dann auch eher von kommunistischen (oder auch nationalsozialistischen) Jugendorganisationen angesprochen fühlte, von Organisationen, die, wie Sigmund Neumann schreibt, „bedenkenlos die radikale Tat proklamieren und mit Aufmärschen und Symbolen an das Gefühl appellieren". Die Sozialdemokraten hielten zwar auch mit geradezu preußischer Pflichttreue ihre traditionellen Kundgebungen ab, diesen fehlte aber „der Schwung grenzenloser Begeisterung, der die Jugend mitreißt".

Die Jugendlichen, die sich wie Leo Bauer durch die SAJ angezogen fühlten, stellten also eine spezifische Auslese dar. Die SAJ-Mitglieder kamen häufig aus sozialdemokratischen Elternhäusern, sie waren in ihrer überwiegenden Mehrzahl junge Arbeiter; Angestellte oder höhere Schüler bildeten die Ausnahme. Von vielen wurde die Mitgliedschaft beinahe als erblich aufgefaßt. In zahlreichen SAJ-Gruppen waren Alkohol und Nikotin verpönt, die Bildungsarbeit stand fast immer im Vordergrund der gemeinsamen Arbeit. Die politische Bildungsarbeit sei für die SAJ, so das ehemalige Dresdener SAJ-Mitglied Arno Behrisch, „das strategisch wichtigste Element zur Überwindung von Unverstand, Ungerechtigkeit und Ungleichheit in der Gesellschaft" gewesen. Man las und besprach gemeinsam die sozialistischen Klassiker und auch moderne sozialkritische Literatur, man besuchte Diskussions- und Schulungsveranstaltungen, aber auch Theateraufführungen und Konzerte. Die Mitglieder der SAJ standen in ihrer Mehrheit seit Mitte der zwanziger

Jahre in kritischer Distanz zur SPD, und der Weg von vielen führte durchaus nicht automatisch in die Partei, wenn sie das Mitgliedsalter erreicht hatten. Ebensowenig wie die Jugendorganisationen anderer Parteien war die SAJ in der Lage, eine erfolgreiche Massenpolitik zu betreiben. Ihr Organisationsleben sprach trotz, teilweise wohl auch wegen der jugendbewegten Geselligkeit in Zeltlagern und bei Festen, auf denen zur Klampfe Volks- und Arbeiterlieder gesungen wurden, immer nur eine kleine Minderheit der jungen Menschen an. Ihr Ziel, wenigstens ein Zehntel der Mitgliedschaft zu erreichen, die die SPD hatte, konnte sie nicht erreichen.

Von der SPD zur SAP

Von früheren Schulfreunden Bauers wissen wir, daß er in der Obersekunda, der 11. Klasse, „sitzenblieb". Es kommt häufig vor, daß auch Schüler, die durch mangelnden Fleiß ihre Mißachtung der Institution Schule und der durch sie verkörperten Art der Wissensvermittlung demonstrieren, ein Scheitern am Ende des Schuljahres — verbunden mit der Notwendigkeit, die vertraute Klassengemeinschaft zu verlassen — als schwere Demütigung empfinden. Im Falle Leo Bauers traf dieses Schicksal einen Jugendlichen, der seit Jahren dabei war, sich vom Elternhaus und dem durch dieses repräsentierten Herkommen, von unreflektiert übernommener Tradition und nicht hinterfragter Autorität, abzulösen. Andererseits mag die Arbeit in der SAJ Leo die Vorstellung vermittelt haben, als warteten auf ihn größere Aufgaben, als in Chemnitz eine lokalpolitische Karriere zu machen. Jedenfalls ging er von der Schule ab und siedelte nach Berlin über.
Nach manchen Auskünften folgte er dem bewunderten Lehrer. Dafür haben sich aber — auch durch Befragung seiner Schulkameraden — keinerlei Belege finden lassen — zumal die Identität des Lehrers nicht eindeutig zu klären ist. Wie auch immer: wir nehmen an, daß das „Sitzenbleiben" beim jungen Leo Bauer massive Selbstzweifel auslöste, auf die er mit einem Ortswechsel und dem festen Vorsatz, die Reifeprüfung ohne Verzögerung abzulegen, reagierte. Nach dem Motto: jetzt erst recht.
Leo Bauer schaffte es, in einer kleinen Privatschule am Nürnberger Platz den schulischen Stoff in verkürzter Frist nachzuholen — vermutlich ab Herbst 1930 — und im Frühjahr 1932, sozusagen rechtzeitig, sein Abitur zu machen. Danach studierte er bis zu seiner Relegierung von der Universität 1933 Jura und Nationalökonomie. Seine finanziellen Verhältnisse müssen wir uns als äußerst angespannt vorstellen. Es ist höchst zweifelhaft, ob er von seinem Vater unterstützt wurde; in jedem Fall mußte er als Werkstudent regelmäßig Geld verdienen, um seinen Lebensunterhalt zu sichern. Häufiger arbeitete er

als Möbelpacker. Zu seinem Glück lernte Leo Bauer über einen Schulkameraden die wohlhabende jüdische Familie Kochmann kennen, die ihn — trotz seiner radikalen Anschauungen — häufig zum Essen einlud und ihm sogar eine Unterkunft am Bayerischen Platz, in einer durchaus bürgerlichen Wohngegend, besorgte.

Berlin war damals nicht nur Sitz der Reichsregierung und der meisten reichsweiten Behörden und Organisationen, sondern auch intellektueller und kultureller Mittelpunkt und nicht zuletzt Zentrum des Bankwesens Deutschlands und Drehscheibe der industriellen Ballungsgebiete des Reiches. Wer etwas werden wollte, ging nach Berlin.

Daß die Nazis in den Jahren ihres politischen Vormarsches Berlin als eine rote Festung sahen, die es zu schleifen galt, entsprach ganz der traditionellen Feindschaft, die antidemokratische und reaktionäre Kräfte in Deutschland gegen Berlin und seine Bevölkerung hegten: Bismarck erwog, den Regierungssitz des Reiches und Preußens an einen anderen Ort zu verlegen; nach dem Ersten Weltkrieg forderte die politische Entwicklung in Berlin den Protest der konservativeren Provinz heraus; ein Vertreter des rheinisch-katholischen Großbürgertums wie der damalige Kölner Oberbürgermeister Adenauer empfand Berlin in der Weimarer Zeit als „heidnische" und „asiatische" Stadt. In jedem Fall bestand dieselbe tiefe Abneigung gegen das politische und kulturelle Milieu Berlins, das neben einem überwiegend freisinnig-liberalen Bürgertum von einer extrem starken und fest verwurzelten Arbeiterbewegung geprägt war.

Als Leo Bauer nach Berlin kam, war er bereits Mitglied der SPD; er blieb auch in der Metropole politisch aktiv und orientierte sich an der sozialistischen Arbeiterbewegung, die in Berlin so stark war wie kaum irgendwo sonst in Deutschland. Sicherlich hatte Leo Bauer bereits in Chemnitz einen Eindruck von der Macht der deutschen Arbeiterbewegung bekommen, Sachsen und Thüringen waren traditionelle Hochburgen der Sozialdemokratie, und SPD und KPD erhielten bei Wahlen, insbesondere in den Städten, bis etwa 1930 zusammen in der Regel mindestens die Hälfte der abgegebenen Stimmen. Bei den Reichstagswahlen 1928 war die SPD im Wahlkreis Chemnitz-Zwickau mit 33,5 % der abgegebenen gültigen Stimmen stärkste Partei gewesen, auf die KPD waren 16,2 % entfallen, zwei Jahre später verlor die SPD und fiel auf 28,3 % zurück, die KPD gewann 2,3 % hinzu. In der Stadt Chemnitz erhielten die bürgerlichen Parteien 1929 bei den Wahlen zum Stadtparlament eine, wenn auch nur knappe, Mehrheit; sie stellten 31 Abgeordnete, die SPD 21 und die KPD 9.

Im Vergleich dazu war die Macht der Arbeiterbewegung in Berlin noch größer, ihre Bedeutung und ihre Rolle in der Politik noch augenfälliger. In den letzten Jahren der Weimarer Republik zählte die SPD 70 bis 80.000,

die KPD bis zu 30.000 Mitglieder. Legen wir die Ergebnisse der Reichstagswahlen zugrunde, so war die SPD im Dezember 1924 und im Mai 1928 mit rund einem Drittel der Stimmen stärkste Partei, bis sie dann von der KPD überrundet wurde. Diese wuchs bis zu den Novemberwahlen 1932 auf 37,7 % an und wurde auch bei den — nur noch dem Wahlakt nach freien — Reichstagswahlen vom 5. März 1933 ganz knapp von der NSDAP (31,3 %) überrundet. Eine Vielzahl von Kultur- und Freizeitorganisationen, von Festen, Versammlungen, Demonstrationen und politischen Initiativen, von Wohnsiedlungen, Kneipen und Parteihäusern sorgte dafür, daß die Präsenz und die Ansprüche von Sozialdemokraten und Kommunisten nicht zu übersehen waren. Beide Parteien hatten zudem in der Reichshauptstadt ihre zentralen Parteiapparate, ihre wichtigsten Verlage und Presseunternehmen mit jeweils mehreren tausend Angestellten. Seit Ende der zwanziger Jahre hatte der Konkurrenzdruck der KPD auf die SPD immer mehr zugenommen und von 1929 an hatten die Kommunisten den Sozialdemokraten als stärkste Partei in Berlin den Rang abgelaufen.
Seit 1928, seit dem Wahlsieg der SPD bei den Reichstagswahlen im Mai und der anschließenden Kanzlerschaft des Sozialdemokraten Hermann Müller in einer Großen Koalition, nahm die Opposition gegen die Regierungspolitik innerhalb der Partei immer mehr zu. Die Wahlparole der SPD: „Für Kinderspeisung, gegen Panzerkreuzer!" hatte die Wähler, insbesondere aber die strikt antimilitaristisch eingestellten jungen Sozialdemokraten in der SAJ und in der Organisation der Jungsozialisten angesprochen; umso tiefer war die Enttäuschung, als die sozialdemokratisch geführte Reichsregierung dann doch den Bau des Panzerkreuzers A bewilligte. Als dann auf dem Magdeburger Parteitag im Mai 1929 die „Richtlinien zur Wehrpolitik" beschlossen wurden, in denen es zwar hieß, Deutschland sei „die historische Mission zugefallen, Vorkämpferin der internationalen Abrüstung zu sein", in denen aber gleichzeitig erklärt wurde, es drohten durch die Machtpolitik imperialistischer und faschistischer Staaten noch konterrevolutionäre Interventionen und Kriege, so daß die deutsche Republik eine Wehrmacht zum Schutze ihrer Neutralität und der politischen, wirtschaftlichen und sozialen Errungenschaften der Arbeiterklasse brauche, gab es bereits starken Widerstand gegen die Mehrheitsmeinung. Für den Antrag, die SPD solle aus der Koalitionsregierung austreten, da mit dieser keine sozialdemokratische Politik für Abrüstung und gegen die Abwälzung der (bereits vor dem New Yorker Börsenkrach vom Oktober 1929 spürbaren) Wirtschaftskrise auf die Arbeiterklasse möglich wäre, stimmten immerhin 119 Parteitagsdelegierte; 178 stimmen dagegen.
Im März 1930 trat die Regierung Hermann Müller dann doch zurück, weil ihre sozialdemokratischen Mitglieder nicht bereit waren, weitere Konzessio-

nen bei der Finanzierung der Arbeitslosenversicherung zu machen, und eine Zeitlang schien es, als sei die drohende Spaltung der SPD durch ihre klare Oppositionshaltung gegen die neu gebildete Minderheitsregierung Heinrich Brünings (Zentrum) beseitigt. Doch die innerparteilichen Gegensätze brachen umso schärfer hervor, als die SPD nach den Reichstagswahlen vom 15. September 1930, die ihr Stimmenverluste, der KPD hingegen deutliche Gewinne einbrachten und die NSDAP zur zweitstärksten Fraktion im Reichstag werden ließen, beschloß, die neue, wieder von Brüning geführte Minderheitsregierung zu tolerieren, um — wie es hieß — Schlimmeres zu verhüten.

Die Linken in der SPD-Reichstagsfraktion, die ihre Kritik an der Haltung ihrer Fraktionskollegen vor allem in der seit dem Oktober 1927 erscheinenden Halbmonatsschrift „Der Klassenkampf — Marxistische Blätter" publizierten, blieben immer häufiger Abstimmungen im Reichstag fern, um nicht zusammen mit ihren Genossen die von ihnen für falsch gehaltene und bekämpfte Politik der SPD mitzubeschließen. Am 20. März 1931 brachen dann neun linke SPD-Abgeordnete das „heilige Gesetz" der Fraktionsdisziplin und stimmten im Plenum gegen die erste Rate für den Bau des Panzerkreuzers B, 18 weitere SPD-Abgeordnete blieben der Abstimmung fern, obwohl die Fraktion zuvor im Verhältnis drei zu zwei beschlossen hatte, sich der Stimme zu enthalten, um den Sturz der Brüning-Regierung zu verhindern. Auf dem Leipziger Parteitag der SPD, der vom 31. Mai bis 5. Juni 1931 stattfand, saßen die Linken, die sogenannte „Klassenkampf-Gruppe", auf der Anklagebank. Obwohl auf dem Parteitag die Spaltung noch vermieden werden konnte, war die Unduldsamkeit der Mehrheit gegenüber der oppositionellen Minderheit unübersehbar. Diese Haltung fand ihren deutlichsten Ausdruck in der Auflösung der „Jungsozialisten", deren Kritik und deren Alleingänge sich die SPD nicht mehr länger bieten lassen wollte.

Es dauerte nur noch eine kurze Zeit, bis die Gegensätze in der SPD mit dem Ausschluß einer Reihe bekannter Sozialdemokraten Ende September 1931 ihren Höhepunkt fanden, so daß am 2. Oktober als Reaktion darauf in Breslau die erste Ortsgruppe der Sozialistischen Arbeiterpartei Deutschlands (SAP) gegründet und am 4. Oktober die neue Partei offiziell auf Reichsebene proklamiert wurde.

Der sächsische Reichstagsabgeordnete der SPD, Max Seydewitz, nach seinem Parteiausschluß einer der Führer der SAP, hatte insbesondere unter den jungen Berliner Sozialdemokraten eine breite Anhängerschaft. Obwohl die Berliner SPD im Reichsmaßstab als ein linker Bezirksverband galt und obwohl hier die Opposition zur offiziellen Parteilinie der Tolerierungspolitik weit verbreitet war, hielten sich die Mitgliederverluste der Partei durch die Gründung der SAP in Grenzen.

Als sich Leo Bauer 1931 der SAP anschloß, gehörte er zu einer kleinen Minderheit in der Berliner SPD. Selbst die SAJ verlor nur etwa 800 ihrer 4.250 Mitglieder, obwohl eine klare Mehrheit eher mit der Politik der SAP als mit der der SPD sympathisierte. Der erwartete Massenübertritt aus den Reihen der SAJ in die SAP fand hier nicht statt, weil es der Berliner Führung der Jugendorganisation gelungen war, erfolgreich für ihre Vorstellung zu werben, daß es darauf ankäme, im Rahmen der SPD für die sozialistischen Ziele zu arbeiten.
Leo Bauers Beitritt zur SAP war nicht das Ergebnis theoretischer Überlegungen zur Politik des SPD-Parteivorstands, er handelte eher emotional. Er war in Chemnitz in einem linken SPD-Bezirk groß geworden, hatte Diskussions- und Schulungsveranstaltungen mit linken Sozialdemokraten, wie beispielsweise Walter Fabian, besucht und war dort in seinen Hoffnungen und Erwartungen auf die soziale Revolution bestärkt worden.

> „Die Weltwirtschaftskrise mit ihren furchtbaren Auswirkungen für Deutschland, die Millionen Arbeitslosen — sie prägten das politische Bild und unsere Hoffnung, die Endkrise des Kapitalismus sei angebrochen. Die Zeit sei reif für den Sozialismus. Wir jungen — wir forderten von der SPD, daß jetzt der Kampf für das große Menschheitsideal aufgenommen werden müsse."

Stattdessen mußten sie erleben, daß die Partei schwächlich auf den Aufstieg des Nationalsozialismus reagierte und die Linken aus der Partei ausschloß. „Wir waren bereit", so wieder Leo Bauer, „mit allen Mitteln die Republik zu verteidigen und für den demokratischen Sozialismus zu kämpfen. Wir erlebten jedoch, wie die Führung der SPD, aus welchen Gründen auch immer, zwar von der Verteidigung der Republik sprach, deren Unterminierung jedoch tolerierte." Leo Bauer hatte sich auch in Berlin den Linken in der SPD angeschlossen, und es war das Vorbild von älteren Genossen gewesen, das ihn in seinem Weg zumindest bestärkte und dann auch weitertrieb.
Die Entwicklung der SAP ließ sehr bald zweierlei deutlich werden: Hier hatten sich Sozialisten mit sehr unterschiedlichen Vorstellungen gefunden, weil sie weder in der Politik der SPD noch in der der KPD eine adäquate Antwort auf die Situation der deutschen Arbeiterklasse unter der doppelten Bedrohung von Wirtschaftskrise und Faschismus sahen, für die allerdings diese Negativbestimmung die wichtigste Gemeinsamkeit war. Ansonsten zeigte sich, daß es sich bei der Arbeitsgemeinschaft für linkssozialistische Politik, dem Sozialistischen Bund, der Rest-USPD, dem Internationalen Sozialistischen Kampfbund (ISK), dem Rote-Kämpfer-Kreis, dem Lenin-Bund, den Trotzkisten, der KPD-Opposition (KPO) und diversen kommunistischen Sekten, die vor allem aus der rätekommunistischen KAPD hervorge-

gangen waren, um Organisationen handelte, die zwar alle in der SAP eine lebendige Strömung und teilweise den Kristallisationspunkt einer neuen Massenpartei sahen, die aber unmöglich ihre unterschiedlichen Auffassungen auf eine Linie bringen konnten. Erst in den folgenden Monaten und Jahren vollzog sich die programmatische Vereinheitlichung der kleinen Partei in Richtung des „revolutionären Marxismus". Die Mehrheitsfraktion der SAP bestand schon im Frühjahr 1932 aus ehemaligen „Rechtskommunisten" der KPO und den aus der SPD kommenden jüngeren Sozialisten. Ein rechter Minderheitsflügel vertrat eher traditionell linkssozialdemokratische und pazifistische Gedanken. Eine vor allem durch die Führung vertretene Zentrumsgruppe lavierte zwischen den Flügeln, stand aber der „Rechten" politisch näher als der „Linken". Obwohl auch viele Mitglieder der SPD und der KPD mit der Politik ihrer Parteien tief unzufrieden waren, gelang es der SAP nicht, sich zwischen den beiden Großen zu etablieren. Ihre Gründung wurde eher als weitere Zersplitterung erlebt. Zu einer einzigen großen desillusionierenden Enttäuschung geriet der SAP die Beteiligung an den Landtagswahlen Ende 1931 und insbesondere den Wahlen vom 24. April 1932 in Preußen, Bayern, Württemberg, Anhalt und Hamburg, bei denen nahezu 80 % aller deutschen Wähler zur Urne gerufen wurden. Die SAP erhielt hier insgesamt weniger als 100.000 Stimmen und blieb in allen Ländern zwischen 0,3 und 0,4 % der abgegebenen gültigen Stimmen. Das war ein Fiasko, über das die folgenden Versuche, die Bedeutung des Ergebnisses mit der Erklärung zu bagatellisieren, die Entscheidung falle im Klassenkampf und nicht in den Parlamenten, nicht hinwegtäuschen konnte. Da die folgenden Wahlen des Jahres 1932 noch schlechtere Resultate brachten und auch die Mitgliederentwicklung — bis auf rund 25.000 einschließlich des Jugendverbandes — weit hinter den Erwartungen zurückblieb, zudem SPD und KPD ein gemeinsames Interesse an der Isolierung der SAP hatten, war das Scheitern der neuen Partei bereits Mitte 1932 deutlich absehbar.

Ein junger kommunistischer Kader

Für Leo Bauer war die SAP nur eine kurze Übergangsstation. Er fühlte sich von der Zerstrittenheit, der Theoretisiererei und der Macht- und Einflußlosigkeit der SAP zunehmend abgestoßen. Den ersten Parteitag vom 25. bis 28. März 1932 in Berlin erlebte er als eine „groteske" Veranstaltung, auf der sich die unterschiedlichen Fraktionen bekämpften und angesichts der drohenden faschistischen Gefahr noch vermeintlich sinnlose theoretische Diskussionen um Begriffe führten.
Bauer schloß sich der auf dem äußersten linken Flügel der SAP stehenden Gruppe um Gertrud Düby und Fritz Rück an, die aus ihren Sympathien für

die KPD und die Sowjetunion keinen Hehl machte. Und als Gertrud Düby, die Leo Bauer als seine „große Mentorin" bezeichnet, im Juni 1932 zusammen mit anderen von der SAP zur KPD übertrat, folgte Bauer ihrem Vorbild.

„Zwei Gründe waren es, die mich reif für die Propaganda der Kommunisten machten — ihr scheinbar konsequenter Kampf gegen die Nazis und ihr begeistertes Eintreten für die soziale Revolution. Der Glaube an die bürgerliche Demokratie war verlorengegangen. Ich sah Schwäche und Hoffnungslosigkeit, ich sah keine Alternative zum Nationalsozialismus. Ich erlebte, wie die von mir verehrten Dichter und Schriftsteller von den Nazis als ‚Kulturbolschewisten' abgestempelt wurden: Thomas Mann, Heinrich Mann, Ernst Toller, Jacob Wassermann, Romain Rolland, Egon Erwin Kisch, [Johannes R.] Becher. Ihre Abstempelung als Bolschewisten konnte nur ein Grund mehr sein, mich für den Kommunismus zu begeistern. Und die Russen? Ich kannte die Werke der großen russischen Romanciers des vergangenen Jahrhunderts, ich kannte die Romane der revolutionären Schriftsteller, ich war von John Reeds ‚Zehn Tage, die die Welt erschütterten' begeistert. Die nachrevolutionären Filme, ob ‚Sturm über Asien' oder ‚Panzerkreuzer Potemkin' oder ‚Der Weg ins Leben', atmeten den revolutionären freiheitlichen Geist, nach dem ich mich sehnte ... In der Nähe des Bayerischen Platzes in Berlin, in der Wohnung eines Freundes, traf ich zum ersten Mal einen Mann des Apparates, der mich feierlich in die Partei aufnahm, mir aber gleich zu verstehen gab, daß ich vorerst für Sonderarbeit vorgesehen sei und deshalb am normalen Parteileben nicht teilzunehmen hatte."

Leo Bauer war nun Mitglied der KPD und als Student auch Mitglied des Kommunistischen Studentenverbandes und war es im eigentlichen Sinne auch wieder nicht, denn er gehörte dem illegal und konspirativ arbeitenden „Apparat" der Partei an, nahm also am Parteileben, an der zermürbenden Eintönigkeit des Zellenlebens, wie er es nannte, nicht teil.
Seit ihrer Gründung um die Jahreswende 1918/19 hatte die KPD streng konspirativ arbeitende Apparate unterhalten, die für spezielle Aufgaben zuständig waren. Und seit dem Zweiten Weltkongreß der Kommunistischen Internationale 1920 war die KPD als Sektion der Internationale verpflichtet, neben der legalen Parteiorganisation einen parallelen illegalen Organisationsapparat zu unterhalten, der „im entscheidenden Moment" der Partei behilflich sein sollte, in die Revolution einzugreifen. Erich Wollenberg, einer der führenden Militärfachleute der KPD in den Jahren der Weimarer Republik, berichtet von der Existenz von fünf KPD-Apparaten. Folgt man seinen Angaben, dann gab es zwischen 1919 und 1923 einen M-Apparat

(Militär-Apparat), einen N-Apparat (Nachrichten-Apparat), einen in enger Zusammenarbeit von KPD und dem sowjetischen Geheimdienst arbeitenden Apparat für Militär- und Wirtschaftsspionage, eine Militär-Politische (MP) Organisation und einen Terror-Apparat (T-Apparat), die alle mehr oder weniger durch Geldmittel finanziert wurden, die aus Moskau kamen.

In den Jahren 1924 bis 1928, in denen die revolutionären Aussichten aufgrund der relativ ruhigen gesellschaftlichen Entwicklung in Deutschland begrenzt waren, erhielt die konspirative Arbeit dadurch eine Fundierung, daß in einer deutschen Militärschule (M-Schule) beim Stab der Roten Armee in Moskau deutsche Kommunisten zu Bürgerkriegsspezialisten ausgebildet wurden. Einer der ersten Absolventen dieser Schule, Hans Kippenberger, der sich bereits während des Hamburger Aufstands im Oktober 1923 in leitender Funktion bewährt hatte und seitdem von der Polizei gesucht wurde, avancierte nach seiner Rückkehr nach Deutschland 1928 zum Leiter des M-Apparats, der aus Tarnungsgründen jetzt AM-Apparat (Anti-Militaristischer Apparat) hieß, nach seinem Leiter aber auch oft nur „Kippenberger-Apparat" genannt wurde.

Die Aufgaben dieses Apparats, der kein einheitliches Gebilde darstellte — zu jeder Zeit der Weimarer Republik bestanden wohl stets mehrere Organe nebeneinander, die auch teilweise unabhängig voneinander arbeiteten — waren vielfältig. Sie umfaßten Werks- und Militärspionage für die Sowjetunion, Zersetzungsarbeiten in der Reichswehr, der Polizei und bei anderen Parteien, insbesondere bei der SPD und der NSDAP. Der Apparat überwachte aber auch die Mitglieder der KPD und legte ein umfangreiches Personenarchiv darüber an. Der Apparat hatte außerdem für Quartiere, legale wie illegale, zu sorgen, hatte Versammlungen zu schützen und überhaupt für die Sicherheit der Partei, ihres Eigentums, vor allem aber für die persönliche Sicherheit der führenden Funktionäre zu sorgen. Wurden Mitglieder der Partei von der Polizei gesucht, dann war der Apparat dafür zuständig, daß sie unbehelligt untertauchen oder ins Ausland gehen konnten. Daß Teile des Apparats in nahezu völliger Selbständigkeit von der Partei handelten, zeigten individuelle Terrorakte, wie beispielsweise die Ermordung der Polizeibeamten Lenk und Anlauf im Sommer 1932 in Berlin, die sich mit der offiziellen Parteilinie nicht vereinbaren ließen und sicherlich von der überwiegenden Mehrzahl der organisierten Kommunisten auch nicht gutgeheißen worden wären, wenn diese davon gewußt hätten. Sie kamen jedoch immer wieder in der einen oder anderen Form vor.

Der Militär-Apparat der KPD, der für die Bewaffnung und für die militärtechnische und -taktische Vorbereitung der „Revolution" zuständig war, sollte in seiner Bedeutung und in seiner Stärke nicht überschätzt werden; er stellte weder hinsichtlich seiner Ausrüstung noch hinsichtlich seiner Schlagkraft eine ernsthafte Gefahr für Polizei oder gar Reichswehr dar. Vielleicht hätte er in einer revolutionären Situation eine gewisse Bedeutung als Keimzelle einer deutschen Roten Armee erlangen können. Sicher dürfte jedoch sein, daß das Apparat-Denken innerhalb der KPD ganz wesentlich zu deren Immobilismus beitrug, da dadurch ein Schwergewicht auf den technischen Ablauf der Politik gelegt wurde, statt den Schwerpunkt auf deren Massenwirksamkeit zu legen. Von einer die Mehrheit der Arbeiterklasse oder gar des Volkes ansprechenden Politik war die KPD 1932/33 trotz ihrer Erfolge bei Wahlen (Reichstagswahl November 1932: 16,9 %) weit entfernt, auch wenn sie vor sich selber und vor der Arbeiterklasse einen Optimismus zur Schau trug, als sei sie in der Offensive, die in absehbarer Zeit zur erfolgreichen Revolutionierung der Gesellschaft führen würde. In Wirklichkeit befand sie sich in der Defensive. An einen machtvollen Angriff auf den Bestand der bürgerlichen Republik, an einen revolutionären Umsturz gar, war nicht zu denken. Leo Bauer hatte jedoch den Eindruck, „daß die KPD jene Partei sei, die am konsequentesten gegen Hitler kämpft". So ging er mit aller Energie an seine neue Aufgabe im Kippenberger-Apparat; Bauer war seinen eigenen Worten zufolge „ganz spezifisch angesetzt auf nationalsozialistische Agenten innerhalb der KPD". Mitarbeiter des Apparates waren in der Regel sehr gut besoldete feste Parteiangestellte; ob verheiratet oder nicht, erhielten sie „das Gehalt eines Spitzenfunktionärs in Höhe von 300 Mark (Arbeitsauslagen wurden extra verrechnet)".

Die Abteilung „Abwehr" des AM-Apparates, zu der Leo Bauer gehörte, wird von Franz Feuchtwanger, zwischen 1928 und 1935 Mitarbeiter im Kippenberger-Apparat, als einer der wesentlichsten Tragpfeiler der gesamten illegalen Arbeit der KPD bezeichnet.

> Der „Abwehr" „oblag der Schutz der Parteiorganisation vor gegnerischen Anschlägen und Umtrieben schädlicher Elemente. Die von dieser Abteilung laufend zusammengestellten und verbreiteten Schwarzen Listen boten ein Sammelsurium von überführten, verdächtigen oder einfach aus politischen Gründen dazu beförderten Parteischädlingen, beginnend mit entlarvten oder angeblichen Polizeispitzeln bis hinunter zu den armen Teufeln, denen die Unterschlagung von ein paar Groschen Zeitungsgeldern angelastet wurde."

Leo Bauer gehörte bei der „Abwehr" wahrscheinlich der Unterabteilung „Faschistische Organisationen" an, die 1931 eingerichtet worden war und deren Aktivitäten sich gegen die NSDAP einschließlich SA und SS richteten. Obwohl gerade zwanzig Jahre alt, war Leo Bauer kein Neuling in der politischen Arbeit. Er kannte zum Beispiel die Probleme zwischen der KPD und der SPD; der Vorwurf der Kommunisten gegen die Sozialdemokraten, sie seien „Sozialfaschisten", hatte vor noch nicht allzu langer Zeit auch ihm gegolten. Er war zeitweilig nicht nur auf die „rechten Führer", sondern auch auf untere Funktionäre, ja sogar einfache Mitglieder ausgedehnt worden. Die Theorie des „Sozialfaschismus" war von der Kommunistischen Internationale (Komintern) auf ihrem VI. Weltkongreß im August 1928 zur Begründung einer „linken" Wendung beschlossen worden. Sie besagte im wesentlichen, daß sich der Übergang von parlamentarischen zu „faschistischen" Herrschaftsmethoden auch und gerade unter sozialdemokratischem Einfluß zwangsläufig vollzöge. Die Komintern ging dabei davon aus, daß durch die Rationalisierung der Industrie und die Integration der Sozialdemokraten in den bürgerlichen Staatsapparat eine „Arbeiteraristokratie" neuer Qualität entstanden sei, gegen die die Kommunisten den „Hauptstoß" zu richten hätten. Namentlich das brutale Vorgehen der sozialdemokratisch geführten Berliner Polizei gegen kommunistische Demonstranten am 1. Mai 1929 (31 Tote) verlieh der neuen Parole unter der kommunistischen Anhängerschaft eine gewisse Plausibilität. Die Sozialfaschismus-Theorie lieferte die Begründung für die — durch Ausschlüsse einer Reihe oppositioneller Kommunisten durch die ADGB-Führung bereits seit Jahren vorbereitete — Abspaltung der Kommunisten von der Gewerkschaftsbewegung in Form der „Revolutionären Gewerkschaftsopposition" (RGO) seit 1928. In der Zeit des Aufschwungs der NSDAP hinderte die Sozialfaschismus-Theorie die Komintern und die KPD daran, den Faschismus als qualitativ besondere Form bürgerlicher Herrschaft zu erkennen und ein Bündnis mit der SPD anzustreben.

Aber Bauer gehörte nicht zu denen, die sich mit politischen Problemen theoretisch intensiv auseinandersetzten; er hatte in der KPD eine politische Heimat gefunden, die die SPD nicht mehr für ihn gewesen war und die ihm auch die SAP nicht gegeben hatte. Er wurde gebraucht, und er wurde anerkannt, er durfte mitarbeiten an dem großen Werk, von dessen Realisierung er träumte. Hinter dem Gefühl, nun endlich die richtige politische Heimat gefunden zu haben, standen Zweifel an der Taktik der KPD zurück, etwa bei der Beteiligung der Partei an dem Volksentscheid von NSDAP und DNVP gegen die republikanische, sozialdemokratisch geführte preußische Regierung 1931 oder bei dem kommunistisch inspirierten Streik bei den Berliner Verkehrsbetrieben 1932.

Der auch von Bauer im nachhinein verkürzt dargestellte Streik der 22.000 Arbeiter der Berliner Verkehrsgesellschaft vom 3. bis 7. November 1932 richtete sich gegen einen drohenden Lohnabbau. Die kommunistischen Organisationen hatten sich seit langem auf die Auseinandersetzung vorbereitet. Eine Urabstimmung der gewerkschaftlich Organisierten am 2. November hatte eine Mehrheit von 78 % (bei fast 90 % Beteiligung) für den Streik ergeben, doch waren die erforderlichen drei Viertel aller Abstimmungsberechtigten knapp verfehlt worden. Daraufhin lehnte der Gewerkschaftsvorstand die Durchführung des Streiks ab. Die politische Führung des dennoch ausbrechenden Streiks lag von Anfang an bei der KPD, die organisatorische Leitung in den Händen einer gewählten Streikleitung, in der auch untere Funktionäre des ADGB, Sozialdemokraten und Nationalsozialisten vertreten waren. Die NSDAP unterstützte aus propagandistischen Gründen massiv den Streik, der vor allem daran scheiterte, daß es nicht gelang, ihn auf die übrigen städtischen Betriebe auszudehnen. Die KPD stellte im nachhinein selbstkritisch fest, daß sie nicht in ausreichendem Maße in der Lage gewesen sei, die Rolle der Nationalsozialisten während des Streiks zu „entlarven".

> „Viele Kommunisten", schrieb Bauer, „waren mit der taktischen Begründung für diese Maßnahmen nicht einverstanden. Aber der Kampf gegen die Nazis, der Kampf für die Revolution war wichtiger. Wir ahnten kaum, was kommen würde. Wie Gläubige traten wir für den Sieg unserer Sache ein, nicht nach rechts und nicht nach links schauend. Alle Zweifel wurden noch durch etwas anderes übertönt. Die Kommunistische Partei betrachtete sich als die Avantgarde des Proletariats und der Menschheit. Ich gehörte dazu. Ich war Mitglied des kommunistischen Ordens für die Befreiung der Menschen. Die Kommunisten erklärten, die absolute Wahrheit zu kennen und durch diese Wahrheit eine neue Welt erbauen zu wollen, die keine Grenzen für das Mögliche anerkennt und die durch die Gesellschaft geschaffenen Unterschiede zwischen den Menschen überwinden will."

Die Möglichkeiten Leo Bauers, die Politik der KPD und seine Rolle dabei kritisch zu überprüfen, waren eingeschränkt. In seiner konspirativen Arbeit kam er nur mit einer kleinen Gruppe von Genossen zusammen, mit den Alltagssorgen der Bevölkerung am Arbeitsplatz oder im Wohnviertel wurde er in seiner politischen Arbeit überhaupt nicht konfrontiert.
Daß der junge Kommunist Bauer ohne vorherige Beteiligung am Parteileben, ohne politische Praxis an einem Arbeitsplatz oder in einem Wohnbezirk dem illegalen Kippenberger-Apparat zugeteilt wurde, gibt Aufschluß über den Zustand der KPD wenige Monate vor dem Ende der Weimarer Republik. Das auf dem X. Parteitag der KPD 1925 angenommene Statut, in dem es unter anderem hieß: „Die Aufnahme von neuen Mitgliedern geschieht durch die Parteizellen", und jedes Mitglied habe „einer grundlegenden unteren Organisation der Partei" anzugehören, sei also verpflichtet, entweder in einer Betriebszelle oder Straßenzelle aktiv zu sein, wurde in den letzten Jahren der Weimarer Republik immer weniger streng gehandhabt. Jeder jüngere und intelligentere Mensch, so Herbert Wehner, der in diesen Monaten den Weg zur KPD fand, wurde sehr schnell zur verantwortlichen Arbeit herangezogen.

Die große Fluktuation in der Mitgliedschaft und der Mangel an qualifizierten Parteiarbeitern bildeten den Hintergrund für diese Entwicklung. Das Eindringen suspekter Elemente, auch von Nazispitzeln und Kriminellen, war der Preis, den die Partei dafür zu zahlen hatte.

Am 30. Januar 1933 wurde der Führer der NSDAP, Adolf Hitler, vom Reichspräsidenten Hindenburg zum Reichskanzler ernannt, nachdem alle Versuche, eine autoritäre, aber nicht-faschistische Lösung der existentiellen gesamtgesellschaftlichen Krise des deutschen Kapitalismus zu finden, gescheitert waren. Wer erwartet hatte, daß das der Auslöser für große Widerstandsaktionen der deutschen Arbeiterbewegung sein würde, erlebte eine schwere Enttäuschung.

Zu tief war der Graben zwischen den Arbeiterparteien geworden, als daß ein, wenn überhaupt, allein aussichtsreiches, gemeinsames Vorgehen in letzter Stunde zustandegekommen wäre.

Stärker als in der jedes anderen Landes war in der deutschen Arbeiterschaft, insbesondere in ihrem sozialdemokratischen Teil, das Bewußtsein lebendig, nur durch die Macht der Organisation zu einem zentralen politischen Faktor geworden zu sein. Insbesondere die Behauptung der einheitlichen deutschen Sozialdemokratie unter dem Sozialistengesetz (1878—90) und ihr Aufstieg zur stärksten Partei des Reiches hatten den Glauben befestigt, daß der Erhaltung und der Stärkung der Organisation oberste Priorität zukomme, weshalb jede eigenständige, spontane Aktion zu unterbleiben habe. Man wartete wie am 20. Juli 1932, bei der Absetzung der preußischen Regierung, auf das Signal von oben. Außerdem ergänzte sich die Politik beider großer Richtungen der Arbeiterbewegung negativ und bestärkte sich dadurch gegenseitig. Jede der beiden Führungsgruppen fand eine durchaus plausible Begründung für ihre Haltung in derjenigen der anderen.

Schließlich ist nicht zu verkennen, daß die parteipolitische Spaltung der deutschen Arbeiter zunehmend sozial untermauert und damit immer unversöhnlicher wurde, als die Wirtschaftskrise von den „Arbeitsplatzbesitzern" eine schließlich nur wenig schwächere Gruppe von Erwerbslosen — mit einem wachsenden Anteil von nicht, nicht mehr oder kaum noch vom Staat materiell unterstützten Dauerarbeitslosen — absonderte. SPD und Gewerkschaften, die schon immer Domänen der Facharbeiter gewesen waren, drückten in verstärktem Maße die Mentalität des relativ besser gestellten Teils der Klasse aus; die laut- und wortstarke Agitation der KPD entsprach dagegen der Verzweiflung der verelendeten Erwerbslosen. Die KPD wurde — verstärkt durch politisch motivierte Entlassungen von Kommunisten aus den Betrieben — ganz überwiegend zu einer Erwerbslosenpartei. Die objektiv bedingte soziale Klassenspaltung wurde indessen nicht zum Gegenstand einer vereinheitlichenden Strategie, sondern parteipolitisch noch zugespitzt.

Die KPD dachte nicht daran, auf die Reichskanzlerschaft Hitlers mit einem bewaffneten Aufstand zu antworten. Offensichtlich wurde sie durch die wenig dramatische Art der „Machtergreifung" überrascht; sie hatte anscheinend eher mit einem Marsch der SA auf Berlin gerechnet. Die Partei intensivierte zwar ihre Umstellung auf die illegale Arbeit, unterschätzte aber nach wie vor die ihr drohenden Gefahren und die qualitative Bedeutung des Regierungswechsels. Noch am 6. Februar verkündete Wilhelm Pieck auf einer Pressekonferenz:

> „So ernst wir die Lage einschätzen, sind wir keineswegs pessimistisch... Die KPD gewinnt im wachsenden Maße das Vertrauen der Massen, das sie allerdings augenblicklich noch nicht in dem genügenden Maße besitzt, um selbständig mit der nötigen Wucht auftreten zu können, und darum bemüht sie sich, diesen Einfluß zu gewinnen."

Diese Gelegenheit aber gab die NSDAP den Kommunisten nicht mehr. Der Reichstagsbrand am 27. Februar 1933 bot den Anlaß für eine breit angelegte und sorgfältig vorbereitete Verhaftungswelle. 4.000 Haftbefehle für KPD-Mitglieder lagen bereit, und die Vollstreckung der meisten von ihnen stellte der Vorbereitung der KPD auf diesen Eventualfall ein schlechtes Zeugnis aus. Der Aufenthaltsort vieler Kommunisten war der Polizei bekannt, die auch genaue Informationen über eine Vielzahl konspirativer Ausweichquartiere und Treffpunkte der KPD besaß. Führende KPD-Funktionäre wurden noch in der Nacht des Reichstagsbrandes, Ernst Thälmann, der Vorsitzende der Partei, wurde zusammen mit seinen engsten Mitarbeitern am 3. März in einem illegalen Quartier in Berlin verhaftet.

Die am 28. Februar 1933 erlassene „Verordnung des Reichspräsidenten zum Schutz von Volk und Staat" („Reichstagsbrandverordnung") beseitigte unter der Begründung der „Abwehr kommunistischer staatsgefährdender Gewaltakte" die bürgerlichen Freiheitsrechte. Zehntausende wurden verhaftet; Kommunisten, Sozialdemokraten, Gewerkschafter, Intellektuelle, Schriftsteller und Journalisten wurden ohne richterliche Nachprüfung polizeilicher Maßnahmen in Gefängnisse und Zuchthäuser eingeliefert, die bereits innerhalb weniger Tage heillos überfüllt waren. Trotz des Terrors, trotz der offenen und brutalen Diktatur blieb die NSDAP bei den Reichstagswahlen am 5. März mit 43,9 % der Stimmen deutlich unter der absoluten Mehrheit; 17,5 Millionen Deutsche gaben den Nationalsozialisten ihre Stimme. Die KPD verfügte mit 4,8 Millionen Wählern (12,3 %) nach wie vor über eine ansehnliche Massenbasis, die SPD erhielt 7,2 Millionen Stimmen (18,3 %). Mit einer weiteren Verschärfung des Terrors nach den Wahlen gingen die Nationalsozialisten daran, ihre Herrschaft abzusichern.

Leo Bauer wurde Anfang März 1933 abgeholt. Ein Kriminalkommissar und ein SA-Mann erschienen in seiner Wohnung, nahmen eine oberflächliche Hausdurchsuchung vor und verhafteten ihn. Als Freunde von der Verhaftung erfuhren, eilten sie in Bauers Wohnung und vernichteten Materialien, die bei der Wohnungsdurchsuchung übersehen worden waren. Wirklich belastende Dokumente waren der Polizei nicht in die Hände gefallen. Leo Bauer, der in verschiedenen Polizeidienststellen und Gefängnissen verhört und mißhandelt wurde, kam schließlich in eines der neu geschaffenen Konzentrationslager, die man für die Flut der Häftlinge errichtet hatte.

Selbst wenn die Nazis keine detaillierten Kenntnisse über seine politische Arbeit besaßen, so war Bauer für sie zumindest als Angehöriger der Gruppe der linken intellektuellen Juden identifizierbar, auf die sie ihren Haß und ihre Grausamkeiten vor allem richteten.

Seine Freilassung zeigt, daß die faschistische Terrorherrschaft zumindest in den ersten Monaten ihres Bestehens noch Lücken zum Entkommen eröffnete: Als seine Eltern in Chemnitz von der Verhaftung Leos erfuhren, wandte sich seine Mutter an einen Schulfreund ihres Sohnes namens Rudolf Hörig, Sohn eines Kontoristen, der als Mitglied der NSDAP und der SA über einen gewissen Einfluß verfügte, und bat ihn um Hilfe. Seine Beziehung zu diesem Mitschüler, die „tiefe Sympathie" zwischen dem SAJ-Mitglied und dem Hitlerjungen, die vielleicht sein Leben rettete, hat Leo Bauer auch Jahrzehnte später verständlicherweise stark bewegt. Dieser Freund sei, erinnert sich Bauer, „zutiefst von einem wirklichen nationalen Sozialismus überzeugt" gewesen und wäre vielleicht den gleichen Weg wie Bauer gegangen, wenn er nicht durch den Einfluß seines Vaters zum Nationalsozialismus gekommen wäre. Man habe sich zwar auch gestritten, so war man beispielsweise über die Bedeutung des Nationalismus und des Internationalismus geteilter Meinung, sei aber an sich „von den gleichen Sorgen um die Zukunft beseelt" gewesen und „revoltierte gemeinsam gegen das Bestehende. Selbst die Vorstellung über den zu schlagenden Gegner, um zum Sozialismus zu kommen, waren fast gleichartig, und sogar die Vorstellung[en], einer sozialistischen Gesellschaft ähnelten sich." Rudolf Hörig habe aus dem Programm der NSDAP als Leitsatz für sich gezogen: „Gemeinnutz geht vor Eigennutz!"

Die beiden in so gegensätzlichen politischen Lagern stehenden Schulfreunde hatten sich aus den Augen verloren. Bauer war von Chemnitz nach Berlin, Hörig nach München gegangen. Als sich Bauers Mutter an ihn wandte, erklärte er sich bereit, seinem ehemaligen Schulfreund zu helfen, und Leo wurde nach einigen Monaten Haft durch seine Fürsprache im Sommer 1933 entlassen. Hörig riet ihm, jetzt vorsichtiger zu sein, noch einmal würde er ihn kaum herausholen können. Leo Bauer blieb jedoch weiter aktiv in der jetzt illegalen KPD. Seinen Freund, dem er seine Freilassung verdankte, sah er

nicht wieder; als Mitglied der SA und als oppositioneller Nationalsozialist wurde dieser am 30. Juni 1934 erschossen.
Da die Jahre 1932 und 1933 den weiteren Lebensweg Leo Bauers entscheidend bestimmten, hat er in seinen späteren Versuchen, vor sich und anderen Bilanz zu ziehen, besonderen Wert auf die Erklärung seines Weges zur KPD gelegt. Obwohl er im nachhinein dazu neigte, über seine Verachtung der Weimarer Demokratie den Kopf zu schütteln, obwohl er aus dem zeitlichen Abstand seine Kritik an der Schwäche und Hilflosigkeit der SPD milderte und obwohl er bereit war, seine Entscheidung für die KPD als Jugendsünde zu bezeichnen, ging er nie so weit, sich gänzlich von seinem Handeln zu distanzieren. Zwar stellte sich ihm, analog zu seiner späteren politischen Entwicklung die Frage, ob er schuldig wurde, als er mit 20 Jahren der KPD beitrat, er mochte sie aber nicht definitiv beantworten. Er hatte kämpfen wollen — kämpfen für seinen Traum vom Sozialismus und gegen den Faschismus. Sollte er sich später den Vorwurf machen, er hätte die Unfähigkeit und den undemokratischen Charakter der KPD sehen müssen und hätte der im Ergebnis nicht weniger erfolglosen Laschheit der SPD mit mehr Verständnis begegnen müssen?
Wir wollen uns damit begnügen, hier nur auf einen wesentlichen Faktor im Werdegang Leo Bauers hinzuweisen. Er wuchs in einer Familie auf, deren Wertesystem er schon als Jugendlicher in wesentlichen Punkten nicht mehr teilen konnte, und er suchte Antworten auf seine Probleme in einem ihm fremden Milieu. Obwohl er sich in der SAJ wohlfühlte, wäre es wohl übertrieben zu behaupten, damit habe seine Integration in die sozialistische Arbeiterbewegung stattgefunden. Er war nicht, wie die meisten seiner Genossen in der SAJ, in eine proletarisch-sozialistische Familie hineingeboren worden; die kleine Organisation der Sozialistischen Jugend, die in vielerlei Hinsicht eine Besonderheit im sozialdemokratischen Milieu darstellte, dürfte allein kaum ein sicheres Fundament für Bauers politische Sozialisation gebildet haben. Sie war ein erster und, wie wir glauben, sehr wichtiger Baustein für sein politisches Leben, aber Bauer suchte weiter nach Orientierung und Halt. Nicht umsonst lehnte er sich immer wieder an ältere, erfahrenere Genossen an, begriff sie als Vorbild und ließ sich durch sie in seinen Entscheidungen wesentlich beeinflussen. Er wollte keine Halbheiten, er wollte den einmal eingeschlagenen Weg bis zur letzten Konsequenz gehen, wollte der konsequente Kämpfer für seine Ideale sein und keine Kompromisse schließen. „Ich litt für meinen Glauben, wie sollte ich zweifeln?" — in dieser Konsequenz seines Handelns lag die Sicherheit, auf dem richtigen Wege zu sein, sie gab Vertrauen zum eingeschlagenen Weg und ermöglichte, immer wieder aufkeimende Zweifel über den eigenen Opportunismus zu überwinden.

III. Exil in Frankreich

Durch die Entdeckung eines Teils einer Paßfälscher-Zentrale, die dem „Kippenberger-Apparat" zugeordnet war, fiel der Gestapo im Sommer 1933 das KPD-Parteiarchiv mit den Dossiers Tausender von Funktionären in die Hände. Aufgrund dieses Ereignisses wurden auch die Apparat-Leiter für die Zersetzung der Reichswehr, der NSDAP und der Polizei verhaftet. Im Herbst 1933 gelang es den Sicherheitsorganen des „Dritten Reiches", die gesamte Berliner Bezirksleitung zu verhaften.
Offenbar in diesem Zusammenhang erhielt Leo Bauer Ende 1933 den Parteibefehl zu emigrieren. Der Weg vieler Flüchtlinge führte über Prag, auch wenn sie nach Moskau oder Paris wollten, nicht zuletzt, weil es vom Zentrum des Reichs verhältnismäßig schnell zu erreichen und der schon bald gut organisierte illegale Grenzübertritt in den bewaldeten Grenzgebirgen leichter möglich war. Für die KPD-Führung wie für andere Gruppen bildete Prag von Anfang an einen Hauptstützpunkt. Vermutlich wegen der Übersiedlung des ZK und Politbüros nach Paris Ende 1933 (bis Anfang 1935, dann nach Moskau) zog Leo Bauer zu Beginn des Jahres 1934 nach Paris weiter.

In der Fremde

Paris war — neben Prag — der zweite Kristallisationspunkt der deutschen politischen Emigration. Willi Münzenberg, der führende kommunistische Verleger in der Zeit der Weimarer Republik, schrieb bereits am 15. Mai 1933 an einen Schweizer Freund:

> „Paris wird die Stadt der Emigranten . . . Hier trifft sich alles. Es kann heiter werden."

Die ersten anderthalb Jahre, die Bauer in Paris lebte, gehören zu den Perioden, über die wir kaum etwas wissen. Wir können aber davon ausgehen, daß es ihm nicht viel besser erging als der Masse der Flüchtlinge. Der an der Grenze erhaltene Passierschein galt zwanzig Stunden. Eine „carte d'identité" konnte man auf der Polizeipräfektur ausgestellt bekommen. Natürlich war es von Vorteil, keine amtlichen Dolmetscher in Anspruch nehmen zu müssen. Hier begann schon das Sprachproblem, wobei Akademiker, die häufig Französisch-Kenntnisse besaßen, und junge Leute, die schnell die fremde Sprache lernten, in einer günstigeren Position waren. Für Leo Bauer traf beides zu.

Alle diejenigen, die ohne Geld — nicht selten ganz ohne Gepäck — angekommen waren oder ihr Vermögen in wenigen Wochen aufgebraucht hatten, waren auf die mageren Unterstützungen der verschiedenen Hilfsorganisationen angewiesen. Tag für Tag mußten sie auf Gutscheine für Mahlzeiten und Schlafplätze warten. Die Massenküchen waren nicht gerade von überragender Qualität. Beweglichere Menschen machten einen Sport daraus, die preiswertesten Lokale der Stadt zu entdecken. Und so meint Willy Brandt:

> „Reichte es nicht zu mehr, waren Weißbrot mit Käse und Rotwein immer noch eine gute Mahlzeit."

Das entsprach aber wohl eher der Sicht jüngerer Frohnaturen. Untergebracht wurde man im allgemeinen in Hotels der schlechtesten Kategorie — und zwar vornehmlich in Dienstmädchenzimmern — oder in Mietswohnungen von entsprechender Qualität. Der Schriftsteller Maximilian Scheer wohnte in einem

> „achtstöckigen Miethaus mit einem Atelier unterm flachen Dach ... Der hohe Raum hat eine Zehnstufentreppe zu den ‚Innenzimmerchen' einer Art Galerie. Der schmale Gang von der Haustreppe zum Atelier führt an einem breiten Fenster vorbei ... Oft ist der Aufzug defekt, und die acht Treppen sind das Pläsir des Tages und Abends."

In den kleinen, schlecht möblierten Zimmern sich längere Zeit aufzuhalten, schien unmöglich. Da man — jedenfalls zunächst — ohne Arbeit war, lief man — so wieder M. Scheer —

> „friedlich durch die friedliche, arbeitsame Stadt. Manchmal, tags oder abends, läufst du eine Stunde und genießt die Stunde. Manchmal läufst du, weil keine Bahn mehr fährt. Hin und wieder fehlt dir das Fahrgeld."

Zu den bedrückenden Erfahrungen zählte das Mißtrauen der Behörden, vor allem vor der Regierungsübernahme der Linken 1936. Es ging meist über die Vorstellungskraft der auf Ordnung und Wahrung der Staatsautorität bedachten Beamten, sich die in Deutschland ab Frühjahr 1933 herrschenden Zustände vorzustellen. Emigranten waren etwas Suspektes, zumal wenn es sich um Kommunisten handelte. Der bereits zitierte Maximilian Scheer war bei seinem ersten Verhör 1933 „schmeichelnd wohlwollend" gefragt worden:

‚,Sind Sie Kommunist?', und im Wohlwollen das Lauern spürend, hatte ich spontan ‚Theaterkritiker' geantwortet. Er aber schrie plötzlich böse: ‚Warum haben Sie dann Deutschland verlassen?'"

Was immer Leo Bauer auf Fragen solcher Art geantwortet haben mag, für ihn war der Kommunismus ja bisher nicht nur Gegenstand politischen Engagements, sondern Beruf im buchstäblichen Sinne gewesen. Zwar galt das cum grano salis auch für die Folgezeit. Und doch bedeutete die Ankunft in Paris einen deutlichen Einschnitt.

„Hier zum ersten Mal nahm ich nun am eigentlichen Parteileben teil."

Die Tiefe der Zäsur dürfte Leo Bauer anfangs ebensowenig klar geworden sein wie den meisten anderen antifaschistischen Emigranten. Die Optimisten rechneten mit Wochen und Monaten — viele saßen anfangs auf ständig gepackten Koffern —, die Pessimisten mit wenigen Jahren. Damalige Schätzungen, die sich als realistisch herausgestellt haben, waren einfach unerträglich und wurden als Zeichen persönlich-politischer Demoralisierung des Urhebers angesehen. So kam zu der objektiven Unsicherheit des Emigrantendaseins die tiefe subjektive Verunsicherung über die eigene Lebensperspektive, die hier in fast einmaliger Weise an die Entwicklung der politischen Lage in der Heimat gebunden war. Man fieberte der Rückkehr entgegen und konnte doch letzten Endes wenig dafür tun. Hätten so viele politische Flüchtlinge am „anderen Deutschland" als dem Sinn ihrer Existenz festgehalten, wenn sie gewußt hätten, wie lange die Trennung vom Vaterland dauern würde?

Der Übergang zur Volksfront-Politik

Zu dem Zeitpunkt, als Leo Bauer in Paris eintraf, hatte die KPD noch keinerlei grundlegende Korrektur ihrer seit 1928 verfolgten Generallinie („Klasse gegen Klasse", Hauptstoß gegen den „Sozialfaschismus") vorgenommen. Sie ging davon aus, daß der sozialdemokratische Reformismus ideologisch endgültig desavouiert und organisatorisch — im Unterschied zur KPD — zerschlagen sei, während die Krise des NS-Regimes heranreife und der revolutionäre Aufschwung bevorstehe. Keine Niederlage, sondern ein zeitweiser Rückzug der KPD sei zu verzeichnen. Erst Mitte 1934 begann in der KPD jener Klärungsprozeß, der auf der „Brüsseler" Parteikonferenz im Oktober 1935 schließlich zur strategischen Revision und zum Sieg der um Wilhelm Pieck und Walter Ulbricht gruppierten Kräfte führte.

Bereits im Februar 1934 erhoben sich die Wiener Arbeiter gegen das klerikale Dollfuß-Regime, das sich immer deutlicher auf den Faschismus hin ent-

wickelte. Im Saarland, seit 1919 Protektorat des Völkerbundes, bildeten beide Arbeiterparteien, christliche und liberale Minderheitengruppen für die Abstimmung über die staatliche Zugehörigkeit eine „Freiheitsfront", die zwar im Januar 1935 mit 90 % Stimmen für Deutschland vernichtend geschlagen wurde, aber ebenfalls eine Steigerung der Bereitschaft zur Zusammenarbeit gegen den Faschismus signalisierte.
Entscheidend waren indessen die innenpolitischen Vorgänge in Frankreich. Der Druck der Basis bewirkte hier im Februar 1934 die Ausrufung eines Generalstreiks und gemeinsame Demonstrationen der Sozialisten und Kommunisten gegen die Bedrohung der Republik durch rechtsextreme Kampfbünde. Eine außenpolitische Umorientierung der UdSSR auf ein Bündnis mit den bürgerlichen Demokratien ermöglichte im Sommer 1934 die strategische Wende der Französischen Kommunistischen Partei (PCF), der eine deutliche Linksentwicklung in der Sozialistischen Partei entsprach. Einem formellen Vertrag zur Zusammenarbeit beider Arbeiterparteien folgte, ebenfalls vorwiegend durch Druck von unten, die Einbeziehung der Radikalen Partei, der klassischen, von liberalen Berufspolitikern geführten Partei des französischen Kleinbürgertums. Daß es in Frankreich, wo die Weltwirtschaftskrise mit Verzögerung spürbar geworden, möglich gewesen war, die Verunsicherung des Kleinbürgertums demokratisch zu wenden, lag nicht nur an der Sozialstruktur, sondern maßgeblich auch an der besonderen politischen Tradition dieses Landes, nicht zuletzt an der Existenz einer demokratischen Intelligenz. Die „Volksfront", wie das neue Bündnis genannt wurde, siegte bei den Parlamentswahlen im April/Mai 1936 und setzte nach einem Generalstreik weitgehende Sozialreformen durch. Indessen zeigte sich bald, daß eine radikaldemokratische, antimonopolkapitalistische Politik mit der Gesamtheit der Radikalen unmöglich war; auch entwickelten sich in wachsendem Maße Differenzen zwischen Sozialisten und Kommunisten über die Behandlung der aufgetretenen Widerstände.
Aufgrund der französischen und spanischen Volksfront konkretisierte sich auch die antifaschistische Strategie der Kommunistischen Internationale. Bereits auf dem VII. Weltkongreß im August 1935 war verbindlich festgelegt worden, daß die Politik der Sektionen auf die Herstellung von Volksfront-Bündnissen — antifaschistisch-antimonopolkapitalistischen Koalitionen der Lohnabhängigen, der Bauern, des städtischen Kleinbürgertums und der Intelligenz unter der Hegemonie der Arbeiterklasse — ausgerichtet werden sollte. Voraussetzung und wichtigste Stütze der Volksfront sei die „proletarische Einheitsfront" von Sozialdemokraten und Kommunisten unter gleichberechtigter Einbeziehung der bestehenden, meist reformistischen, Führungen der Sozialdemokratie. Dabei sei auch die Gewerkschaftsspaltung, wo sie bestehe, so schnell wie möglich zu überwinden.

Im Unterschied zur Periode bis 1934 erklärte sich die Kommunistische Internationale jetzt an der Verteidigung der demokratischen Rechte interessiert. Neben dem Schutz der bürgerlichen Demokratie gegen Angriffe von rechts, womit zugleich der innerimperialistische Gegensatz zwischen faschistischen und parlamentarischen Staaten gefördert werden sollte, erhielt die Volksfrontpolitik die Aufgabe, die Sowjetunion vor einer bewaffneten Aggression zu bewahren. Die klassenpolitische Funktion der Volksfront wurde zunächst darin gesehen, ein Übergangsregime zur „Sowjetmacht" zu installieren. Erst aufgrund der spanischen Erfahrung 1936/37 wurde die angestrebte „demokratische Volksrepublik" als eine eigenständige, längere Periode unterhalb sozialistischer Verhältnisse konzipiert — seitdem ein Kernstück kommunistischer Programmatik.

Die innenpolitischen Ereignisse in Frankreich, wo — über die Arbeiterklasse hinaus — breite Volksmassen in Bewegung geraten waren, beeindruckten eine Reihe deutscher Kommunisten offenbar tief, darunter ehemals besonders ausgeprägte „Ultralinke" wie Paul Merker und Willi Münzenberg. Noch Jahrzehnte danach ließ Leo Bauer die psychologische Wirkung der Volksfront-Aufmärsche auf die Emigranten erkennen. Manès Sperber formuliert in seinen Erinnerungen die für die Emigranten ganz neuartigen Eindrücke:

> „An der Spitze der riesigen Züge von Manifestanten schritten Arm in Arm die berühmtesten Dichter, die einflußreichsten Denker und die Künstler von überall, die hier in Paris ihren Weg und ihr Ziel gefunden hatten. Mit ihnen marschierten die Führer der Parteien und Gewerkschaften von zahllosen Fachverbänden und Gilden — alle waren da. Zum erstenmal feierte Paris seinen Aufruhr wie ein Fest, es fiel kein Schuß, niemand mußte sterben. Niemals, seit die Losungsworte: Freiheit, Gleichheit, Brüderlichkeit die Schritte von Aufständischen gelenkt hatten — niemals hatte man sich der Brüderlichkeit so nahe gefühlt wie in den Maitagen 1936."

Vor diesem Hintergrund beschreibt Bauer die Reorientierung der KPD von 1934/35 für seine Person als

> „totale Wende, keine Korrektur, sondern die prinzipielle Erkenntnis, daß man mit der ‚Sozialfaschismus'-Theorie Mist gebaut hatte, daß man natürlich unter den Bedingungen der sozialfaschistischen Theorie niemals zu einer echten Einheitsfront kommen konnte ... wir hatten Demokratie zum ersten [Mal] lebendig erlebt und hatten ein anderes Demokratie-Verständnis als zum Beispiel jene Genossen, die in der Emigration in der Sowjetunion waren. Ich persönlich bin überhaupt geformt worden in meinem ideologischen Denken, meinem politischen Denken in der Emigration".

Die KPD in Frankreich

Über den Aufbau der KPD in Paris liegt eine nachträgliche kurze Darstellung aus der Feder Leo Bauers vor, die hier wiedergegeben sei:

„Laut Statut der Kommunistischen Internationale ist die jeweilige nationale kommunistische Partei verantwortlich für alle Kommunisten, die sich in einem betreffenden Lande aufhalten. Das bedeutete, daß die Kommunistische Partei Frankreichs die Verantwortung für die deutschen Kommunisten, die in Frankreich lebten oder arbeiteten, zu übernehmen hatte. In der ganzen Emigrationszeit bis 1939 (Kriegsausbruch) bestand eine schwer zu durchschauende Mischung von Legalität und Illegalität für die deutschen Kommunisten in Frankreich. Drei Hauptgruppen können festgestellt werden:

1. Die Masse der kommunistischen Emigranten, die nicht mehr direkt für die Parteiarbeit nach Deutschland gebraucht wurde, lebte so weit wie möglich legal und wurde von der ‚Roten Hilfe' Frankreichs betreut. In den Büros der Roten Hilfe der Avenue Mathurin Moreau gab es eine kleine Baracke, in der die sogenannte deutsche E-Leitung (Emigrationsleitung) die ankommenden Kommunisten zu überprüfen hatte. Wurde der Flüchtling anerkannt, erhielt er von der französischen Roten Hilfe eine Unterstützung von 5 Franc täglich (damals ca. 80 Pfennige). Außerdem wurde er in einem Hotel untergebracht. Der größere Teil dieser Emigranten wurde später nach Spanien geschickt.

2. Apparat Münzenberg: Münzenberg war bereits im Frühjahr 1933 nach Paris geflüchtet und hatte mit Genehmigung Moskaus in Paris, Boulevard Montparnasse, einen Verlag ‚Edition Carrefour' gegründet. [Tatsächlich siedelte der Verlag, der der bedeutendste deutsche Emigrationsverlag in Frankreich war, erst 1934 zum Boulevard Montparnasse über, wo Münzenberg auch das Büro der Internationalen Arbeiter-Hilfe unterhielt.] Münzenberg hatte seit eh und je einen doppelten Status: Einerseits war er Mitglied der KPD, Reichstagsabgeordneter und führender deutscher Kommunist. Andererseits war er im internationalen Maßstabe verantwortlich für die großen Massenbewegungen, die die politische Aktivität Moskaus im Ausland zu tarnen hatten. Dieses Büro stellte also den Prototyp der legalen und illegalen Mischung dar. Bei Münzenberg liefen zum Teil die Kuriere aus Moskau an. Sie wurden von ihm an die illegale Auslandsleitung der KPD weitergereicht. Auch Geldgeschäfte illegaler Art gingen über das Büro Münzenberg.

3. Die Auslandsleitung der KPD: Sie lebte völlig illegal. Niemand kannte die Quartiere der Mitglieder der Leitung. Es bestand ein besonderer Apparat, der sich in Zusammenarbeit mit der französischen KP um Quartier und Bürobeschaffung zu kümmern hatte. Beim Grenzübergang erhielt man einen Treffpunkt mitgeteilt. Beispiel: Mittwoch, 17.00 Uhr, im Café d'Angleterre an der Metro, Richelieu Drouot. Dort würde man jemanden treffen, den man kenne. Sollte das nicht klappen, wurden zwei Eventualtreffs mitgegeben: An der gleichen Stelle zur gleichen Zeit am nächsten beziehungsweise am übernächsten Tag. Dann begann die Maschinerie zu laufen. Es wurde mitgeteilt, wo man wohne: Entweder in einem Hotel, in dem man sich mit dem falschen Paß eintrug. Gewöhnlich handelte es sich um gute und teure Hotels, von denen man annahm, daß die von der Polizei weniger genau kontrolliert wurden. Oder aber man erhielt die Adresse in einem der vielen Vororte von Paris, die von den Kommunisten beherrscht wurden. Man erhielt Geld und endlich einen Treffpunkt für einen der nächsten Tage, um einen anderen führenden Funktionär zu treffen. Bei dieser Gelegenheit wurde dann über die künftige Arbeit, für die man vorgesehen war, gesprochen. Der Parteifunktionär erhielt ein festes Monatsgehalt. Die Höhe hing von der Funktion ab: Von 800 frcs bis 2.000 frcs. Außerdem Spesen. Das Geld stammte ausschließlich aus Moskau und lief über die französische kommunistische Partei. Außerdem gab es das sogenannte westeuropäische Büro der Komintern, das die gesamte Arbeit kontrollierte."

Während die Emigrationsleitung die Verantwortung für den Einsatz der legal in Frankreich lebenden deutschen Kommunisten im Gastland trug, war die Arbeit der Auslandsleitung (Wilhelm Pieck, Franz Dahlem, Wilhelm Florin, Walter Ulbricht) beziehungsweise — seit Mai 1937 — des Auslandssekretariats (Franz Dahlem, Paul Merker, Paul Bertz, ab 1938 auch Johann Koplenig von der KPÖ) auf die Illegalität im Reichsgebiet gerichtet. Zu den später bekannt gewordenen Funktionären des Auslandssekretariats gehörten unter anderem auch Anton Ackermann, Alexander Abusch, Gerhart Eisler, Albert Norden, Lex Ende, Bruno Frei und Walter Beling. Auch das ZK-Mitglied Herbert Wehner (Parteiname: Kurt Funk), der für die Verbindung von Emigration und Inland wichtige Aufgaben wahrnahm, lernte Leo Bauer im Pariser Exil kennen.

Der Bündnispolitik der KPD war seit Januar 1935 auf Vereinbarungen mit der Sozialdemokratie einschließlich deren Führung gerichtet („proletarische Einheitsfront"). Der SPD-Exil-Vorstand sperrte sich jedoch nach wie vor gegen eine Kooperation. Spätestens seit der „Brüsseler Konferenz" strebte die KPD darüber hinaus auch Vereinbarungen mit Liberalen und anderen bürgerlich-demokratischen Kräften sowie mit Christen, Deutschnationalen und sogar mit oppositionellen Nationalsozialisten an. Diese weitgefaßte Bündnispolitik stieß nicht nur auf das aus der Vergangenheit tradierte Mißtrauen, sondern litt auch an dem äußeren Widerspruch, daß die am ehesten kooperationsbereiten Linkssozialisten und linken Sozialdemokraten eine Orientierung auf die bürgerliche Demokratie ablehnten, während die gewünschten bürgerlichen Koalitionspartner sich verweigerten oder sich — mit Ausnahme der seit jeher links orientierten Intellektuellen — schnell wieder abwandten.

Ein weiteres Problem lag in der politischen Methodik begründet: Erfolgreiche Bündnispolitik verlangte ein anderes Verhalten gegenüber den Partnern, als es der Struktur und der Tradition der Kommunistischen Internationale (Komintern) entsprach. Leo Bauer „begann jetzt, die Genossen, die führenden Funktionäre und ihre politischen Diskussionen anders zu betrachten als vorher".

> „Es machte sich in der Behandlung der Fragen ein ganz klarer Unterschied bemerkbar zwischen Leuten, wie zum Beispiel Paul Merker, die immer im Westen in der Emigration waren (oder in Prag), und einem Mann wie Walter Ulbricht."

Dieser habe bei Besprechungen mit Sozialdemokraten oder Bürgerlichen stets den Eindruck vermittelt:

> ‚Ich mache Einheitsfront, ich mache Volksfront, aber in Wirklichkeit müssen die mir gehorchen.' Das ging damals bis zu Diskussionen um Kommas und Punkte, während Paul Merker z. B. viel großzügiger war oder viel ehrlicher im Umgang mit Sozialdemokraten usw."

So erlebte Bauer, „wie einige Funktionäre der KPD mit Ehrlichkeit und aus Überzeugung für ein solches einheitliches Vorgehen [der Antifaschisten] eintraten, sie aber von den Taktikern auf Moskaus Geheiß überspielt wurden und der eigentliche Sinn der Einheitsfrontpolitik in den internen Parteisitzungen dargelegt wurde."

Den Bemühungen der KPD um eine „Deutsche Volksfront" im Exil, von der eine stimulierende Wirkung auf den Widerstand im Reich erwartet wurde, haftete im Hinblick auf die soziale Zusammensetzung der betreffenden Gremien — keiner der Beteiligten war Arbeiter, obwohl die Facharbeiter die größte Gruppe der politischen Emigranten in Frankreich stellten — die politische Breite — der SPD-Exil-Vorstand in Prag, die bürgerliche Rechte und Mitte verweigerten sich — und die mangelnden Verbindungen der Bündnispartner nach Deutschland etwas Fiktives an; trotzdem handelte es sich bei dem „Ausschuß zur Vorbereitung einer Deutschen Volksfront", der am 2. Februar 1936 gegründet wurde, um den erfolgreichsten deutschen Versuch, eine volksfrontähnliche Konstellation zu schaffen. Eingeladen von Heinrich Mann und dem ehemaligen Führer der saarländischen Sozialdemokratie Max Braun, verabschiedeten 118 Persönlichkeiten der deutschen Emigration im Pariser Hotel Lutetia eine erste „Kundgebung". Anwesend waren Vertreter der KPD, der SAP, des ISK und christliche Gewerkschafter, verschiedene Sozialdemokraten sowie eine Reihe Schriftsteller, Journalisten, Künstler und Wissenschaftler. Die in der „Kundgebung" formulierte, gemeinsame programmatische Grundlage dieses Volksfront-Ausschusses wird deutlicher in dem im folgenden zitierten Auszug aus einem Aufruf an das deutsche Volk vom 21. Dezember 1936:

„Erfüllt von der Überzeugung, daß die braune Tyrannei einzig und allein durch den Zusammenschluß aller zum Kampf für Freiheit und Recht bereiten Deutschen gebrochen werden kann, rufen wir unsere Volksgenossen im Reich und im Ausland auf, sich in einer deutschen Volksfront zu vereinigen!
Die Volksfront will keine neue Partei sein. Sie soll ein Bund aller derer werden, die entschlossen sind, ihre Kraft für Freiheit und Wohlstand des deutschen Volkes einzusetzen.
Alle in ihr vereinigten Parteien und Gruppen bleiben ihren besonderen weiterreichenden Zielen treu. Alle eint der Wille, die braune Zwangsherrschaft zu vernichten.
Erst der Sturz der nationalsozialistischen Machthaber wird jeder politischen, geistigen und religiösen Strömung die Möglichkeit geben, für ihre Ansichten, Ziele und Ideale in freier Gleichberechtigung einzutreten. Um das zu erreichen, verpflichten sich alle Gegner des heutigen Regimes, geeint zu bleiben und in geschlossener Front zu streiten, bis der Gegner besiegt und ein freies Deutschland geschaffen ist . . .
Die Geschichte der Nachkriegszeit hat gezeigt, wie kleine Gruppen Bevorrechteter, die den Großgrundbesitz, die großen Industriekonzerne und die Banken beherrschen, zu Totengräbern der Freiheit wurden. Um die Freiheit zu sichern, wird das neue Deutschland die Volksfeinde ihrer Macht entkleiden.
Es wird die Rüstungsindustrie und die Großbanken verstaatlichen. Es wird alle Sabotageversuche des Großkapitals unter Anwendung der schärfsten Mittel zu verhindern wissen.
Es wird die junkerlichen Saboteure der Volksernährung und Volksfreiheit enteignen. Es wird Heer und Verwaltung von allen Staatsfein-

den säubern und zu verläßlichen Stützen des neuen Deutschlands machen.
Dagegen wird im neuen Deutschland der Bauer frei auf seinem Besitz sein."

Dem, was tatsächlich erreichbar war, „enge Fühlungnahme, sachlicher Meinungsaustausch, Anbahnung gegenseitiger Hilfe der im Kreis vertretenen Arbeiterorganisationen" sei — so Herbert Wehner — durch die übersteigerten Erwartungen sowohl Münzenbergs als auch Ulbrichts eher geschadet worden. Während ersterer durch „Glätten und Übertünchen aller wirklichen Gegensätze", durch „Aufrichten einer glänzenden Fassade zu glänzenden Kundgebungen in der deutschen Emigration" habe zum Ziel kommen wollen, sei Ulbricht, dem es darum gegangen sei, über den Lutetia-Ausschuß an den SPD-Exil-Vorstand und bürgerliche Oppositionsgruppen im Reich heranzukommen, mit einem „Exerzierreglement" aufgetreten. Ulbrichts fortgesetztes Drängen auf sichtbare Ergebnisse habe tatsächlich verschiedene Ansätze gestört, „bis schließlich, nach der im Herbst 1936 [operativ] erfolgenden Übersiedlung des Politbüros nach Paris, Ulbricht sich so weit in alle Beziehungen einschaltete, daß nur noch abzuwarten war, in welcher Zeit er die Ansätze zertreten haben würde".
Leo Bauer nahm an mehreren Sitzungen im Zusammenhang mit dem Volksfront-Ausschuß teil. Auf einer letzten größeren Tagung am 20. September 1938 war er ebenso anwesend wie, für die SAP, Willy Brandt. Ein persönlicher Kontakt zwischen beiden kam aber — entgegen späteren Behauptungen — erst gut 20 Jahre danach zustande. Bei Veranstaltungen der „Freundeskreise der deutschen Volksfront" trat Leo Bauer — zum Beispiel am 3. März 1938 mit einem Vortrag über „Die Aufenthalts- und Arbeitsbedingungen für deutsche Emigranten in Frankreich" — als Referent auf. Ein nachrichtendienstlicher Bericht erwähnt Bauer unter seinem Emigrationsnamen Rudolf Katz als einen der bedeutenderen Vortragsredner. Die „Freundeskreise" entstanden 1937 und hatten ihren Schwerpunkt in der Hauptstadt Paris. „Allmonatlich", so der Bericht, „werden in den verschiedenen Arrondissements Versammlungen und Diskussionsabende abgehalten, auf denen über alle möglichen Themen gesprochen wird. Die verschiedensten Parteirichtungen kamen und kommen auf diesen Abenden zu Wort." Neben politischen und sozialen Fragen wurden auch kulturelle und historische Probleme behandelt sowie Sprachkurse abgehalten. Obwohl an der Leitung der „Freundeskreise" Sozialdemokraten und Parteilose beteiligt waren, galten sie den anderen Emigrantengruppen nicht ganz zu Unrecht als Frontorganisationen der KPD und kommunistische pressure groups. Ihr Aufbau verstärkte die Befürchtung der Volksfront-Partner, bei einer Zusammenarbeit mit der

KPD unter die Räder zu geraten. Zusammen mit den heftigen Kontroversen über Spanien und die Moskauer Prozesse lähmte das gegenseitige Mißtrauen bereits 1937 den Ausschuß, bevor er 1938 zerfiel. Da die Politik der KPD seit 1935 eben nicht einen gegenseitigen Annäherungsprozeß zum Ziel gehabt hatte, sondern in einem vordergründig instrumentalen Sinne verstanden und ausgeführt worden war, wurden Leo Bauer mit dem Scheitern des Lutetia-Experiments die Grenzen von Veränderungen im vorgegebenen politischen Rahmen der KPD vor Augen geführt.

In der zweiten Hälfte der dreißiger Jahre verlor die KPD den genialen Verleger und Organisator Willi Münzenberg, der schon die ultraradikale Politik der Periode 1928—34 bei der linken Intelligenz optimal „verkauft" hatte und mit dem internationalen Gegenprozeß und dem „Braunbuch" zum Reichstagsbrandprozeß, dem „Weltkomitee gegen Krieg und Faschismus" und anderen Unternehmungen bereits vorzeitig das Terrain für die breite Bündnispolitik ab 1935 vorbereitet hatte. Die Lebensgefährtin Münzenbergs, Babette Gross, beschreibt ihn mit Worten, die auch auf die Persönlichkeit Leo Bauers zutreffen und erklären, warum dieser den „roten Pressezaren" bewunderte und mit ihm ausgesprochen gern zusammenarbeitete:

> „Für viele Emigranten bedeutete die Flucht in eine fremde Welt Vereinsamung. Diese Gefahr drohte Münzenberg nie. Er war ganz und gar ungeeignet zur Einsamkeit. Man sagt, daß derjenige, der dem Leben und den Menschen Anteilnahme entgegenbringt, sicher damit rechnen kann, daß Menschen und Leben auch an ihm nicht vorübergehen. Münzenberg liebte den tätig bewegten Augenblick. Er war ein Diesseitsmensch. Für ihn gab es nichts als das Dasein auf der Erde, kein danach in irgendeiner Form. Dieser weniger philosophisch erarbeiteten als durch sein Temperament bedingten Überzeugung entsprang sein unbezähmbares neugieriges Interesse an Menschen, eine Anteilnahme, die ihm in reichem Maße vergolten wurde."

Seit Herbst 1935 gehörte Münzenberg zum ZK der KPD, geriet aber schon bald nach Gründung des Volksfront-Ausschusses wegen seines offenen und konzilianten Auftretens und der dadurch bedingten guten Beziehungen zu den nichtkommunistischen Ausschuß-Mitgliedern in Konflikt mit der Partei. Er wurde von der KPD als ihr Vertreter — gegen den Protest der meisten übrigen Mitglieder — abgezogen und durch Walter Ulbricht ersetzt. Dabei war es ihm, so referiert Peter Weiss in seiner „Ästhetik des Widerstands" die Meinung des Vaters,

> „gelungen, freundschaftliche Beziehungen zu hohen Funktionären der Sozialdemokratischen Partei und der Gewerkschaften herzustellen,

Bedingungen für den Beginn einer Volksfront zu schaffen, er hatte erreicht, was grundsätzlich von der Parteipolitik angestrebt wurde, und er hatte dieser Annäherung einen spektakulären Rahmen verliehen, um weite Aufmerksamkeit zu wecken".

Das alles war jetzt nur noch Anlaß des Mißtrauens. Einer Aufforderung, nach Moskau zu fahren, kam Münzenberg nicht nach; 1938 schied er aus der KPD aus und arbeitete auf eigene Faust mit sozialistischen und liberalen Hitlergegnern zusammen. In der Zeitschrift „Die Zukunft" griff er Stalin und den Komintern-Apparat immer schärfer an. Im Juli 1940, bei der Kriegsniederlage Frankreichs, entwich Münzenberg aus einem Internierungslager und wurde tot aufgefunden; sein Tod ist bis heute nicht aufgeklärt.

In der Zusammenarbeit mit Münzenberg war Leo Bauer mit dem Einsatz deutscher Freiwilliger im Spanischen Bürgerkrieg beschäftigt, der durch die massive Intervention Deutschlands und Italiens zugleich einen „nationalrevolutionären" Charakter (so die kommunistische Terminologie) erhielt.

„Für uns Kommunisten bedeutete dieser Krieg viel. Hier äußerten sich Einheitsfront und Volksfront nicht nur in Resolutionen, hier entwickelten sie sich im blutigen Kampfe. Hier endlich glaubten wir das nachzuholen, was 1933 in Deutschland versäumt wurde. Mit der Waffe in der Hand gegen den Faschismus zu kämpfen."

Im Oktober 1936 begann die Sowjetunion mit begrenzten Waffenlieferungen an die aus Linksbürgerlichen, Sozialisten, Kommunisten und bald auch Anarchosyndikalisten zusammengesetzte, legale spanische Regierung. Gleichzeitig bildeten sich die „Internationalen Brigaden" von Freiwilligen, darunter insgesamt 5.000 Deutsche, die große Mehrheit Kommunisten. Aus Frankreich wurden vor allem die proletarischen Mitglieder der KPD rekrutiert. Währenddessen verpflichtete sich nicht nur Großbritannien, sondern auch die Volksfront-Regierung Frankreichs unter Léon Blum zur Nichteinmischung, ungeachtet der — wahrscheinlich kriegsentscheidenden — Hilfe Hitlers und Mussolinis für die spanischen Putschisten. Der Ende August 1936 zwischen den europäischen Großmächten abgeschlossene Nichtinterventionspakt blieb somit eine Fiktion. Wegen der Nichteinmischung Frankreichs verschärfte der Spanienkrieg die Kritik der Kommunisten an der internationalen Sozialdemokratie, deren deutsche Partei sich noch besonders zurückhielt. Andererseits spitzte sich auch die Kontroverse mit den Linkssozialisten zu, weil manche Organisationen, darunter die SAP, in Spanien — entgegen der kommunistischen Linie „Zuerst der Krieg" — die Kräfte der sozialen Revolution (Anarchosyndikalisten, Linkskommunisten, Linkssozialisten) kritisch unterstützten, die von der KP Spaniens zurückgedrängt und teilweise blutig unterdrückt wurden.

Die gewaltige Propaganda- und Hilfskampagne für Spanien war von Anfang an in Münzenbergs Pariser Büro konzentriert, wo sich die ersten Freiwilligen meldeten. Ein „Kriegskomitee für das republikanische Spanien" sammelte in verschiedenen Ländern Lebensmittel, Kleidung, Geld und andere Hilfsmittel. Eine Meldestelle für Freiwillige richtete die KPD-Emigrationsleitung ein. Ein „Einsatzstab für die Entsendung Freiwilliger nach Spanien" unterhielt mit Hilfe der PCF mehrere Grenzschleusen.
Ob Leo Bauer ab 1936 mehrfach in Spanien war, um die Übermittlung von Hilfsgütern und Spenden sowie die Weiterleitung von Freiwilligen zu besprechen, wie verschiedentlich behauptet worden ist, konnte nicht verifiziert werden. Die Politik der Kommunisten in der Armee und im Hinterland, die unter der Parole militärischer Notwendigkeiten systematisch und vielfach entgegen der republikanischen Gesetzlichkeit, ja mit offenem Terror ihre Machtposition ausbauten, scheint Leo Bauer — damals Mitte zwanzig — tief verunsichert zu haben.

> „Wie rücksichtslos hatte man . . . Freunde und Genossen in diesem Kampf für Zwecke geopfert, die nichts mit jenem durch Worte verkündeten Kampf zu tun hatten. Wie verbittert klangen die Berichte der aus Spanien Zurückgekehrten über das Tun und Handeln einiger führender Funktionäre, die Moskaus Befehle durchführten."

Man sollte diese fast drei Jahrzehnte später geschriebenen Zeilen nicht mißverstehen: wie praktisch alle ehemaligen Spanienkämpfer, die sich vom Kommunismus abwandten und zum Teil — wie Arthur Koestler, Gustav Regler und andere — prominente Antikommunisten wurden, hielt Bauer Zeit seines Lebens an der Notwendigkeit und der Sinnhaftigkeit des Engagements für die Spanische Republik — als letzte Chance, den internationalen Faschismus aufzuhalten — fest: Die terroristische Rolle des sowjetischen Geheimdienstes in Spanien bei der Verfolgung der kritischen Linken war die Kehrseite des Versagens der europäischen Sozialdemokraten und Liberalen; sie entwertete nicht den Einsatz für Spaniens Freiheit.
Noch kurz vor seinem Tode — so unterstrich Herbert Wehner in der Gedenkrede am 27. September 1972 — habe Leo Bauer gemeinsam mit Wehner

> „an die ersten hundert tatsächlich Freiwilligen gedacht, die damals sofort der spanischen Republik zur Hilfe eilten und von denen allein in der ersten Schlacht 34 tot auf der Strecke blieben. Das waren nicht nur uns Nahestehende, das waren solche, die eigentlich wie wir selbst alle lieber schon unter den 34 sein hätten wollen".

Flüchtlingsarbeit

Die Haupttätigkeit Leo Bauers in Paris galt der Flüchtlingsarbeit. Die damit verbundenen Unterstützungs- und Koordinierungsaufgaben waren angesichts der schwierigen rechtlichen und materiellen Lage der Emigranten von existentieller Bedeutung. In den von namhaften Sozialdemokraten und Kommunisten herausgegebenen „Informationen von Emigranten für Emigranten" schilderte Bauer/Katz im Frühsommer 1936 die Problematik:

> „Im Gegensatz zu früher stellen die Emigrationen, die Folgen von faschistischen Diktaturen sind, Massenemigrationen dar. Bis auf geringe Schichten bringen diese Emigrationen in die Asylländer nichts als ihr nacktes Leben, weder Geld noch ordnungsgemäße Pässe — sie besitzen also auch nicht die notwendigen Einreisevisen. Das Asylrecht war in den meisten Ländern Gewohnheitsrecht, nur ein Land machte davon eine Ausnahme, die Sowjetunion . . . [Diese Gewichtung war im Hinblick auf die restriktive Einwanderungspolitik der UdSSR sehr umstritten.] In anderen Staaten Europas fanden die Flüchtlinge Aufenthalt, jedoch keine Gesetze schützten sie vor administrativen Maßnahmen, vor Ausweisungen, Abschiebungen und vor Hunger. Unzählige dieser Emigranten waren und sind gezwungen, illegal und versteckt zu leben, aus Furcht, von den Behörden wegen mangelnder Ausweispapiere verhaftet, bestraft und alsdann an die Grenze gestellt zu werden. Jene, die Papiere haben, leben in ständiger Furcht, morgen die Verlängerung ihres Aufenthaltes verweigert zu sehen — ohne Angaben von Gründen. Dazu kommt Hunger und Elend, denn Arbeitserlaubnis hat keiner."

Frankreich besaß als Zufluchtsland für politisch Verfolgte eine lange Tradition. Nicht nur die politische, auch die kulturelle Atmosphäre der Grande Nation, deren Selbstverständnis seit jeher Patriotismus und Weltbürgertum zugleich umfaßte, zog viele Intellektuelle an. Bezeichnenderweise ging die verbreitete Affinität zur französischen Kultur und Lebensweise einher mit demonstrativem Beharren auf den geistigen Werten des „wahren", von der Emigration repräsentierten Deutschtums, am ausgeprägtesten bei Heinrich Mann. Trotz der beachtlichen Leistungen der Emigrationsverlage konnten diese den zahlreichen geflüchteten Schriftstellern keinen befriedigenden Ersatz bieten; vor allem waren die Dichter und Journalisten von ihrem früheren Publikum abgeschnitten.

Akademiker durften nach einem 1932 festgesetzten Quotensystem nur zu einem geringen Teil in ihrem Beruf tätig sein; Examina wurden in etlichen Bereichen nicht anerkannt. Demgegenüber standen handwerkliche Berufe

zunächst für Ausländer offen, bis der französische Arbeitsmarkt 1935 auch für sie weitgehend geschlossen wurde. Allerdings konnten Arbeiter in Frankreich, namentlich in der Provinz, eher illegal leben und auch Arbeit finden als in anderen Aufnahmeländern.
Von insgesamt 80.000—100.000 Flüchtlingen aus Deutschland lebte 1936 rund ein Drittel in Frankreich, darunter 7.400—9.500 im weiteren Sinne politische Emigranten. Die größte Gruppe bildeten die Kommunisten mit insgesamt 3.000—5.500 Menschen. Der Spanische Bürgerkrieg führte jedoch — wie gesagt — zu einer Abwanderung von KPD-Angehörigen. Den Flüchtlingen aus dem „Altreich" hatten sich ab Anfang 1935 Tausende Saarländer zugesellt. Das gängige Bild der Emigration ist viel zu stark von der kulturellen und politischen Elite bestimmt, die zwar meist schlechter lebte als vordem, aber rasch in neue Aufgaben hineinwuchs und im allgemeinen ein materielles Auskommen hatte. Wie sich die Lebensumstände für die Masse der Flüchtlinge veränderten, beschreibt für den kommunistischen Bereich Franz Dahlem:

„Vor allem in Paris gelang es nur wenigen Genossinnen und Genossen, das Arbeitsverbot zu durchbrechen, um sich zumeist durch Gelegenheitsarbeiten ein Minimum an Existenzmitteln zu verschaffen. In Industriebetrieben in Paris unterzukommen, war fast unmöglich. Nur Genossen mit handwerklichen Berufen (Maler, Schneider, Klempner usw.) hatten Gelegenheiten, die wenig oder nicht kontrolliert wurden, Schwarzarbeit zu finden. Auch für Hausfrauen gab es Chancen für Haushaltsarbeit, da deutsche Frauen wegen ihres bekannten Sauberkeits- und Ordnungssinns einen guten Ruf hatten.
Eine große Anzahl von Emigranten war auf die kargen Unterstützungen angewiesen, die ihnen allmonatlich die französische Rote Hilfe zahlte. Jene 85 Francs [vgl. S. 56 Bauers abweichende Angaben über die Tagessätze] reichten nicht weit; denn allein die Kosten für eine Unterkunft in den billigsten Pensionen, jener untersten Klasse der in Paris zahlreich vorhandenen ‚maison meublé', verschlangen davon mehr als die Hälfte. Etwas leichter war es, wenn man zu zweit war, und häufig taten sich zwei Genossen zusammen, um besser mit den geringen Mitteln zurechtzukommen . . .
Bei dem hohen Grad der Unterernährung und den daraus resultierenden Krankheiten spielte die medizinische Betreuung durch die Emigrantenärzte eine große Rolle, vor allem auch für die schwerverwundeten Spanienkämpfer, die meist halblegal in französischen Hospitälern einer sorgfältigen Betreuung bedurften. Besonders hat sich damals der Chirurg Dr. Rouqués um sie gekümmert, der zuvor in Murcia (Süd-

spanien) das dortige internationale Sanitätszentrum mit aufgebaut hatte. Die Schwerverwundeten wurden auf sowjetischen Handelsschiffen nach der Sowjetunion geschickt. Die französischen Genossen von der Roten Hilfe zogen auch unsere Genossen heran, um durch Sammlungen Mittel zu beschaffen . . .
Erheblich günstiger waren damals jene Genossen dran, die bei französischen Freunden und deren Familien einen Unterschlupf finden konnten, aber das waren nur wenige. Doch es war keineswegs nur die schwierige materielle Lage, die unsere französischen Freunde bei aller Opferbereitschaft zwar mildern, aber nicht beheben konnten — zu groß war die Zahl der Bedürftigen —, sondern viele andere Umstände mehr, die das Leben in der Fremde und nicht nur in Frankreich für viele unserer Genossen so schwer erträglich machten. An der Grenze der Mittellosigkeit, lebten sie in einer ungewohnten, fremden, ja mitunter befremdenden Atmosphäre und zumeist getrennt von den nächsten Angehörigen. Diese Trennung von der Familie war angesichts des Terrorregimes in Deutschland besonders schmerzlich. Die Sorge um die Lieben zu Hause, von denen keiner wußte, ob er sie noch einmal würde in die Arme schließen können, war ein ständiger Begleiter, wenn sich unsere Genossen mit den Widrigkeiten des Alltags einer von den gesellschaftlichen Verhältnissen her feindlichen und zugleich fremden Welt herumschlugen. Hinzu trat die Unkenntnis der Sprache des Asyllandes, was bei der großen Mehrheit unserer Genossen der Fall war, die ihnen eine Teilnahme am kulturellen Leben weitgehend versperrte, wobei die materielle Lage gerade hier schier unüberwindliche Schranken aufrichtete. Auf diesem Hintergrund konnte leicht eine unerträgliche, demoralisierende Atmosphäre aufkeimen, die das Leben vergiftete und das Zusammenleben der Emigranten zerstörte. Wer die Bedingungen der Emigration nicht selbst durchlebt hat, der vermag nur schwer das alles nachzuempfinden, aber es ist zugleich für mich schwierig, die rechten Worte zu finden, um es faßbarer zu machen. An diesen Verhältnissen der Emigration zerbrachen nicht wenige."

Leo Bauer lebte — mindestens seit Mitte der dreißiger Jahre — nicht schlecht. Wir wissen, daß er bereits 1936 eine Wohnung in der Rue Notre Dame de Lorette in der Nähe der Oper hatte. Das noch im 19. Jahrhundert errichtete, ästhetisch durchaus ansprechende Haus, in dem Bauer wohnte, trug nicht gerade hochherrschaftlichen Charakter, war aber auch alles andere als eine Mietskaserne. In einer fast idyllischen Umgebung, in gediegener und zugleich leicht bohemehafter Atmosphäre, lebten hier wohl vorwiegend Intellektuelle bzw. Angehörige akademischer Berufe. In diese Wohnung in der Rue Notre

Dame de Lorette nahm Leo Bauer seine Lebensgefährtin Aenne Sophie, geborene Lyon, eine nur wenig jüngere Jüdin aus Hamburg, auf. Leo und Aenne heirateten im Sommer 1938 auf der Mairie des 9. Arrondissements. Aus einer Zeugenaussage geht hervor, daß das Paar sich schon länger kannte und zusammenlebte. Aenne Bauer wurde nach Kriegsausbruch — wie für Deutsche vorgesehen — interniert; sie saß im Lager Rieucros im Département Lozère und wurde im August 1942 von den Vichy-Behörden an Deutschland ausgeliefert, wo sie im Frauenkonzentrationslager Ravensbrück umkam.

Im November 1935 schlossen sich, begünstigt durch die politische Annäherung der Antifaschisten im Vorfeld der Gründung des deutschen Volksfrontausschusses, 15 Hilfsorganisationen der deutschen Emigration in Frankreich zu einer losen Verbindung, einer „Einheitsvertretung", zusammen, der später noch weitere Organisationen beitraten. Im Vorfeld einer internationalen Asylrechtstagung am 20. und 21. Juni 1936 tagte am 19. und 20. Juni in Paris eine Internationale Konferenz deutscher Emigranten. Leo Bauer gehörte der Mandatsprüfungskommission an. Als wichtigstes Resultat beschloß die Konferenz die Gründung einer „Zentralvereinigung der deutschen Emigration" (ZVE) aus den verschiedenen Landeskartellen. Als Nachfolger des früheren Berliner Polizeipräsidenten Albert Grzesinski (SPD) wurde Leo Bauer Sekretär dieser Organisation. Neben dem liberalen Journalisten Georg Bernhard, den Sozialdemokraten Paul Hertz und Kurt Grossmann sowie dem Kommunisten Hugo Gräf (später Herbert Wehner) nahm Bauer auch an der Delegation der deutschen Emigration zu zwischenstaatlichen Konferenzen über Flüchtlingsfragen vom Juli 1936 in Genf und Dezember 1936 in London teil. Bernhard (für die jüdische Emigration), Wehner und Hertz gehörten dem Beirat des Hohen Kommissars für deutsche Flüchtlingsfragen beim Völkerbund an. Bauer war als ZVE-Sekretär auch beigeordneter Sekretär beim Hohen Kommissar.

Bei den Bemühungen des Flüchtlingskommissariats und der internationalen Konferenzen von 1936 und 1938 über Flüchtlingsfragen ging es — Bauer zufolge — um:

„a) Schaffung eines international gültigen Ausweispapiers, das den politischen Flüchtlingen Aufenthalt in jedem Orte des Asyllandes und Überwechseln in ein anderes Land seiner Wahl gestattet, bei unbedingtem Ausweisungsverbot des politischen Emigranten.
b) Aufhebung des Arbeitsverbotes und Eingliederung der politischen Flüchtlinge in die kulturelle und soziale Gesetzgebung des Asyllandes.
c) Maßnahmen zur materiellen Hilfeleistung.

d) Schaffung eines internationalen Status für politische Emigranten und eines Asylgesetzes."

Wenn diese Ziele auch insgesamt nicht befriedigend erreicht wurden, wirkten doch die Empfehlungen der internationalen Konferenzen auf das Asylrecht und seine Handhabung in den einzelnen Ländern ein. So beeilte sich die Volksfront-Regierung Frankreichs, die Genfer Konvention zur Frage der Flüchtlinge aus Deutschland vom 4. August 1936 zu ratifizieren, und korrigierte damit die zurückhaltende Politik der vorangegangenen bürgerlichen Regierungen. Ein Dekret vom 19. September, das bis 1937 großzügige Anwendung fand, führte den von der Völkerbundskonvention vorgesehenen Interimspaß ein, auf den alle deutschen Flüchtlinge Anrecht hatten. Diese Entscheidung Frankreichs war um so wichtiger, als die Erteilung von Aufenthalts- und Arbeitsgenehmigung praktisch aneinander gekoppelt war.
Die meisten Regierungen kamen indessen nicht einmal den bescheidenen Forderungen der Völkerbundskonvention nach, und auch in Frankreich währte die Zeit des Entgegenkommens nicht lange.
Ein aus französischen Beamten und Vertretern der deutschen Emigration gebildetes „Comité consultatif" überprüfte die Flüchtlinge — vor allem unter dem Gesichtspunkt der Staatssicherheit, der hier mit dem Interesse der Exildeutschen identisch war, um das Spitzelwesen einzudämmen. Dem „Comité consultatif" gehörten Grzesinksi, Bernhard, Münzenberg (später S. Rädel) und der Rechtsanwalt Tichauer an. Leo Bauer arbeitete auch in diesem Ausschuß mit, ohne offenbar formell Mitglied zu sein.
Die der Volksfront folgenden Regierungen änderten — gemäß der emigrantenfeindlichen Stimmung der bürgerlichen Rechten und teilweise der Mitte (ein Spiegelbild ihrer Haltung zu Hitlerdeutschland) — die Asylpolitik wiederum radikal. Die Verschlechterung des Flüchtlingsstatus — ein Dekret vom 2. Mai 1938 machte jeden Verstoß gegen die Aufenthaltsregelungen zu einem strafrechtlichen Vergehen — beseitigte aber nicht die Substanz des Asylrechts; Gefängnisstrafen und Ausweisungen für illegale Einreise oder Aufenthalt wurden ausgesetzt, wenn der Betreffende nicht in der Lage war, Frankreich zu verlassen.

Prag 1938/39

Im Verlauf des Jahres 1938 nahm die Gefährdung des neben Frankreich bedeutendsten Asyllandes, der Tschechoslowakei, und damit der deutschen Emigration in dieser über die nationale Minderheit hinaus (3,5 Millionen = 28 % der Gesamtbevölkerung) kulturell stark deutsch beeinflußten Republik ständig zu. Bereits kurz nach dem Anschluß Österreichs an das Deutsche Reich (13. März 1938) begannen die Nationalsozialisten und die „Sudetendeutsche Partei", den Nationalitätenkonflikt der deutschen Minderheit mit der tschechischen Mehrheit gezielt zu verschärfen und den politischen und militärischen Druck auf die Tschechoslowakei zu verstärken, so daß sich immer mehr deutsche Flüchtlinge mit Unterstützung der zuständigen Hilfsorganisationen um die Ausreise bemühten. Die dafür erforderlichen Visa und Geldbeträge waren gleichermaßen schwer zu beschaffen. Wenige Tage nach dem Münchener Abkommen (30. September 1938), mit dem Großbritannien und Frankreich die sudetendeutschen Gebiete der Tschechoslowakei an Deutschland auslieferten, traf Leo Bauer als Rudolf Katz in Prag ein, um dort — ausgestattet mit der Autorität des Flüchtlingskommissariats beim Völkerbund — beim kommunistisch orientierten „Salda-Komitee" ein Zentralbüro für die technische Durchführung des nun dringlich gewordenen Abtransports der Flüchtlinge einzurichten. Wenn nicht die direkte Annexion, so war doch die schrittweise Verwandlung der seit München ihrer Grenzbefestigungsanlagen beraubten Tschechoslowakei in einen Vasallenstaat des „Dritten Reichs" unschwer vorauszusehen.

Neben ca. 2.600 Juden waren, den Angaben Kurt Grossmanns zufolge, um die Zeit des Münchener Abkommens noch 691 Kommunisten, 118 Sozialdemokraten und Gewerkschafter sowie 81 weitere, von der „Demokratischen Flüchtlingsfürsorge" Grossmanns betreute Flüchtlinge verschiedener Richtungen im Lande, die auf die Ausreise warteten. Sie alle benötigten ein Einreisevisum, mindestens in den meisten Fällen ein Durchreisevisum, Reisegeld, Fahrkarte, Flug- oder Schiffsverbindung, Bewilligung für den Ankauf einer Fahrkarte und die Ausfuhr eines Mindestgeldbetrages. Die Erledigung dieser Formalitäten kostete viel Arbeitskraft und dauerte Wochen oder gar Monate.

Leo Bauer stürzte sich mit großem Eifer in die neue Aufgabe. Großbritannien stellte in größerem Umfang Visa bereit. Dabei setzte vor allem der liberale Publizist Sir Walter Layton unter dem Einfluß von linken Emigranten und deren britischen Freunden seine Verbindungen nutzbringend ein.

Es kann nicht überraschen, daß die Sorge Bauers und seiner Mitarbeiter zunächst den eigenen Parteigenossen galt. Die Behörden des „Dritten Reichs" gaben immer wieder zu verstehen, daß sie die KPD, die das Gros der verurteilten und verfolgten Widerstandskämpfer stellte, als Hauptfeind ansahen. Auch unter den Politemigranten in der Tschechoslowakei war zur betreffenden Zeit das Verhältnis der Parteikommunisten zu den übrigen 7 zu 2, so daß nichts dagegen eingewendet werden konnte, wenn mehr Kommunisten auf den Ausreiselisten auftauchten als Sozialdemokraten, Linkssozialisten und bürgerliche Demokraten. Und wenn man den Anteil der Juden mitbe-

rücksichtigt, kann die vom SPD-Exil-Vorstand monierte Zahl von 8 Sozialdemokraten unter 100 zur Ausreise Vorgesehenen nicht per se als unverhältnismäßig niedrig bezeichnet werden.
Die Sozialdemokraten scheinen vom Bauerschen Zentralbüro im großen und ganzen korrekt und fair behandelt worden zu sein. Die Behauptung eines Freundes von Otto Rühle in einem Brief vom 4. Januar 1939 an den in Mexiko lebenden Rätekommunisten, Katz' Flüchtlingshilfe beziehe sich auf Kommunisten, die sich als Sozialdemokraten tarnten, war mindestens übertrieben. Jedenfalls versicherte der Linkssozialdemokrat Siegfried Aufhäuser, vor 1933 Vorsitzender des Allgemeinen Freien Angestellten-Bundes, später eidesstattlich,

> „daß Herr Bauer im November 1938 bekannten deutschen Sozialdemokraten, die vorher in Deutschland wie in Prag kompromißlose Gegner der Kommunistischen Partei waren ..., Flugplätze beschafft hat, um sie aus der damaligen Prager Hölle der Nazis zu befreien".
> Bauer habe sich „um Visa für Angehörige aller Parteien, soweit sie eben wegen ihrer antinazistischen Aktivität besonders bedroht waren", bemüht.

Eine junge tschechische Kommunistin — es handelt sich um die Journalistin Lucie Taub, Witwe des Schauspielers Valter Taub — lernte Leo Bauer als einen allseits ungewöhnlich hilfsbereiten Menschen und Flüchtlingsfunktionär kennen. So habe er alles getan, den Schwiegereltern der Frau, die in der deutschen Sozialdemokratie der Tschechoslowakei eine wichtige Rolle gespielt hatten, zu helfen.

Ungleich problematischer war das Verhalten des KPD-Mitglieds Bauer gegenüber Angehörigen kleiner linkssozialistischer bzw. kommunistischer Organisationen, insbesondere wenn sie früher der KPD angehört hatten, oder gegenüber Einzelpersonen mit entsprechenden Auffassungen. Die Stellung der Komintern-Parteien und namentlich der KPD zu kommunistischen Oppositionsgruppen und „Renegaten" hatte sich seit jeher durch besondere Unversöhnlichkeit ausgezeichnet und hatte durch die antitrotzkistische Kampagne im Gefolge der Moskauer Prozesse und der innerrepublikanischen Mai-Kämpfe in Barcelona 1937 eine weitere Steigerung erfahren.

„Trotzkismus", der als Etikett für alle möglichen „Abweichungen" galt, war nunmehr — durch die Prozesse „bewiesen" — gleichbedeutend mit direkter Agententätigkeit für den Faschismus. So sollte zum Beispiel der Rätekommunist Franz Pfemfert, in Deutschland unter anderem Verleger Trotzkis, nach Meinung der „Roten Fahne" und der Kommunisten im Prager (Flüchtlings-) „Comité Central" aus der Tschechoslowakei ausgewiesen werden, weil er die Moskauer Prozesse scharf kritisiert hatte. Ungeheuerlichkeiten dieser Art waren nur möglich, weil die von der Komintern in die Welt gesetzten Verleumdungen bei manchen Sozialdemokraten und bei vielen linksorientierten, eher liberalen Intellektuellen Europas, darunter unzweifelhaft integre Menschen, Glauben fanden. Gleichzeitig begrüßte ein Teil der Rechten zynisch Stalins „Säuberungen" als Selbstzerfleischung des Bolschewismus. Sogar die in Moskau lebenden KPD-Funktionäre waren in die Verfolgung der alten Bolschewiki hineingezogen worden.

> „Beklommenheit, Gewissenskonflikte kamen auf, als die Namen derer genannt wurden, die an der Gründung, dem Aufbau der Partei, der Internationale beteiligt gewesen waren und die jetzt des Verrats, der Zusammenarbeit mit dem Feind beschuldigt wurden",

berichtet Peter Weiss. Henry Jacoby, damals Mitglied der revolutionär-sozialistischen „Funken"- Gruppe, weist in seinen Erinnerungen darauf hin, daß die „Abwehr" des „Trotzkismus" durch die kommunistischen Parteien für die Betroffenen auch außerhalb der Sowjetunion lebensgefährliche Folgen zeitigen konnte:

> „Als später Hitlers Truppen in Prag einmarschierten und die britische Botschaft bereit war, die deutschen Emigranten in ihrem Flugzeug mitzunehmen, wurde ihr eine Liste von ‚Hitler-Agenten' zugespielt, die die Namen fast sämtlicher Mitglieder linker Gruppierungen der deutschen Emigration enthielt, und erst im allerletzten Moment gelang es, die Engländer von dem wahren Charakter dieser Liste zu überzeugen."

Obwohl Leo Bauer im Rückblick mehrfach betonte, sein innerer Bruch mit dem Kommunismus stalinistischer Prägung sei bereits aufgrund der Moskauer Prozesse erfolgt, spricht alles dafür, daß auch er der Parteilinie strikt folgte.
Es wäre psychologisch nicht ungewöhnlich, wenn gerade innere Zweifel Leo Bauer in der Härte gegenüber den „Verrätern" und „Parteifeinden" bestärkt hätten. Die kommunistische Bewegung der betreffenden Zeit verstand sich als eine Kampfgemeinschaft, aus der ein bei anderen Vereinigungen üblicher Austritt — und schon gar Kritik von innen — nicht vorgesehen war. Ketzertum durfte im Interesse der Partei nicht geduldet werden, und die „Renegaten" gingen wie selbstverständlich des (auch materiellen) Schutzes der Partei verlustig (um so mehr, als sie nicht als Bündnispartner erwünscht waren). Wie Arthur Koestler, der um diese Zeit gerade mit dem Kommunismus gebrochen hatte, schreibt, konnte individuelle Freundschaft nicht

> „das Zusammengehörigkeitsgefühl zu einer die ganze Welt umspannenden internationalen Brüderschaft ersetzen; und nicht das wär-

mende, tröstende Gefühl der Solidarität, das jener ungeheuren, anonymen Masse den Zusammenhalt und die intime Familienatmosphäre gab".

Selbst wenn manche gegen Leo Bauer gerichtete Anklage im Hinblick auf die von Hektik und Furcht gekennzeichnete Prager Atmosphäre und umgekehrte Animositäten ehemaliger Kommunisten und KPD-Sympathisanten übertrieben gewesen sein mag, schält sich insgesamt doch der Eindruck handfester Benachteiligung dieser Personengruppe heraus. Zweifelhaft ist allerdings der persönliche Anteil Leo Bauers daran. Er selbst hat in späteren Jahrzehnten immer betont, er habe sich für alle Gefährdeten — auch für Exkommunisten und dezidierte KPD-Gegner auf der Linken — eingesetzt. Zudem habe er nie allein entschieden, sondern einen aus Vertretern unterschiedlicher Richtungen der Emigration gebildeten Ausschuß befragt.

Mit zwei seiner damaligen Kritiker, Kurt Hiller und Kurt Grossmann, kam drei Jahrzehnte danach ein freundschaftlicher Briefkontakt zustande; mit Grossmann arbeitete er dann auch vereinzelt politisch-publizistisch zusammen. Allerdings hat Grossmann, seinerzeit Leiter der „Demokratischen Flüchtlingsfürsorge", seine höchst kritische Schilderung eines der umstrittensten Fälle nie zurückgenommen. Grossmann berichtet:

„Otto Wollenberg ging für die KP ins Gefängnis und dann nach Entlassung mit Genehmigung der Partei in die Emigration, wo man ihm aufgrund seiner besonderen Qualifikation sehr wichtige Funktionen übertrug. Es mag Anfang 1937 gewesen sein, als Otto Wollenberg aus sachlichen Gründen mit der Partei Differenzen hatte. Die Folge war, daß man ihm die ökonomische Grundlage seiner Existenz entzog, keine weitere Unterstützung gewährte und er nach einiger Zeit aus der Partei ausgeschlossen wurde...

Die KP begann gegen diesen Mann, dem sie Brot und Wohnung entzogen hatte, ein Kesseltreiben, als sie erkennen mußte, daß es auch in der Emigration genügend unabhängige und einflußreiche Leute gab, die einen Mann wie Wollenberg unterstützen konnten. Man veröffentlichte in der illegalen ‚Rote Fahne' seinen Ausschluß unter vollem Namen und Angabe von fünf Gründen — und gefährdete damit Wollenbergs Angehörige und ihn selbst."

Nachdem Wollenbergs Bemühungen um ein Visum für Frankreich erfolglos geblieben waren, schlug die „Demokratische Flüchtlingsfürsorge" ihn für eine Ausreise nach England vor.

„Die ersten 100 England-Visen trafen Anfang Oktober in Prag ein, und Otto Wollenberg stand an der Spitze der Liste. Von den 100 vorgeschlagenen Leuten wurden von den Engländern 16 zunächst abgelehnt ... Otto Wollenberg war nicht darunter. Sein Paß wurde vielmehr mit den anderen Pässen eingereicht, und der Visastempel befand sich bereits im Paß — als aus unerklärlichen Gründen das erteilte Visum durch den Stempel ‚cancelled‘ ungültig gemacht wurde und die Engländer jede Begründung ablehnten."

Darüber schrieb Wollenberg an Grossmann:

„Es gibt außer bei mir keinen weiteren Freund, der ein Visum schon in seinem Paß eingetragen hatte und das dann gestrichen wurde. Also: entweder hat das Home Office nachträglich über mich Nachrichten erhalten, die solche waren, daß es telegrafisch anwies, daß mein Visum nicht auszufüllen ist und dieses Telegramm kam im Moment des technischen Ausstellungsvorgangs an. In diesem Fall muß ich also in London verleumdet worden sei. Die zweite Möglichkeit — und es gibt nur diese zwei Möglichkeiten — während hier auf dem Konsulat man bei der Ausstellung des Visums begriffen war, wurde dem entscheidenden Beamten eine Mitteilung zuteil — von hier —, die zur Streichung veranlaßte. Für beide Fälle steht eindeutig fest: nachträglich muß ich verleumdet worden sein. Es gab bei den in Frage kommenden engl. Amtsstellen keinen Fakt, der gegen mich an sich vorlag. Wie hat nun darauf der Beauftragte K(atz), der nicht nur wegzutransportieren hat, sondern auch die Interessen der Emigration vertreten und betreuen soll, reagiert? Wie hat er sich meines Falles angenommen? ... Das Büro K(atz) nahm einfach hin, daß ein Emigrant abgelehnt worden war, und zwar in solcher Form, daß sein Paß wertlos wurde. Kein Wort, kein Vorschlag erfolgte, wie man dem Emigranten helfen könne, damit er einen neuen Paß erhalte oder was das Gegebene war: welche Vorstellungen man bei den engl. Amtsstellen vornehme und ihnen klar mache, daß sie nicht nur ein Visum annulliert, sondern einen Paß und damit einen Menschen fast vernichteten. Das Büro K(atz) tat in diesem haarsträubenden Fall nichts. Es war passiv."

Bei weiteren Nachforschungen erfuhr Grossmann, daß Bauer/Katz Otto Wollenberg als Gestapo-Agenten bezeichnet und andererseits erklärt habe, sein Büro bemühe sich um Wollenbergs Ausreise. Noch einmal Wollenberg an Grossmann:

„Ich erkläre auf das dezidierteste, daß ich nach wie vor jeder Untersuchungskommission, wenn sie sich aus einwandfreien Antifaschisten zusammensetzt, zu jeder Zeit Rede und Antwort stehen werde. Es ist mein dringlichster Wunsch, daß dies endlich geschehe. Solange dies aber durch die Ablehnung seitens der Freunde des Herrn Katz ständig unterbunden wird, muß ich meine dringend ausgesprochene Bitte, daß der von Herrn Katz gegen mich erhobene Vorwurf, ‚ich sei ein Gestapoagent‘, seitens des Comité Central zurückgewiesen wird, aufrechterhalten, und zwar nicht nur aus obigem Grunde. Es ist eine infame Verleumdung meiner Person, die ich nicht unwidersprochen — aus prinzipiellen Gründen — lassen kann. Daß dies eine blanke Lüge ist, zeigt Herr Katz und seine Freunde aber auch selbst auf, denn es dürfte wohl klar sei, daß man nicht gleichzeitig für den hiesigen Generalstab und die Gestapo — noch dazu als politischer Emigrant — arbeiten kann, und es spricht jeder politischen Flüchtlingshilfe Hohn, wenn Herr Katz einerseits obiges von einem Flüchtling erklärt und andererseits seine ‚energische Bereitwilligkeit‘, denselben auf Amtswegen als einwandfreien politischen Antifaschisten in die Hilfsaktion miteinzusetzen, deklariert. Da Herr Katz führendes Mitglied der zentralen Flüchtlingsorganisation ist und jenes im Büro des Comité Central in Gegenwart von sieben Personen behauptete, muß ich auf meiner Bitte bestehen."

Mit Hilfe der „Demokratischen Flüchtlingsfürsorge" ist es Ende 1938 dann gelungen, Wollenberg ein britisches Visum zu besorgen, so daß er nach London ausreisen konnte.
Noch ein zweiter Fall soll hier ausgebreitet werden, der des Walter Detlef Schultz, eines ebenfalls aus der KPD ausgeschlossenen Kommunisten und Freundes des Schriftstellers, ethischen Sozialisten und Pazifisten Kurt Hiller. Hiller, der in seinen 1969 erschienenen Memoiren — ohne von dessen Identität mit Leo Bauer zu wissen — Rudolf Katz als einen relativ „menschhaften" und „unbornierten" KPD-Fuktionär beschrieb, bescheinigte Bauer 1970 in privaten Schreiben ausdrücklich, „daß er sich vom typischen KP-Funktionär zu seinen Gunsten unterschied". Hiller habe es für seine Pflicht gehalten, „von der ausnahmehaften Anständigkeit des mir im übrigen total unbekannten Rudolf Katz Zeugnis abzulegen". Die folgende Schilderung ist der Schrift „Rote Ritter" entnommen, in der Kurt Hiller 1951 in dem ihm eigenen polemischen Stil über Erlebnisse mit deutschen Kommunisten berichtet.

„Mit Katz erlebte ich etwas, nämlich den aufreibensten Nervenzweikampf meines Lebens. Es ging um die Rettung eines nahen Freundes von mir, D. [Schultz].

Meine eigne Rettung war unterdes so gut wie gesichert. Ich habe sie vor allem Rudolf Olden zu verdanken. Als Wieland [Herzfelde]... abgedunstet war, stattete Olden meinen Herrn Gruppenleiter mit der erforderlichen Vollmacht aus, was kaum viel geholfen haben würde, hätte er nicht zugleich von Oxford aus das Zentralkomitee in Prag mit Telegrammen bombardiert, die meine unverzügliche Ausreise nach England forderten, zumal da mein Visum unterdes auf dem Britischen Konsulat in Prag bereit lag. Dies Visum nützte mir wenig, wenn ich den Paß nicht selber besaß. Die Kommunistenclique hatte ihn vom Konsulat abgeholt und hielt ihn unter Verschluß, wochenlang. Es sprachen aber Anzeichen dafür, daß sie, weil Olden hinter mir stand und aus Furcht vor einem europäischen Skandal, keine weiteren Sperenzchen mit mir machen, sondern mich reisen lassen würden; ein liebenswürdiger Brief der Präsidentin Frau Schmolka an mich, vom 16. November, hatte mich in diesem Optimismus bestärkt. Was war aber mit meinem Freunde D.? Er war, infolge seiner mehrjährigen antinazistischen Tätigkeit in Prag (auf dem Felde der Presse), gefährdeter als die meisten; aber man hatte ihn gerade drei oder vier Monate zuvor aus der Kommunistischen Partei ausgeschlossen — weil er sauber und tapfer in ihr aufgetreten war, sich für innere Demokratie eingesetzt und Infamien eines nach totalitärem Schema den Parteimitgliedern aufgezwungenen ‚Apparats' Trotz zu bieten gewagt hatte. D.s Irrtum hatte darin bestanden, daß er noch nach der Periode der Moskauer Prozesse für möglich hielt, jene im Kern längst faule, moralisch verkommene Partei von innen her, mittels einer planvoll arbeitenden oppositionellen Fraktion geistig wertvoller und vor allem sittlich kraftvoller Genossen, zu reformieren und sie wieder in den Zustand Lenin-Bucharin-Liebknecht-Luxemburg'scher Geistigkeit und Gesundheit zu bringen. Ich leugne nicht, daß auch ich diesem Irrtum lange anhing, wenn auch vielleicht mit stärkeren Zweifeln. Dafür trug ich, als D. schon völlig davon kuriert war, noch lange in meinem Bewußtsein Restchen und Splitterchen dieser Illusion. Niemanden haßte und verfolgte der kommunistische ‚Apparat' in gleichem Grade wie die Ehemaligen der eigenen Partei, die freiwillig Ausgeschiedenen und namentlich die Ausgeschlossenen. Meine Aufgabe war, nachdem D.s Name endlich auf der Schriftstellerliste stand, durchzusetzen, daß dieser mutige Antinazi auch wirklich nach England gerettet wurde... t r o t z jenes Vorfalls. Eines Freitags (2. Dezember) eröffnete mir Katz, ich flöge am Montag nach London. Ich erwiderte: ‚Gern; falls D. mitfliegt!' Katz: ‚Wenn Sie sich weigern, Montag allein zu fliegen, setze ich Ihren Namen ans Ende der Gesamtliste, und Sie kommen dann von Prag nicht vor April weg.' (Am 15. März marschierte, wie wir wissen, Hitler ein.) Dann begann das zermürbende Ringen. Nicht ich, nur ein Dramatiker kann es gestalten. Das Ende war: Katz gab mir sein Wort, daß D. zwei Tage nach mir fliegen werde, falls ich dem Büro keine Schwierigkeiten machte und Montag flöge. Mißtrauisch bis zum Exzeß, lehnte ich ab. Ich berichtete D.; er beschwor mich, meinen Entschluß umzuwerfen; das Angebot noch nachträglich anzunehmen; die Ablehnung könne tödlich für uns beide sein; er traue trotz allem jetzt dem Worte des Mannes; denn bräche ers, so brächte das der Kommunistischen Partei nach Lage der Dinge mehr Schaden als Gewinn; jawohl, D. beschwor mich. So zog ich mein Nein am Sonntag zurück, erklärte meine Unterwerfung, das heißt meine Bereitschaft, Montag ohne D. zu fliegen. Aus Montag wurde dann Mittwoch. Und Freitag, jawohl, Freitag flog tatsächlich D.! Ich habe anzuerkennen, daß Katz sein Wort gehalten hat."

Als die Deutsche Wehrmacht am 15. März 1939 in die „Rest-Tschechei" einmarschierte, deren Umwandlung in ein „Reichsprotektorat" am Vortag vom tschechischen Staatspräsidenten Hácha erpreßt worden war, war die Aussiedlung der gefährdeten Flüchtlinge noch keineswegs abgeschlossen, und Bauer befand sich nach wie vor in Prag. In seinem Roman-Fragment erinnert er sich:

„In der Nacht vom 14. zum 15. März früh 3.30 Uhr teilt man ihm telefonisch mit, daß in den Vormittagsstunden des 15. die deutschen Truppen einmarschieren würden. Morgens um 7 Uhr wagt er es, in den englischen und französischen Botschaften anzurufen. Dort schläft alles oder man tut so, als habe man nicht die geringste Ahnung von den bevorstehenden Ereignissen. Bergmann aber erlebt den Einmarsch der deutschen Truppen, die Verzweiflung, die Trauer und die Verbitterung der Bewohner der schönen Moldaustadt . . .
Er hatte aufgrund seiner Funktion als beigeordneter Sekretär des Hohen Kommissars des Völkerbundes für Flüchtlinge aus Deutschland Asyl in der britischen Botschaft erhalten. Von dem Fenster seines Zimmers — die Botschaft befand sich in der Nähe des Hradschin — konnte man auf die Stadt schauen und den Lauf der Moldau verfolgen. Es war am zweiten oder dritten Tag nach dem Einmarsch. Bergmann stand am offenen Fenster und schaute auf die Stadt. Flugzeuge kreisten über der Stadt, um nach Ruhe und Ordnung zu schauen und um die Bevölkerung einzuschüchtern. Triumphierend schienen sie das Lied der MACHT zu singen. In das Gedröhne der Propeller erklang jedoch

plötzlich die Musik der Moldau von Smetana, jenes Werk, das den ewigen Lauf der Dinge in Klang verwandelte und der MACHT ihre Begrenztheit verkündet".

Die deutschen Emigranten, die zum Teil Zuflucht in den diplomatischen Missionen Großbritanniens und Frankreichs fanden, verfügten meist über keine Visa. Das britische Außenministerium sorgte dafür, daß in den britischen Konsulaten von Kattowitz und Krakau, also nahe der Grenze zur Tschechoslowakei, Listen asylberechtigter Flüchtlinge deponiert wurden. Die Reisegelder brachten Privatpersonen und Hilfsorganisationen auf. Manche Flüchtlinge wurden schon in Prag oder vor Erreichen der Grenze von der Gestapo verhaftet, die Mehrheit konnte jedoch entkommen und über Polen Großbritannien erreichen.

Eine zentrale Rolle in dieser Operation kam dem amerikanischen Architekten Hermann Field zu, einem Sympathisanten des Kommunismus, der von London aus Unterstützungsarbeit für antifaschistische Flüchtlinge in Europa leistete. Hermann Field war nach der Besetzung Prags unter dem Vorwand, eine Ausstellung vorzubereiten, dorthin gereist, um durch die Überbringung von Bestechungsgeldern die Ausreise der im „Protektorat" festsitzenden Emigranten zu ermöglichen. Da er nicht in die britische Botschaft gelangte, um Bauer das Geld zu übergeben, hinterließ er es bei Max Reimann (dem späteren Vorsitzenden der westdeutschen KPD) und begab sich zum britischen Konsulat in Kattowitz, danach zu dem in Krakau. Ein von dort aus in Zusammenarbeit mit Kurt Naumann vom Salda-Komitee organisierter illegaler Weg aus dem „Protektorat" stieß auf heftige Kritik Leo Bauers, als dieser aus Prag in Krakau eintraf.

Hermann Field war über die — wie er meinte — herrische und arrogante Art des Auftretens von Bauer verärgert, der ihm als durchaus fanatischer Verfechter der Parteiräson erschien, und berichtete über die Kontroverse nach London. In London und in Paris bei der KPD-Führung sei dieser Vorfall Gegenstand eines Parteiverfahrens geworden, als dessen Ergebnis ein Funktionsverbot gegen Bauer ausgesprochen worden sei. Leo Bauers späterer Aussage zufolge wurde ihm die Begünstigung von „Parteifeinden" vorgeworfen; die Affäre habe auch bei seinem Strafprozeß 1952 eine Rolle gespielt. Offenbar war neben dem sachlichen Anlaß eine Intrige gegen den allzu ehrgeizigen und erfolgreichen jungen Genossen im Spiel; Hermann Field erwähnt, er sei bereits in Prag von Reimann vor Bauer gewarnt worden.

Von der Volksfront zum Hitler-Stalin-Pakt

Als Leo Bauer nach der „Zerschlagung der Rest-Tschechei" ins Pariser Exil zurückkehrte, hatte diese flagrante Verletzung internationaler Vereinbarungen zwar zu einer Welle der Empörung gegen das nationalsozialistische Deutschland geführt. Der vorübergehende Stimmungsumschwung vermochte jedoch die Gesamtentwicklung der französischen Politik nach rechts nicht entscheidend zu beeinflussen. Die Kräfte der Verständigung mit Hitlerdeutschland, deren eifrigste Förderer mit den Vertretern der großkapitalistischen Reaktion im Innern weitgehend identisch waren, hatten frühzeitig zu erkennen gegeben, daß sie „lieber Hitler als die Volksfront" wollten. Aber auch der bürgerliche Liberalismus und große Teile der Sozialdemokratie plädierten für eine Deutschland entgegenkommende Außenpolitik.

Die Volksfront existierte seit dem Ende der zweiten, kurzlebigen Regierung Blum im April 1938 faktisch nicht mehr. Der neue Ministerpräsident Edouard Daladier bemühte sich um eine schrittweise Aufhebung der in der Volksfrontperiode beschlossenen Sozialreformen. Außenpolitisch orientierte er sich fast sklavisch an den den Nationalsozialismus begünstigenden Beschwichtigungsversuchen des britischen Bündnispartners, denen er im Münchener Abkommen den engsten Bundesgenossen Frankreichs opferte. Indem sie Massenstreiks durch Einsatz von Polizei und Militär brach und angesichts einer unverkennbaren Demoralisierung der sozialistisch und demokratisch orientierten Teile des Volkes, begann die neue Regierung mit Duldung der bürgerlichen Parteien, vor Verfassungsbrüchen nicht zurückscheuend, eine zielgerichtete Demontage des Parlamentarismus und der allgemeinen politischen Rechte und Freiheiten. Wenngleich ein Regimewechsel erst mit dem Weltkrieg möglich wurde, ging doch der Installierung der rechtsautoritären Diktatur der Kollaborateure in Vichy — ähnlich wie in Deutschland 1930—32 — eine Periode der systematischen Aushöhlung der Republik voraus.

War auch der Endpunkt dieser Entwicklung im Winter 1938/39 und im Frühjahr 1939 noch nicht abzusehen, so mußten die kommunistischen Parteien Europas spätestens seit München die Möglichkeit einer Verständigung der kapitalistischen Mächte untereinander auf Kosten der Sowjetunion ins Auge fassen. Die Bemühungen der UdSSR um ein kollektives Sicherheitssystem gegen die aggressiven faschistischen Staaten waren — jedenfalls zunächst — gescheitert, die Spanische Republik dem Untergang geweiht, die französische Volksfront zerfallen. In dieser Situation erhielt der „Kampf für den Frieden" eine zusätzliche Bedeutung — insbesondere seitens der KPD. Zugleich mußten sich die Kommunisten auf die Eventualität eines zweiten Weltkriegs vorbereiten.

Über den Sinn der Beschlüsse der „Berner" Parteikonferenz der KPD, die in Draveil bei Paris vom 30. Januar bis 1. Februar 1939 stattfand, äußerte sich Leo Bauer 1971

> „unter Berufung auf Franz Dahlem, der mir das auseinandergesetzt und den Auftrag gegeben hat, in diesem Sinne in Prag zu referieren..."

Der Sinn der Berner Beschlüsse

> „bestand darin, die Emigration darauf vorzubereiten, daß eine Zeit eintreten könnte, in der man nicht auf zentrale Beschlüsse — auf Beschlüsse des Zentralkomitees — warten dürfe, d. h. der Kriegsfall, sondern jede Einheit der Partei, wo sie auch sei, konsequent die Politik des Kampfes gegen den Faschismus fortzuführen habe, gemeinsam mit den Sozialdemokraten innerhalb der Einheitsfront und Volksfront. Das war die Bedeutung der ‚Berner Beschlüsse' für mich. Ich habe sie gar nicht gelesen, sondern in Paris von Franz Dahlem erläutern lassen, der an dieser Konferenz teilgenommen hatte".

Tatsächlich war die „konsequente Fortsetzung" der Einheitsfront- und Volksfrontpolitik unverkennbar durch zunehmende Intransigenz gekennzeichnet. Angesichts mangelnder Erfolge bei den Bemühungen um den Exil-Vorstand der SPD und um Vertreter des antinazistischen Bürgertums war die Neigung, das Schwergewicht in der Bündnispolitik wieder auf „unten", den Appell an die einfachen Mitglieder und Anhänger der umworbenen Organisationen unter Übergehung der Führungen, zu legen, seit 1937 wieder gewachsen. So kamen neue Ansätze einer Zusammenarbeit mit den in einer Arbeitsgemeinschaft zusammengeschlossenen linkssozialistischen Gruppen Deutschlands und Österreichs nicht voran — was allerdings auch an deren deutlich gewachsenem Mißtrauen lag. Der ein breites Spektrum der deutschen Emigration umfassende „Thomas-Mann-Ausschuß" scheiterte faktisch noch 1938 an unüberbrückbaren Zieldifferenzen. Ein am 25. März 1939 als Fortsetzung des früheren Volksfrontausschusses gegründeter „Aktionsausschuß Deutscher Oppositioneller" war in seiner Bandbreite wieder stärker eingeschränkt; es fehlten vor allem namhafte Sozialdemokraten.

Der Abschluß des Deutsch-Sowjetischen Nichtangriffspakts am 23. August 1939 und die folgenden Ereignisse — die Aufteilung Polens aufgrund eines, seinerzeit allerdings nicht bekannten, Geheimabkommens, der sowjetische Krieg gegen Finnland und die Annexion des Baltikums durch die UdSSR — rissen den Graben in der politischen Emigration zwischen den Anhängern der KPD und fast allen übrigen so weit auf, daß er auch in den folgenden Jahren im Zeichen der „Anti-Hitler-Koalition" nur vereinzelt überbrückt werden konnte. Um die Haltung der KPD, die den Pakt umgehend begrüßte, zu verstehen, muß man nicht nur die Verinnerlichung des sowjetischen Staatsinteresses (wie es durch die jeweilige Führung definiert wurde) seitens der einzelnen Kommunisten in Rechnung stellen, sondern zudem berücksichtigen, daß auch das im Sommer 1939 in Moskau zusammen mit Frankreich verhandelnde Großbritannien ein doppeltes Spiel trieb. Der Verdacht, mindestens Teile der herrschenden Klasse und der politischen Führungsgruppe Großbritanniens und Frankreichs, die „Männer von München", wollten die Aggressivität Hitlerdeutschlands gegen die Sowjetunion lenken, war nicht ganz unbegründet.

Um für den Vertragsabschluß ein Minimum von Verständnis zu finden, hätte die Sowjetunion aber darauf verzichten müssen, sich faktisch zum Komplizen Deutschlands zu machen (der politische Schaden überwog wahrscheinlich sogar den militärischen Nutzen), und vor allem hätten die Parteien der Komintern nicht von ihrer antifaschistischen Orientierung zu einer verbal linksradikalen, faktisch prodeutschen Position des „revolutionären Defätismus" im „imperialistischen Krieg" übergehen dürfen, wie es seit dem Einmarsch der Roten Armee in Ostpolen geschah. Zwar stellte die KPD ihre illegale Arbeit in Deutschland zu keinem Zeitpunkt ein, wohl aber verzichtete sie zeitweise auf die Parole des Sturzes der Hitlerregierung. Der alleinige politische Bezugspunkt war der Deutsch-Sowjetische Nichtangriffspakt; dessen Gegner England — der „reaktionärste Staat der Welt" — und Frankreich waren jetzt die Aggressoren, nachdem sie das deutsche „Friedensangebot" vom Oktober 1939 zurückgewiesen hatten. In dieser Perspektive konnten diejenigen deutschen Hitlergegner, die gegen den Nichtangriffspakt auftraten, nur noch als Agenten des westlichen Imperialismus und prowestlicher Gruppen des deutschen Monopolkapitals wahrgenommen werden. Da der Großindustrielle Fritz Thyssen gerade aus Deutschland geflohen war und den Pakt kritisierte, wurden sie zur „Thyssenclique" erklärt. Walter Ulbricht erläuterte diese Argumentationslinie im Februar 1940 in einer Komintern-Zeitschrift:

> „Wenn Hilferding und die anderen früheren sozialdemokratischen Führer ihre Kriegspropaganda gegen den deutsch-sowjetischen Pakt richten, so deshalb, weil der englische Plan um so weniger zum Ziel führt, je tiefer die Freundschaft zwischen dem deutschen Volke und dem Sowjetvolke in den werktätigen Massen verwurzelt ist. Deshalb sehen nicht nur die Kommunisten, sondern auch viele sozialdemokratische Arbeiter und nationalsozialistische Werktätige ihre Aufgabe darin, unter keinen Umständen einen Bruch des Paktes zuzulassen. Wer gegen die Freundschaft des deutschen und des Sowjetvolkes intrigiert, ist ein Feind des deutschen Volkes und wird als Helfershelfer des englischen Imperialismus gebrandmarkt. Im werktätigen Volke

Deutschlands verstärken sich die Bemühungen, die Anhänger der Thyssenclique, dieser Feinde des sowjetisch-deutschen Paktes, aufzudecken. Vielfach wurde die Entfernung dieser Feinde aus der Armee und dem Staatsapparat und die Konfiszierung ihres Eigentums gefordert."

Die sich im französischen Exil befindenden deutschen Kommunisten bekamen die Anzeichen eines möglicherweise bevorstehenden Wandels der sowjetischen Außenpolitik im Frühjahr und Sommer 1939 gewiß noch undeutlicher mit als ihre Genossen in Moskau. Leo Bauer schreibt über die Wirkung des Paktabschlusses:

> „So sehr überraschend der Pakt für jedermann verkündet wurde, so sehr entsprach er im Grunde dem Ablauf des unerbittlichen Machtkampfes der damaligen Welt. Deutsche Kommunisten waren verzweifelt über dieses Abkommen. Sie dachten an ihre Genossen in den Konzentrationslagern.
> Die gleichen Kommunisten hatten aber auch anzuerkennen, daß die andere Seite nur deswegen so schrie, weil die eigenen Pläne durchkreuzt worden waren. Zwei Möglichkeiten gab es, um die Ereignisse zu betrachten. Bejahte man das Recht der MACHT, nur den Interessen der MACHT zu dienen, dann mußte man auch der Sowjetunion als MACHT das Recht einräumen, die Gesetze des politischen Kampfes der MACHT anzuwenden. Wollte man aber vom moralischen und menschlichen Standpunkt die Politik der Sowjetunion verurteilen, dann war dies nur unter der Bedingung möglich, daß man jede politische Handlung, jede politische Tat vom moralischen Standpunkt aus be- und verurteilte."

Diese Art der Auseinandersetzung scheint uns nicht untypisch für die Schwierigkeiten der Kommunisten mit der Sowjetunion: Bedenken wurden wie Unbehagen wahrgenommen, aber sogleich auf die Ebene abstrakt-moralischer Prinzipien verdrängt, wo sie als offenbar unsinnig erschienen. Eine politische Kritik hingegen, die die Unfehlbarkeit Stalins und anderer Führer in der konkreten Analyse angriffe — wie angedeutet, ergab sich aus dem Nichtangriffsvertrag als solchem keineswegs automatisch alles andere —, kam nicht zustande. Wie hätte es auch anders sein sollen in einer Organisation, die keine offene und systematische Diskussion programmatischer und strategisch-taktischer Fragen kannte?
Andererseits wird man in Rechnung stellen müssen, daß sich die Ablehnung des Deutsch-Sowjetischen Pakts in der KPD-Emigration auch deswegen in Grenzen hielt, weil durch den Vertragsabschluß eine massive Kampagne

gegen die Sowjetunion bzw. den Kommunismus und in Frankreich regelrechte Kommunisten-Verfolgungen provoziert wurden, die einen Bruch mit der bedrängten Partei — und offene, ja teilweise schon interne, Kritik bedeutete hier eben Abwendung — gerade in dieser Situation psychologisch erschwerten.

„Feindliche Ausländer"

Die Verfolgung der PCF (und in ihrem Gefolge der Exil-KPD) setzte mit einem Verbot der kommunistischen Presse bereits vor ihrer Wende gegen den Krieg im Herbst 1939 ein. (Die Kriegskredite wurden am 2. September noch mit den Stimmen der PCF verabschiedet.) Das Verbot der PCF am 26. September 1939 und die Aufhebung der Immunität ihrer Parlamentarier zum Jahresbeginn 1940 waren Höhepunkte einer bereits seit 1938 zunehmend verschärften Repression gegen Kommunisten und Linkssozialisten, die allerdings erst seit dem 23. August 1939 die Zustimmung fast des gesamten nichtkommunistischen Spektrums fand und auch deswegen in dieser Weise verschärft werden konnte. Die bekanntermaßen und kaum verhüllt nazifreundlichen rechtsextremen Organisationen oder Zeitungen konnten demgegenüber ihre Tätigkeit ungehindert fortsetzen, wenn sie den Krieg, der bis zum Mai 1940 ohnehin nur auf dem Papier stand, pro forma unterstützten. Parallel zum allgemeinen Rechtstrend in der französischen Politik seit dem Bruch der Volksfront hatte sich die Haltung der Behörden und Medien Frankreichs zu den deutschen Emigranten versteift. Vorbereitungen für eine Internierung „feindlicher Ausländer" gleich welcher politischer Überzeugung wurde für den Kriegsfall seit Frühjahr 1939 getroffen. Mit dem Deutsch-Sowjetischen Nichtangriffspakt war bei der Eröffnung der Feindseligkeiten (3. September 1939) jetzt die Gelegenheit gegeben, den antifaschistischen Patriotismus breiter Volksmassen in deutschfeindlichen Chauvinismus — überall tauchte der Schimpfname „boches" wieder auf — und Antikommunismus zu transformieren. So führte die französische Polizei, die die wirkliche „Fünfte Kolonne" Hitlers tolerierte, ihre Schläge gegen die deutschen Feinde Hitlers unter eben der Parole des Kampfes gegen die „Fünfte Kolonne" und Frankreich errang im Innern Siege gegen „die Deutschen", die ihm auf dem Schlachtfeld versagt blieben. Gefangene deutsche Antifaschisten wurden der französischen Bevölkerung verschiedentlich als Kriegsgefangene vorgeführt. Deutsche Kommunisten und andere „politisch gefährliche Elemente" wurden ab 30. August von der Polizei gejagt und in Haft genommen, unter ihnen Leo Bauer. Die Verhafteten, aber ebenso die anderen ausländischen Flüchtlinge, wurden zunächst in großen Sammellagern konzentriert,

Leo Bauer geriet in das Stade Roland Garros, wo, ebenso wie im Stade de Colombes, die besonders Verdächtigen hingeleitet wurden. Über das Stade Roland Garros schreibt Arthur Koestler:

„Man hatte das Stadion in ein provisorisches Internierungslager für ‚unerwünschte Ausländer' umgewandelt. Wir waren etwa fünfhundert und hausten in einer Art Höhle unterhalb der in Stufen ansteigenden Tribüne des großen Tennisplatzes. Früher einmal war dieser Raum unter den Treppen zum Teil für Umkleidekabinen verwendet worden; jetzt hatte man ihn in drei Abschnitte geteilt; in die Erste Abteilung, die Zweite Abteilung und die Deutsche Abteilung. In jeder waren etwa hundertfünfzig bis zweihundert Männer untergebracht.
Ich gehörte zur Zweiten Abteilung. Unsere Grotte hatte keine Fenster; ihr Dach — die Unterseite der Tribüne — stieg über uns in einem Winkel von fünfundvierzig Grad hinweg. Wir schliefen auf dem nackten Fußboden, auf einer dünnen Lage Stroh. Nur die Hälfte von uns hatte Wolldecken mitgebracht; vom Lager wurden keine ausgegeben. Wir lagen so eng aneinandergequetscht, daß viele das ‚Sardinen-System' vorzogen: man legte den Kopf zwischen die Beine zweier Nachbarn, dann mußte man ihre Atem nicht spüren. Trotz aller Unbequemlichkeiten war die Moral in unserer Höhle ausgezeichnet, und wir hatten viel Spaß.
Bei Tag durften wir uns auf den Stufen vor der Grotte aufhalten. Dort standen wir stundenlang herum, atmeten die frische Luft, rauchten und unterhielten uns — ein Stamm moderner Höhlenbewohner vor seiner Behausung. Bei manchen Arbeiten ergab sich sogar die Gelegenheit zu einem kleinen Spaziergang, zum Beispiel wenn man sich zur corvée de bois meldete — zum Holzsammeln für das Küchenfeuer — oder zur corvée de l'eau — zum Wasserholen — oder zur corvée de cuisine — zum Kartoffelschälen in der Küche; das bedeutete jedesmal einen Weg von fünf Minuten. Für die corvés gab es immer fünfmal so viel Freiwillige, wie gebraucht wurden. Natürlich durften wir außerhalb unserer Abteilung keinen Schritt allein tun, aber wir wurden von Soldaten bewacht und nicht von Polizisten."

Daß sich Infektionen und Hautkrankheiten unter solchen hygienischen Bedingungen rasch ausbreiteten, bekam Leo durch seine Krankendienste an dem italienischen Generalinspekteur der Internationalen Brigaden im Spanischen Bürgerkrieg, Luigi Longo, zu spüren. Longo erinnerte sich noch Jahrzehnte später — Bauer war längst Sozialdemokrat geworden —, der Deutsche habe ihm die Furunkel kuriert.
Nach eigenen Aussagen war Bauer anschließend in mehreren Internierungs-

lagern. Ob dazu auch das gefürchtete Le Vernet nahe den Pyrenäen gehörte, wie verschiedentlich angegeben wird, ließ sich nicht zweifelsfrei ermitteln. In Vernet saßen die meisten führenden KPD-Funktionäre. Le Vernet umfaßte im Februar 1940 2.063 Männer. Als „gefährliche Elemente" wurden sie sadistisch behandelt: Gefängnisstrafen, die in einem berüchtigten, von Ungeziefer wimmelnden Keller abzusitzen waren, Prügelstrafen, Erschießungen bei Fluchtversuchen. Die — zumal bei harter körperlicher Arbeit — viel zu niedrigen Essensrationen (meist unter 1.000 Kalorien) konnten nur — bei hohen Preisen — in der Kantine, auf dem Schwarzmarkt und durch Lebensmittelpakete von außen aufgebessert werden. Da die mangelhaften sanitären Einrichtungen die katastrophalen Zustände verschärften, kamen in drei Monaten rund sechs Prozent der Insassen zu Tode. Le Vernet stach hervor, aber hart waren die Haftbedingungen fast überall.

In den Lagern begannen die Kommunisten sogleich den Kampf um die politische Führung. Wie in den deutschen Konzentrationslagern hatte dieser Kampf zwei Seiten: War die strikte Selbstdisziplinierung der Häftlinge in der Auseinandersetzung mit der Lagerverwaltung, ihren Spitzeln und korrupten Elementen auch absolut notwendig, ja eine Überlebensfrage, so benutzten sie die Kommunisten gleichzeitig zur Isolierung von politischen Kritikern, die als „Trotzkisten" per definitionem mit deutschen oder französischen Agenten auf eine Stufe gestellt wurden.

Die letzte Station der Bauerschen Odyssee durch das desorganisierte französische Internierungswesen war ein kleineres Lager bei Nimes. Mit Hilfe des Lagerkommandanten konnte Leo Bauer fliehen, dem nach dem militärischen Sieg Deutschlands — Waffenstillstand wurde am 24. Juni 1940 geschlossen — wie anderen deutschen Kommunisten die Auslieferung drohte. Er hatte in Erfahrung gebracht, daß sein Name auf den Listen der Gestapo stand. Bauer schlug sich nach Marseilles durch. Insgesamt waren bis Juli 1940 über 100 deutsche und österreichische Antifaschisten aus Internierungslagern geflüchtet oder waren befreit worden, darunter auch das Mitglied des Politbüros der KPD Paul Bertz, dem es bei der Internierung gelungen war, statt in ein Straflager vom Typ Le Vernet in ein harmloseres Arbeitslager zu gelangen. Während der größte Teil der nach Frankreich emigrierten deutschen Kommunisten inhaftiert war, hatte sich doch ein Teil der Internierung entziehen können oder war kurzfristig wieder freigelassen worden. Zusammen mit den Geflohenen und Befreiten bildeten diese KPD-Angehörigen Gruppen in mehreren Orten des unbesetzten Frankreich. Von Marseille aus und vermutlich unter Verwendung gefälschter Papiere, wie sie die deutschen Kommunisten für ihre Illegalen zu beschaffen suchten, flüchteten Paul Bertz und Leo Bauer im Juli 1940 in die Schweiz, um hier die kommunistische Arbeit zu unterstützen und neue Stützpunkte zu errichten.

IV. Exil in der Schweiz

Die Schweiz 1940: Anpassung oder Widerstand

Leo Bauer ist nach seiner Flucht aus Vichy-Frankreich schließlich in der Nacht vom 20. zum 21. Juli 1940 über den Genfer See in die Schweiz gekommen. Er traf damit zu einem Zeitpunkt in der Schweiz ein, als es nicht so aussah, daß dies die letzte Etappe seiner Emigration sein würde, sondern er sich schon bald gezwungen sehen könnte, ein neues Asylland zu suchen. Nach dem Zusammenbruch Frankreichs und dem noch kurz vorher erfolgten Kriegseintritt Italiens deuteten alle Anzeichen darauf hin, daß die Schweizer Politik „den neuen Gegebenheiten der europäischen Lage" Rechnung tragen würde, das heißt, aus der latenten Bereitschaft zur Anpassung an Nazideutschland eine offene Kollaboration werden könnte.
Zur Unterzeichnung des Waffenstillstandsvertrags zwischen Deutschland und Frankreich hatte der Schweizer Bundespräsident Pilet-Golaz am 25. Juni programmatisch verkündet:

„Der Bundesrat hat Euch die Wahrheit versprochen. Er wird sie Euch sagen, ohne Beschönigung und ohne Zaghaftigkeit. Der Zeitpunkt der inneren Wiedergeburt ist gekommen. Jeder von uns muß den alten Menschen ablegen. Das bedeutet: Nicht schwatzen, sondern denken; nicht herumdiskutieren, sondern schaffen; nicht genießen, sondern erzeugen; nicht fordern, sondern geben . . .
Gewiß wird dies nicht ohne seelische und materielle Schmerzen und Leiden gehen. Verbergen wir uns dies nicht: Wir werden uns Einschränkungen auferlegen müssen. Wir werden, bevor wir an uns selbst denken, nur an uns selbst, an die anderen denken müssen, außerhalb und innerhalb unserer Grenzen an die Enterbten, an die Schwachen, an die Unglücklichen. Es wird nicht genügen, einen Teil unseres Überflusses als Almosen hinzugeben; wir werden ganz sicherlich gezwungen sein, auch einen Teil dessen hinzugeben, was wir bisher als für uns notwendig hielten. Das ist nicht mehr die Gabe des Reichen, sondern das Scherflein der Witwe. Wir werden sicherlich auf viele Bequemlichkeiten und Annehmlichkeiten verzichten

müssen, auf die wir Gewicht legen, weil sie eine unbewußte Kundgebung unseres Egoismus sind. Statt einer Verarmung wird dies für uns eine Bereicherung bedeuten. Wir werden wiederum zur gesunden Gewohnheit zurückkehren, viel zu werken und uns für einen bescheidenen Erfolg abzumühen, während wir uns bisher in der Hoffnung wiegten, große Erfolge mit wenig Mühe zu erzielen. Erwächst nicht die Freude nur aus der Anstrengung? Fragt die Sportsleute... Eher als an uns selbst und an unser Wohlbehagen werden wir eben an die anderen und an ihre wesentlichen Bedürfnisse denken. Das ist die wahre Solidarität, diejenige der Tat und nicht der Worte und Umzüge, diejenige, die die nationale Gemeinschaft durch Arbeit und Ordnung, diese beiden großen schaffenden Kräfte, einbettet in das Vertrauen und in die Einigkeit ... an Euch ist es, nun der Regierung zu folgen als einem sicheren und hingebenden Führer, der seine Entscheidungen nicht immer wird erklären, erläutern und begründen können. Die Ereignisse marschieren schnell: Man muß sich ihrem Rhythmus anpassen. Auf diese Weise und nur so werden wir die Zukunft bewahren können.
Persönliche, regionale und parteiliche Meinungsverschiedenheiten werden sich verschmelzen im Tiegel des nationalen Interesses, dieses höchsten Gesetzes."

Die in dieser Rede zum Ausdruck kommende ideologische und politische Anpassung an den Nationalsozialismus mußte die Befürchtung verstärken, daß zukünftig vorwiegend der Grad der Zustimmung aus Berlin zum Maßstab der Schweizer Politik werden könnte. Die Schweiz würde sich zu einem „Wartegau" entwickeln — wie die Nationalsozialisten sie spöttisch unter Anspielung auf eine mögliche spätere Einverleibung nannten.
Zum „Schutz der Neutralität" sollten nach den Vorstellungen Pilets die Armee sofort demobilisiert und kritische Äußerungen über Hitlerdeutschland in der Schweizer Presse unterbunden werden. Wie weit zu diesem Zeitpunkt die Presse- und Publikationsfreiheit in der Schweiz durch inneren und äußeren Druck schon eingeschränkt war, hatte das Publikations- und Einfuhrverbot der „Gespräche mit Hitler" des emigrierten ehemaligen Senatspräsidenten von Danzig, des früheren Nationalsozialisten Hermann Rauschning, im Februar 1940 schlagartig gezeigt. Obwohl sich die Schweizer Zeitungen nach dem Zusammenbruch Frankreichs und der Rede Pilets größtenteils an die Weisungen der Pressekontrollkommission der Armee hielten, tauchte jetzt aufgrund von Beschwerden aus Deutschland erneut die Forderung nach einer Vorzensur der Presse auf.
Während die Organisationen der rechtsextremen Schweizer „Frontenbewegung" umfangreiche Aktivitäten entfalten konnten und am 10. September

1940 deren Führer sogar von Pilet zu einem Gespräch empfangen wurden, verfügte das Polizei- und Justizdepartement Anfang August ein verschärftes Vorgehen gegen kommunistische und anarchistische Aktivitäten. Am 26. November 1940 wurden schließlich die Kommunistische Partei und einige andere Organisationen einschließlich der Roten Hilfe verboten. Zur Begründung hieß es, daß sie die innere und äußere Sicherheit der Schweiz gefährdeten.

Doch zum Jahresende 1940 zeigte sich, daß sowohl in der Armeeführung mit dem Oberbefehlshaber General Guisan an der Spitze, als auch in Kreisen der Sozialdemokratie, der evangelischen Kirche und der Intellektuellen man nicht bereit war, die Respektierung der Neutralität dadurch zu erkaufen, daß das seit Kriegsausbruch regierende Vollmachtenregime zum autoritären Staat ohne demokratische Rechte ausgebaut würde.

Für die aus Frankreich vor den Verfolgungen der Nazis Geflohenen sah die Lage im Sommer 1940 beunruhigend aus. Die Schweiz hatte schon seit 1933 die Asylpraxis sehr restriktiv gehandhabt. In den Monaten nach Kriegsausbruch waren die Emigranten- und Flüchtlingsbestimmungen noch einmal entscheidend verschärft worden. Neben der Einführung des allgemeinen Visazwangs und der Aufforderung zur polizeilichen Registrierung aller vor dem 5. September 1939 in der Schweiz lebenden Emigranten war die sofortige Zurückweisung von Flüchtlingen an der Grenze erleichtert worden. Selbst anerkannten politischen Emigranten — es gab während der gesamten Kriegszeit nie mehr als 251 von ihnen — war seit dem 17. Oktober 1939 jede politische Betätigung und jede Erwerbsarbeit verboten. Für illegal eingereiste und nach der Registrierung nicht zurückgewiesene Emigranten war im Frühjahr 1940 die Internierung in Arbeitslagern oder Heimen verfügt worden. Es war eine Maßnahme, um die Emigranten aus den Großstädten, in denen sie meistens untergekommen waren, zu verbannen und gleichzeitig eine bessere Kontrolle über ihren Aufenthalt und ihre Tätigkeit zu gewährleisten. Wie berechtigt die Furcht vor einer weiteren Verschärfung der Flüchtlingspolitik war, zeigte sich schon am 12. Juli 1940, als — im Hinblick auf die nach dem Zusammenbruch Frankreichs Geflohenen — erneut eine Registrierung angeordnet oder die „zwangsweise Ausschaffung" angedroht wurde.

> „Alle Ausländer, die geltend machen, daß sie heute nicht in der Lage wären, in ihren Heimat- oder früheren Wohnstaat zurückzukehren, haben bis zum 31. Juli der Eidgenössischen Fremdenpolizei ihre genauen Personalien und die ihrer sich in der Schweiz aufhaltenden Angehörigen sowie die Adresse schriftlich mitzuteilen. Alleinstehende Ausländer unter 18 Jahren sind von den Logisgebern oder von der sie betreuenden Unterstützungsorganisation zu melden.

Ausländer, die sich binnen der vorgeschriebenen Frist nicht melden, unterliegen den allgemeinen fremdenpolizeilichen Vorschriften. Wenn ihnen der Weiteraufenthalt in der Schweiz verweigert wird, können sie nachträglich nicht mehr die Einrede erheben, daß sie nicht in ihren Heimat- oder früheren Wohnstaat zurückkehren können, und haben gegebenenfalls mit der zwangsweisen Ausschaffung zu rechnen."

Einer derjenigen Ausländer, die dieser Aufforderung zur Registrierung nicht nachkamen und mit „zwangsweiser Ausschaffung" zu rechnen hatten, war Leo Bauer. Mit Papieren auf den Namen Paul Eric Perret und einer entsprechenden Aufenthaltsgenehmigung versehen, blieb er illegal in Genf.

Politische Arbeit in Genf 1940–42

Anders als in den Hauptstützpunkten der deutschen politischen Emigration — vor allem Zürich und Basel — gab es im französischsprachigen Genf kaum eine organisierte politische Arbeit deutscher Kommunisten. Selbst im Frühjahr 1945 wird noch — im Rahmen der Bewegung „Freies Deutschland" — von nur 15 aktiven Mitarbeitern in Genf gesprochen; zur gleichen Zeit werden in dieser Stadt lediglich ca. 60 Exemplare der Zeitschrift „Freies Deutschland" vertrieben.

Es fällt auf, daß Leo Bauer nicht auch nach Zürich oder Basel ging, zumal aufgrund der Internierung führender KPD-Mitglieder in verschiedenen Strafanstalten gerade in den Monaten nach seiner Ankunft die Verbindung zwischen den Leitungskadern gestört war und neue Parteifunktionäre dringend gebraucht wurden. Wenn Bauer dagegen in Genf blieb, so geschah das vermutlich nicht nur, weil er die französische Sprache sehr gut beherrschte und aus seiner Tätigkeit als Sekretär der Zentralvereinigung deutscher Emigranten 1936—39 noch einige Bekannte bei verschiedenen Hilfsorganisationen und beim Völkerbund hatte, sondern vor allem, weil er als Parteifunktionär einem politischen Auftrag folgte.

Nach dem Kriegsausbruch, der Internierung deutscher Kommunisten in französischen Lagern und dem Zusammenbruch Frankreichs mußte die illegale Arbeit der KPD reorganisiert und der veränderten Lage angepaßt werden. Dabei mußten auch Hilfe für die in den französischen Lagern Internierten und Fluchtmöglichkeiten für die in Vichy-Frankreich vom Gestapo-Zugriff bedrohten Genossen organisiert werden. Die wichtigste Aufgabe bestand jedoch darin, eine Verbindung zwischen den in Südfrankreich operierenden KPD-Zirkeln und denen in der Schweiz aufzubauen. Personell handelte es sich vor allem darum, einen Kommunikationsstrang zwischen dem in

Basel um die Intensivierung der innerdeutschen KPD-Arbeit bemühten Paul Bertz und Paul Merker in Marseille herzustellen. Für diese Aufgabe schien Genf der geeignete Standort und Leo Bauer der geeignete Kader. Der Draht zu Bertz hatte für den Aufstieg Bauers in der Schweizer KPD-Emigration womöglich eine entscheidende Bedeutung: Wie in Frankreich widmete Paul Bertz sich ganz der nicht öffentlichen Parteiarbeit. Nach den Organisationsprinzipien der KPD verbot diese Spezialisierung jeden überflüssigen Kontakt zu legal bzw. öffentlich arbeitenden KPD-Mitgliedern. Die Schauspielerin Jo Mihaly berichtet, sie allein habe ab 1943 — Leo Bauer befand sich in Haft — als Kontaktperson zwischen Bertz und dem „Freien Deutschland", also dem öffentlichen Sektor der kommunistischen Arbeit, fungiert. Das Parteileben in der KPD sei ohnehin stark von Merkmalen der Konspiration gekennzeichnet gewesen — so habe man sich etwa nie mit bürgerlichen Namen angeredet oder bei auswärtigen Gästen danach gefragt. Und die Treffen mit Bertz in Basel hätten zudem unter ganz besonderen Vorsichtsmaßregeln gestanden. Für die deutschen Kommunisten in der Schweiz stellte sich Bauers Bekanntschaft mit Bertz von daher nach den Worten Erica Wallachs folgendermaßen dar:

> „... wir wußten, daß er [Bertz] Mitglied des Zentralkomitees gewesen war ..., und der einzige wirklich, der Kontakt zu ihm hatte, war Leo Bauer. Also war Leo Bauer der Vertreter Gottes in der Schweiz."

Dies war aber vorwiegend die Sichtweise der einfachen Mitglieder. Für die Leitung war wohl eher die Überlegung maßgebend, daß Leo Bauer sich in Genf bewähren sollte. Sein Konflikt mit Hermann Field gut ein Jahr vorher war in der Schweizer KPD-Emigration bekannt. Ob die Flucht aus Frankreich einem Parteiauftrag entsprach, ist zweifelhaft. Es scheint eher so, als ob Bauer die günstige Gelegenheit benutzte, sich „dem Alten" — so der Partei-Spitzname von Paul Bertz — anzuschließen. Hermann Field zufolge erhielt Leo Bauer in der Schweiz jedenfalls zunächst keine finanzielle Unterstützung von den einheimischen Genossen.

Aufgrund seiner späteren Verhaftung und Verurteilung in der DDR sind aus diesen Jahren in Genf nur Leo Bauers Kontakte zu Noel H. Field bekannt geworden. Diese Kontakte waren aber nur ein kleiner Ausschnitt aus einer vielfältigen politischen Arbeit, die bis zu seiner Verhaftung am 27. Oktober 1942 dauerte. Wir zitieren aus der Anklageschrift des Militärgerichts in Genf:

> „Verstoß gegen die Bundesverordnungen über die Aufrechterhaltung der Neutralität und über kommunistische Aktivitäten.
> Von 1940 bis 1942 hat er vom Schweizer Territorium durch Schriften feindselige Handlungen gegen das nationalsozialistische Deutschland vorbereitet und begünstigt und Propagandadienst zugunsten der

kriegsführenden Alliierten eingerichtet und unterhalten. Er war Mitglied einer konspirativen, kommunistischen Organisation, in der er durch Vertrieb und Schreiben von Broschüren und Flugblättern eine illegale Aktivität ausgeübt hat.
Trotz der systematischen Ablehnung des Angeklagten, weitere Informationen zu geben und die Identität seiner vielen Mitarbeiter zu enthüllen, konnten folgende Fakten festgestellt werden:
1) Bauer hat aktiv an dem vervielfältigten Blatt ‚Der Deutsche' mitgearbeitet, das eine konspirative Publikation kommunistischer Organe (deutscher politischer Emigranten) in der Schweiz ist. So ist er der Autor von:
   a) dem Artikel ‚Terror', der in ‚Der Deutsche' veröffentlicht werden sollte . . .
   b) dem Artikel ‚Noch hat der Feind die Initiative an der Front' . . . sowie ‚Rheinhard Heydrich' . . . ebenfalls für ‚Der Deutsche' geschrieben.
   Das von der Zeitung verfolgte Ziel besteht vor allem darin, zum Kampf gegen die deutsche Regierung aufzustacheln.
2) Der Angeklagte hat in Abstimmung mit seinen unbekannten Mitarbeitern das konspirative Organ ‚Der Deutsche' vertrieben und versucht, es unter Nazi-Deutschen, die in der Schweiz wohnen, zu verbreiten.
3) Unter den gleichen Bedingungen hat er sich um den Vertrieb der roten Broschüre . . . (der erste Artikel ‚Die Sowjetunion ein Jahr im Krieg'), auf deren Text wir uns beziehen, bemüht. Diese Broschüre enthält über kommunistische Propagandaartikel hinaus heftige Attacken gegen das deutsche Heer und die deutsche Regierung. Bauer selbst ist der Autor zweier Artikel, die in der Broschüre enthalten sind: ‚In Deutschland Ende 1941' und ‚Die fünfte Kolonne in der Schweiz'.
4) Die oben genannten Beweisstücke . . . wurden ebenfalls von dem Angeklagten in den Vereinigten Staaten von Amerika vertrieben. Die französische Ausgabe von ‚Terror' . . . ist nach Marseille gesandt worden und war außerdem für die Schweizer Kreise in Frankreich gedacht als Propaganda zugunsten der Feinde Hitlerdeutschlands.
5) Der Angeklagte hat den gesamten Tagesbefehl von Stalin anläßlich des 1. Mai 1942 . . . ins Deutsche übersetzt und in der Schweiz vertrieben (verbotene kommunistische Propaganda). [Der Tagesbefehl enthält den Satz: „In Wirklichkeit sind die deutschen Faschisten keine Nationalisten, sondern Imperialisten . . ."]

6) Im Juni oder Juli 1942 hat der Angeklagte das Flugblatt ‚Aider'...
verfaßt, das sich mit dem Problem der in Frankreich internierten politischen Flüchtlinge befaßt und insbesondere die neutralen Länder dazu auffordert, gegen den ‚Faschismus' zu kämpfen. Dieses Flugblatt, das in einer Auflage von 3.000 Exemplaren abgezogen wurde, sollte in der Schweiz vertrieben werden, wurde aber am 14. August 1942 auf Anordnung des Öffentlichkeitsministeriums beschlagnahmt.
7) Im Laufe des September 1942 hat Bauer den Auftrag angenommen und durchgeführt, der ihm von der gaullistischen Organisation ‚Combat' [gemeint sind offenbar die ‚Organisations spéciales de combat', die ersten von der PCF geschaffenen bewaffneten Gruppen der Résistance, daher als ‚gaullistisch' bezeichnet] anvertraut worden war, die konspirativ in Frankreich tätig ist. Er hat in der Schweiz illustrierte Flugblätter drucken lassen mit dem Titel ‚Grausamer als die Hunnenhorden', die in großer Zahl in Deutschland vertrieben werden sollten, Flugblätter, die auch in der Schweiz in verschiedensten Kreisen verbreitet wurden. Es handelt sich inhaltlich um die unmenschliche Behandlung, die russische Kriegsgefangene in Deutschland erführen... Dieses Flugblatt hat zum Ziel, in sehr heftigen Worten das deutsche Volk aufzufordern, sich gegen seine Regierung zu erheben.

Verstoß gegen das Gesetz, das Verstöße gegen die öffentliche Ordnung ahndet.
1) Der Angeklagte hat eine französische Übersetzung der Broschüre ‚Internierte in Witzwil'..., die auf Anordnung des Bundesöffentlichkeitsministeriums beschlagnahmt wurde, angefertigt. Er hat diese Übersetzung entweder in Frankreich oder in der Schweiz verbreitet. Die erwähnte Schrift, in der der Leiter der Polizeidivision des Bundesdepartements für Justiz und Polizei auf das heftigste angegriffen wird, enthält ungenaue und verfälschende Informationen, die dazu geeignet sind, die innere und äußere Sicherheit des Bundesstaates zu gefährden.
2) Bauer ist, seinem eigenen Geständnis folgend, der Autor des Artikels ‚Die fünfte Kolonne in der Schweiz', der in der roten Broschüre ..., deren Vertrieb er mit seinen Mitarbeitern in der Schweiz gewährleistet hat (siehe oben 3). In diesem Artikel beschuldigt der Angeklagte — indem er die Wahrheit so verfälscht, daß dadurch die innere und äußere Sicherheit des Bundesstaates gefährdet wird — den Bundesrat, sich von der nationalsozialistischen Propaganda dominieren zu lassen, während die Schweizer selbst nicht mehr das

Recht hätten, frei ihre Meinung zu äußern. Außerdem stachelt Bauer das Schweizer Volk zum Haß gegen die Deutschen in der Schweiz, die ihrer Regierung treu sind und die als ‚fünfte Kolonne' dargestellt werden, in einer Weise auf, die die Existenz unseres Landes gefährdet."

Die vielen Beweise für Leo Bauers politische Tätigkeit, die in dieser Anklageschrift angeführt werden, waren der Polizei bei der Wohnungsdurchsuchung nach seiner Verhaftung in die Hände gefallen. Gegen alle Regeln der Konspiration hatte er Aufzeichnungen, Flugblätter, Artikelentwürfe und Broschüren stapelweise in seiner Wohnung aufbewahrt. Für die Schweizer Polizei war deshalb klar, daß Bauers Tätigkeit vor allem darin bestand, durch Verfassen, Übersetzen und Vertreiben von Flugblättern und Artikeln die nationalsozialistische Propaganda in der Schweiz zu bekämpfen und Hilfsdienste für den Kampf französischer Widerstandsorganisationen zu leisten.

Die Zeitschrift „Der Deutsche", an der Bauer 1941/42 mitarbeitete, war erstmals Anfang Januar 1941 von der KPD-Emigration in der Schweiz herausgegeben worden. Im Unterschied zur „Süddeutschen Volksstimme", einem ebenfalls von der KPD in der Schweiz herausgegebenen Blatt, war „Der Deutsche" nicht zur illegalen Verbreitung in Deutschland bestimmt. Er richtete sich gezielt an die mehr als 100.000 Reichsdeutschen, die in der Schweiz lebten, und davon besonders an die circa 25.000 Mitglieder der Deutschen Kolonie, der Naziorganisation der Auslandsdeutschen, die später in „Reichsdeutsche Gemeinschaft" umbenannt wurde.

Im Zusammenhang mit der erwähnten Anpassungsbereitschaft der offiziellen Schweizer Politik Mitte 1940 hatten auch die Außenstellen der nationalsozialistischen Organisationen und die deutsche Botschaft in Bern ihre Propaganda und ihren Druck auf die Deutschen in der Schweiz verstärkt. Wer nicht der Deutschen Kolonie beitreten wollte, dem wurde mit Paßentzug — und damit mit dem Verlust der Arbeitserlaubnis in der Schweiz — gedroht.

Aufgabe der Zeitschrift „Der Deutsche" sollte es sein, hier ein Gegengewicht zu schaffen, die Machenschaften der Nationalsozialisten in der Schweiz offenzulegen und vor allem Informationen über Deutschland zu liefern, die von der Nazipropaganda und auch einem großen Teil der Schweizer Zeitungen verschwiegen wurden. Um bei diesem Adressatenkreis Wirkung zu erzielen, mußten die Artikel über Zustände in Deutschland und den besetzten Gebieten, die Kriegslage und die Kriegsaussichten argumentativer und informativer abgefaßt sein, als es vielfach bei der Agitation in und nach Deutschland hinein geschah.

Als Bauer wegen seiner Mitarbeit an „Der Deutsche" im Juni 1943 angeklagt wurde, hatte schon im Dezember vorher in Zürich ein Prozeß gegen acht andere Mitarbeiter stattgefunden, die Anfang 1942 in Zürich und Basel verhaftet worden waren. Das Gericht war in diesem Prozeß zu einem Freispruch gekommen, indem es zwischen antinazistischer und kommunistischer Propaganda differenzierte.

Im Fall Bauer versuchte die Anklagebehörde diesen Weg zu verstellen, indem sie ihn der explizit kommunistischen Propaganda mit der Übersetzung und dem Vertrieb des Tagesbefehls von Stalin zum 1. Mai 1942 anklagte. Es kam hinzu, daß die Anklage wegen „Gefährdung der inneren und äußeren Sicherheit des Bundesstaates", die ihm aufgrund seiner Übersetzung der Broschüre „Internierte in Witzwil" vorgeworfen wurde, einer Anklage wegen kommunistischer Propaganda gleichkam.

Witzwil war ein Zuchthaus, dem ein Straflager für Internierte angeschlossen war, ohne daß ein großer Unterschied zwischen der Behandlung von Zuchthausinsassen und der von Emigranten gemacht wurde. Zahlreiche politische Flüchtlinge waren in Witzwil dem erniedrigenden Regime des gefürchteten Lagerdirektors Kellerhals, Mitglied des Vaterländischen Vereins, ausgeliefert. Hans Mayer erinnert sich:

> „Nun ist der Name gefallen. Immer noch zittert es in mir, wenn ich ihn denke. Immer noch sehe ich ihn zu Pferde und in seiner Landschaft und hoch über seinen Zwangsarbeitern, die am Boden kriechen und das Unkraut mit den Händen auszureißen haben: den Herrn Direktor Dr. Kellerhals.
> Kein aufrechter Gang, Furche um Furche, Beet um Beet. Sehr schwere Arbeit: von der Morgenfrühe bis in den späten Nachmittag. Dazu eine Kost, die entkräftend machte. Fettlose Suppen und zerkochtes Gemüse, das nicht für den Verkauf getaugt hatte. Bereits im Mai freuten sich die Langjährigen auf den 1. August, also den schweizerischen Nationalfeiertag: da würde es am Abend ein Stück Butter geben und Marmelade. Ein anderer Feiertag galt gleichfalls als memorabel: da würde ein großes Stück Emmentaler verteilt werden. Jede Nacht ein Schlaf des Erschöpften. Auch heute noch schlafe ich manchmal mit der Beruhigung ein: Morgen wird dich kein Aufseher wecken."

Um die Schweizer Öffentlichkeit auf diese Auswüchse der Emigrantenpolitik aufmerksam zu machen und dadurch eine generelle Änderung der Asylpraxis zu erreichen, hatten einige kommunistische Internierte im Sommer 1942 Berichte aus dem Lager geschmuggelt. Diese Berichte wurden an Schweizer Zeitungen verschickt und als Broschüre veröffentlicht. Es war nicht das erste Mal, daß Klagen über Schikanen der Lagerleitung und sogar über private Ausbeutung der Internierten (Kellerhals ließ die Internierten auf dem eigenen Großgrundbesitz Feldarbeit machen) an die Öffentlichkeit kamen und zu

Protesten der Flüchtlingsorganisationen führten. Dieser Bericht erregte aber besonderes Aufsehen, weil er zu einem Zeitpunkt veröffentlicht wurde, als die Diskussion um die Flüchtlingspolitik auf einem neuen Höhepunkt war. Trotz der einsetzenden systematischen Deportationen aus Frankreich in die deutschen Konzentrationslager, die einen verstärkten Flüchtlingsstrom in die Westschweiz zur Folge hatten, wurden die Bestimmungen zur Zurückweisung und „Ausschaffung" noch einmal verschärft.

Verbindungen zwischen Südfrankreich und der Schweiz

Bauer war nicht nur wegen seiner journalistischen und propagandistischen Aktivitäten angeklagt. Über seine Verbindungen mit Südfrankreich war der Schweizer Militärjustiz nach der Anklageschrift folgendes bekannt:

„Politische Informationstätigkeit (Politische Betätigung)

Der Angeklagte hat erklärt, daß er Korrespondenten und Kuriere hat — er hat sich im übrigen geweigert, die Namen seiner Mitarbeiter anzugeben — und daß er alleine als Verbindungsmann zwischen Frankreich und der Schweiz zur Übermittlung der Informationen, die die deutschen politischen Flüchtlinge in beiden Länder interessieren, tätig ist. Er hat gestanden, in der Schweiz politische Informationen gesammelt und an Emigrantenorganisationen in Frankreich weitergegeben zu haben, damit sie sie in ihrem Kampf gegen Hitlerdeutschland benutzen; diese Informationen beziehen sich auf die politischen Aktivitäten der deutschen Kolonie in unserem Staat ...

Verstoß gegen die Bundesgesetze, die sich auf die partielle Schließung der Grenzen beziehen

Seitdem er selbst illegal und konspirativ in die Schweiz geflohen war, hat der Angeklagte versucht, geheime Grenzüberschreitungen von politischen Flüchtlingen von Frankreich zur Schweiz hin zu organisieren.
Er hat Informationen nach Marseille weitergeleitet ..., von denen er selbst sagt, daß sie die illegale Einreise von politischen Flüchtlingen in die Schweiz von Frankreich erleichtern sollten."

Auch hier konnte die Anklagebehörde aufgrund der in seiner Wohnung beschlagnahmten Materialien Detailkenntnisse über Leo Bauers Verbindungen mit Südfrankreich und Beweise für seine Rolle bei der Organisation des illegalen Grenzverkehrs vorweisen. Dennoch muß er es während der Ver-

nehmungen verstanden haben, die Schweizer Polizei darüber im Unklaren zu lassen, daß es sich um Kontakte zwischen der KPD-Organisation in Südfrankreich und der in der Schweiz gehandelt hatte. Offensichtlich hat er verschiedene unbedeutende Aufträge gestanden, um die politisch wichtigen Arbeiten nicht zu gefährden.
Wie diese Verbindungen zustandekamen und welche Rolle Bauer dabei spielte, schildert die amerikanische Journalistin Flora Lewis in ihrem Buch über Noel H. Field:

> „Merker brauchte vertrauenswürdige Verbindungsleute, die den regelmäßigen Kontakt mit der deutschen Parteiführung in der Schweiz über die Verbindung durch geheime Funksprüche hinaus ermöglichten. Abgesehen von der Notwendigkeit, geheime Nachrichten zu senden und zu empfangen, tauchten immer wieder Fragen der internen kommunistischen Politik über die Delegierung der Parteigewalt und die Beziehungen zu den Franzosen auf, die nicht örtlich entschieden werden konnten. Sehr schnell entschloß sich Merker, Noel versuchsweise als Kurier in die Schweiz einzusetzen. Ungefähr einmal im Monat überschritt Noel die Grenze, und Merker instruierte ihn, nach einem vertrauenswürdigen Funktionär der deutschen kommunistischen Partei zu suchen, der zum offiziellen Partner am anderen Ende dieser unterirdischen Nachrichtenverbindung bestimmt werden könne . . .
> Dieser Deutsche war Leo Bauer, der bei anderen Gelegenheiten die Namen Rudolf Katz, Baumann und andere geführt hatte, einer der verantwortlichen Parteifunktionäre.
> Bauer war überrascht, als er Noels Namen hörte, und meinte, daß er ihn in Krakau kennengelernt habe.
> Das war natürlich ein Irrtum. Bauer verwechselte Noel und Hermann, aber die Verwechselung machte ihn nur geneigter, sich mit Noel heimlich zu treffen. Bauer war ein hochgewachsener, kräftiger Mann mit einer Mähne dichten, lockigen Haars und starken Augenbrauen. Jahre der konspirativen Arbeit und der Parteidisziplin machten sich in seiner Härte und Selbstbeherrschung bemerkbar. Er hatte schon lange gelernt, Befehle zu erteilen und entgegenzunehmen, die richtigen Antworten zu geben und die falschen Fragen zu vermeiden. Er hatte einen starken Intellekt und einen unabhängigen Willen, aber sie standen streng im Dienst der Partei. Er besaß den scharfen, schnellen, abstrakt arbeitenden Verstand des kommunistischen Intellektuellen und die Sicherheit und Tüchtigkeit des Aktivisten. Noel übermittelte Leo Bauer die Nachricht von Merker, und Bauer antwortete vorsichtig, er müsse zunächst mit seinem Vorgesetzten, Paul Bertz, darüber spre-

chen. Er bat Noel, beim nächsten Male einen Brief von Merker als Legitimation mitzubringen . . .
Der Brief, den Noel von Merker überbracht hatte, enthielt über Noels Position keine genaue Erklärung. Darin hieß es nur, Noel habe vielen Kommunisten geholfen und sei loyal und voll vertrauenswürdig. Die Not war in dieser Zeit groß. Täglich standen Menschenleben auf dem Spiel. Es gab keinen gangbaren Weg, Noels Angaben zu überprüfen oder sich an eine höhere Instanz zu wenden, folglich erklärte Bertz sich bereit, Noels Hilfe anzunehmen. Regelmäßige Zusammenkünfte mit Leo Bauer wurden vereinbart.
Viele Tausende Dollar wurden Noel in Schweizer Währung aus kommunistischen Mitteln in der Schweiz zur Unterstützung der deutschen Partei in Frankreich übergeben. Mit Hilfe der französischen Widerstandsbewegung wurde ein geheimer Grenzübergang organisiert, der den illegalen Übertritt in die Schweiz ermöglichte. Noel lenkte deutsche Kommunisten in Frankreich über diesen Weg, wenn er die Mitteilung überbracht hatte, daß die Partei ihre Flucht wünschte. Nachdem er Merker zur Flucht nach Mexiko verholfen hatte, wurde Noel an Willi Kreikemeyer weitergereicht, der Merkers Stellung in Marseille übernahm.
Die Befehle und Berichte wurden Noel immer mündlich mitgeteilt; er mußte sie gründlich auswendig lernen und durfte nichts Schriftliches bei sich führen. Gelegentlich erhielt er unverschlossene Briefe, aber das kam selten vor und wurde nur riskiert, wenn es keine andere Möglichkeit gab. Wenn Noel niederschreiben mußte, was ihm gesagt wurde, weil der Text zu lang oder zu schwer zu behalten war, machte er sich Notizen in einer Kurzschrift, die er selbst erfunden hatte, einen ganz persönlichen Code, den niemand anders entziffern konnte. Bald nachdem er seinen regulären Kurierdienst aufgenommen hatte, machte Noel Erica mit Leo Bauer bekannt. Die drei wurden schnell Freunde und trafen sich an Abenden häufiger, als es ihre Aufgaben erforderten. Aus Sicherheitsgründen wurden die Zusammenkünfte immer durch Erica arrangiert, da Leo illegal in der Schweiz lebte."

Dies ist bis heute die einzige veröffentlichte Schilderung der Kontakte zwischen den in Südfrankreich und in der Schweiz tätigen KPD-Mitgliedern, in der die Namen, Aufgaben und der Umfang der Verbindungen konkret benannt werden. Ende der fünfziger Jahre sind diejenigen, die die Schauprozesse oder Anklagen überlebt hatten, in denen Noel H. Field zur Schlüsselfigur und die Bekanntschaft mit ihm zur lebensentscheidenden Frage gemacht worden waren, bis auf Leo Bauer alle rehabilitiert worden. Noel H. Field selbst wird heute nicht mehr als amerikanischer Meisterspion, sondern als aufrichtiger Helfer im antifaschistischen Kampf beschrieben. Und dennoch muß der Schock auch heute noch so weit nachwirken, daß selbst von Beteiligten, die über ihre Tätigkeit in der Schweizer Emigration ausführlich berichten, über diesen Ausgangspunkt der späteren Anschuldigungen kaum konkrete Aufklärung gegeben wird. Auch Bauer selbst hat bei allen Versuchen, seine Erlebnisse zu verarbeiten, diese Zeit ausgespart.

Flora Lewis stellt in ihrem Bericht, der auf eingehenden Recherchen (darunter ein langes Gespräch mit Leo Bauer) beruht, den Lebensweg von Field dar. In dem zitierten Ausschnitt ist ihr eine treffende Beschreibung der Persönlichkeit Leo Bauers gelungen, wie wir ihn uns in seiner Genfer Emigrationszeit vorzustellen haben. Seine Rolle und die Bedeutung der Kontakte werden — im Gegensatz zur Anklageschrift des Schweizer Gerichts — richtig eingeschätzt. Einige Einzelheiten sind jedoch zu ergänzen.

Bevor Field von Merker für Kurierdienste eingesetzt wurde, hatte er schon mehrfach Nachrichten über „eine Genfer Stelle" — so nennt es Hans Teubner noch Anfang der siebziger Jahre, um den Namen des „Renegaten" Bauer nicht erwähnen zu müssen — an Paul Bertz in Basel geleitet. Bis zum Frühjahr 1941 kam es jedoch offensichtlich nur zu unregelmäßigen Kontakten. Mit dem Angriff Deutschlands auf die Sowjetunion im Juni 1941 trat die KPD-Arbeit auch in der Westemigration in eine neue, aktivere Phase. Gerade in Südfrankreich und der Schweiz gab es im Verhältnis zur Résistance im besetzten Europa und zur Untergrundarbeit in Deutschland wichtige Fragen und Entscheidungen, die einer Koordination bedurften. Hier bot sich Merker schließlich durch seine Bekanntschaft mit Noel H. Field eine Möglichkeit. Field konnte als Amerikaner, der bei einer internationalen Hilfsorganisation arbeitete, ungehindert die sonst scharf bewachte Grenze zwischen der Schweiz und Vichy-Frankreich passieren.

Noel H. Field war 1936 aus dem Dienst des State Department ausgeschieden, um als Abrüstungsexperte beim Völkerbund zu arbeiten. Von Genf aus hatte er mit einer Völkerbundkommission 1938 einige Monate Spanien und Südfrankreich bereist, um Hilfsaktionen für republikanische Flüchtlinge zu organisieren. Dort lernte er die Eltern von Erica Glaser kennen. 1935 hatten sie mit ihrer dreizehnjährigen Tochter Deutschland verlassen und waren nach Spanien emigriert. Beim Ausbruch des Bürgerkriegs übernahm der Vater, ein Arzt, die Leitung eines Hospitals für republikanische Verwundete in Katalonien. Erica half Tag und Nacht bei der Versorgung der Verletzten und wurde so schon als junges Mädchen mit den Grausamkeiten und dem Elend des Krieges konfrontiert. Nach einer schrecklichen Flucht vor den Franco-Truppen nach Frankreich wurde sie mit ihrer Familie von französischen Behörden interniert. Hier nahmen Ericas Eltern das Angebot Noel H. Fields an, Erica in der Schweiz den Abschluß einer Schulausbildung zu ermöglichen, bevor sie den Eltern nach London, wo der Vater sich eine neue Existenz aufbauen wollte, folgen sollte. Durch den Ausbruch des Zweiten Weltkriegs blieb es nicht bei dieser kurzen Trennung. Erica sah ihre Eltern erst 1948 wieder.

Ende 1939 quittierte Noel H. Field seinen Dienst beim Völkerbund. Nach seinen Eindrücken in Spanien und den französischen Internierungslagern und dem Ausbruch des Krieges konnte er nicht weiter die überflüssige Tätigkeit eines Abrüstungsexperten am Schreibtisch in Genf ausüben, sondern wollte sich aktiv für die Hilfe für Flüchtlinge einsetzen. Nach mehreren Reisen durch französische Flüchtlingslager und Hilfsaktionen für Flüchtlinge wurde Field Anfang 1941 schließlich Leiter des Büros der amerikanischen Hilfsorganisation „Unitarian Service Committee" (USC) in Marseille, ohne allerdings seine privaten Kontakte nach Genf vollständig abzubrechen. Erica Glaser blieb in der Schweiz zurück, um in Zürich die Schule zu beenden. Im Gegensatz zu anderen Hilfsorganisationen und auch zur offiziellen Linie des USC war Field in Marseille bereit, auch den in französischen Lagern Internierten zu helfen, die als Kommunisten bekannt waren oder deren Namen er von Kommunisten bekam. Leo Bauer war sich darüber klar, daß er bei dieser Verbindung zwischen Merker bzw. Kreikemeyer und Bertz eine zentrale Rolle für die Parteiarbeit in Frankreich und der Schweiz spielte. Es ging dabei nicht nur darum, Mitteilungen über die politische Linie gegenüber der Résistance und dem Widerstandskampf in Deutschland weiterzuleiten, sondern auch darum, Materiallieferungen zu organisieren, die für den Kampf in Frankreich und Deutschland bestimmt waren, und ständig einen reibungslosen Grenzübertritt für wichtige Genossen zu ermöglichen. Dieser Bedeutung seiner Funktion entsprach auch sein Auftreten. Ähnlich wie in Flora Lewis' Schilderung erinnert sich Erica an ihn in dieser Zeit:

> „Ich hatte einen phantastischen Eindruck von ihm als Mann, der genau wußte, was zu tun war und was er wollte und was wichtig und richtig war für die Partei".

Seine Entschlossenheit, sein politisches Wissen und sein politischer Einfluß beeindruckten auch Field stark. In den zahlreichen Gesprächen mit Leo Bauer erzählte Field viel über seine Bekanntschaften mit jugoslawischen, ungarischen, polnischen und bulgarischen Kommunisten in der Schweiz und über seine Hilfsaktionen in Frankreich. Bauer, der aufgrund seiner illegalen Existenz nur wenige Genossen treffen konnte, wird diese Gespräche mit Field gesucht haben. Für ihn war wichtig, daß er von Field viel hörte und Informationen bekam, an die sonst kaum ein deutscher Genosse in der Schweiz herankam. Als disziplinierter Parteifunktionär hätte er die freundschaftlichen Begegnungen meiden müssen, sein Informationshunger und sein Ehrgeiz ließen ihn diese Vorsicht jedoch vergessen. Das, was er hörte, kam der Parteiarbeit zugute, also könnte sein Interesse, so meinte er, kein Disziplinverstoß sein.

Die Agentenstory

Im Sommer 1942 wurde Leo Bauer von Noel H. Field mit der Frage konfrontiert, ob die deutschen Kommunisten bereit seien, den amerikanischen Alliierten ihre Informationen über politische und wirtschaftliche Verhältnisse im Deutschen Reich, über die Stimmung in der Bevölkerung und über den Terror mitzuteilen. Später ist versucht worden, dies als klar erkennbare Aufforderung an die deutschen Kommunisten zur Agententätigkeit für den amerikanischen Geheimdienst zu interpretieren. In der Schweiz im Sommer 1942 sah das aber für die kommunistischen Exilparteien — von der deutschen bis zur bulgarischen — anders aus.

Die Vereinigten Staaten waren seit ihrem Kriegseintritt Ende 1941 Verbündete der Sowjetunion; die deutschen Truppen stießen im Süden der Sowjetunion bis zum Kaukasus und zur Wolga vor; Stalin drängte auf diplomatischem Wege die Westalliierten, zur Entlastung der UdSSR in Frankreich zu landen; in den USA wurde nicht mehr die Frage diskutiert, ob amerikanische Truppen in Westeuropa eingesetzt werden sollten, sondern nur noch der Zeitpunkt und der Ort der Landung. Vor diesem Hintergrund war eine Zusammenarbeit mit den Amerikanern für die Kommunisten der Westemigration zwar noch nicht eine Selbstverständlichkeit, aber auch nicht etwas Ungehöriges. Es lag für sie durchaus auf der politischen Linie, die sie von der KPD-Leitung in Moskau über den „Deutschen Volkssender" seit September 1941 täglich übermittelt bekamen.

> „Ein Volk, in dessen Namen unerhörte Grausamkeiten begangen werden und das dennoch schweigt und widerspruchlos Krieg führt, ein solches Volk kann weder auf Mitgefühl noch auf Hilfe rechnen. Mit allen Mitteln zur militärischen Niederlage Hitlers beizutragen und entschlossen für seinen Sturz kämpfen, das wäre der wichtigste Schritt zur Wiederherstellung des Vertrauens zwischen dem deutschen Volke und dem Sowjetvolk. In diesem Vertrauen liegt die entscheidende Garantie für die Freiheit und Unabhängigkeit Deutschlands."

Diese Aufforderung der KPD-Leitung, das Vertrauen der Sowjetunion und der Westalliierten durch einen „Volkskampf gegen Hitlers Herrschaft" zu gewinnen, war zwar zunächst an Soldaten der deutschen Armee und die Bevölkerung in Deutschland gerichtet. Wenn aber die deutschen Kommunisten in der Emigration durch Berichte vom Kampf in Deutschland gegen das Naziregime den Amerikanern vermitteln konnten, daß es diesen Volkskampf wirklich gab, daß Deutschland nicht nur aus „faschistischen Barbaren und Nazischmarotzern" bestand, sondern auch aus den „ehrlichen und fleißigen Werktätigen", leisteten sie einen wichtigen Beitrag zum Wachsen dieses Vertrauens. Es mußte den KPD-Politikern in der Schweiz dabei natürlich auch darum gehen darzustellen, daß die KPD die entscheidende politische Kraft in Deutschland war, die diesen Kampf führte und damit Anspruch darauf hatte, nach einer Niederlage des Dritten Reichs die politische und gesellschaftliche Ordnung entscheidend mitzubestimmen.

Zu dieser politisch-ideologischen Begründung der Kontakte mit den Westalliierten kamen natürlich auch noch materielle Überlegungen. Von der Sowjetunion, die um ihre Existenz kämpfte, gab es kaum finanzielle Unterstützung für die Westemigration und ihre Aktivitäten. Leo Bauer hat aus diesen Gründen das Angebot Fields nicht entrüstet zurückgewiesen. Erica Wallach, die, ihrer eigenen Aussage zufolge, in diesen Tagen ständig mit ihm zusammen war, bezeugt, daß er nicht — wie es dem Verhaltenskodex der Partei entsprochen hätte — zuerst mit der KPD-Führung in der Schweiz beriet, um dann als verantwortlich Beauftragter ein Gespräch mit dem Amerikaner Robert Dexter zu führen, sondern eigenmächtig bei Dexter sondierte.

Wer waren die Amerikaner, mit denen die KPD Verbindung aufnahm? Schon vor dem Kriegseintritt der USA war im Juni 1941 vom amerikanischen Präsidenten Roosevelt der Aufbau einer Organisation angeordnet worden, die Grundlagenstudien für Entscheidungen der politischen und militärischen Führungsspitze erarbeiten sollte. Dieses „Office of the Coordinator of Information" (OCI) unter dem General W. J. Donovan, für das bekannte Linksintellektuelle wie Paul Sweezy und linke deutsche Emigranten wie Franz Neumann und Herbert Marcuse arbeiteten, wurde bald nach Kriegseintritt der USA als „Office of Strategic Services (OSS)" stärker in den militärischen Apparat integriert, um schließlich ab Dezember 1942 die Verantwortung für psychologische Kriegsführung zu übernehmen. Während in der Aufbauphase der Organisation durch ein systematisches Sammeln und Auswerten von öffentlich zugänglichen Informationen nur Entscheidungsgrundlagen geliefert wurden, so wurde jetzt immer mehr die Auswertung von Geheiminformationen und schließlich die Beschaffung und propagandistische Aufbereitung dieser Informationen für politische und militärische Zwecke zur zentralen Aufgabe.

Anders als bei der Arbeit eines traditionellen Nachrichtendiensts, der sich im wesentlichen auf geschulte Agenten verläßt, hatten die Amerikaner erkannt, daß es viel effizienter war, auch mit politischen Gruppierungen, Privatfirmen

und Wissenschaftlern des jeweiligen Landes zusammenzuarbeiten. Den Nachteil, dadurch in politische Auseinandersetzungen innerhalb der jeweiligen Operationsgebiete verwickelt zu werden, nahm man in Kauf, solange man dafür genauere Informationen bekam und die Wirksamkeit des eigenen Propagandamaterials verbessert wurde.
Seit Mai 1942 waren Mitarbeiter des OSS dabei, im Schutz der Immunität der amerikanischen Gesandtschaft ihre Zentrale für Europa in Bern aufzubauen, da sich der Chef für Zentraleuropa, Allen W. Dulles (der spätere Leiter des CIA) dafür entschieden hatte, ab November 1942 von hier aus die Aktionen gegen Deutschland und Italien zu leiten.

„Meine erste und wichtigste Aufgabe war, herauszubekommen, was in Deutschland vorging. Unter anderem wollte Washington wissen, wer in Deutschland die eigentlichen Gegner Hitlers waren, und ob sie aktiv daran arbeiteten, das Regime zu stürzen. Von außen hatte es den Anschein, als ob es Hitler tatsächlich gelungen wäre, das gesamte deutsche Volk für sich zu gewinnen, zu hypnotisieren oder zu terrorisieren."

Mit dieser Aufgabenstellung arbeiteten schon OSS-Mitarbeiter in der Schweiz, bevor Dulles selbst eintraf. Einer dieser Mitarbeiter war Robert Dexter, offiziell europäischer Direktor des USC in Lissabon und damit Vorgesetzter von Field; mit Dexter traf sich Bauer zu einem ersten Sondierungsgespräch. Bald darauf fand ein weiteres Gespräch statt. Field war nicht in Genf anwesend,

„als Leo zum zweiten Male mit den Amerikanern zusammentraf, diesmal mit Dexter und einem Mann, der sich nur Fred nannte. Fred fragte rundheraus, ob Leo bereit sei, Aufträge von ihm anzunehmen. Der Deutsche antwortete, er könne alles liefern außer ausgesprochen militärischen Informationen, da die deutsche Partei es angesichts ihres Flüchtlingsstatus in der Schweiz für zu riskant hielt, sich auf militärische Spionage einzulassen. Fred legte ihm ein Blatt Papier vor, auf dem ein Dutzend Fragen in englisch getippt waren. Eine Frage betraf zwei Deutsche in der Schweiz — ob sie insgeheim Nazis seien? Dann gab es Fragen über die Produktion von Fabriken in Süddeutschland, über die Lage von Waffenfabriken im Schwarzwald, über den Schaden, den die Luftangriffe im Reich anrichteten. Und eine Frage, von der Leo sagte, daß er sie nicht beantworten werde, galt den Namen von Offizieren und exakten Details über deutsche Wehrmachteinheiten an der Schweizer Grenze."

Dieses Treffen muß nicht unbedingt das zweite gewesen sein. Es gibt auch keinerlei Beweise, daß es in der beschriebenen Form abgelaufen ist. Erica Glaser-Wallach, die in ihrem Buch berichtet, daß sie selbst an dem Treffen teilnahm, gibt folgende Schilderung:

> Die Verhaftung von Bauer „geschah aufgrund eines Nachrichten-Fragebogens, den man in seiner Tasche gefunden hatte. Er hatte ihn ein oder zwei Tage zuvor in meiner Anwesenheit von einem von Allen Dulles' Leuten erhalten. Ich wußte, daß Dulles ein hoher Beamter bei der amerikanischen Botschaft in Bern war, der sich für jede Information über Deutschland interessierte. Es kam mir gar nicht in den Sinn, daß er in Wirklichkeit der Leiter des Office of Strategic Services in Europa war. Der Schreibmaschinenbogen, den Leo erhalten hatte, enthielt die Standardfragen über militärische, wirtschaftliche und politische Nachrichten aus Deutschland. Leo teilte Dulles' Vertreter mit, es verstoße gegen die Anweisungen der Kommunistischen Partei, in Spionagegeschichten verwickelt zu werden, er sei aber bereit, die Möglichkeit einer politischen Zusammenarbeit zu untersuchen."

Die Erfahrungen von K. H. Bergmann, dem Vorsitzenden des „Freien Deutschland" (FD) und KPD-Mitglied, der einige Zeit später im Auftrage des FD und mit Billigung der Partei ausgedehnte Kontakte mit Amerikanern des OSS wahrnahm, lassen den Schluß zu, daß dies eine realistische Darstellung ist. Auch Bergmann erlebte mehrfach, daß der OSS die Lageberichte von Genossen aus Deutschland, die das FD dem OSS weiterleitete, sehr schätzte, aber immer wieder auch der Versuch gemacht wurde, die politische Zusammenarbeit für militärische Spionagezwecke zu nutzen. Daß auch der OSS-Leiter selbst so dachte, macht der Bericht über ein Gespräch zwischen Bergmann und Allen Dulles deutlich:

> „Allen Welsh Dulles wirkte wie eine Gestalt aus einem Roman von Sinclair Lewis. Hinter seinem professoralen Gehabe — er betrachtete allen Ernstes den Nachrichtendienst als eine von ihm zur Wissenschaft erhobene Technik — und dem Stolz darauf, das Geheimnis entdeckt zu haben, mit Hilfe des OSS jederzeit Umwälzungen und Staatsstreiche wie aus der Retorte fabrizieren zu können, verbarg sich ein in seinen Ansichten stockkonservativer Mensch, der im Grunde seines Herzens ein ‚Romantiker' geblieben war.
> Was ich ihm in bezug auf eine Anerkennung des FD als der einzigen politischen Vereinigung der Deutschen in der Schweiz durch die Amerikaner und über den künftigen Einsatz des FD in Deutschland zu

sagen hatte, erweckte bei ihm nur geringes Interesse. Man müsse in dieser Frage eine Stellungnahme der beteiligten Regierungen abwarten, denen er nicht vorgreifen könne, bemerkte er ausweichend. Worauf es gegenwärtig vor allem ankomme, sei ein Ausbau der Landverbindungen nach Deutschland, um bestimmte Informationen über genau umrissene Einzelfragen zu erhalten. (Die Tatsache, daß wir über einen eigenen Kode verfügten, dem die Briefzensur nichts anhaben konnte, hatte ihn offenbar stark beeindruckt.) Doch als ich ihm darauf erklärte, daß ohne eine offizielle Anerkennung des FD eine rein nachrichtendienstliche Mitarbeit für uns nicht in Frage käme, zeigte er sich betont zurückhaltend. So blieb es denn bei einer auf beiden Seiten mit Vorbehalten geführten Unterredung, die nichts weiter ergab, als daß die bereits bestehenden Verbindungen aufrecht erhalten und ausgebaut werden sollten."

Leo Bauer hatte allerdings keine Gelegenheit, mit Dulles Bekanntschaft zu machen, wie immer wieder fälschlich behauptet worden ist. Er wurde nämlich am 27. Oktober 1942 verhaftet. Dulles kam aber erst am 9. November in die Schweiz.

Daß Bauer bei seiner Verhaftung den Fragebogen bei sich trug, brachte ihm die Anklage wegen Militärspionage ein, was im Falle einer Verurteilung die sofortige Ausweisung bedeutet hätte.

"Militärspionage zu Lasten eines ausländischen Staates
Am 27. 10. 42 (Tag seiner Verhaftung) hat sich der Angeklagte im Restaurant Globe in Genf mit einem Individuum getroffen, das nach Bauer ein gewisser Koelliker sein soll, der für den Schweizer Geheimdienst arbeiten solle, der jedoch in Wirklichkeit ein Agent der alliierten Spionagedienste ist. Der Angeklagte hat von diesem Agenten den Auftrag angenommen, einem Fragebogen folgend, der ihm übergeben wurde und der sich noch in seinem Besitz befand, als er verhaftet wurde, Informationen zu Lasten Deutschlands zu sammeln."

Es fällt auf, daß hier kein Staat genannt wird, für den Bauer Spionage betrieben haben soll. Die Schweizer Bundespolizei konnte nicht verstehen, daß bei einem der kommunistischen Propaganda beschuldigten Angeklagten ein Fragebogen gefunden wurde, der offensichtlich nicht vom sowjetischen, sondern von einem westlichen Geheimdienst stammte. Hätte sie schon zu diesem Zeitpunkt gewußt, daß sich in der Schweiz — und vor allem in Genf — die Zentralen wichtiger Spionagenetze aller Staaten befanden und daß zwischen diesen Agentenzentralen zahlreiche Querverbindungen bestanden, wäre Bauer sicherlich wegen Militärspionage verurteilt worden. Sein Glück war es, daß erst einige Zeit später erste Informationen über den „Dschungel der Schweizer Straßen" bekannt wurden.

„Im November 1944 hatte sich die Moskauer Regierung geweigert, diplomatische Beziehungen zur angeblich ‚profaschistischen' Schweiz aufzunehmen. Dieser Affront stand in direktem Zusammenhang mit der Zerschlagung eines sowjetischen Spionagerings, der bis Ende 1943 in Genf und Lausanne Funkstationen unterhalten und fast drei Jahre lang eine Fülle erstaunlich präziser operativer, taktischer und waffentechnischer Informationen an die Moskauer Zentrale übermittelte. Die in Abwandlung des Namens ihres Chefs, des ungarischen Kartographen Sandor Rado, ‚Dora' genannte Gruppe war — ebenso wie die deutsche Schulze-Boysen/Harnack-Organisation — Teil eines Kundschafter- und Funkdienstes gewesen, den der Generalstab der Roten Armee seit 1935 westlich der sowjetischen Grenzen aufgebaut hatte. Zu den engsten Mitarbeitern Rados gehörten der englische Funker Alexander Foote, der Schweizer Journalist Otto Pünter und die im Internationalen Arbeitsamt beschäftigte deutsche Kommunistin Rachel Dübendorfer. Pünter unterhielt seit der Zeit des Spanischen Bürgerkriegs einen ‚privaten' Nachrichtendienst und belieferte auch schweizerische und britische Stellen, engagierte sich aber besonders für die Sowjetunion, in der er das entscheidende Bollwerk gegen den Nationalsozialismus sah.
Über Dübendorfer und Pünter stand Rado mit schweizerischen Kommunisten und linksgerichteten Widerstandsorganisationen jenseits der Grenzen in Verbindung. Abgesehen von der Nachrichtenweitergabe leistete er aber offenbar keine konkrete Hilfe, da er jedes unnötige Sicherheitsrisiko vermeiden sollte und zudem selbst unter permanentem Geldmangel litt. Von Rado, der sich dem Zugriff der schweizerischen Spionageabwehr durch die Flucht nach Frankreich entziehen konnte, führte die Spur zu dem deutschen Emigranten und Leiter des Luzerner Vita-Nova-Verlags, Rudolf Roessler, den Rachel Dübendorfer im Spätsommer 1942 für den sowjetischen Kundschafterdienst geworben hatte und dem die ‚Dora'-Gruppe in erster Linie ihre umfassenden und exakten Kenntnisse verdankte. Roessler hatte aber, so stellte sich bei den Ermittlungen heraus, nicht nur für Moskau gearbeitet, sondern über längere Zeit sein Wissen vornehmlich dem schweizerischen Nachrichtendienst zur Verfügung gestellt."

Hier werden nur die in Verbindung mit der Sowjetunion stehenden Spionagegruppen auf Schweizer Boden genannt. Um ein vollständiges Bild zu erhalten, wären noch britische, holländische und nicht zuletzt amerikanische Nachrichtendienste mit ihren Verbindungen zu Schweizer Geheimdiensten und zum Kreis der Widerstandsgruppe des 20. Juli 1944 zu ergänzen. Da dies alles noch nicht bekannt war, hat man Bauer in der Berufungsverhandlung von der Anklage der Militärspionage freigesprochen und nur wegen kommunistischer Propaganda, Gefährdung der Sicherheit und Neutralität der Schweiz und illegalen Grenzübertritts verurteilt. Eine umfangreiche Zusammenarbeit Bauers mit dem amerikanischen Geheimdienst gab es zu dieser Zeit bestimmt nicht. Über die Kontakte, die das FD seit Ende 1943 zu verschiedenen amerikanischen Stellen einschließlich des OSS hatte, war Bauer zwar informiert, aber selbst nicht daran beteiligt.

Später wurde ihm nicht nur seine angebliche Arbeit für den OSS als Agententätigkeit vorgeworfen. Von politisch rechtsstehenden Kreisen in der Bundesrepublik wurde er außerdem noch in Verbindung mit der „Dora"-Gruppe des erwähnten sowjetischen Agenten Rado gebracht. Während zum OSS zumindest für kurze Zeit im Jahr 1942 die geschilderten Kontakte bestanden, entbehrt diese Behauptung jeder vernünftigen Grundlage. Von dem Zufall, daß Leo Bauer vor seiner Verhaftung in einem Haus wohnte, in dessen Keller — ohne sein Wissen — die „Dora"-Gruppe zeitweise eine Funkstation installiert hatte, hat man auf eine Zusammenarbeit mit Rado geschlossen und die Legende vom gefährlichen Doppelagenten konstruiert. Gerade weil Rado — wie oben erwähnt — jedes Sicherheitsrisiko peinlich vermied, spricht Bauers mit kommunistischem Material vollgestopfte Wohnung in diesem Haus gegen eine Zusammenarbeit.

Während seiner fast zweijährigen Haftzeit im St.-Antoine-Gefängnis in Genf hatte Leo Bauer allerdings andere Probleme, als sich gegen mögliche Legendenbildung um seine Person zu wehren. Solange er der Militärspionage angeklagt war, bestand die Gefahr, daß er an Deutschland ausgeliefert werden könnte. Hinzu kam, daß ihm seine KPD-Genossen schwere Vorwürfe machten, weil er den Fragebogen nicht sofort weitergeleitet oder ihn wenigstens bei seiner Verhaftung noch vernichtet hatte. Von jedem einfachen Mitglied erwartete die Partei, daß es im Falle seiner Verhaftung alles schriftliche Material aufaß — während ein führender Genosse sich mit einem Papier in der Tasche verhaften ließ, das die gesamte Organisation kompromittierte. Durch die Hilfe seiner Freundin Erica ist es Bauer gelungen, diese Vorwürfe weitgehend zu entkräften.

Erica Glaser war 1941, nachdem sie sich in Zürich für die kommunistische Jugendbewegung engagiert und viele prominente deutsche Kommunisten der Züricher Gruppe kennengelernt hatte, nach Genf zurückgekehrt, um dort zu studieren und politisch für die Kommunisten zu arbeiten. Leo Bauer wurde für sie zum wichtigsten politischen Lehrer. Sie erinnert sich:

> „Er hatte schon eine gewisse Art, mit Leuten umzugehen. Was mich zum Beispiel betrifft: Ich hatte damals ein totales Minderwertigkeitsgefühl. ‚Ich kann das nicht, ich bin ja politisch total unerzogen und ungeschult.' Und Leo hat mir dann immer Aufträge gegeben, und ich mußte Artikel schreiben. Er hat bei mir sofort gesehen, was notwendig war, daß jemand dastand und immer mit dem Prügel drauf: ‚Du kannst das, Du bist viel intelligenter, als Du glaubst!' Mit diesem Draufdringen, ‚Du kannst alles, was Du willst', habe ich das auch zustande gebracht. Ohne ihn hätte ich das gar nicht gekonnt. Er hat mir also unwahrscheinlich viel beigebracht und erklärt und erklärt."

Leo Bauer sah sich selbst in der Beziehung zu Erica sehr gern in der Rolle des Lehrers, den er in seiner Jugend bewundert hatte. Es machte ihm Spaß und gab ihm Bestätigung, die temperamentvolle, attraktive und manchmal draufgängerische Erica mit den Grundlagen des illegalen politischen Lebens vertraut machen und ihr in langen Gesprächen seine politischen Erfahrungen vermitteln zu können, zumal Erica von seinem Wissen, seiner Entschlossenheit und seiner persönlichen Ausstrahlung fasziniert war und für ihn — zumindest anfänglich — schwärmte. Auch nach seiner Verhaftung blieb die intensive politische und persönliche Freundschaft bestehen.

> „Als man ihn eines Verbrechens beschuldigte, das er nicht begangen hatte, machten ihm beide Seiten die größten Schwierigkeiten, und ich wurde sein Verbindungsmann, um die Dinge in Ordnung zu bringen. Bei meinen täglichen Besuchen in der Wachstube, wo ich Essen, Zigaretten und Bücher für Leo ablieferte, organisierte ich allmählich das Schmuggeln von Zetteln. Der erste Versuch endete fast in einer Katastrophe. Ich hatte meine Mitteilung sorgfältig um einen Zahnstocher gewickelt, ihn in Silberpapier eingerollt und in ein Brot gesteckt. Leo aß das ganze Ding. Sehr bald hatten wir jedoch ein perfektes Verbindungssystem hergestellt; er schrieb sogar eine meiner Arbeiten für die Universität."

Ericas Vorstoß, die Amerikaner zu einer Intervention bei den Schweizer Behörden zu bewegen, damit der falsche Anklagepunkt der Militärspionage fallengelassen würde, blieb jedoch erfolglos. Der OSS wollte nicht riskieren, daß durch solch eine Lappalie etwas von seinen Aktivitäten bekannt würde. Er ließ Leo Bauer deshalb durch Erica übermitteln, daß er auf keinen Fall die Quelle des Fragebogens nennen dürfe und auf Hilfe vom OSS nicht rechnen könne. Mehr Erfolg hatte Ericas Vermittlung bei seinen Schwierigkeiten mit der Parteileitung. Ihre verschiedenen Bemühungen und seine persönlichen Beziehungen zur Parteispitze führten schließlich dazu, daß keine Parteistrafe gegen ihn ausgesprochen wurde und er später wieder in leitenden Funktionen tätig sein konnte.

Erica selbst lernte in dieser Zeit aber auch bald Leos übersteigerte Ansprüche kennen, die sich für ihn aus einer intensiven Beziehung ergaben. Wie selbstverständlich erwartete er, daß sie ihn täglich besuchte, über alle Aktivitäten auf dem Laufenden hielt und nur das tat, was er ihr riet. Ihr ging diese Vereinnahmung etwas zu weit, aber dennoch hat sie sich erst nach seiner Haftzeit gegen seine Versuche, ihr Leben zu bestimmen, entschieden zur Wehr gesetzt.

> „Er kam nach Genf und mischte sich sofort in sämtliche Parteiarbeit hinein. Er hatte ja nun gar keine Position in irgendeiner Art, während ich einen regelrechten Job [bei der Organisation des illegalen Grenzverkehrs] hatte. Als Leo Bauer ankam, hat er sofort Kontakt mit der Leitung, wahrscheinlich in Zürich, aufgenommen und hat sofort irgendwelche Sachen gemacht, daß er mein Chef in Genf sein würde. Das wurde mir dann mitgeteilt, ob durch ihn oder von den Leuten in Zürich, das weiß ich nicht mehr genau. Ich weiß nur, daß ich in helle Wut geraten bin und mich in den Zug gesetzt habe und zur Leitung nach Zürich gefahren bin und gesagt habe: ‚Wenn dem so ist, dann arbeite ich nicht mehr. Unter Leo Bauer arbeite ich nicht, aus. Also entweder ihr habt Leo Bauer, und der macht die Arbeit, oder ich mache die Arbeit. Mit ihm zusammen oder unter ihm, kommt nicht in Frage.' Ich habe auch erklärt, warum: Weil ich aus persönlichen Gründen mit dem Mann nicht zusammenhängen kann, weil das doch ganz eindeutig ein Versuch ist, an mich heranzukommen und mich wieder unter seine Knute zu bekommen und mir dann irgendwie politisch wieder draufzuhauen, mich politisch zu zwingen, in seine Richtung zu gehen. Ich traute dem Mann überhaupt nicht. Ihm wurde dann mitgeteilt, daß er sich dort nicht einzumischen hatte... Und dann hat er angefangen mit der ‚Freien-Deutschland'-Arbeit. Er hat dann versucht, mich in die Bewegung mitreinzubekommen, was mir aber sowieso nicht lag und was völlig unabhängig von meiner Arbeit war, so daß wir also in Genf dann nichts mehr miteinander zu tun hatten. Aber so weit ich weiß, hatte er auch nichts anderes zu tun, als diese ‚Freie-Deutschland'-Geschichte aufzuziehen, was er wahrscheinlich sehr gut gemacht hat."

So endgültig, wie es in dieser Schilderung anklingt, haben sich die politischen und privaten Wege von Erica Glaser und Leo Bauer damals nicht getrennt. Sie wären auch beide zu einer solchen abrupten Trennung nach der Intensität der bisherigen Beziehung nicht in der Lage gewesen. Sie haben sich in der

Schweiz privat noch häufiger getroffen, bevor Erica dann später in Hessen mit ihm auch wieder politisch sehr eng zusammengearbeitet hat. Während seiner Haftzeit in der Schweiz hatte sich Erica jedoch ihr eigenes politisches Aufgabenfeld aufgebaut, auf das sie stolz war. Sie wollte ihm deshalb erst einmal in ihrer politischen Arbeit aus dem Weg gehen, um nicht gleich wieder von ihm abhängig zu werden. Sie meinte, sich endlich von ihrem politischen Lehrer emanzipieren zu müssen, was ihr in der engen Beziehung zu ihm unmöglich erschien. Leo Bauer hat auf diese Abwendung zuerst sehr verletzt reagiert und mehrfach versucht, Erica umzustimmen. Da er hier — wie auch später in persönlichen Beziehungen — nicht das Gefühl hatte, den Partner einzuschränken und durch seine Person zu „erdrücken", konnte Ericas plötzlicher Drang nach Selbständigkeit und Unabhängigkeit von ihm nur schwer akzeptiert werden. Er war deshalb froh, als sich später in Hessen die Freundschaft wieder festigte.

Die Gründung der Bewegung „Freies Deutschland" in der Schweiz

Im Sommer 1944 wurde Leo Bauer aus dem Genfer Gefängnis in das Internierungslager Bassecourt im heutigen Kanton Jura verlegt. Im Februar 1944 waren die Internierten des „Sonderlagers für Linksextremisten" Gordola (Tessin) nach Bassecourt überstellt worden. Dazu gehörte fast die gesamte Leitung der KPD-Organisation in der Schweiz. Als Leo Bauer nach Bassecourt kam, hatten die Parteigenossen der politischen Arbeit im Lager schon seit längerer Zeit feste Formen gegeben. Von Gordola und Bassecourt wurde von Anfang 1942 bis zum Frühjahr 1945 die gesamte Politik der KPD-Emigration in der Schweiz bestimmt: In Gordola wurde im August 1943 der Beschluß zum Aufbau der „Bewegung Freies Deutschland" gefaßt, in Bassecourt wurden — neben der Anleitung der FD-Arbeit — Entscheidungen über Vorbereitung und Organisation der Nachkriegsarbeit in Deutschland getroffen. Obwohl ein großer Teil der Parteifunktionäre bis zum Frühjahr 1945 in Bassecourt festgehalten wurde, wurden die Internierungs-Bestimmungen ab Herbst 1944 so weit liberalisiert, daß es auf einer Fraktionssitzung der in Leitungsgremien des FD arbeitenden KPD-Mitglieder hieß: „In Zukunft könnten unsere Freunde aus Bassecourt während ihres Urlaubs jeweils mit Sonderaufgaben für das FD betraut werden."
Das Ziel der im Sommer 1943 beschlossenen „freideutschen" Politik war die Sammlung aller deutschen Hitlergegner von der konservativen Generalität bis hin zu den revolutionären Teilen der Arbeiterklasse zur Rettung Deutschlands als eines Nationalstaats. Das Signal zur Bildung „freideutscher" Bewegungen in der Emigration ging von der Gründung des „Nationalkomitees

Freies Deutschland" (NKFD) durch die Führung der KPD und deutsche Kriegsgefangene am 12./13. Juli 1943 bei Moskau aus. Im Spätsommer traten dem NKFD die im „Bund deutscher Offiziere" zusammengeschlossenen Wehrmachtsangehörigen unter Führung von General Seydlitz bei. Nachdem die anfängliche Hoffnung der Sowjets, die Ablösung des deutschen Offizierskorps von Hitler durch die NKFD-Gründung, die Garantie der Weiterexistenz des Reiches und der Wehrmacht provozieren zu können, sich schon bald als unrealistisch herausgestellt hatte, wurde das NKFD im wesentlichen ein Instrument der sowjetischen Frontpropaganda und der antifaschistischen „Umerziehung" von deutschen Soldaten. „Nationalkomitees" bzw. „freideutsche" Organisationen entstanden auch (hier illegal) in Frankreich, Großbritannien, Schweden, den USA und Lateinamerika. Der Grundgedanke des NKFD, daß der Sturz Hitlers und seines Regimes nur durch Verbindung zivilen und militärischen Widerstands zu erreichen sei, entsprach den gegebenen Bedingungen in Deutschland. Nicht zufällig war diese Auffassung auch für die Verschwörer des 20. Juli 1944 bestimmend und lag so dem Aufstand zugrunde. Allerdings stieß die neueste Variante kommunistischer Bündnispolitik bei Sozialdemokraten und Linkssozialisten meist auf starkes Mißtrauen. Auch die illegalen kommunistischen Widerstandsgruppen im Reich, die 1943/44 einen letzten Aufschwung nahmen, bevor die wichtigsten im Sommer 1944 zerschlagen wurden, standen der Moskauer Linie offenbar zum großen Teil ablehnend gegenüber oder interpretierten sie im Sinne einer kurzfristigen Etappe auf dem Wege zur sozialistischen Revolution im KPD-traditionellen Sinne um.

Auch wenn diese Politik der „breitesten Front von Antifaschisten" zum Sieg über Hitler und zur „Errichtung eines freien, unabhängigen und demokratischen Deutschlands" keinen grundlegenden Wandel der bisherigen KPD-Politik bedeutete, waren die deutschen Kommunisten in der Schweiz vor eine ganze Reihe von Fragen und Problemen gestellt.

Da es keine direkte innerparteiliche Verbindung mit der KPD-Leitung in Moskau gab, war man auf eigene Interpretationen der durch den Rundfunk erhaltenen Aufrufe angewiesen. Es erschien deshalb besser, zuerst einmal ein Komitee in der Schweiz aufzubauen, das sich lediglich in Anlehnung an das Nationalkomitee in Moskau verstand. Entsprechend hieß es im Untertitel der 1. Nummer der Zeitschrift „Freies Deutschland" am 3. September 1943: „Organ im Sinne des Nationalkomitees: Freies Deutschland. Herausgegeben in der Schweiz". Es wurde auch nicht das Moskauer Manifest einfach übernommen, sondern ein eigener Aufruf vorgelegt.

Ohne von dem Manifest des NKFD inhaltlich abzuweichen, war dessen besondere und originelle Komponente, der Appell an den Patriotismus der Konservativen, beim Schweizer FD wesentlich schwächer ausgeprägt. Die

unterschiedliche Akzentuierung ergab sich fast von selbst aus dem anderen Adressatenkreis.
Neben Forderungen, die Frieden und internationale Zusammenarbeit, Auflösung der NS-Organisationen und Bestrafung der Verantwortlichen verlangten, waren im wesentlichen Programmpunkte enthalten, die auf die Errichtung einer parlamentarischen Republik mit „sozialstaatlichen" (nicht aber sozialistischen) Elementen zielten. Der Aufruf endete mit der Parole:

> „Deutschland muß leben, deshalb muß Hitler fallen! Kämpft mit uns für ein unabhängiges freies Deutschland!"

Neben innerparteilichen gab es natürlich auch taktische Gründe, die es ratsam erscheinen ließen, in der Schweizer Öffentlichkeit und unter den deutschen Flüchtlingen in der Schweiz nicht eine zu enge Anbindung an das NKFD in Moskau herauszustreichen. Eine Bewegung, der man sofort den Vorwurf hätte machen können, ausschließlich Ableger einer Moskauer Organisation zu sein, wäre in der Schweiz zum Scheitern verurteilt gewesen. Gegenüber den eigenen Mitgliedern wurde diese taktische Vorsicht von der Leitung wiederum anders begründet.

> „Wir sind der Meinung, daß der Eindruck vermieden werden muß, als ob es sich schon bei den Anfängen einer solchen Bewegung in der Schweiz um ein bereits gebildetes Parallelkomitee [zum NKFD in der Sowjetunion] handelt. Das Komitee ‚Freies Deutschland' ist auf einem in Moskau breit organisierten Kongreß gebildet worden, hat also ein wirkliches Mandat erhalten und trägt den Charakter des Mittelpunktes der ganzen Bewegung. In der Schweiz kann es sich unserer Meinung nach in erster Linie darum handeln, die Bewegung zur Unterstützung des NKFD zu entfachen und zu verbreitern. Nachdem (legal oder illegal) Vertreter der verschiedenen Gruppen (Vertreter antifaschistischer Parteien, Gewerkschaftler, Kulturorganisationen, Auslandsdeutsche verschiedener Berufe) zusammengefaßt worden sind, sollten sich diese einen Ausschuß wählen. Eine auf diese Weise gewählte Führung hätte dann ein Mandat und damit ihren besonderen Sinn erhalten."

Hier — wie auch später in der Öffentlichkeit — betonte man also, daß erst die demokratische Legitimation das Recht verliehe, sich „Komitee" zu nennen. Mit der Gründung der ersten Gruppen — die Ausschüsse genannt wurden —, der Herausgabe der monatlichen Zeitschrift — die nicht immer regelmäßig erschien — und dem Aufbau einer Organisationsstruktur — der schließlich im Juli 1944 zur Bildung einer „Provisorischen Leitung", von Kommissionen für Lagerarbeit, Propaganda unter freilebenden Flüchtlingen und der

Deutschen Kolonie und einer Pressekommission führte — waren jedoch wichtige politische Probleme noch nicht gelöst. Zuerst einmal mußten Direktiven für die Arbeit der Parteimitglieder innerhalb der neuen Bewegung herausgegeben werden. Obwohl die Bewegung von der Partei initiiert worden war, durfte durch das Auftreten von KPD-Mitgliedern nicht der Eindruck erweckt werden, es handele sich um eine Massenorganisation der KPD.

„1. Die Bewegung ‚Freies Deutschland' ist nicht die Partei, sie tritt nicht an die Stelle der KPD, sondern muß eine breite Bewegung sein, die alle oppositionellen Kräfte, alle Gegner des Hitlerregimes erfaßt. 2. Die Gruppen der Bewegung ‚Freies Deutschland' sind auch kein Anhängsel der Partei. Die Bewegung ‚Freies Deutschland' muß sich dadurch auszeichnen, daß in ihr auf demokratische Weise alle Meinungen der Hitlergegner — bei äußerster Wachsamkeit gegenüber feindlichen Infiltrationsversuchen — ernst genommen werden. Es ist Pflicht eines jeden Kommunisten, sich durch Initiative und aktive Mitarbeit in der Bewegung zu bewähren, so daß auf diese Weise die führende Rolle der KPD allseitig anerkannt wird."

Zu diesen Warnungen sah sich die Leitung aufgrund des Mißtrauens aus unterschiedlichen Richtungen gezwungen. Auf der einen Seite kam Kritik von den eigenen — überwiegend jungen — Mitgliedern und Sympathisanten, die im Programm des FD kaum die politischen und sozialen Forderungen verankert sahen, die für sie bisher Grundbedingung einer gesellschaftlichen Neuordnung Deutschlands nach dem Krieg waren. Daß das Ziel des Kampfes gegen den Faschismus nicht mehr ein sozialistisches bzw. volksdemokratisches Deutschland, sondern eine bürgerliche Demokratie sein sollte, die sich kaum von der Weimarer Republik unterscheiden würde, war ein häufig erhobener Einwand aus dieser Richtung.

Durch die Einrichtung von Schulungszirkeln des FD innerhalb und außerhalb der Lager sollten diese Einwände ausgeräumt werden. Eine der Aufgaben, die Leo Bauer offenbar beim Aufbau des FD wahrnahm, bestand darin, diese Schulungsarbeit im Sinne der Kommunisten anzuleiten. Zumindest läßt eine Sondernummer des FD vom Juni 1944, die ausschließlich eine längere, von Bauer für Schulungszwecke verfaßte Interpretation der politischen Linie des FD vom kommunistischen Standpunkt aus enthält, diesen Schluß zu.

In ihr wird sehr viel stärker als sonst in Artikeln des FD betont, daß die politische Führung im antifaschistischen Bündnis der organisierten Vertretung der Arbeiterklasse zufallen müsse. Mit dem Hinweis auf ihren Kampf vor 1933 und ihren unbeirrten und unter größten Opfern geleisteten Widerstand seit 1933 wird dieser Führungsanspruch legitimiert. Über die Konzeption des Bündnisses in der Situation von 1944 schreibt Bauer:

„Die Männer, die im Nationalkomitee die Arbeiterbewegung vertreten, gleichgültig, ob politische Funktionäre, Gewerkschafter oder Intellektuelle, gehen bei ihrer Zusammenarbeit mit den Repräsentanten der anderen Schichten von einer gemeinsamen Erkenntnis aus. Diese Erkenntnis ist in schweren Kämpfen gewonnen worden. Es zeugt von politischer Reife dieser Arbeitervertreter, daß gerade *sie* es waren, die dieser Erkenntnis Bahn brachen. Und diese lautet: *vor* der Beseitigung der Hitlerdiktatur und ohne ihre völlige Zertrümmerung hat keine der freiheitlichen Bewegungen im deutschen Volke die Möglichkeit, auch nur einen Schritt vorwärts zu tun in Richtung auf ihr selbstgestecktes Ziel. Mögen diese Ziele und Absichten der verschiedenen Richtungen noch so unterschiedlich sein, wenn sie nur dem Frieden und der Freiheit des Volkes irgendwie zu dienen bereit sind, haben sie alle *einen* Todfeind — das Hitlerregime. Und dieses Todfeindes können sie nur im Zusammenschluß aller ihrer Kräfte Herr werden. Die Arbeiterbewegung, die unzweifelhaft die schwersten Blutopfer unter allen Freiheitsbewegungen gebracht hat, reicht durch die Männer, die sie im Komitee vertreten, allen freiheitsliebenden Deutschen die Hand zu diesem gemeinsamen Kampf. Dieser gemeinsame Kampf ist die Voraussetzung für die Entfaltung jeder Freiheitsbewegung. Er verlangt die volle Konzentration aller antihitlerischen Kräfte auf die *heutige* zentrale Aufgabe, die wahrlich groß genug ist: Die Erkämpfung des Friedens durch den Sturz Hitlers und die Errichtung der demokratischen Volksrepublik. Darüber hinaus verschweigt der aktive Teil der Arbeiterschaft durchaus nicht, daß er an dem Endziel aller fortschrittlichen Bewegung, dem Sozialismus unbeirrt festhält, mit der einen Einschränkung, daß seine Realisierung einer späteren Etappe vorbehalten bleibt, in der die dafür erforderlichen Voraussetzungen geschaffen sind."

Da befürchtet wurde, mit diesem Artikel die bürgerlichen und sozialdemokratischen Kreise abzuschrecken, die man für das FD gewinnen wollte, stellte man ihm eine redaktionelle Bemerkung voran, in der der Pluralismus der Meinungen im FD betont wurde:

„Wir eröffnen mit dieser Sondernummer die Diskussion über die Probleme des ‚Freien Deutschland'. Wir geben einer revolutionären Arbeitergruppe das Wort. Die Redaktion enthält sich jeden Kommentars. Wir kommen im Laufe der späteren Diskussion auf diese Ausführungen zurück."

Dies geschah jedoch nicht. Es wurde allerdings auch kein Artikel im FD mehr veröffentlicht, der in dieser Schärfe und Ausführlichkeit die kommunistische Taktik verdeutlichte, obwohl das Sonderheft weiterhin als Grundlage der FD-Schulung benutzt wurde. Um das FD aus der Anfangsphase herauszubekommen, in der es laut Bergmann einem „Klub kommunistischer Funktionäre nebst einigen Mitläufern" glich, wurde künftig jede Stellungnahme sorgfältig vermieden, die das Mißtrauen liberaler und demokratischer Kreise hätte erwecken können.

Ein eindrucksvolles Beispiel, wie die Kommunisten versuchten, das gegen sie gerichtete Mißtrauen zu überwinden, ist das Protokoll eines Gesprächs, das führende KPD-Funktionäre im Februar 1945 mit einem Kreis von Vertretern der protestantischen Kirche bei Karl Barth in Basel führten. Der bekannte Schweizer Theologe hatte sich schon mehrfach engagiert für die deutschen Flüchtlinge eingesetzt und wiederholt die Asylrechtspraxis der Behörden scharf angegriffen. Es gelang den KPD-Politikern — nicht zuletzt aufgrund dieses Gesprächs —, Barth davon zu überzeugen, sich öffentlich für das FD auszusprechen, und gleichzeitig seine enge Mitarbeiterin Charlotte von Kirschbaum in die Provisorische Leitung des FD zu holen. In diesem Gespräch beteuerte Hans Teubner am nachdrücklichsten den ehrlichen Willen der Kommunisten.

„Wir sind in einer Phase, in der es um Deutschlands Sein oder Nichtsein geht. Ich bin Internationalist, aber als Deutscher, ich liebe das deutsche Volk und die deutsche Landschaft. Mein Leben ist Deutschland. Es geht mir darum, daß mein Volk wieder ersteht, daß es als friedliebende Nation im Wohlstand und in der Gemeinschaft der anderen Völker lebt. Das ist die Sehnsucht und der Inhalt meines Lebens. Ich sehe, daß sich heute das Schicksal Deutschlands entscheidet ... Nicht die Frage, ob Bürger oder Proletarier, ob Katholik oder Protestant ist wichtig. Alle sollen zusammenstehen und alle am demokratischen Aufbau mitarbeiten. Versuchen Sie zu verstehen, daß das nicht eine kommunistische Phrase ist. Ich wünschte, Sie verstünden meine Worte so wie sie gemeint sind. Ich sehe keine andere Rettung Deutschlands und der deutschen Arbeiterklasse als auf diesem Wege. Und ich glaube, daß eine solche Einheit des deutschen Volkes Bestand haben wird.
Ich bin als Kommunist nicht von Argwohn gegen die Generäle erfüllt. Ich glaube, daß diese Männer beweisen, daß sie es ehrlich meinen. Ihr Einfluß auf die deutsche Armee wirkt sich zum Segen des deutschen Volkes aus. Und selbst wenn der eine oder andere von ihnen zu gegebener Stunde versuchen würde, eine Politik zu treiben, die der Junkerkaste dienen würde, so glaube ich nicht, daß dies gelingen würde. Wie ein

Kommunist nur so lange Kommunist sein kann, als er im Sinne des kommunistischen Programms arbeitet und nicht länger, so wird jede Bewegung den ausstoßen, der nicht mehr ihren Zielen treu ist. Ich weiß als Kommunist, was das Junkertum uns angetan hat, aber ich habe keine Angst in dieser Hinsicht."

Daß preußische Militärs jetzt zu von Kommunisten umworbenen Bündnispartnern geworden waren, ließ immer wieder den Verdacht aufkommen, daß es sich eben doch nur um eine neue taktische Variante kommunistischer Machtpolitik handele, um die Sowjetunion zu unterstützen. Diese Kritik an ihrer Bündniskonzeption hat das FD in der Schweiz von seinen Anfängen im Sommer 1943 bis zum Kriegsende begleitet. Daß trotz aller Bemühungen der Kommunisten das Mißtrauen selbst bei Mitgliedern der Bewegung nicht überwunden werden konnte, zeigt ein Bericht der Provisorischen Leitung des FD an das Nationalkomitee in Moskau. Dieser Anfang April von dem sozialdemokratischen Leitungsmitglied Oswald Zienau verfaßte Bericht, durch den das Schweizer FD erstmals direkt mit dem NKFD Verbindung aufnahm, schließt mit folgendem Absatz:

„Mit diesem Bericht über unsere Aktivität will ich den ersten Teil meines Briefes an Euch abschließen. Hinzufügen will ich diesem Bericht die Bitte der Freunde in der Prov. Ltg., uns doch gleichfalls eine ausführliche Übersicht über Wesen und Wirken und personelle Zusammensetzung des Nationalkomitees zu übermitteln. Gewiß sind wir allgemein, und zwar auf Grund der bürgerlichen Presse und ihrer Berichte über das Nationalkomitee, seine Männer an der Spitze unterrichtet und haben ja auch in unserer Zeitschrift die hauptsächlichsten Kundgebungen des Nationalkomitees veröffentlicht. Doch diese unsere Kenntnisse von Euch und Eurem Wirken scheinen uns längst zu oberflächlich und für Stellungnahmen und Auskünfte bei weitem nicht genügend. Vor allem fehlen uns jegliche Kenntnisse über die Organisation als solche, die, um mich so auszudrücken, gewissermaßen einen politischen und militärischen Sektor zu haben scheint. An Kundgebungen von Euch kennen wir zur Hauptsache die der Generäle. Um es jedoch nicht zu verschweigen, und ich sage dieses auftragsgemäß, möchte ich darauf hinweisen, daß sowohl bei Mitgliedern der Prov. Ltg. — und ich schließe mich darin ein — wie bei großen Teilen unserer Mitgliedschaft nicht geringe Bedenken gegen die in Herkommen und Beruf gesinnungsmäßig verwurzelten altpreußischen Generäle bestehen. Um es mit einem weiteren Satz zu sagen: Es fällt vielen von uns schwer zu glauben, daß diese eingefleischten Militärs einen tatsächlichen Anschauungs- und Gesinnungswandel vollzogen haben und ergebene Diener des Anderen Deutschland geworden sind. Wie gesagt, es fällt vielen schwer, sehr schwer zu glauben, daß dem so sein könnte. Wenn jedoch diese Bedenken bei vielen unserer Freunde eben nur Bedenken sind, so aus der einfachen Tatsache heraus, daß wir bis jetzt keine Möglichkeit der Klärung oder Aufklärung in dem einen oder anderen Sinne hatten. Wir bitten Euch aber sehr, bei Gelegenheit einer Darstellung des Charakters und der Zusammensetzung und der Arbeit des Nationalkomitees offen und ausführlich auf diese Bedenken eingehen zu wollen. Denn wir haben wohl Bedenken, doch ringen wir ‚mit heißem Bemühen' um Erkenntnis, um unserer Sache zu dienen und den Männern wie Seydlitz und Paulus auch Gerechtigkeit widerfahren zu lassen."

Auch Leo Bauer mußte sich häufig mit dem Verdacht auseinandersetzen, daß das FD nur ein Instrument der Kommunisten sei, mit dem sie sich größeren Einfluß sichern wollten. In einem Briefwechsel mit der jungen christlichen Emigrantin halbjüdischer Abstammung Brigitte Freudenberg, der späteren Frau Gollwitzer, die ihn Ende 1944 in Genf kennenlernte, wird die Art seiner Auseinandersetzung mit diesem Vorwurf sehr deutlich. In einem Brief vom März 1945 schrieb Leo Bauer ihr über die Grenzen, die es bei der Zusammenarbeit zwischen Christen und Kommunisten gäbe:

„Ja, ich kenne die Grenzen, die gesetzt sind und von denen Sie sprechen. Jedoch beängstigen sie mich nicht. Und weder habe ich die Absicht, sie zu verwischen oder zu leugnen oder gar als Unmöglichkeit der Zusammenarbeit anzuerkennen . . . Tatsächlich glaube ich, daß diese Grenzen bei ehrlichem Willen und Vertrauen für lange Zeit im alltäglichen Leben keine Rolle spielen werden."

Kurz darauf hatte Leo Bauer einen Streit mit Brigittes Vater, der seinen Namen vom FD „nach alter kommunistischer Methode" mißbraucht sah und seiner Tochter riet, sich ebenfalls vom FD zurückzuziehen. Leo Bauer schrieb daraufhin an Brigitte:

„Was werden Sie tun, Brigitte? Da ich weiß — aus langer Erfahrung —, daß bei bestimmten Gelegenheiten jedes Wort Bedeutung haben und auch falsch ausgelegt werden kann, will ich im Moment in der Reserve bleiben. Sie werden das wohl verstehen. Ich bedauere für Sie diese eventuellen Konflikte. Ich bedauere auch im Interesse der Sache die Haltung Ihres Vaters. Es scheint mir seltsam, daß gerade heute — in dieser Situation — solche Beschlüsse auf Grund von Gerüchten gefaßt werden. Man spricht von Vertrauen! Aber man bringt uns nicht das geringste Vertrauen entgegen, oder bei der geringsten Sache ist unkontrolliert das Vertrauen erschüttert. Gleichzeitig verlangt man aber von uns blindes Vertrauen! So geht das nicht! In der Welt hat sich einiges geändert — leider will man das nicht gern wahrhaben. Und schließlich: Nach wie vor entscheidet die Tat, die Arbeit! Komisch ist immer, daß man uns diesbezüglich nichts anhaben kann. Nun, tant pis! Das regt uns nicht mehr auf! Wir werden so oder so unseren Weg weitergehen und viel Zeit können wir nicht für ‚Gerüchte' opfern. Durch solche Sachen verliert man leider kostbare Zeit."

Die Entrüstung über das mangelnde Vertrauen ist hier echt und entspringt nicht taktischen Motiven. Zu dieser Zeit war es Bauers feste Überzeugung, daß nur im Bündnis aller antifaschistischen Kräfte die Probleme im Nachkriegsdeutschland gelöst werden könnten und diese Kooperation nicht wieder verhindert werden dürfe durch gegenseitige Vorurteile — insbesondere durch Vorurteile bürgerlicher und sozialdemokratischer Kreise gegenüber den Kommunisten.

Die weitere Entwicklung des „Freien Deutschland"

Es fällt auf, daß nach der Gründung des FD zuerst einmal eine Phase folgte, in der bis zum Frühsommer 1944 politische Aktivitäten des FD kaum zu registrieren sind. Außer durch das Erscheinen der Zeitschrift (in einer Auflage von anfangs 300 Exemplaren, die dann im Frühjahr 1945 allerdings schon das Zehnfache betrug) trat das FD nur im Februar 1944 durch die Herausgabe einer als Reclamheft „Bismarck — Im Kampf um das Reich" getarnten Broschüre hervor. Diese von K. H. Bergmann verfaßte Broschüre über den aktiven innerdeutschen Widerstand seit 1933 war aber nicht zur Mobilisierung für das FD in der Schweiz, sondern zur Verbreitung in Deutschland bestimmt.
Die Zurückhaltung bei den Aktivitäten ist sicherlich nicht nur auf den nicht legalen Status der Bewegung und die Internierung der meisten führenden KPD-Kader in Lagern zurückzuführen. Vielmehr scheint die politische Unsicherheit über den weiteren Kurs der KPD-Leitung in Moskau beziehungsweise über das Schicksal des NKFD im Rahmen der sich wandelnden sowjetischen Kriegszielpolitik das Zögern verursacht zu haben. Vor allem die im Zusammenhang mit der Konferenz von Teheran am 1. Dezember 1943 von Stalin erklärte Zustimmung zur bedingungslosen Kapitulation Deutschlands und der damit verbundene Kurswechsel in der Frage der Erhaltung der Reichseinheit ließ es vom Herbst 1943 bis zum Frühjahr 1944 den Parteifunk-

tionären in der Schweiz ratsam erscheinen, nicht alle Kräfte auf die FD-Arbeit zu konzentrieren. Erst als im Frühjahr 1944 in Stellungnahmen des NKFD und führender KPD-Funktionäre in Moskau die neue Hauptlinie der Argumentation deutlich wurde, daß nämlich die Bedingungen des Friedens von der Kraft und dem Erfolg des deutschen Kampfes gegen Hitler vor dem militärischen Sieg der Alliierten abhingen und damit die Frage der Reichseinheit umgangen wurde, konnten die in der Schweiz lebenden deutschen Kommunisten ihre programmatische Unsicherheit überwinden.
Der oben zitierte Artikel von Leo Bauer vom Juni 1944 lag schon ganz auf der modifizierten Linie:

> „Solange das deutsche Volk noch unter der Hitlerknute sich aufs Schlachtfeld treiben, solange es sich noch mißbrauchen läßt als Büttel gegen andere Völker, ist es müßig, über Fragen der künftigen Grenzziehung zwischen den Völkern zu diskutieren. Eine solche Diskussion hemmt nur die Schritte zur Erreichung der ersten Etappe der Freiheit: Der Zertrümmerung der Nazidiktatur. Aber wissen müssen wir alle: vom Anteil unseres eigenen Kampfes am Sturz Hitlers hängt es in erster Linie ab, ob und wie weit der Grundsatz: Kein Volk, das andere unterdrückt, kann frei sein!, ein Echo bei den anderen Völkern im Augenblick der Zertrümmerung der Hitlerdiktatur findet. Erst der Sturz Hitlers, die sofortige Freigabe aller besetzten Gebiete und die Wiedergutmachung des anderen zugefügten Unrechts schaffen die Grundlagen für das Recht des deutschen Volkes auf nationale Einheit und Souveränität."

Die deutschen Kommunisten begannen jetzt, ihre Kräfte ganz auf die Arbeit im FD zu konzentrieren. Die Hauptschwierigkeit, unter den Bedingungen der Halblegalität bürgerliche und sozialdemokratische Kreise für die Arbeit zu gewinnen und sich dadurch auch mit Recht als breites antifaschistisches Bündnis präsentieren zu können, war bis Ende Juli 1944 zumindest so weit überwunden, daß eine „Provisorische Leitung" gebildet werden konnte. Sie bestand aus einem Vertreter der Katholiken und der evangelischen Bekennenden Kirche, einem bürgerlichen Demokraten, einem Sozialdemokraten und einem offiziellen Parteivertreter der Kommunisten. Drei weitere Mitglieder der Leitung waren zwar auch Kommunisten, galten aber offiziell als parteilose Sozialisten beziehungsweise Vertreter der Deutschen Kolonie („Reichsdeutsche Gemeinschaft").
Obwohl die KPD-Leitung mit dieser Zusammensetzung hätte zufrieden sein können, akzeptierte sie sie nur unter den spezifischen Bedingungen, die im Sommer 1944 für Flüchtlinge und Emigranten bestanden. Aufgrund der Halblegalität des FD und der Internierungen war es ratsam, nur Parteimit-

glieder in die Leitung des FD zu schicken, die den Status von anerkannten Emigranten hatten, die also zwar auch dem Verbot der politischen Betätigung unterworfen, aber nicht interniert waren und bei eventuellen Verhaftungen keine Ausweisung zu befürchten hatten. Damit kamen aber alle führenden und linientreuen Kader für eine Leitungstätigkeit vorläufig nicht in Frage.
Sobald sich ab September 1944 die Bewegungsfreiheit der in Bassecourt internierten Parteifunktionäre entscheidend verbesserte, begannen die Kommunisten, diese Schwäche zu beseitigen und wichtige Positionen im FD mit ihren Leuten zu besetzen. Leo Bauer trat in die Redaktion des FD und die wichtige Pressekommission ein, die die Aufgabe hatte, Schweizer und ausländische Zeitungen über Ziele und Aktivitäten des FD zu unterrichten. Bruno Goldhammer wurde bald darauf ebenfalls Mitglied der FD-Redaktion. Auch in der Provisorischen Leitung war bis zum Jahresende 1944 nach den Eintritten von fünf weiteren Kommunisten, darunter Walter Fisch und Hans Teubner, die Mehrheit fest in den Händen der leitenden Parteikader.
Um diese Konzentration aller führenden Kader auf die FD-Arbeit zu verstehen, muß man die Entwicklung der Kriegslage bis zum Winter 1944/45 und die damit verbundene Neubestimmung der Funktion des FD berücksichtigen. Die westalliierten Truppen hatten nach der Landung in Frankreich bis zum Dezember praktisch die Westgrenze Deutschlands erreicht, die Rote Armee hatte die südosteuropäischen Staaten befreit und war etwa bis zur östlichen Reichsgrenze vorgestoßen. In mehreren diplomatischen Besprechungen der „Anti-Hitler-Koalition" waren im Anschluß an die Konferenz von Teheran die alliierte Besetzung und eine Zonenaufteilung vereinbart worden. Mit dem — wenn auch schnell wieder zurückgezogenen — Plan des amerikanischen Finanzministers Morgenthau, der eine langandauernde Besetzung, Zerstückelung und Entindustrialisierung Deutschlands vorsah, war ein deutliches Zeichen dafür gesetzt, was unter Umständen zu erwarten war, wenn die Überwindung des Nationalsozialismus allein den alliierten Truppen überlassen würde. Das Scheitern des 20. Juli-Staatsstreichs und das Ausbleiben größerer zentraler Widerstandsaktionen im Anschluß daran hatten aber auch gezeigt, daß mit einer Selbstbefreiung Deutschlands kaum noch gerechnet werden durfte.
Angesichts der absehbaren Niederlage ohne wesentlichen Anteil des innerdeutschen Widerstands mußte es darum gehen, Positionen für eine Beteiligung an der politischen Macht im Deutschland unter alliierter Besatzung aufzubauen. Die KPD-Führung in Moskau hatte dabei die Vorstellung entwickelt, daß dies am ehesten durch einen „Block der kämpferischen Demokratie" zu erreichen sei, das heißt, durch „die nationale Wiederaufbau- und demokratische Erneuerungsbewegung, die die Kräfte des schaffenden Volkes aus allen Gauen, allen Altersstufen und Berufen über die weltanschaulichen

und politischen Unterschiede hinweg erfaßt". Auch wenn das FD in der Schweiz im Unterschied zu diesem „Block" als Zusammenschluß von Parteien, Organisationen und Gruppen aufgebaut worden war, konnten die leitenden Parteikader davon ausgehen, daß das FD eine Art „Block der kämpferischen Demokratie" antizipierte. Mit der Konzentration auf die FD-Arbeit ging es der KPD in der Schweiz deshalb darum, sich eine gute Ausgangsposition für die politische Einflußmöglichkeit im Nachkriegsdeutschland zu sichern. Je aktiver das FD im Zuge der alliierten Besetzung tätig wurde, umso größer waren die Chancen, als relevante politische Kraft anerkannt zu werden.
Um sich als führende Widerstandsorganisation ausweisen zu können, konzentrierte sich ein wesentlicher Teil der Aktivitäten des FD in der Schweiz ab Herbst 1944 darauf, die Propaganda nach Süddeutschland zu verstärken und gegenüber den westalliierten Stellen durch Berichte die Existenz und die Bedeutung von Widerstandsaktionen innerhalb Deutschlands zu betonen. Eine weitere Aktivität in diesem Rahmen war die Bekanntmachung von Auflösungserscheinungen in den diplomatischen Vertretungen Deutschlands in der Schweiz und die namentliche Publizierung von Gestapo- und SD-Agenten, die unter diplomatischem Schutz Auslandsdeutsche bespitzelten und terrorisierten. Worin die KPD-Leitung jedoch die Hauptaufgabe der Kommunisten im FD zum Jahresanfang 1945 sah, macht ein Bericht über die erste (geheime) Konferenz der KPD im Schweizer Exil am 14. Januar 1945 in Zürich deutlich. Als zentrale Aufgabe nennt dieser den Kampf für die Legalisierung des FD und für das Mitspracherecht der Emigranten in der Flüchtlingspolitik im Zusammenhang mit der Vorbereitung auf die Arbeit im Nachkriegsdeutschland. In den nächsten Monaten konnte das FD auf diesen Gebieten auch entscheidende Erfolge erzielen. Der Kampf um die Legalisierung des FD, der als Kampf um die Anerkennung als eine führende deutsche Widerstandsorganisation verstanden werden muß, war schon im Dezember 1944 im Zusammenhang mit der namentlichen Nennung von Nazispitzeln bei den Schweizer Behörden vorbereitet worden. Zwar mußte die erste Landeskonferenz des FD am 27./28. Januar 1945 in Zürich noch illegal tagen, aber schon im Februar konnte die FD-Broschüre „Um Deutschlands nächste Zukunft" mit dem Abdruck des FD-Programms ohne polizeiliche Behinderungen erscheinen. Nach einigen weiteren Verhandlungen wurde das FD Anfang April schließlich anerkannt, und die Zeitschrift konnte legal vertrieben werden. Die erste legale, „zweite" Landeskonferenz des FD fand dann nach Versammlungen in den wichtigsten Städten am 27. Mai in Zürich statt, zu einem Zeitpunkt, als die meisten führenden Parteikader unmittelbar vor ihrer Rückkehr nach Deutschland standen.
Ein bedeutender Erfolg aller Emigrantenorganisationen in der Schweiz war die Flüchtlingskonferenz von Montreux vom 25. Februar bis zum 1. März

1945. In Zusammenarbeit mit den verschiedenen schweizerischen und internationalen Hilfsorganisationen konnte hier von den Flüchtlings- und Lagervertretungen durchgesetzt werden, daß die Schweizer Regierung eine offiziell anerkannte Flüchtlingsvertretung und materielle und organisatorische Unterstützung bei Schulungskursen für die soziale Arbeit nach dem Krieg zusagte. Genauso wichtig war aber, daß in Montreux — unter der scheinbar unpolitischen Fragestellung „Rück- oder Weiterwanderung" — vor einem großen Forum für die Ziele der Arbeit im Nachkriegsdeutschland geworben werden konnte. Führende Repräsentanten des FD traten auf und sprachen gegen die von den jüdischen Organisationen propagierte Weiterwanderung nach Palästina und für ihre Politik in Nachkriegsdeutschland. Hier bewährte sich die Zusammenarbeit des FD mit verschiedenen Hilfsorganisationen, die schon vorher die Durchführung von Schulungskursen zur Vorbereitung auf die soziale Arbeit in Deutschland ermöglicht hatten. Das Programm dieser Kurse bestand nicht nur aus der Vorbereitung auf soziale Arbeit, sondern es hatte insbesondere auch politische Fragen zum Inhalt. Führende KPD-Funktionäre wurden dabei als Referenten eingesetzt, so daß die Kurse genutzt werden konnten, um für die Bewegung neue Mitglieder zu werben.
Für die KPD hatte die enge Zusammenarbeit mit einer dieser Hilfsorganisationen, der „Centrale Sanitaire Suisse" (CSS), eine besondere Bedeutung, da die CSS nicht an die Genfer Konvention gebunden war, also auch Freiheitskämpfern und Widerstandsbewegungen Unterstützung leisten konnte. Über die CSS war zum Beispiel eine Unterstützungsaktion des FD für die jugoslawischen Partisanen abgewickelt worden. Schon vor Kriegsende unterstützte die CSS auch die Rückkehr von Emigranten nach Deutschland. In den Monaten nach Kriegsende kehrten dann mit Hilfstransporten der CSS führende KPD-Politiker nach Deutschland zurück.
Wie eng die Verbindung zwischen CSS und KPD war, machte eine Parteikonferenz am 26./27. April 1945 deutlich, die zur organisatorischen Abstimmung zwischen den verschiedenen nationalen kommunistischen Emigrantenorganisationen Mittel- und Osteuropas vor der Rückkehr in ihre Länder durchgeführt wurde. Als Konferenz zur „Koordinierung der Hilfe für die befreiten Länder Europas" lud die CSS zu dieser Tagung ein. Als Sekretär der CSS unterzeichnete die Einladung ein E. Zoller — ein weiterer Deckname von Leo Bauer während seiner Emigration.
Wie hier stößt man in Dokumenten des FD und der KPD vom Sommer 1944 bis zum Juni 1945 immer wieder auf Leo Bauer. Offiziell war er mindestens bis zum Jahresende 1944 in Bassecourt interniert. Kurz nach seiner Einweisung in dieses Internierungslager erhielt er jedoch die Erlaubnis für einen längeren Sanatoriumsaufenthalt in Montreux. Von hier aus konnte er häufig nach Genf und Zürich reisen, um die politische Arbeit fortzusetzen. Früher

als die anderen internierten Parteifunktionäre trat er deshalb in die Pressekommission und Redaktion des FD ein, für die er zahlreiche Artikel verfaßte. Er nahm an Fraktionssitzungen der KPD-Funktionäre in Leitungsgremien des FD teil und war an den Aktivitäten des FD in der Flüchtlingspolitik und unter den Auslandsdeutschen ebenfalls beteiligt. Auch bei den wenigen Verbindungen zu den FD-Bewegungen in Großbritannien, Schweden und vor allem Frankreich spielte Leo Bauer eine Rolle. Und schließlich wird er als Leiter der FD-Region Westschweiz genannt und organisierte eine FD-Gruppe in Genf. Daneben war er trotz seiner Verurteilung offenbar seit 1944 wieder Vertrauensmann der Partei für die Westschweiz und nahm sowohl zu Schweizer Kommunisten als auch zu nichtdeutschen Emigrantenorganisationen und Widerstandsbewegungen die Parteiverbindungen wahr.

Bauer gehörte sicherlich zu den führenden Parteikadern, aber er wahrte auch zu ihnen — zumindest im Lager und bei der FD-Arbeit — eine gewisse persönliche Distanz. Gegenüber Funktionären des FD, auch wenn sie Parteimitglieder waren, trat er sehr bestimmt, manchmal auch arrogant auf. Schon dieses Verhalten mußte den Eindruck erwecken, daß er zur Führungselite gehörte, die keinen Widerspruch duldete. Er selbst unterstrich noch dieses Bild, indem er die Wichtigkeit seiner Arbeit für die Partei betonte und sich mit Vorliebe zu grundsätzlichen politischen Fragen äußerte. „Der Typ eines sehr ehrgeizigen, jungen KPD-Funktionärs, der ganz nach oben kommen möchte", erinnert sich heute sein ehemaliger Genosse Bergmann, der ihm mit Vorbehalten gegenüber gestanden hatte. Ganz anders ist der Eindruck, den er auf Menschen machte, die ihn nicht in seiner Rolle als Parteifunktionär kennenlernten. Brigitte Gollwitzer hat ihre Erinnerungen in einem unveröffentlichten Manuskript festgehalten:

„Leo Bauer, unter dem Decknamen Rudi bekannt, aus Deutschland geflohener Kommunist, mit harten und abenteuerlichen Erlebnissen im KZ und in Lagern, gesundheitlich schwer ruiniert, ein pausenloser Zigarettenraucher, sammelte, nach dem Vorbild des unter den Generalen von Seydlitz und Paulus [tatsächlich schloß Paulus sich erst später an] nach Stalingrad im russischen Lager gegründeten Nationalkomitee, eine Gruppe des FD auch in Genf. An den verschiedensten Orten in der Schweiz entstanden unter Emigranten derartige Gruppen. Diese erste persönliche Begegnung mit einem Kommunisten — und noch dazu mit einem so gescheiten und, wie mir schien, gar nicht doktrinär festgelegten Kommunisten, wie es Leo Bauer war — wirkte auf mich faszinierend. Mit Emigranten verschiedenster Färbung saßen wir Tage und oft Nächte hindurch, diskutierend und planend über das, was zu tun wäre, wenn endlich die Herrschaft des Nazismus und der Krieg beendet sei. Wieviel Phantasie, Idealismus, guter Wille und Opferbereitschaft war da auf dem Plan."

Das Engagement für die Sache und der opferbereite Einsatz für die Überzeugung standen bei Leo Bauers Begegnungen mit anderen Antifaschisten außerhalb des Parteirahmens — verbunden mit seinem gewandten Auftreten — ganz im Vordergrund.
Eigentlich kamen erst in der Schweiz Bauers schriftstellerischen und seine ausgeprägten rhetorischen Begabungen voll zum Zuge. Jo Mihaly bezeichnet Bauer noch heute als den „glänzendsten Redner, den ich überhaupt in meinem Leben gehört habe". K. H. Bergmann meint darüber hinaus, Bauer sei „einer der wenigen [gewesen], die schreiben konnten". Dazu kam eine unschätzbare Fähigkeit, von der Erica Glaser-Wallach berichtet:

> „Nicht-Kommunisten kamen mit ihm natürlich sehr gut aus, da er viel besser die Sprache der Nicht-Kommunisten kannte als die meisten kommunistischen Funktionäre. Also, irgendein Bourgeois-Typ konnte mit ihm sehr gut: ‚Also mit *dem* kann man wenigstens reden . . .'. Der sprach 'ne normale Sprache . . . er schrieb in Klischees, aber er sprach nicht unbedingt in Klischees, und er hatte Verständnis dafür, daß —vom andern Standpunkt her betrachtet — man doch hier oder da . . . eventuell gewisse Sorgen haben könnte, das sah er alles ein. Da hat er ja auch Fingerspitzengefühl gehabt. Und hat auch sehr gut verstanden ihre Sorgen, ihr Mißtrauen und so, um zu ihnen zu sagen: ‚Nein, da können Sie mir glauben, nicht wahr, da leg ich die Hand aufs Herz' . . . das war nicht eben nur Gemache: das dachte er ja eben auch."

Daß auch aus der Sicht der Partei dies eine spezifische Fähigkeit Leo Bauers war, zeigt der Vorschlag des FD an die Schweizer Regierung Anfang Mai 1945, Leo Bauer zum stellvertretenden Leiter der konsularischen Vertretungen Deutschlands in der Schweiz zu ernennen und damit faktisch — nach dem Zusammenbruch des Naziregimes — zum stellvertretenden Botschafter zu machen.
Dieser wegen des Adressaten etwas abwegig erscheinende Vorschlag — allerdings wußte damals niemand, wie diese Dinge nach der Übernahme der Staatsgewalt durch die Alliierten geregelt werden würden — stieß bereits bei den sozialdemokratischen Emigranten auf Ablehnung. Nichtsdestotrotz: erst jetzt wurde der breiteren Mitgliedschaft der KPD-Organisation in der Schweiz die Bedeutung Leo Bauers aus der Sicht des innersten Führungszirkels bekannt. Bauer konnte schon bald beweisen, daß die in ihn gesetzten Erwartungen berechtigt waren.

V. In der hessischen Nachkriegspolitik

Rückkehr nach Deutschland

Gegen Ende des Krieges verfügte die KPD-Organisation in der Schweiz über funktionierende Verbindungen nach Deutschland. Sie sammelte Informationen über die Lage im Reich, unterstützte Widerstandsgruppen in Süddeutschland, denen sie unter anderem über die Grenze geschmuggelte Flugblätter, Zeitungen und Broschüren zukommen ließ. Regelmäßig gingen deutsche Kommunisten aus der Schweiz illegal nach Deutschland, angeblich wiederholt auch mit beträchtlichen Mengen Sprengstoffs im Gepäck, um Sabotageakte auszuführen.

Bereits im August 1944 kehrten die ersten Mitglieder der KPD aus der Schweiz nach Deutschland zurück, und bis Kriegsende hatten bereits mehr als zwanzig Kommunisten die illegale Arbeit im Reich wieder aufgenommen. Der politische Neuanfang in Deutschland und der Einsatz der Genossen wurden von der KPD-Führung in der Schweiz festgelegt. Daß die Vorbereitung und die Durchführung der Rückkehr ehemaliger FD-Mitglieder erfolgreich verliefen, darüber berichtete das Organ des FD im November 1945 mit sichtlichem Stolz — dabei ein allzu günstiges Kräfteverhältnis und eine entsprechende Massenunterstützung für FD-Positionen suggerierend.

> „Unser Kamerad Dr. Karl Ackermann, einer der Begründer des FD in der Schweiz, ist heute einer der drei ermächtigten Herausgeber der großen Stuttgarter freideutschen Tageszeitung. Unser früheres Vorstandsmitglied Hans Teubner ist Chefredakteur der ‚Deutschen Volkszeitung' in Berlin. Unsere Freunde Leo Bauer und Stephan Hermlin sind Redakteure der Außenpolitik und Kulturpolitik an der ‚Frankfurter Rundschau'. . . Unsere Kameraden Walter Fisch und Wilhelm Wildgrube sind Mitglieder des Bürgerrates von Groß-Frankfurt. Frau Jo Mihaly, ebenfalls eine der Begründerinnen unseres FD, ist geschäftsführende Vorsitzende der tausende von Mitgliedern umfassende ‚Kulturvereinigung Frankfurt'.

Dr. Walter Pollatschek hält regelmäßige Radioveranstaltungen am Frankfurter Sender, während das ehemalige Mitglied unserer Pressekommission, Eduard Claudius, regelmäßig am Münchener und neuerdings auch am Luxemburger Sender tätig ist. Dr. Heinz Mode, der frühere Regionalleiter von Basel, ist Vorsitzender der ‚Bayrischen Künstlervereinigung', die alle fortschrittlichen Künstler und Geistesschaffenden in Bayern vereinigt. Wolfgang Langhoff hat unmittelbar nach seiner Rückkehr in überfüllten Massenversammlungen in München, Stuttgart und Frankfurt gesprochen und Vortragsabende veranstaltet. Unser Kamerad Friedrich Schlotterbeck ist Präsident des Süddeutschen Roten Kreuzes."

Diese unvollständige Auflistung läßt erahnen, wie sich die Emigranten auf ihre Tätigkeiten in Deutschland vorbereitet hatten, und vermittelt gleichzeitig auch einen Eindruck von dem Engagement und der Energie, mit denen sie an ihre neuen Aufgaben herangingen. Das KPD-Funktionärskorps in der Schweiz teilte sich in zwei Gruppen. Die eine, zu der unter anderem Fritz Sperling und Bruno Goldhammer gehörten, ging nach Bayern und beteiligte sich dort am Wiederaufbau der KPD. Die andere Gruppe, zu der neben Walter Fisch, Ernst Eichelsdörfer, Jo Mihaly und Willi Wildgrube auch Leo Bauer gehörte, ging nach Hessen. Während so einige, wie Fisch, Eichelsdörfer und Wildgrube, in ihre engere Heimat zurückkehrten und ihre Arbeit in der Stadt fortsetzen konnten, wo sie 1933 gewaltsam beendet worden war, fanden andere, wie Leo Bauer, im Auftrag der Partei 1945 eine neue Heimat.
Im Laufe des Sommers 1945 bot sich einigen Kommunisten die Gelegenheit, legal aus der Schweiz nach Deutschland zu übersiedeln. Als Leo Bauer am 24. oder 25. Juni 1945 jedoch die Schweiz mit der Absicht verließ, in Deutschland zu bleiben, war dies noch verboten. Er hatte zwar als Mitarbeiter der Centrale Sanitaire Suisse (CSS) die Erlaubnis, einen Hilfsgütertransport nach Deutschland zu begleiten; daß er aber nicht in die Schweiz zurückkehrte, sondern in Deutschland blieb, war nicht legal.
Bauers Reise, die drei Wochen dauerte und, wie geplant und vorher festgelegt, in Frankfurt/Main endete, führte ihn durch viele Orte Süddeutschlands und eröffnete ihm so einen ersten Eindruck von der Realität im Nachkriegsdeutschland. Er registrierte den Aufbau einer Einheitspartei aus Kommunisten und Sozialdemokraten in Singen, er sah die Zerstörungen des Krieges und die Not der Bevölkerung, aber auch deren Lebenswillen.
In einem Brief, den er unmittelbar nach seiner Ankunft in Frankfurt an Brigitte Freudenberg schrieb, schilderte er seine ersten Eindrücke:

„Wenn ich Dir einen allgemeinen Eindruck wiedergeben soll, so läuft es darauf hinaus, daß unsere Einschätzung der Lage über Deutschland absolut richtig war. Wir haben uns vielleicht in einigen Details geirrt. Manche Dinge zu schwarz gesehen. Aber im großen Ganzen war die Einstellung richtig und erlaubt uns auch hier ohne Unterbrechung sofort an die Arbeit zu gehen, und alle die bisher Zurückgekehrten stecken auch bis über den Kopf in der Arbeit drin Es fehlen noch viele Kräfte, das ist sicher. Auch haben Kino und Berichte nicht den grausigen Eindruck wiedergeben können, den man beim Anblick der unvorstellbaren Ruinen in den Städten verspürt. Aber es ist seltsam, man gewöhnt sich daran und ist nicht mehr erstaunt wie am ersten Tage, daß das Leben weitergeht. Sicher ist auch eines . . ., die Vitalität des deutschen Volkes ist nicht gebrochen und das erlaubt uns, an die Verwirklichung unserer Ziele heranzugehen. Die Nazis sind noch da, das ist kein Zweifel. Sie benehmen sich kläglich, besonders die Frauen. Ein Teil von ihnen verhält sich im Moment ruhig und wartet den Moment ab, in dem er wieder losschlagen kann. Aber das hängt von uns und von der Entwicklung in Deutschland ab, das heißt, im entscheidenden Maße von unserer eigenen Arbeit. Ich habe mit vielen Menschen sprechen können, ich habe offizielle Leute gesehen, Menschen aus dem Volk, illegale Kämpfer, Menschen, die 12 und 11 Jahre in den Zuchthäusern und den KZ waren, und überall verstärkte sich in mir der Eindruck, daß es sich lohnt, alle Strapazen und Mühen ... auf sich zu nehmen und hier zu arbeiten. Unsere Befürchtungen, daß wir den Kontakt nicht finden würden, war[en] falsch. Im Gegenteil, wir werden überall mit offenen Armen aufgenommen und man sieht in uns jene, die heute die Aufgabe haben, zu wirken und tätig zu sein. Alle Menschen auf die es ankommt, verstehen, warum wir in der Emigration waren und sind nur froh, daß wir wieder da sind. Einige sogar sind erstaunt über unseren Mut, jetzt zurückzukehren und dieses gewiß nicht leichte Leben mit dem schönen Leben in der Schweiz zu vertauschen ... der Wille und die Sehnsucht nach Einigkeit ist in allen Kreisen da und in vielen Städten arbeiten Menschen, die Dir nahe stehen, mit meinen Freunden engstens zusammen ... all jene, die in den Zuchthäusern und KZ waren, sind zum großen Teil physisch kaputt, aber geistig gestärkt herausgekommen. Fast keiner von ihnen will in Urlaub, alle arbeiten fest in den verschiedenen Organisationen und versuchen das Chaos herabzumildern und sie tun das mit Erfolg. Du siehst, es gibt sehr viel positive Dinge aus der Heimat zu berichten. Ich habe noch keine Minute meinen Entschluß, zurückzukehren, bereut. Im Gegenteil, wir hätten wahrscheinlich schon eher kommen sollen."

Der aus diesem Brief sprechende Optimismus Leo Bauers, seine hohen Erwartungen für die Zukunft, hatten zum Teil reale Hintergründe. Leo Bauer kam nach Frankfurt nicht als Fremder zu Fremden. Seine Ankunft war erwartet worden, und er kam in einen Kreis von Genossen wie Eichelsdörfer, Fisch und Wildgrube, die er jahrelang kannte und die bereits wieder in ihrer neuen (und früheren) Wirkungsstätte wichtige Funktionen wahrnahmen. Leo Bauer wohnte vorerst bei Emil Carlebach, einem Kommunisten, der nach seiner Befreiung aus dem KZ Buchenwald führend am Wiederaufbau der noch illegalen KPD in Hessen beteiligt war und sich darauf vorbereitete, Lizenzträger und Mitherausgeber der „Frankfurter Rundschau" zu werden, deren erste Nummer am 1. August 1945 erschien. Bereits unmittelbar nach seiner Ankunft konnte Leo Bauer davon ausgehen, daß er als außenpolitischer Redakteur ebenfalls Mitarbeiter der FR werden würde. Leo Bauers Rückkehr nach Deutschland war ein bruchloser Übergang; doch die Bedingungen, unter denen er jetzt als kommunistischer Funktionär arbeiten konnte, hatten sich zweifelsfrei verbessert, auch wenn die KPD, wie alle anderen Parteien, vorerst noch nicht wieder zugelassen war. Die Beschränkungen durch die amerikanische Besatzungsmacht hinderten die Kommunisten nicht, ihre Mitglieder zu sammeln und verschiedenartige Aktivitäten zu entfalten. Obwohl bei der Ankunft Leo Bauers in Frankfurt das Kriegsende erst zwei Monate zurücklag, waren bereits grundlegende Entscheidungen gefallen, die die weitere Entwicklung in Deutschland maßgeblich beeinflußten. Anders als die Westmächte hatte die Sowjetische Militäradministration in Deutschland (SMAD) in ihrer Zone die Neugründung deutscher Parteien erlaubt, und bereits Mitte Juni 1945 waren dort die KPD und die SPD wiedergegründet worden.

Als Leo Bauer die Schweiz verließ, kannte er das neue Programm der KPD, das zwei Wochen zuvor in Berlin veröffentlicht worden war, noch nicht. Seine politischen Vorstellungen waren an den Veröffentlichungen des NKFD orientiert und hatten sich in gemeinsamen Diskussionen mit den Kommunisten und Sozialdemokraten in den Reihen des FD in der Schweiz entwickelt. „Den Gedanken an sozialistische Revolution hatten wir aufgegeben", erinnert sich Bauer später an diese letzten Monate in der Schweiz, „es gab nur einen Gedanken: gemeinsamer Kampf zum Sturz Hitlers, möglichst noch vor Kriegsende, und dann Errichtung einer Demokratie pluralistischer Art mit verschiedenen Parteien, auch mit bürgerlichen Parteien, in der es keine Nazis mehr geben sollte."

In den Diskussionen mit den in der Schweiz lebenden und mit den Kommunisten zusammenarbeitenden Sozialdemokraten „ergab sich eigentlich ganz selbstverständlich und logisch", so die Erinnerung Bauers, „wir müssen aus den Fehlern von 1918 und 1933 lernen und müssen die Einheitspartei auf-

bauen". Und in diesem Sinne beeinflußten die Remigranten die politische Entwicklung in Südbaden, einer grenznahen Region, auf die sie am ehesten einwirken konnten, und suchten sie gemäß der FD-Programmatik zu modifizieren. In Konstanz, Singen, Überlingen, Meersburg und Radolfzell entstanden ab Frühjahr 1945 sozialistische Einheitsparteien.
Leo Bauer berichtet:

> „Als ich aus der Schweiz nach Singen am Hohentwiel kam, fanden wir bereits vor ein Aktionskomitee für die Einheit der Arbeiterbewegung. In einem Büro saßen Sozialdemokraten und Kommunisten zusammen und arbeiteten gemeinsam nicht etwa an großen politischen Theorien, sondern an der Organisierung des Lebensnotwendigen . . . Wir hatten überhaupt keine Anweisungen . . . Wir haben aus eigener Machtvollkommenheit . . . gearbeitet, und wir waren zur Schlußfolgerung gekommen, daß wir überall dort, wo wir in den südwestdeutschen Raum kommen, versuchen, sofort die Einheitspartei aufzubauen."

Der Wunsch nach Überwindung der Spaltung der Arbeiterbewegung herrschte nach Kriegsende vielerorts in Deutschland und so auch in Hessen vor. Trotzdem bahnte sich jedoch schon vor der Ankunft Leo Bauers eine Entwicklung an, die später auf eine separate Existenz von KPD und SPD hinauslaufen sollte.

In Frankfurt, wie in vielen anderen Orten, bildeten sich unmittelbar nach Beendigung der Kampfhandlungen Gruppen aus Antifaschisten, die versuchten, Ordnung in das Chaos zu bringen. Sie kümmerten sich um die Lebensmittel- und Wohnraumverteilung, um Trümmer- und Müllbeseitigung, sie setzten aber auch vielerorts politische Zeichen, indem sie die Entnazifizierung in Ämtern und Betrieben in die Hand nahmen, Nazis zu Aufräumarbeiten zwangsverpflichteten und sich darum bemühten, daß nur ausgewiesene Antifaschisten in Führungspositionen gelangten. In diesen Gruppen, die meist keine Organisationen im eigentlichen Sinne waren, arbeiteten Kommunisten, Sozialdemokraten, Gewerkschafter, Christen und demokratische Intellektuelle Seite an Seite; nicht das Parteibuch, allein die tätige Mitwirkung aus antifaschistischer Überzeugung zählte. Diese gemeinsame Arbeit hinderte diese Menschen natürlich nicht, sich unabhängig davon mit ihren ehemaligen Genossen oder Parteifreunden zusammenzusetzen, um Zukunftspläne zu entwickeln.

Trotz der großen Verluste, die gerade die Kommunisten nach den zwölf Jahren des „Dritten Reiches" zu beklagen hatten, trafen sich im Frühjahr 1945 viele wieder, die sich zum Teil jahrelang nicht gesehen hatten und gingen — verstärkt nach der Auflösung der Antifaschistischen Ausschüsse durch die amerikanische Besatzungsmacht und trotz des Verbots parteipolitischer

Betätigung — an die Reorganisation der Kommunistischen Partei. Zu dem Führungsstamm der wiedererstehenden KPD in Frankfurt und Hessen gehörten Oskar Müller, der zusammen mit Genossen aus Dachau zurückgekehrt, Emil Carlebach, der aus Buchenwald gekommen war, und Walter Fisch und Ernst Eichelsdörfer, die die aus der Schweizer Emigration zurückgekehrten KPD-Mitglieder anführten.

Die theoretischen, strategischen und taktischen Probleme, mit denen sich die Kommunisten konfrontiert sahen, führten zu Unsicherheiten und zu unterschiedlichen Varianten in der Politik in einzelnen Orten und Regionen und lösten sich erst ab Mitte Juni mit der Veröffentlichung des Wiedergründungsaufrufs des ZK der KPD in Berlin. Damit wurden die programmatischen Äußerungen des NKFD, die beispielsweise für die Schweizer Exilanten zur Richtschnur geworden waren, konkretisiert und modifiziert. Die wichtigsten Festlegungen des ZK-Aufrufs waren die Wiedergründung einer eigenständigen KPD und damit der Verzicht auf die sofortige Bildung einer sozialistischen Einheitspartei sowie die Orientierung auf ein antifaschistisch-demokratisches Deutschland in Form einer parlamentarischen Republik und damit die Absage an eine sozialistische Räterepublik beziehungsweise eine Parteidiktatur. Dieses Programm fand nicht nur Zustimmung.

Die eigene Erfahrung mit dem Nationalsozialismus, seinem Siegeslauf und seiner Herrschaft, hatte bei vielen Anhängern der Arbeiterparteien den Wunsch nach einer Einheitspartei entstehen lassen und die Erwartung geweckt, daß die geeinte Arbeiterbewegung nach der Beseitigung des deutschen Faschismus und Militarismus auch die Macht des Großkapitals brechen und sofort an den Aufbau des Sozialismus gehen würde. Daß sich die überwiegende Mehrzahl der deutschen Kommunisten innerhalb kürzester Zeit mit dem in Moskau entwickelten Programm ihrer Exil-Führung arrangierte, zeigt deren im großen und ganzen ungebrochene Autorität und Legitimität.

Obwohl das ZK der KPD nur für die von der Roten Armee besetzten Gebiete „Initiativ-Gruppen" unter der Führung von Walter Ulbricht (im Raum Berlin), Anton Ackermann (im Raum Dresden) und Gustav Sobottka (in Mecklenburg) einsetzte, deren Aufgabe auch die Popularisierung und Durchsetzung der „neuen Linie" der Partei war, funktionierten die Verbindungen zwischen dem ZK in Berlin und den Kommunisten in den Westzonen fast von Anfang an so gut und reichte die Autorität des ZK so weit, daß bereits wenige Wochen nach Gründung der KPD in der SBZ die dortige Führung und deren Programm auch von den Kommunisten in den Westzonen anerkannt waren. Zwischen Frankfurt und Berlin bestand bereits im Juni 1945 ein Kurierdienst der Partei, und der Wiedergründungsaufruf konnte schon einige Tage nach seiner Erstveröffentlichung auch in Hessen verteilt werden. Die in Moskau beschlossene Kursänderung der KPD erschien für viele Kommunisten deshalb so total, weil sie weder die Beschlüsse des VII. Weltkongresses der Komintern noch die Linie des NKFD in Deutschland hatten im Zusammenhang registrieren können. Zum besseren Verständnis der Tatsache, daß das neue Programm trotzdem akzeptiert wurde, sind neben dem Hinweis auf die autoritär-bürokratische Organisationstradition der KPD noch einige Anmerkungen nötig.

Einen zentralen Stellenwert im Wiedergründungsaufruf der KPD nahm die Aufforderung an das deutsche Volk ein, seine Schuld am Nationalsozialismus einzusehen und dafür zu büßen. Die Umsetzung dieses Vorwurfs einer Kollektivschuld in die politische Praxis gestaltete sich äußerst schwierig und dürfte nicht unwesentlich zum Scheitern der KPD in der Folgezeit beigetragen haben, aber die Berechtigung dieses Vorwurfs und ein Gefühl der Entfremdung vom eigenen Volk empfand die Mehrheit der deutschen Kommunisten, insbesondere aber diejenigen, die jahrelang in Gefängnissen, Zuchthäusern, KZs oder auch in der Emigration zugebracht hatten. (Das schloß nicht aus, sondern ermöglichte erst, daß dieselben Kommunisten sich gerade angesichts der nationalen Katastrophe leidenschaftlich zu Deutschland und zur Haftungsgemeinschaft des deutschen Volkes bekannten.) Dieses ambivalente Gefühl wurde im übrigen von vielen aktiven Antifaschisten aus der Sozialdemokratie und aus dem bürgerlichen Lager geteilt. Die Distanz zwischen Antifaschisten und den meisten anderen Deutschen wurde nur verbal überbrückt mit dem Eingeständnis der KPD, auch sie habe gegenüber dem aufsteigenden Nationalsozialismus versagt und trage in dieser Hinsicht ihren Teil Schuld.

Wie hätte auch ein Mann wie Leo Bauer 1945 die Leiden plötzlich vergessen sollen, die ihm und seinen Angehörigen zugefügt worden waren von einem Regime, das Millionen getragen, unterstützt oder zumindest geduldet hatten? Unter den gegebenen Umständen — vor allem der totalen Vier-Mächte-Kontrolle über Deutschland — schien dem ZK der KPD allein der Kampf für ein „antifaschistisch-demokratisches Deutschland" angemessen, die Zeit für den Sozialismus noch nicht reif, auch wenn dieser letztendlich das Ziel des Kampfes bliebe. „Den Gründungsaufruf fanden wir im großen und ganzen gar nicht schlecht", erinnert sich Leo Bauer an die Diskussionen innerhalb der hessischen KPD.

Kommunisten unter Besatzungsherrschaft

Die Erfolge der KPD in der und durch die Kooperation mit Vertretern anderer Parteien waren beträchtlich; diesen Eindruck gewann Leo Bauer

bereits bei seiner Rückkehr; „der Wille und die Sehnsucht nach Einigkeit ist in allen Kreisen da", hatte er in dem zitierten Brief im Juli 1945 geschrieben. Nicht nur Sozialdemokraten, sondern auch viele aus dem liberalen und christlichen Lager bemühten sich, ihre Bedenken gegen eine Zusammenarbeit mit Kommunisten zu überwinden. Das Mißtrauen gegen kommunistische Politik war nicht verschwunden, es wurde aber zurückgestellt. So entstand bei den Kommunisten die Vorstellung und hielt sich eine lange Zeit als Hoffnung, daß sich ein Allparteienblock, wie im Gründungsaufruf proklamiert und in der Ostzone verwirklicht, schaffen ließe und zur Triebkraft der gesellschaftlichen Entwicklung werden könne, Triebkraft, auf deren Stärke und Richtung dann die Kommunisten einen entscheidenden Einfluß nehmen könnten. Basis dieses „Blocks der antifaschistisch-demokratischen Parteien" sollte ein „brüderliches" Verhältnis zwischen Sozialdemokraten und Kommunisten sein, das sich auch organisatorisch in enger Zusammenarbeit, nicht aber im Zusammenschluß ausdrücken sollte. Am 16. Juli 1945 fand die erste gemeinsame Besprechung von SPD- und KPD-Vertretern in Frankfurt statt, an der von beiden Parteien jeweils fünf Delegierte teilnahmen. Dieser Kreis konstituierte sich als gemeinsamer Aktionsausschuß, der sich in der Folgezeit regelmäßig traf, um ein koordiniertes Vorgehen der beiden Arbeiterparteien zu gewährleisten. Über die Bildung einer Einheitspartei aus SPD und KPD diskutierten die Vertreter beider Parteien ernsthaft erst im August 1945, zu einer Zeit, in der nach Abschluß der Potsdamer Konferenz der Siegermächte die Zulassung politischer Parteien auch in den Westzonen abzusehen war.
Auf einen Vorschlag von SPD-Vertretern im Aktionsausschuß am 14. August, sofort eine Einheitspartei zu bilden, reagierten die Kommunisten mit dem Hinweis, darüber müßten die Leitungsgremien beider Parteien erst gründlich beraten. Mit der dann erreichten Legalisierung der KPD und der Ablehnung einer Einheitspartei zu diesem Zeitpunkt folgten die hessischen Kommunisten den Vorgaben des ZK der Partei in Berlin.
Das Verhältnis zwischen Kommunisten und Sozialdemokraten war auch in Hessen nie spannungsfrei, auch wenn es bis weit in das Jahr 1946 hinein als kooperativ bezeichnet werden kann. Auf beiden Seiten war Skepsis vorhanden; die Sozialdemokraten bezweifelten wiederholt die Ehrlichkeit des kommunistischen Kurswechsels und wurden nicht müde, auf die nach wie vor bestehende Abhängigkeit der KPD von der Sowjetunion hinzuweisen. So hieß es bereits im „Rundschreiben Nr. 2" der „provisorischen Landesleitung Hessen und Hessen-Nassau" der SPD vom 30. August, unterschrieben von Wilhelm Knothe, bevor im „Überschwang der Gefühle von heute auf morgen" eine Einheitspartei gebildet werden könne, seien zuvor noch „eine Menge Dinge" zu klären. Denn die Differenzen zwischen der KPD und der SPD seien derzeit noch beträchtlich.

„Die Sozialdemokratische Partei steht ideologisch gesehen im Gegensatz zur Kommunistischen Partei auf dem Boden der sozialistischen Demokratie. Die Genossen von der Kommunistischen Partei betrachten die Demokratie nur als ein Etappenziel. Die Sozialdemokratische Partei bekämpft jeden Militarismus und Imperialismus, also auch den russischen, der uns gewaltige agrarpolitische, für die Ernährung der deutschen Arbeiterschaft wichtige Gebiete bereits hinweggenommen hat. Die Sozialdemokratische Partei lehnt eine Kollektivschuld im Gegensatz zu den Genossen von der KPD ab, wissend, daß sie die Verantwortung für den Hitlerschen Wahnsinn mittragen muß und bekennt sich zu der These der geschichtlichen Weltschuld . . . Wir erklären uns überall zur sachlichen Zusammenarbeit mit den Genossen der KPD bereit, sind aber mit ihnen der Meinung, daß aufgrund der Verhältnisse im Osten die Parteien sich getrennt organisieren müssen, noch getrennt marschieren, aber geeint den Gegner von rechts schlagen wollen."

Auch das sich immer besser entwickelnde Verhältnis zwischen der Führung der hessischen SPD und dem „Büro Schumacher" in Hannover wies darauf hin, daß dem Miteinander von SPD und KPD in Hessen Grenzen gesetzt waren. Kurt Schumacher, der seit der Wennigsener Konferenz im Oktober 1945 der anerkannte Führer der SPD in den Westzonen war, lehnte nicht nur eine Einheitspartei aus SPD und KPD rigoros ab, sondern sah auch in einer begrenzten Zusammenarbeit der beiden Parteien nur einen Weg, um zu demonstrieren, daß die Kommunisten nicht in der Lage seien, eine Politik im Interesse der deutschen Arbeiterklasse und des deutschen Volkes zu betreiben.
Wenn die Kommunisten in Hessen die zunehmenden Schwierigkeiten im Umgang von SPD und KPD nicht als ein bedrohliches Signal werteten, geschah dies wohl vor allem auch deshalb, weil sie ein anerkannter Faktor des politischen Lebens geworden waren und ihre Ansprüche auf Mitwirkung und Mitgestaltung beim Aufbau des „neuen" Deutschland berücksichtigt wurden. Ihre Einbeziehung in die Landespolitik entsprach zwar nicht dem, was sie sich wünschten: Die Rolle, die die hessische KPD im öffentlichen Leben spielte, blieb weit hinter den Möglichkeiten zurück, die den Genossen in der SBZ eröffnet wurden. Aber die Erfolge waren ermutigend, schließlich war die KPD vor 1933 eine ausgestoßene Partei gewesen, die stets am Rande der Legalität angesiedelt gewesen war. Das hatte sich gründlich geändert.
Zum Kabinett des von den Amerikanern im Oktober 1945 eingesetzten Ministerpräsidenten von Groß-Hessen, des Heidelberger Professors für Wirtschaftsrecht Karl Geiler, parteilos, aber eindeutig dem bürgerlichen

Lager zuzurechnen, gehörte auch ein Kommunist: Oskar Müller, Abgeordneter der KPD im Preußischen Landtag bis 1933, KZ-Häftling in Sachsenhausen und Dachau bis 1945, wurde Minister für Arbeit und Wohlfahrt. Die Kommunisten stellten zudem zwei der insgesamt sechs Staatssekretäre in der Regierung Geiler. Damit wurde für jedermann sichtbar demonstriert, daß die KPD auch in den Augen der amerikanischen Besatzungsmacht, ohne die weder die Regierung gebildet, noch deren Mitglieder ernannt werden konnten, eine der vier den politischen Neubeginn tragenden Parteien darstellte.

Die KPD stand der Kabinettsbildung, wie auch der Tätigkeit der neuen Regierung, insbesondere der des Ministerpräsidenten, durchaus kritisch gegenüber. Die Arbeiterparteien waren zwar paritätisch an der Regierung beteiligt: Vier Sozialdemokraten und einem Kommunisten saßen fünf bürgerliche Minister gegenüber; aber die KPD hatte sich eine stärkere Repräsentation gewünscht und diese auch erwartet. Als sich der Aktionsausschuß der beiden Arbeiterparteien am 22. September 1945 mit der bevorstehenden Regierungsbildung beschäftigte, bestand zwischen Sozialdemokraten und Kommunisten Konsens darüber, daß der Sozialdemokrat Professor Ludwig Bergsträsser Präsident und der Kommunist Walter Fisch sein Stellvertreter werden sollte. Aus den Reihen der KPD sollte zudem Ludwig Keil das Amt des Arbeits- und Sozialministers übernehmen. Obwohl man bereits befürchtete, daß die amerikanische Besatzungsmacht für eine bürgerliche Mehrheit in der zu bildenden Regierung sorgen wollte und eventuell überhaupt keinen Kommunisten ernennen würde, gab man sich vorerst zuversichtlich und hoffte, im gemeinsamen Vorgehen die eigenen Ansprüche durchsetzen zu können. Die Konflikte brachen jedoch sofort wieder auf, als die Arbeiterparteien erkennen mußten, daß ihre Einflußnahme auf die Politik der Regierung dadurch entscheidend eingeschränkt war, daß Ministerpräsident Geiler das Kollegialprinzip ablehnte: Er sei von der Besatzungsmacht eingesetzt, und er allein sei dieser gegenüber verantwortlich. Deshalb könne er dem Kabinett nur eine Beraterfunktion zubilligen, müsse sich selbst aber die alleinige Entscheidungsbefugnis vorbehalten. Dieser autoritäre Führungsstil des Ministerpräsidenten, wie die Regierungsbildung überhaupt, stießen auf den entschiedenen Protest von SPD und KPD. Angesichts der amerikanischen Unterstützung für Geiler und wohl auch aus einer gewissen Scheu vor einem großen öffentlichen Konflikt arbeiteten beide Parteien dennoch in der Regierung mit.

Erleichtert wurde diese Haltung im Winter 1945/46 durch das bei allen Parteien sichtbare Bemühen, trotz aller Meinungsverschiedenheiten zu kooperieren. So gab es bereits seit dem Sommer 1945 in vielen Orten beispielsweise „Bürgerräte", in die die noch verbotenen Parteien Vertreter entsandten. Diese fungierten als Berater der von den Amerikanern eingesetzten Bürgermeister und damit als vorläufige Kommunalparlamente. Im November 1945 gründeten die vier in Frankfurt zugelassenen Parteien (SPD, KPD, CDP und LDP) einen „Aktionsausschuß", dessen Aufgabe darin bestehen sollte, „alle wichtigen politischen Probleme zu beraten, um eine gemeinsame Lösung zu finden, die mit vereinten Kräften durchzusetzen ist. Fragen, bei denen eine unüberbrückbare Verschiedenheit der Meinung besteht, werden zurückgestellt. Bei allen Angelegenheiten, für die der Aktionsausschuß ein gemeinsames Vorgehen der 4 Parteien beschließt, verzichten die Parteien auf Einzelaktionen". In dem von Walter Fisch und Leo Bauer für die KPD unterzeichneten Abkommen des „Aktionsausschusses", der in seinem Selbstverständnis der Vorläufer eines Landesparlaments war, hieß es hinsichtlich der nächsten Aufgaben:

„a) Schaffung eines Winter-Nothilfe-Programms für die Stadt Frankfurt a. M. und dessen gemeinsame Durchführung in Verbindung mit dem Bürgerrat.
b) Zusammenarbeit mit der hessischen Regierung. Besetzung der einzelnen Ministerien mit qualifizierten Vertrauensmännern der Parteien, um auf diese Weise die Ausmerzung von Faschisten und Militaristen zu beschleunigen und den Wiederaufbau zu garantieren.
c) Baldigste Bildung eines Landesausschusses bei der hessischen Regierung, bestehend aus 8—10 Vertretern jeder Partei. Der Landesausschuß bestellt Fachbeiräte bei den einzelnen Ministerien.
d) Der Ministerpräsident oder die Minister werden ersucht, solange der Landesausschuß noch nicht besteht, wichtige Gesetzentwürfe der Arbeitsgemeinschaft zuzuleiten, damit diese ihre Meinung noch vor der Beratung im Kabinett zum Ausdruck bringen kann. Der Ministerpräsident wird ersucht, die Vorsitzenden der vier Parteien in der Regel einmal wöchentlich zur Beratung wichtiger Probleme nach Wiesbaden einzuladen."

Mit der Unterschrift unter das Abkommen der vier Parteien erfuhr die Öffentlichkeit erstmals etwas über die wichtige Stellung, die Leo Bauer in der hessischen KPD einnahm. Bereits ein Vierteljahr nach seiner Ankunft in Frankfurt gehörte Leo Bauer, obwohl Neuling in der kommunistischen Bewegung Hessens, zusammen mit Walter Fisch, Oskar Müller und Emil Carlebach zu den führenden kommunistischen Funktionären. Seine journalistische Tätigkeit bei der „Frankfurter Rundschau", die ihm wohl bei seiner Rückkehr als sein zukünftiger Hauptbroterwerb vorgeschwebt hatte, beschränkte sich auf eine unregelmäßige freie Mitarbeiterschaft; hauptberuflich wurde Bauer Sekretär der KPD, und bereits am 4. November 1945 wählte ihn die Delegierten-Konferenz der Frankfurter KPD, die in Wirklichkeit bereits eine Konferenz der, auf Landesebene allerdings noch nicht zugelassenen, hessischen KPD war, in die Leitung. Dort war er für den Bereich Kultur und Volksbildung zuständig.

Auf dieser ersten Delegierten-Konferenz im November gab sich die KPD optimistisch. So stellte Walter Fisch in seinem Referat befriedigt fest, daß das Mißtrauen der amerikanischen Besatzungsmacht, das diese nach Kriegsende gegenüber den Kommunisten gezeigt habe, inzwischen in den meisten Bezirken Hessens mehr und mehr abgebaut worden sei. Tatsächlich war das Verhältnis der Amerikaner zu den deutschen Kommunisten nicht durchweg schlecht. Dafür steht nicht nur die Ausnahmesituation bei der „Frankfurter Rundschau", wo die KPD aufgrund der Sympathien des zuständigen amerikanischen Presseoffiziers geradezu eine privilegierte Sonderstellung innehatte. Dem Antrag auf Wiederzulassung, von der provisorischen Leitung der KPD in Frankfurt am 12. August 1945 gestellt, wurde zwar erst einen Monat später entsprochen, doch wurden die Kommunisten hier, wie beispielsweise auch bei der Genehmigung von Versammlungen, durchaus nicht schlechter behandelt als die anderen Parteien.

Welche Möglichkeiten der Kooperation zwischen der KPD und der amerikanischen Besatzungsmacht teilweise bestanden, illustrieren der Besuch des in der Schweiz im Exil lebenden Kommunisten und Literaturwissenschaftlers Hans Mayer in Frankfurt und sein späterer beruflicher Neuanfang in Hessen. Den Besuch Mayers in Deutschland, der nur illegal möglich war, hatte Leo Bauer im Oktober 1945 von Frankfurt aus über die Amerikaner arrangiert. Hans Mayer wurde in Basel von zwei uniformierten amerikanischen Soldaten mit einem Jeep abgeholt, selbst in GI-Uniform gesteckt und durch Frankreich, die französische und die amerikanische Besatzungszone nach Wiesbaden gebracht. Dort erwarteten ihn Leo Bauer und Erica Glaser. Mayer sah sich einige Tage in Frankfurt um. Leo Bauer schlug ihm vor, er solle bei der gerade gegründeten Deutsch-Amerikanischen Nachrichtenagentur (DANA) arbeiten, und ließ keinen Zweifel daran, daß dies möglich sein würde. Nach einigen Tagen kehrte Mayer in der Art der Hinreise in die Schweiz zurück, um vor seiner endgültigen Remigration nach Deutschland noch einige Angelegenheiten zu regeln. Diesmal begleiteten ihn nicht nur zwei amerikanische Soldaten, sondern auch, in amerikanischer Uniform, Leo Bauer, um die in der Schweiz lebenden deutschen Kommunisten zu informieren und bei ihren Vorbereitungen für die Rückkehr nach Deutschland zu beraten. Diese Kontakte in die Schweiz, zu denen auch die Aufrechterhaltung der Verbindung zur CSS gehörte, waren einer von Leo Bauers Tätigkeitsbereichen in Frankfurt.

Als Leiter des Bereichs Kultur und Volksbildung der KPD engagierte sich

Leo Bauer bei der Gründung der „Freien Deutschen Kulturgesellschaft" in Frankfurt, die mit ihrem Gründungsaufruf, den neben Bauer unter anderem auch der CDU-Minister Werner Hilpert und Walter Dierks unterschrieben hatten, am 7. Dezember 1945 an die Öffentlichkeit trat. Ausgehend von der Überzeugung, daß die Erneuerung des kulturellen Lebens in Deutschland ebenso notwendig sei wie der materielle Wiederaufbau, sollte sich die Arbeit der Freien Deutschen Kulturgesellschaft vor allem an die „irregeleitete Jugend" richten und diese auch durch die Kunst zu Toleranz und Achtung gegenüber den Mitmenschen erziehen. Die erste Mitgliederversammlung dieser überparteilichen Organisation Ende Dezember 1945 wählte Leo Bauer in den engeren Vorstand.

Das Scheitern der sozialistischen Einheit

Erfolgreiche überparteiliche Initiativen wie die Freie Deutsche Kulturgesellschaft und die Beteiligung von Kommunisten an der Regierung und beim Wiederaufbau der Verwaltungen konnten aber nicht darüber hinwegtäuschen, daß die KPD bereits am Ende des Jahres 1945 wieder Gefahr lief, sich zu isolieren, beziehungsweise isoliert zu werden. Wenn es in einem im November 1945 in den Westzonen verteilten Flugblatt der KPD hieß, die Partei sei heute „keine verfemte Oppositionspartei mehr, wie unter dem Weimarer Regime, sondern eine anerkannte, das neue demokratische Deutschland bejahende und aufbauende Partei", so spiegelte sich in diesen Sätzen eher Zweckoptimismus als die Realität. Das Mißtrauen gegenüber der KPD und die Unzufriedenheit mit ihrer Politik waren gewachsen, zumindest nahmen auf Seiten der anderen Parteien und der Besatzungsmacht die offen vorgetragenen Klagen zu.

Das Konzept, einen antifaschistischen Block der Parteien zu bilden, aus dem heraus der Wiederaufbau Deutschlands ermöglicht werden sollte, mußte angesichts der Haltung der bürgerlichen Parteien in der Westzonen schon zur Jahreswende 1945/46 als gescheitert bezeichnet werden. Und die Absetzbewegung der Sozialdemokraten von den Kommunisten ließ befürchten, daß auch aus einer engen Kooperation, gar einem Zusammenschluß, der beiden Arbeiterparteien nichts werden würde. Zudem honorierte die Bevölkerung weder die Opfer des kommunistischen Widerstands gegen den Nationalsozialismus, noch das neue Programm der KPD und deren aktive und aufopferungsvolle Mitwirkung beim Neuaufbau des Landes. Es zeigte sich sehr bald, daß das Ziel der KPD, zu einer wirklichen Volkspartei zu werden, nicht zu erreichen war. Der Mitgliederzuwachs der KPD fiel bescheiden aus, eine Rekrutierung von neuen, nicht aus der kommunistischen Bewegung stammenden Mitgliedern fand in geringerem Maße statt als erhofft.

Der Vorsitzende der hessischen KPD, Walter Fisch, beklagte im Herbst 1945, die Kommunisten seien noch viel zu sehr „in der Isolierung des alten Parteikreises verhaftet", 80 bis 90 % der Mitglieder seien „alte Genossen", die bereits vor 1933 in der KPD organisiert gewesen seien.

In den Kassenberichten der KPD, die regelmäßig der amerikanischen Militärregierung übermittelt werden mußten, spiegelt sich die Mitgliederentwicklung der Partei in Frankfurt wie folgt wider:

Datum	Mitgliederzahl der Frankfurter KPD
1. 10. 45	806
12. 10. 45	986
27. 10. 45	1.675
27. 11. 45	2.676 (SPD am 28. 11.: 5.501)
31. 12. 45	2.984

Die folgenden Monate zeigten, daß damit die KPD ihr Potential in Frankfurt auch schon fast ausgeschöpft hatte. Die Zahl der KPD-Mitglieder nahm im Jahre 1946 nur noch unwesentlich zu und lag am 30. November 1946 bei 3.572.

Die Schwierigkeiten der KPD ähnelten sich grundsätzlich in allen vier Besatzungszonen Deutschlands. Selbst unter den spezifischen Bedingungen in der SBZ, wo die KPD mit Hilfe der SMAD zur dominierenden politischen Kraft geworden war, ließ sich absehen, daß diese Dominanz spätestens bei den ersten Wahlen empfindlich erschüttert werden würde. Die Selbständigkeit von SPD, CDUD und LDPD trotz ihrer Einbindung in die „Blockpolitik" förderte den Konkurrenzkampf der Parteien, der, das hatten die ersten Konflikte im Herbst 1945 gezeigt, zumindest hinsichtlich ihres Ansehens in der Bevölkerung zuungunsten der KPD auszugehen drohte.

Insbesondere vor dem Hintergrund dieser Erfahrung revidierte das ZK in Berlin im Frühherbst 1945 seine seit dem Frühjahr 1945 vertretene Linie und erklärte die Zeit für gekommen, die Gründung einer Einheitspartei aus SPD und KPD konkret ins Auge zu fassen. Angesichts der zunehmenden Schwierigkeiten bei der Durchführung einer antifaschistisch-demokratischen Politik und des Erstarkens reaktionärer Kräfte in Deutschland gelte es nunmehr, so die Argumentation des ZK, die Einheit der Arbeiterklasse so eng wie nur möglich herzustellen und die Gefahr eines Kampfes der Arbeiterparteien gegeneinander auszuschließen. Kommunisten und Sozialdemokraten müßten sich verstärkt und gemeinsam um die Klärung ideologischer Fragen bemühen, sich schnellstmöglich über die nächsten Aufgaben verständigen, diese zusammen in Angriff nehmen und so die Voraussetzungen zur Bildung der Ein-

heitspartei schaffen. Eine vom ZK konkret vorgeschlagene Maßnahme war die Aufstellung von gemeinsamen Listen bei allen kommenden Wahlen, das hieß, Sozialdemokraten und Kommunisten sollten sowohl bei Gewerkschaftswahlen als auch bei Gemeinde- und Landeswahlen gemeinsam auf einer Liste kandidieren und nicht mehr gegeneinander antreten.
Während diese Politik trotz beträchtlicher Widerstände auf Seiten der Sozialdemokraten in der SBZ schließlich zum Erfolg führte, war sie in den Westzonen ein Schlag ins Wasser, und zwar nicht wegen des Eingreifens der westlichen Besatzungsmächte. In Hessen waren die Vorschläge des ZK der KPD insofern von besonderer Aktualität, als General Eisenhower Mitte September 1945 erklärt hatte, im Januar 1946 würden in der amerikanischen Besatzungszone bereits die ersten Gemeindewahlen stattfinden. Trotz des entschiedenen Protests aller Parteien, die diesen Wahltermin für verfrüht hielten, weil weder die Parteiorganisationen richtig aufgebaut waren, noch die Bevölkerung reif für eine derartige demokratische Entscheidung sei, hielten die Amerikaner an ihrem Plan fest.
Vor diesem Hintergrund sind die Bemühungen der hessischen KPD zu sehen, die Initiative des Berliner ZK in die Praxis umzusetzen und die Einheitsdiskussion mit der SPD zu intensivieren. Bereits Anfang September 1945 hatte sich die Frankfurter SPD, die praktisch als Zentrale der Partei in Hessen fungierte, geweigert, ein zusammen mit der KPD beschlossenes Aktionseinheitsprogramm zu publizieren, das sich eng an eine entsprechende Abmachung des Zentralausschusses der SPD und des ZK der KPD in Berlin anlehnte. Offensichtlich ging den führenden hessischen Sozialdemokraten diese Entschließung nach einigen Überlegungen und angesichts der Haltung Kurt Schumachers doch zu weit. Die Verweigerung der Veröffentlichung kam bereits einer Distanzierung von einer echten Zusammenarbeit mit der KPD gleich. Und das sozialdemokratisch-kommunistische Verhältnis kühlte weiter ab; im Oktober, unmittelbar nach der Wennigsener Konferenz, stellte der Einheitsausschuß von SPD und KPD in Frankfurt seine Beratungen ein; die Sozialdemokraten trugen Desinteresse zur Schau.
Im November 1945 hielt die KPD in Hessen eine Reihe von öffentlichen Veranstaltungen ab, in denen das Verhältnis zur SPD im Mittelpunkt der Diskussionen stand. Es wurde beklagt, daß sich bisher keine lebendige Einheitsfront zwischen den beiden Parteien herausgebildet habe, und man forderte die Sozialdemokratie auf, die Gegnerschaft gegen die Zusammenarbeit in ihren Reihen zu überwinden. Analog der Forderung des ZK schlug die hessische KPD der SPD vor, „für die kommunalen Gemeindewahlen im Januar 1946 Einheitslisten aufzustellen, um Wahlauseinandersetzungen vor allem zwischen der SP und der KP zu verhindern". Wie angesichts der Entwicklung der vorangegangenen Wochen nicht anders zu erwarten war,

reagierten die Sozialdemokraten umgehend mit einer Ablehnung. Eine Generalversammlung der SPD Hessen beschloß einstimmig, wie die „Frankfurter Rundschau" am 30. November meldete, die Partei werde „selbständig und selbstverantwortlich ihre großen politischen Ziele verfolgen und zu verwirklichen suchen". Zum Vorschlag der gemeinsamen Wahllisten erklärte Wilhelm Knothe vor über 1.000 Delegierten auf dem Landesparteitag der hessischen SPD am 9. Dezember 1945, daß die SPD bei den kommenden Wahlen überall mit eigenen Listen auftreten und den Wahlkampf aus eigener Kraft führen werde. Die Haltung der SPD änderte sich auch nicht, als die hessischen Kommunisten, entsprechend dem Vorbild der Partei in der SBZ, die Forderung nach Schaffung einer Einheitspartei aus SPD und KPD um die Jahreswende 1945/46 in den Mittelpunkt der Agitation rückten.

Die Beschlüsse der sogenannten „Sechziger-Konferenz" am 20./21. Dezember, auf der je 30 Funktionäre von SPD und KPD der SBZ und Berlins Schritte auf dem Wege zur Gründung einer Einheitspartei vereinbart hatten, führte bei der SPD der Westzonen lediglich zu einer weitergehenden Distanzierung von den Kommunisten und von dem Zentralausschuß der SPD in Berlin. Die Sechziger-Konferenz hatte u. a. beschlossen, für die Gemeindewahlen in der US-Zone, die für den 20. und 27. Januar 1946 angesetzt waren, ein gemeinsames Wahlprogramm von SPD und KPD vorzulegen. Während dieser vom ZK der KPD mitgetragene Beschluß für die Kommunisten in der US-Zone maßgeblich war, mußten die Sozialdemokraten aller drei Westzonen die Mitwirkung des Zentralausschusses der SPD an einem solchen Beschluß als einen Affront gegen ihre Selbständigkeit empfinden. Nach den Abmachungen zwischen den Sozialdemokraten der Westzonen und der Ostzone stand dem ZA in Berlin eine derartige Einwirkung auf die Politik im Westen nicht zu.

Willi Knothe vertrat bereits am 28. Dezember 1945 in einem Brief an Kurt Schumacher die Auffassung, es sei an der Zeit, einen klaren Trennungsstrich nicht nur zu den Kommunisten, sondern auch zur SPD in der SBZ zu ziehen, um die Unsicherheit unter den Sozialdemokraten in den Westzonen zu beseitigen. Es gelte jetzt, allen Einheitsbefürwortern, wie beispielsweise dem bekannten hessischen Sozialdemokraten und Innenminister im Kabinett Geiler, Hans Venedey, entschieden entgegenzutreten. „Wenn es gar nicht anders geht", so Knothe an Schumacher, „vertrete ich die Auffassung, daß wir uns im deutschen Westen von dem deutschen Osten distanzieren müssen, d. h. wir müssen unseren Genossen gegenüber stärkstens zum Ausdruck bringen, daß unsere Leute im Osten unter einem starken Druck handeln . . . Ich bin der Auffassung, daß wir, da man in Berlin sich zusammentut, um gemeinsame programmatische Richtlinien festzulegen, eine Programmkommission für die westlichen Gebiete einsetzen sollten, die sich ebenfalls sofort mit der Ausarbeitung eines Programms für unsere Partei beschäftigen müßte". Zu welcher Verhärtung der Fronten die Frage der Einheitspartei auch innerhalb der SPD geführt hatte, illustriert die streng vertrauliche Mitteilung Knothes an Schumacher, er erwarte, daß Venedeys Ausschluß aus der SPD demnächst beantragt werde, der sich parteischädigend verhalte und vollkommen im Fahrwasser der KPD segele. Der sozialdemokratische Innenminister war zusammen mit seinem kommunistischen Ministerkollegen Oskar Müller auf einer gemeinsamen Funktionärskonferenz von SPD und KPD in Wiesbaden für die Aufstellung von Einheitslisten bei den bevorstehenden Wahlen eingetreten. Daß Venedey um die Jahreswende 1945/46 eine Außenseiterrolle innerhalb der hessischen Sozialdemokratie spielte, zeigte die von Knothe für den 30. Dezember einberufene Funktionärskonferenz der SPD Hessen, die sich eindeutig von den Beschlüssen der Sechziger-Konferenz und vom Zentralausschuß der SPD in Berlin distanzierte. In einer Entschließung, die ohne Gegenstimme angenommen wurde, hieß es u. a.:

> „Die gegenwärtige Aufteilung Deutschlands in vier Zonen mit ihren unterschiedlichen psychologischen und politischen Merkmalen läßt eine Einheit in der politischen Willenskundgebung der Sozialdemokratischen Partei noch nicht zu. Deshalb kann sich die Sozialdemokratische Partei Groß-Hessen an Beschlüsse des Zentralausschusses Berlin nicht gebunden fühlen ... Die Frage der Vereinheitlichung der beiden Parteien kann erst dann beantwortet werden, wenn 1. die Reichseinheit hergestellt ist, 2. der Friedensvertrag abgeschlossen ist, 3. der Reichsparteitag und die Internationale dazu Stellung genommen haben. Die Funktionärs-Landeskonferenz bestätigt den Beschluß des Landesparteitages, nachdem die Sozialdemokratische Partei in den kommenden Wahlkämpfen mit eigenen Listen hervortritt. Durch eigene Listen soll 1. die Stärke der Partei demonstriert werden, 2. das Ausland einen klaren Eindruck von der politischen Entwicklung in Deutschland erhalten. Das Bild der politischen Entwicklung Deutschlands würde ein Verschwommenes sein, wenn wir uns bereit erklärten, Listenverbindungen einzugehen. Sämtliche örtliche sozialdemokratischen Parteiorganisationen sind verpflichtet, den Beschlüssen der Landesparteileitung und des Landesparteitages Folge zu leisten."

Die hessische KPD war über diese eindeutige Absage an die Beschlüsse der Sechziger-Konferenz alarmiert, die „den Willen von Millionen zum Ausdruck" gebracht hätten. In einer Erklärung der KPD Hessen zur Entschließung der Funktionärskonferenz der SPD hieß es, man bedaure „die Hemmungen, die immer noch bei einigen sozialdemokratischen Funktionären bestehen, und die dazu geführt haben, daß der gemeinsame Aktionsausschuß seit Monaten nicht mehr zusammentritt und unsere diesbezüglichen Briefe unbeantwortet blieben. Es gibt keine ideologische Unklarheit in der Haltung der KPD. Sollten die sozialdemokratischen Freunde trotzdem darin etwas Derartiges sehen, so ist gerade das ein zwingender Grund, nicht aber ein Hindernis für gemeinsame kameradschaftliche Zusammenkünfte ... Die einheitliche Organisation kann nicht erst die Folge der wiederherzustellenden Reichseinheit sein, sondern muß umgekehrt diese Reichseinheit erst schaffen helfen. Mit Besorgnis sehen wir, daß Meinungsverschiedenheiten zwischen der Berliner, der bayrischen und der westdeutschen Sozialdemokratie nicht nur die Vertretung der Interessen der Arbeiterschaft, sondern auch die einheitliche Ausrichtung der vier Besatzungszonen erschweren ... Wir wären entsetzt, wenn bei der letzten Konferenz unserer Bruderpartei in Groß-Hessen sich wirklich nicht eine Stimme gegen die Aufrechterhaltung der Spaltung erhoben hätte."

Doch mit der Einsicht, daß sowohl die Forcierung einer Politik zur Gründung der Einheitspartei, als auch der Vorschlag zur Aufstellung von Einheitslisten für die Kommunalwahlen in den Westzonen vorerst gescheitert war, mußten sich die hessischen Kommunisten zwei Wochen vor den ersten Wahlen abfinden. Die Politik Kurt Schumachers, seine rigorose Ablehnung einer Einheitspartei und sein Vorwurf an die Adresse der KPD, die SPD nur als „Blutspender" für ihre im Interesse der Sowjetunion Politik treibende Organisation benutzen zu wollen, wurde von der SPD in der britischen Zone am 3. Januar in Hannover einstimmig und von einem Teil der Sozialdemokratie der US-Zone am 6. Januar in Frankfurt mit sechs Gegenstimmen bei über 150 Anwesenden gebilligt. Es gab zwar in einzelnen Orten sozialdemokratische Gruppen, die zusammen mit der KPD für die Einheitspartei eintraten, auch einzelne bekannte Sozialdemokraten, wie Hans Venedey, die die Politik der SPD in den Westzonen für falsch hielten, insgesamt aber waren es „Minderheiten, lächerliche kleine Minderheiten innerhalb der SPD, die den Parolen des ‚Zentralausschusses' folgten", wie sich Leo Bauer erinnert.

Die Politik der KPD in den Westzonen befand sich Anfang des Jahres 1946 in einer Sackgasse, darüber konnten auch die fast trotzig zu nennenden Aufrufe zur Gemeindewahl in Hessen nicht hinwegtäuschen, die unter Parolen wie: „Einheit — trotz alledem!", versuchten, Mut zu machen und Optimismus zu verbreiten. Nach der ablehnenden Entscheidung der hessischen SPD richtete die KPD erstmals scharfe Angriffe gegen die Sozialdemokratie in einer Form, wie das bisher nach dem Ende des Krieges noch nicht vorgekommen war. Der Vorschlag zur Schaffung einer Einheitspartei sei nicht, so die Argumentation der KPD, auf „Befehl" erfolgt, wie die SPD behaupte, entspreche nicht den Interessen irgendeiner fremden Macht, sondern den wahren Interessen des deutschen Volkes.

„Mit Entrüstung weisen die Kommunisten die Versuche der 144 [SPD-Delegierten] zurück", heißt es in einer u. a. von Leo Bauer unterzeichneten Erklärung des Sekretariats der KPD, Bezirk Groß-Hessen, vom Januar 1946, „durch hinterlistige und lügnerische Anspielung auf die Lage in der östlichen Zone wiederum wie die Nazis zu versuchen, einen Keil in die Reihen der Vereinten Nationen zu treiben und so den Wunsch aller Reaktionäre nach einem Krieg gegen die Sowjetunion zu unterstützen."

Empört zeigte sich das Sekretariat der hessischen KPD auch über die Vorwürfe der Sozialdemokraten hinsichtlich der KPD-Politik in den Jahren der Weimarer Republik. Diese Form der Vergangenheitsbewältigung leiste allein der Reaktion „Vorspanndienste".

„Nur im Interesse der Einheit haben wir Kommunisten die Fehler der Vergangenheit als historische Tatsachen festgestellt, ohne aber zu vergessen, wer den Roten Frontkämpferbund verboten hat. Nicht aufgerollt haben wir die Frage, wer für das Blutbad vom 1. Mai 1929 in Berlin verantwortlich war, oder wer Hindenburg, den Protektor Hitlers, gewählt hat. Wir haben nicht die Frage in die Debatte geworfen, wer zusammen mit den Generalen des kaiserlichen Deutschland auf die Arbeiter schießen ließ, noch auch die Frage, wer für den Panzerkreuzerbau stimmte. Im Interesse der Arbeiterschaft diskutierten wir bisher nicht — aber wir haben es auch nicht vergessen — das ‚Ja' der sozialdemokratischen Reichstagsfraktion in der Reichstagssitzung vom 17. Mai 1933 zur Außenpolitik Hitlers."

Diese Art der Auseinandersetzung, die viele Sozialdemokraten wie Kommunisten an die letzten Jahre der Weimarer Republik erinnern mußte, schien auch führenden KPD-Funktionären gefährliche Tendenzen zu enthalten, denn abschließend forderte die Erklärung „alle Genossen der Kommunistischen Partei" fast beschwichtigend auf, „sich nicht irre machen zu lassen. Niemals vergessen wir eines: unser ausschließlicher Feind ist der Faschismus und die Reaktion". Offensichtlich erschien diese Klarstellung angebracht, um frühzeitig dem Verdacht oder der Gefahr entgegenzutreten, in den kommunistischen Vorwürfen gegen die SPD stecke bereits wieder der Ansatz für eine „Sozialfaschismus"-Theorie.

Alle Aufrufe, alle Versuche der Herstellung von Einheitslisten in einzelnen Ortschaften und auch die wiederholte Aufforderung, daß überall dort, wo weder eine Einheitsliste noch eine KPD-Liste existiere, jeder Kommunist seine Stimme bei den Wahlen „selbstverständlich" im Interesse der Arbeitereinheit den Kandidaten der Sozialdemokratie gebe, verhinderten nicht, daß

die Gemeindewahlen in Hessen für die KPD zu einer schweren Niederlage und Enttäuschung wurden.
Die Wahlen bestätigten teilweise die vorher von deutscher Seite vorgetragenen Befürchtungen gegen einen so frühen Termin, die auch von manchen Mitgliedern der amerikanischen Besatzungsmacht geteilt worden waren. Zwar war die Wahlbeteiligung am 20. und 27. Januar 1946 relativ hoch, am 20. wurde in 17 der 39 hessischen Landkreisen in Gemeinden mit weniger als 20.000 Einwohnern und am 27. Januar in den restlichen 22 Landkreisen gewählt, doch wurden die großen Parteien und die „Bürgergruppen", die sich zur Wahl stellten, insofern begünstigt, als die Parteiorganisationen vielerorts erst im Entstehen begriffen waren. In Hessen konnte die SPD in 1.497 Gemeinden Wahlvorschläge aufstellen, die CDU in 967, die KPD in 406 und die LDP in 101 Gemeinden. Wahlvorschläge „sonstiger Gruppen" existierten in 1.230 Gemeinden. Obwohl die KPD auf dem Lande traditionell schwach war und sich auch jetzt damit tröstete, bei den folgenden Wahlen in den Kreisen und Städten sähe das Ergebnis ganz anders aus, und auch unter Berücksichtigung der Tatsache, daß in vielen Landgemeinden Anfang 1946 überhaupt noch keine KPD-Ortsgruppe bestand, war das Ergebnis von 5,7 % der gültigen Stimmen doch desillusionierend.
Es wirkte schon fast makaber, wenn die Bezirksleitung der hessischen KPD das Ergebnis unter anderem mit dem Satz kommentierte:

> „Mit Freude stellen wir fest, daß die Wähler, die nicht zu uns gefunden haben, in großem Maße für die Sozialdemokratie ihre Stimme in die Waagschale warfen."

In diesem vorläufigen Fazit der KPD nach dem ersten Wahltag, dem 20. Januar, klang aber auch bereits die Sorge an, das schlechte Abschneiden der Kommunisten könnte zum Anlaß genommen werden, die KPD wieder in das politische Abseits zu drängen.
Das Wahlergebnis mußte sich negativ auf das Gewicht der KPD in den politischen Auseinandersetzungen auswirken, und es mußte insbesondere die Aussichten der Kommunisten verringern, sich der SPD als lohnender, gar gleichberechtigter Partner zu präsentieren. Die SPD, im Gefühl ihres Wahlsiegs in Hessen, forderte im Februar 1946 mit gewachsenem Selbstbewußtsein den Rücktritt des von den Amerikanern eingesetzten Ministerpräsidenten Geiler. Sie meldete ihren Führungsanspruch in Hessen demonstrativ an und zog zur Untermauerung der Ernsthaftigkeit ihres Willens ihre Minister aus dem Kabinett zurück. Die Intervention der amerikanischen Militärregierung, die erklärte, das Vorgehen der Sozialdemokraten entbehre jeder rechtlichen Grundlage, der Rücktritt der SPD-Minister sei ungesetzlich, veranlaßte die hessische Sozialdemokratie einzulenken.

Bemerkenswert in diesem Konflikt ist die Haltung der KPD, die, obwohl von der SPD vorher über das beabsichtigte Vorgehen informiert, den spektakulären Schritt des Rückzugs ihrer Regierungsmitglieder nicht mitmachte. Sie agierte ganz im Rahmen einer staatsbejahenden Partei. So schrieb Leo Bauer im Auftrag der Bezirksleitung der KPD an den Ministerpräsidenten, das Vorgehen der SPD sei „vielleicht tatsächlich nicht ganz in Ordnung" gewesen, man hätte sich zuvor mit dem Ministerpräsidenten in Verbindung setzen sollen.

> „Wir wissen, daß Ihnen wie uns der Wiederaufbau unserer Heimat Leitsatz für Ihre gesamte Tätigkeit ist, und wie Sie uns in der Aussprache vom ... 13. Februar zubilligten, entspringen unsere Politik, unsere Kritik und unsere Vorschläge nicht parteiegoistischen Absichten, sondern dem heißen Wunsch, alles zu verhindern, was das deutsche Volk noch einmal ins Unglück stürzen könnte und dafür zu sorgen, daß der Aufbau beschleunigt durchgeführt werden kann."

Die Vorschläge zur und die Kritik der KPD an der Regierungspolitik Geilers, um deren Überprüfung Bauer in seinem Brief höflich ersuchte, bezogen sich auf die Wirtschafts- und Kulturpolitik, auf die Entnazifizierungsmaßnahmen und auf die nach wie vor bestehende, jetzt von den Amerikanern ausdrücklich noch einmal bestätigte, Weigerung Geilers, Mehrheitsbeschlüsse des Kabinetts als für sich bindend anzuerkennen. Unzufrieden war die KPD zudem damit, daß, entgegen gegebenen Zusagen, die Staatssekretäre, von denen sie zwei stellte, nicht als stellvertretende Minister anerkannt wurden und nicht mit beratender Stimme an den Kabinettssitzungen teilnehmen durften.

Die KPD hatte durchaus kein Interesse, ihre einmal gewonnene, wenn auch unbefriedigend schwache, Position im politischen Leben Hessens durch radikales Vorgehen gegen die bürgerlichen Parteien und die amerikanische Besatzungsmacht aufs Spiel zu setzen. Auf der Bezirksdelegierten-Konferenz der KPD Anfang März 1946 erklärte Leo Bauer sogar, die KPD „distanziere sich bewußt von der vor einigen Wochen entstandenen ‚Ministerkrise' im großhessischen Kabinett, sie sei weder informiert worden, noch hätte sie von sich aus Methode und Zeitpunkt für richtig erachtet".

Mit den bürgerlichen Parteien und Politikern und mit der Besatzungsmacht hatten die Kommunisten einen modus vivendi in der Zusammenarbeit gefunden; sie wurden zwar kritisiert, soweit sie sich nicht konsequent in dem „antifaschistisch-demokratischen" Rahmen bewegten, doch fanden sich daneben genügend Möglichkeiten des konstruktiven Miteinanders.

Schwerpunkt der kommunistischen Politik war in dieser Phase jedoch stets die Werbung für die Einheit der Arbeiterparteien, die trotz ihrer offensichtlichen Erfolglosigkeit in den Monaten März/April 1946 auch in den Westzonen weiter verstärkt wurde.

Daß die KPD zumindest in Hessen keine Hoffnung auf die Herstellung einer Einheitspartei hatte, wurde auf der Landeskonferenz der hessischen Partei am 10. März 1946 deutlich, auf der im übrigen Leo Bauer in das fünfköpfige Sekretariat der Landesleitung gewählt wurde. Bauer hielt auch das Hauptreferat auf dieser Konferenz, in dem er wie folgt zur Rolle der KPD Stellung nahm:

> „Solange eine Vereinigung mit einem großen Teile der sozialistischen Arbeiterbewegung nicht möglich ist, wird die kommunistische Partei in der Westzone bestehen bleiben und ihren Kampf für die Einheit unentwegt fortsetzen... Die Schaffung der Einheitspartei im Osten ist uns ein leuchtendes Beispiel."

Hinter dieser vorsichtigen Formulierung verbarg sich nichts anderes als das Eingeständnis, daß die Kommunisten im Westen momentan nicht in der Lage seien, dem „leuchtenden Beispiel" der Genossen im Osten zu folgen. Dennoch stand der 15. Parteitag der KPD, der erste nach dem Kriege und der erste allgemeine für Gesamtdeutschland nach 17 Jahren, am 19. und 20. April 1946 in Berlin ganz im Zeichen der bevorstehenden Vereinigung von SPD und KPD in der SBZ. Obwohl von den 519 Delegierten 130 aus den Westzonen kamen, fand keine kontroverse Diskussion über die Möglichkeit der Schaffung einer Einheitspartei in Gesamtdeutschland statt. Stattdessen bemühten sich alle Diskussionsteilnehmer, die aus den Westzonen kamen, die Linie des Berliner ZK zu untermauern. Sie erklärten einmütig, im Prinzip seien auch in den Westzonen die Grundvoraussetzungen für eine Vereinigung von SPD und KPD gegeben, es beständen aber gegenwärtig aufgrund der Haltung der Schumacher-SPD und der Besatzungsmächte gewisse Schwierigkeiten, die Einheit sofort herzustellen. Daß die SED aber nach ihrer Gründung auch in den Westzonen an die Stelle der KPD und SPD treten sollte, bekräftigten die Delegierten des 15. Parteitags der KPD durch ihren Beschluß, führende KPD-Funktionäre aus den Westzonen als zukünftige Mitglieder des SED-Parteivorstands zu benennen. So wurden dann auf dem Vereinigungsparteitag von SPD und KPD am 21. und 22. April 1946 auch zwölf Kommunisten aus den Westzonen in den Vorstand der SED gewählt, unter ihnen Walter Fisch für Hessen, ohne daß es diese Partei in den Westzonen gab, noch abzusehen war, wann und ob es sie überhaupt geben würde.

Bis heute läßt sich die Frage nicht definitiv beantworten, welche Chancen man auf Seiten der deutschen und sowjetischen Kommunisten der SED in den Westzonen einräumte, ob man die SED-Gründung in der SBZ wirklich als einen ersten Schritt auf dem Wege zu einer gesamtdeutschen Einheitspartei ansah, ihr also Signal- und Vorbildcharakter zumaß, oder ob man lediglich die kommunistische Vormachtstellung in der SBZ ausbauen wollte, ohne

Rücksicht auf die spezifischen Bedingungen im Westen Deutschlands, und so eine weitere Aufspaltung der Arbeiterparteien in Ost- und Westparteien billigend in Kauf nahm.

Ohne diese Darstellung für ein verläßliches historisches Dokument im eigentlichen Sinne zu halten, sei hier eine Erinnerung Leo Bauers wiedergegeben, die aus dem Interview des Jahres 1971 stammt.

„Wir hielten diesen Zick-Zack-Kurs innerhalb weniger Monate, zuerst Zerschlagung der Einheitsmöglichkeiten, dann plötzlich für Einheit, für eine hirnverbrannte sowjetische Politik. Es gab keine Chance dafür, eine solche Vereinigung nunmehr im Westen durchzuführen, nach den Ereignissen in der sowjetischen Besatzungszone. Ich erinnere mich an Gründonnerstag '46 vor dem Vereinigungsparteitag. Da fand im Büro von Franz Dahlem ein Gespräch statt mit den verantwortlichen Funktionären der KPD aus allen westlichen Besatzungszonen, und bei dieser Gelegenheit fragte Dahlem: ‚Wann folgt ihr mit der Vereinigung zwischen SPD und KPD?' Max Reimann, der genau wußte, wie man zu antworten hatte, sagte: ‚Wir brauchen morgen nur auf den Druckknopf zu drücken, dann haben wir die Vereinigung zwischen SPD und KPD.' Da sind Fritz Sperling aus München, Albert Buchmann aus Stuttgart und ich aus Hessen auf die Barrikaden gegangen und haben gesagt: ‚Diesen Quatsch können wir nicht mitmachen, den Max Reimann erzählt hat. Es gibt für uns nicht die geringste Chance, nach dem, was jetzt passiert ist, zu einer Vereinigung der beiden Parteien zu kommen.' Wir haben sehr skeptisch diese ganze Geschichte angeschaut und waren uns klar, daß da höhere Gründe eine Rolle spielten, die aber mit einer echten Verschmelzung der Parteien nichts zu tun hatten. Es entwickelte sich dann für mich folgendes Spiel: Ich mußte jeden Monat als verantwortlicher Funktionär nach Berlin ins Westbüro zur Berichterstattung und sah natürlich dabei auch die Russen, sah Schukow und alle führenden Leute. Im Hinblick auf die Berliner Wahlen [im Oktober 1946] wurde ich von irgendwelchen hohen russischen Stellen gefragt: ‚Wie schätzen Sie die Aussichten ein?', und meine stereotype Frage war erst: ‚Wollen Sie von mir hören, wie es wirklich ist, oder wollen Sie hören, was Sie berichten?' Da lachten die und sagten: ‚Wir wollen beides hören.' Dann habe ich ihnen also den Bericht geliefert für Moskau: Großer Sieg der SED. Und dann habe ich ihnen gesagt, daß es nicht die geringsten Chancen gibt, die Wahlen zu gewinnen. Das sahen wir im Westen viel klarer als die das sahen, obwohl sie das im Grunde auch hätten wissen müssen. Stalin wollte hören: ‚Wir können euch folgen.' Dahlem glaubte es nicht und Reimann glaubte es nicht, aber das war 'ne Komödie. Das ist doch das Fürchterliche an dieser Partei gewesen, daß man eben ahnen mußte, was die Linie ist und sagen, es ist realisierbar, gleichgültig, ob es möglich ist oder nicht. Deshalb gab es immer scharfe Auseinandersetzungen auch zwischen den hessischen Kommunisten und den westdeutschen Kommunisten mit Max Reimann an der Spitze."

Die von Bauer hier angesprochenen scharfen Auseinandersetzungen innerhalb der KPD der Westzonen sind allerdings, zumindest für das Jahr 1946, nicht dokumentarisch zu belegen.

Die Gründung der SED und die damit im Zusammenhang stehenden Ereignisse in der SBZ, insbesondere aber in Berlin, sorgten mit dafür, daß die Popularität der Kommunisten in den Westzonen im Sommer 1946 auf einen Tiefpunkt seit dem Ende des Krieges absank. Die von einer Berliner Opposition gegen den Zentralausschuß der SPD, aber mit Unterstützung Schumachers initiierte Urabstimmung der SPD-Mitglieder über die Einheitspartei war in der SBZ abgewürgt und im sowjetischen Sektor von Berlin verboten worden. Die Ablehnung der Einheitspartei durch ca. 70 % der abstimmungsberechtigten Westberliner Sozialdemokraten galt als Beweis, daß die SED-Gründung nur durch den Druck der Kommunisten und durch Zwangsmaßnahmen gegen die SPD in der SBZ durchführbar gewesen war.

Für die Gründung einer SED in den Westzonen bestand danach nicht der Hauch einer Chance. Der SPD-Parteitag der Westzonen am 11. und 12. Mai 1946 in Hannover beschloß, die Mitgliedschaft in der SED und die Werbung für diese Partei seien unvereinbar mit der Mitgliedschaft in der SPD. Schon anläßlich des die Vereinigung vorbereitenden Parteitags der Ost-SPD in Berlin im April, auf dem neben den Sozialdemokraten aus der SBZ auch SPD-Mitglieder aus den Westzonen teilgenommen hatten, hatte die hessische SPD erklärt, Teilnehmer dieses Parteitags stellten sich außerhalb der SPD. Es blieben aber wenige, die sich zur SED bekannten. Der bekannteste Sozialdemokrat in Hessen, der diesen Weg ging, war Hans Venedey, gegen den der hessische Landesvorsitzende der SPD, Willi Knothe, am 13. Mai 1946 einen Ausschluß-Antrag stellte, weil er zum Schaden der SPD und zugunsten der KPD gewirkt habe. Aber selbst Venedeys Vorbild, der immerhin noch bis zum Juli 1946 hessischer Innenminister war, hatte kaum Werbewirksamkeit.

Die Hessische Verfassung

Das Scheitern der Einheitskampagne beeinträchtigte nicht das Bemühen der KPD in den Westzonen, aktiv am Neuaufbau Nachkriegsdeutschlands mitzuwirken. Neben ihrer Beteiligung an den Landesregierungen, an Stadt- und Gemeindeparlamenten, ihrer Mitarbeit in den Verwaltungen und sonstigen

öffentlichen Einrichtungen, neben ihrem Versuch, über die Gewerkschaften Einfluß auf die Gestaltung der Wirtschaft zu nehmen, bot sich bereits Anfang 1946 die Chance der Einflußnahme auf die Ausarbeitung der Länderverfassungen. Eine Direktive der amerikanischen Militärregierung vom 4. Februar 1946 bestimmte, daß mit den Vorbereitungen für die Ausarbeitung von Verfassungen in den drei Ländern der US-Zone, Bayern, Württemberg-Baden und Groß-Hessen, begonnen werden solle. Die zuständige Militärregierung in Hessen forderte den Ministerpräsidenten daraufhin auf, bis zum 22. Februar einen „Vorbereitenden Verfassungsausschuß" einzusetzen.
Der Vorbereitende Verfassungsausschuß hatte Unterlagen für die Erstellung einer Verfassung zu sammeln, bis zum 20. Mai Bericht zu erstatten, er hatte außerdem bis zum 15. März ein Gesetz für die Wahl einer Verfassungberatenden Landesversammlung vorzulegen, die am 30. Juni gewählt werden sollte. Diese Landesversammlung sollte am 15. Juli erstmals zusammentreten, sollte am 15. September eine Verfassung vorlegen, über die nach Möglichkeit bis zum 3. November, zusammen mit der ersten Landtagswahl, eine Volksabstimmung entscheiden sollte. Dieser Zeitplan wurde mit kleinen Verzögerungen eingehalten. Der beauftragte Ministerpräsident Geiler machte sich in Hessen zum Vorsitzenden des Verfassungsausschusses und ernannte zwölf weitere Mitglieder, unter diesen befand sich für die KPD auch Leo Bauer.
Die Beschäftigung mit der Ausarbeitung der Hessischen Verfassung stand 1946 im Mittelpunkt der politischen Tätigkeit Leo Bauers. Als Mitglied des Vorbereitenden Verfassungsausschusses und dann als Fraktionsvorsitzender der KPD in der Verfassungberatenden Landesversammlung und als deren zweiter stellvertretender Präsident wurde er einer breiten Öffentlichkeit bekannt und fand als „Verfassungsexperte" der hessischen KPD auch bei Mitgliedern anderer Parteien Beachtung und Anerkennung.
Die KPD zeigte sich über den Auftrag der Amerikaner zur Ausarbeitung von Länderverfassungen nicht gerade begeistert. Ihre Bedenken betrafen sowohl den Zeitpunkt als auch die Form der Verfassungsgebung. Im Mai 1946 faßten die Kommunisten ihre Vorbehalte gegenüber dem hessischen Ministerpräsidenten und Vorsitzenden des Verfassungsausschusses zusammen. Für die Ausarbeitung einer Verfassung sei es an sich noch zu früh, da

„1. die demokratische Willensbildung des deutschen Volkes noch in den ersten Anfängen steht;
2. die Anwesenheit einer Besatzungsmacht die Grundsätze einer demokratischen Selbstverwaltung noch nicht zur völligen Entfaltung kommen lassen kann;
3. die Schaffung von Länderverfassungen eine ernste Gefahr für die Reichseinheit heraufbeschwören wird, so lange nämlich, als noch

keine Reichsverwaltung, keine Reichsregierung und demnach auch keine Reichsverfassung bestehen."

Die wichtigsten Einwände seien jedoch, so Walter Fisch, daß die Bevölkerung ein Jahr nach dem Sturz des NS-Regimes immer noch keine Klarheit über den Aufbau der neuen Gesellschaft habe, die reaktionären Kräfte in den Westzonen noch nicht entmachtet seien und die Arbeiterschaft noch nicht politisch geeint sei. Wenn sich die Kommunisten trotzdem konstruktiv an der Ausarbeitung der Verfassung beteiligten und bei der Wahl zur Verfassungberatenden Versammlung kandidierten, dann weil sie es für notwendig hielten, „in jede Auseinandersetzung um die künftige Gestaltung des staatlichen Lebens mit positiven Vorschlägen einzugreifen", um in den Verfassungsfragen, die Machtfragen seien, auf der fortschrittlichen Seite gegen die reaktionäre Seite zu kämpfen. Die KPD verzichtete aber darauf, einen ausformulierten Verfassungsentwurf vorzulegen. Stattdessen enthielt die zweite Nummer der seit Mai 1946 von der hessischen KPD unter der Leitung von Leo Bauer herausgegebenen Monatszeitschrift „Wissen und Tat. Zeitschrift für Wirtschaft, Politik und Kultur" mehrere Stellungnahmen zu Verfassungsfragen, womit die Grundforderungen der Kommunisten dargelegt wurden.

Leo Bauer trat in diesen Monaten immer wieder öffentlich auf, um die Haltung der Kommunisten zu erläutern. So anläßlich einer Gedenkveranstaltung zum Jahrestag der deutschen Revolution von 1848 am 18. März in der Aula der Frankfurter Universität, Anfang Mai auf einer Landeskonferenz der KPD in Offenbach, am 15. Mai auf einer Diskussionsveranstaltung mit Parteivertretern, die die „Frankfurter Rundschau" veranstaltete, und in vielen öffentlichen Versammlungen der KPD. Als Mann mit einem außergewöhnlichen Rednertalent verstand er es wie kaum ein anderer, seine Zuhörer zu bannen. Mit der Verabschiedung eines (allerdings unverbindlichen) Verfassungsentwurfs, der der noch zu wählenden Landesversammlung als Arbeitsgrundlage dienen sollte, beendete der Verfassungsausschuß am 18. Juni 1946 seine Tätigkeit.

Die Meinungsverschiedenheiten zwischen den Parteien waren deutlich geworden, und sie waren beträchtlich. In den wesentlichen Fragen standen sich KPD und SPD auf der einen, CDU und LDP auf der anderen Seite in scharfem Gegensatz gegenüber. Tag für Tag werde das Widerstreben der bürgerlichen Parteien deutlicher, hatte Leo Bauer schon im März erklärt, gegen all das, was Sozialismus und Demokratisierung der Wirtschaft heiße. Es zeige sich, daß sich die Reaktion niemals beuge, sie könne nur besiegt werden durch die Kraft des geeinten Volkes. Mit der Parole: „Stärkt die sozialistische Mehrheit — Wählt Kommunisten!", ging die KPD in die Wahlen zur Verfassungberatenden Landesversammlung am 30. Juni.

Ihre zentralen Forderungen, die vor allem, aber nicht nur auf die zu schaffende Verfassung Bezug nahmen, lauteten:
— Die Hessische Verfassung müsse sich zur unteilbaren demokratischen Republik Deutschland bekennen, künftiges Recht der deutschen Republik müsse hessisches Landesrecht brechen.
— Einkammersystem. „Kein Staatspräsident, kein Herrenhaus oder Senat, keine irgendwie getarnte zweite Kammer darf noch einmal in der Lage sein, das absolute Selbstbestimmungsrecht des Volkes zu verhindern oder zu verfälschen."
— Durchführung einer demokratischen Bodenreform.
— Überführung der Großbetriebe in die Hand der Allgemeinheit.
— Schutz des Privateigentums gegen die Übermacht des Monopolkapitals.
— Mitbestimmung der Betriebsräte.
— Recht auf Arbeit.
— Sicherung der Gleichberechtigung der Frau, Schutz der Frau und Mutter gegen Ausbeutung und Elend.
— Umfassender Jugendschutz.
— Abschaffung des Berufsbeamtentums, Wahl der Richter durch das Volk.
— „Das Christentum gehört nicht in die Politik", deshalb Trennung von Staat und Kirche, Gemeinschaftsschule und keine „christliche Simultanschule", Religionsunterricht als freies Wahlfach in den Schulen, keine Privatschulen, Lernmittelfreiheit.
— Die Gebiete an Rhein und Ruhr müßten beim Deutschen Reich bleiben, die Abtrennung der Gebiete östlich der Oder und Neiße dürfe nicht endgültig sein.

Dieses „Wahlprogramm" der KPD hatte sehr weitgehende Gemeinsamkeiten mit den Forderungen der SPD; solche Punkte, die kontrovers waren, schienen durchaus kompromißfähig. Daß sich im Laufe der Beratungen des Verfassungsausschusses ein zumindest kooperatives Verhältnis zwischen den beiden Parteien erhalten, zum Teil neu entwickelt hatte, zeigte sich auch daran, daß zwischen ihnen am 7. Juni eine Vereinbarung zustande kam, einen fairen Wahlkampf zu führen mit dem Ziel der Konzentration der Kräfte gegen die Reaktion.

Die Wahlen brachten der SPD 42 Sitze und der KPD 7 Sitze im ersten hessischen Landesparlament, sie verfügten damit zusammen über die absolute Mehrheit, denn die CDU erhielt 35, die LDP 6 Sitze. Damit standen die Chancen für eine „sozialistische" Verfassung, wie sie der SPD vorschwebte, bzw. für eine „fortschrittliche" Verfassung, wie sie die KPD nannte, da sie einen anderen Begriff vom „Sozialismus" hatte, sehr günstig. Leo Bauer war als Kandidat der KPD in Frankfurt, im Wahlkreis II (Bahnhofsviertel, Westend, Bockenheim), in die Landesversammlung gewählt worden. Auf der

konstituierenden Sitzung des Parlaments am 15. Juli wurde er einstimmig zum zweiten Stellvertreter des Präsidenten in das Präsidium gewählt, Bauer übernahm zudem den Vorsitz der kommunistischen Fraktion.
Am 5. August begann die Generaldebatte über die Verfassung mit Grundsatzerklärungen der vier Parteien. Leo Bauer legte als Redner für die KPD die Position seiner Partei zur Verfassung dar, gab eine Einschätzung des gesellschaftlichen Kräfteverhältnisses und erläuterte die nächsten Aufgaben, die die Kommunisten sich stellten.

„Wir als Kommunisten gehen bei der Betrachtung der Lage als Marxisten an die Arbeit, das heißt, für uns kann es nicht die Frage geben: den Klassenkampf bejahen oder den Klassenkampf verneinen, sondern wir stellen als Menschen, die Geschichte kennen, fest, daß der Klassenkampf da war, seitdem es in der Geschichte der Menschheit Unterdrücker und Unterdrückte gibt, daß das keine Erfindung ist von irgendwelchen böse gesinnten Menschen, sondern daß historische Dinge einfach nicht weggeleugnet werden können . . . Für uns als Kommunisten ist der Nationalsozialismus kein Phänomen, das irgendwie sich entwickelt hat, der Nationalsozialismus ist für uns nichts anderes als die mörderischste Ausdrucksform einer blutigen Herrschaft des deutschen Imperialismus. Die Reaktionäre schwiegen nach dem Zusammenbruch, aber sie arbeiteten gleichzeitig. Das Resultat dieser Arbeit haben wir heute vor uns als Grundlage einer neuen Verfassung für Groß-Hessen. Wir müssen feststellen, daß in keiner Beziehung auch nur ein einziges Problem unseres gesellschaftlichen Daseins gelöst ist. Es gelang reaktionären Kräften, entscheidende Schlüsselpositionen zu besetzen als ‚Demokraten‘, als ‚Menschen des 20. Juli‘. Ich erkläre eindeutig, das Andenken eines Leuschner, das Andenken eines Stauffenberg, das Andenken vieler anderer Männer, die als Helden starben, wird beschmutzt von Menschen, die sich heute den Namen zulegen: ‚Wir gehören zum 20. Juli‘. Diese Menschen sind da, sie sabotieren die Arbeit, sie entgehen geschickt jeder Säuberung und sie wühlen, sie wühlen genau so wie 1918 . . . Meine Partei hätte vorgezogen, daß wir anstatt eine Verfassung ein reines Organisationsstatut nehmen, in dem einfach festgelegt wird: solange wir eine Besatzungsmacht haben, so lange werden wir uns in dieser und jener Art und Weise regieren . . . Ich brauche Ihnen wohl nicht zu sagen, daß auch wir die Lösung des Verfassungsproblems im Sozialismus sehen, aber wir haben aus der Vergangenheit, aus der Geschichte und aus der blutigen Zeit des Nazismus gelernt. Wir sind der Meinung, daß man keinem Volk den Sozialismus aufzwingen kann, wenn es ihn nicht haben will, aber wir wissen genau, daß früher oder später die Mehrheit des Volkes den wahren Sozialismus, basierend auf den historischen Grundlagen Karl Marx' und Friedrich Engels', fordern wird "

Während die Grundsatzerklärung, die Willi Knothe für die SPD abgab, noch einmal deutlich machte, daß zwischen Sozialdemokraten und Kommunisten zumindest in ihren Absichtserklärungen keine unüberbrückbaren Differenzen bestanden, zeigten die Erklärungen von CDU und LDP tiefe Gegensätze zu den beiden Arbeiterparteien.

Daß sich die bürgerlichen Parteien ihrer Minderheitsposition in der Landesversammlung bewußt waren, offenbarte eine Erklärung der CDU vom 1. Juli 1946, die als Warnung und Drohung zugleich an die Adresse der SPD gerichtet war. Die beiden „marxistischen Parteien", heißt es da, seien aufgrund der Mehrheitsverhältnisse in der Landesversammlung in der Lage, „eine Verfassung nach ihrem Belieben durchzusetzen, wenn sie sich auf einen gemeinsamen Entwurf einigen". Dieser Gefahr versuchte die CDU mit der Aufforderung zu begegnen, „die beiden großen Parteien mit gemäßigter sozialistischer Tendenz, SPD und CDU, [sollten] die eigentlichen Träger des staatlichen Neubaus werden. Denn es sollte gelingen, die politische Entwicklung davor zu bewahren, nach links ins Radikale oder nach rechts ins Überholte abzurutschen. Die SPD hat es jedoch bisher abgelehnt, dem Vorschlag zur Zusammenarbeit mit der CDU näherzutreten... Wir entnehmen daraus, daß sie entschlossen ist, für Groß-Hessen eine Verfassung durchzusetzen, welche die von uns erhobenen Forderungen unberücksichtigt läßt, was wir insbesondere in bezug auf das Verhältnis zwischen Staat und Kirche und zwischen Kirche und Schule, aber auch in bezug auf das von der SPD vorgesehene Einkammersystem für verhängnisvoll halten würden. Die SPD sei schon jetzt davor gewarnt, ihre Absichten ohne Rücksicht auf die Wünsche der zweitstärksten Partei zu verwirklichen. Denn in Bayern hat die CSU die absolute, in Württemberg-Baden die CDU die relative Mehrheit im Parlament".

Doch vorerst fruchteten diese Warnungen der CDU bei der SPD nicht. Ganz im Gegenteil entwickelte sich die Zusammenarbeit zwischen der SPD und der KPD zur Ausarbeitung eines gemeinsamen Verfassungsentwurfs in den Sommermonaten immer besser, Kommunisten referierten vor der SPD-Fraktion, Sozialdemokraten erläuterten ihre Position vor den Mitgliedern der KPD-Fraktion. In dem aus Gründen der Arbeitseffektivität gebildeten Unterausschuß der Landesversammlung bestand hinsichtlich der in der Verfassung zu verankernden persönlichen Grundrechte ein breiter Konsens, dieser Teil wurde rasch und ohne Kontroversen verabschiedet. In den Fragen der Sozialisierung, des Einkammersystems, des Verhältnisses von Staat und Kirche waren keine Kompromisse zu erzielen, und KPD und SPD setzten sich in Abstimmungen gegen CDU und LDP mit ihren Auffassungen durch. Der so entstandene erste Verfassungsentwurf, allein von den Fraktionen der SPD und KPD getragen, war am 26. September fertiggestellt und hätte der Bevölkerung als Mehrheitsentwurf der Landesversammlung zur Abstimmung vorgelegt werden können.

Dazu kam es aber nicht, da die Sozialdemokraten in dieser Situation realisierten, wie es Ludwig Bergsträsser ausdrückte, daß sie von ihrer ursprünglichen Absicht weggekommen seien, „eine Verfassung auf breiter Grundlage" zu erarbeiten. Am 30. September begannen neue Verhandlungen zwischen SPD und CDU in kleinem Kreis, die nach vier Stunden mit einem Kompromiß endeten, in dem die SPD einige wesentliche Zugeständnisse machte; diese ermöglichten einen Verfassungsentwurf, der jetzt von den beiden großen Parteien getragen wurde. Für den Versuch der SPD, sich doch mit der CDU auf einen Verfassungskompromiß zu einigen, dürften, neben der Befürchtung vor einer politischen Polarisierung zwischen den Arbeiterparteien auf der einen und den bürgerlichen Parteien auf der anderen Seite, vor allem auch die Reaktionen der amerikanischen Besatzungsmacht entscheidend gewesen sein.

In dem Kompromiß mit der CDU ging die SPD in allen umstrittenen Punkten, in den sozial- und wirtschaftspolitischen Fragen, beim Verhältnis von Staat und Kirche und beim Staatsaufbau, nicht nur von den Zugeständnissen wieder ab, die sie den Kommunisten zuvor gemacht hatten, sondern entfernte sich auch von solchen Prinzipien, die sie zuvor als unverzichtbare sozialdemokratische ausgegeben hatte. Die SPD machte Zugeständnisse bei der Sozialversicherung, beim Streikrecht und bei der Festlegung dessen, wie Mißbrauch wirtschaftlicher Freiheit bestimmt werden sollte. Der gravierendste Kompromiß betraf jedoch den Artikel über die Sozialisierung, aus dem die — in Hessen vor allem bedeutende — chemische Großindustrie herausgenommen wurde, wie die CDU immer gefordert hatte. Bei der Festlegung des Verhältnisses von Staat und Kirche entfernte sich die SPD vielleicht am weitesten von ihrer ursprünglichen Haltung. Sie stimmte der Gleichstellung von Staat und Kirche zu und ließ traditionelle Rechte der Kirche unangetastet.

Die KPD zeigte sich zwar empört über das „illoyale" Verhalten der SPD ihr gegenüber, ging jedoch nach Bekanntwerden der „Vernunftehe", so der CDU-Fraktionsvorsitzende Köhler, von SPD und CDU nicht auf totalen Konfrontationskurs. „Wir haben uns zu fragen", meinte die KPD in einer Erklärung, „ob trotz des Kompromisses doch noch wesentliche Forderungen von uns in der Verfassung verankert bleiben oder nicht?" Es sei erreicht worden:

„a) Eine absolute Gleichstellung der Frau mit dem Manne.
b) Eine Sonderstellung des Ministerpräsidenten, wie sie vorgesehen war, ist fallengelassen worden.
c) Das Volksbegehren und der Volksentscheid sind in die Verfassung aufgenommen worden.
d) Der Landtag kann nur vom Landtag selbst aufgelöst werden, nicht aber vom Ministerpräsidenten oder der Regierung.
e) Die Verfassung kann mit absoluter Mehrheit im Parlament und einfacher Mehrheit des Volkes abgeändert werden.
f) Die künftige Reichseinheit ist in nichts durch die neue Verfassung gefährdet ...
Darüber hinaus wurde trotz des Kompromisses das Mitbestimmungsrecht der Betriebsräte aufrechterhalten. Die Sofort-Überführung in Gemeineigentum ist geblieben, ebenso wie die Forderung einer Bodenreform."

Trotz dieser eher positiven Bilanz, die zumindest die Richtung des kommunistischen Votums ahnen ließ, verhielt sich die KPD vorerst abwartend. In der zweiten Lesung des SPD/CDU-Verfassungsentwurfs in der Landesversammlung am 2. Oktober 1946 enthielt sie sich der Stimme und kündigte an, sich erst anläßlich der dritten Lesung endgültig entscheiden zu wollen. Der Kompromißentwurf wurde mit 69 Stimmen von SPD und CDU bei Stimmenthaltung von KPD und LDP angenommen und der amerikanischen Militärregierung zur Genehmigung weitergeleitet.
In einem Schreiben an den Präsidenten der Landesversammlung, das dort in der 6. Plenarsitzung am 29. Oktober verlesen wurde, stimmte General L. D. Clay im Namen der amerikanischen Regierung dem Verfassungsentwurf im Prinzip zu und gab damit den Weg für die dritte Lesung und für die Volksabstimmung frei, ordnete aber über den Artikel 41 der Verfassung, also über den Sozialisierungsartikel, eine gesonderte Befragung des Volkes an. Der Artikel 41 der hessischen Verfassung sah vor, daß mit dem Inkrafttreten der Verfassung Betriebe des Bergbaus, der Eisen- und Stahlerzeugung, der Energiewirtschaft und des an Schienen und Oberleitungen gebundenen Verkehrs sofort sozialisiert würden. Die sofortige Sozialisierung war es, die amerikanischen Widerstand hervorrief, denn die rein programmatischen Sozialisierungsbestimmungen in den Verfassungen Bayerns und Württemberg-Badens hatte die Besatzungsmacht ohne Einschränkung akzeptiert.
Am 29. Oktober 1946 nahm die hessische Landesversammlung mit 82 gegen 6 Stimmen den Verfassungsentwurf an und machte ihn damit zur Grundlage der Volksentscheidung. Die KPD stimmte für die Verfassung, allein die LDP dagegen. In seiner Begründung für die Entscheidung der KPD rechnete Leo

Bauer noch einmal das Positive der Verfassung gegen das Negative auf und erklärte, die KPD werde „trotz großer Bedenken für die Verfassung stimmen und das Volk auffordern..., mit Ja zu stimmen. Wir werden unsere Bedenken gegen bestimmte Artikel dieser Verfassung anmelden. Das wird uns niemand übel nehmen können. Wir werden das auch später im Landtag sagen, und wir werden ganz offen dafür eintreten, daß bestimmte Dinge, die in der Verfassung vorgesehen sind, nicht verwirklicht werden und daß andere Dinge — wie man so schön sagt — aufgebügelt werden...". Wohl in Anspielung auf die Weigerung der KPD am Anfang der Weimarer Republik, an der Verfassunggebung mitzuwirken, betonte Leo Bauer, die Kommunisten seien entschlossen, frühere Fehler nicht zu wiederholen.

Den Wahlkampf für den 1. Dezember 1946, an dem nicht nur über die Annahme der Verfassung und über den Sozialisierungsartikel 41 abgestimmt, sondern an dem auch die Zusammensetzung des ordentlichen Hessischen Landtags bestimmt werden sollte, führte die KPD mit der Warnung, die Verfassung dürfe kein Stück Papier bleiben, Artikel für Artikel müsse im Kampf verwirklicht werden, und dafür böten kommunistische Abgeordnete im Landtag Gewähr.

Die Wahlen wurden für die KPD zu einem, wenn auch bescheidenen, Erfolg. Die Verfassung insgesamt, aber auch der Artikel 41 wurden mit überwältigender Mehrheit angenommen, und die KPD konnte sowohl ihre Stimmenzahl absolut als auch ihre Mandatszahl von 7 auf 10 erhöhen. Sie verfügte jetzt über 10,7 % der Stimmen. SPD (jetzt 38 Mandate statt bisher 42) und CDU (jetzt 28 statt 35) erlitten empfindliche Verluste, während das eindeutige Nein der LDP gegen die „rote" Verfassung offensichtlich von bürgerlichen Wählern honoriert wurde, sie konnte die Zahl ihrer Abgeordneten mehr als verdoppeln (von 6 auf 14).

Die KPD zeigte sich über den Ausgang der Wahlen nicht unzufrieden, konnte sie doch hoffen, zusammen mit der SPD — Kommunisten und Sozialdemokraten verfügten im Landtag über die absolute Mehrheit — wesentlich die Politik in Hessen mitzubestimmen. Diese Hoffnungen erfüllten sich nicht, weil die Sozialdemokraten, wie beim Verfassungsentwurf, das Bündnis mit der CDU dem Bündnis mit der KPD vorzogen. Der erste Vorschlag der hessischen SPD nach der Wahl hatte zwar vorgesehen, die neue Regierung aus 5 Sozialdemokraten, 3 Christdemokraten und einem Kommunisten zu bilden, als sich jedoch die CDU weigerte, zusammen mit den Kommunisten eine Regierung zu bilden, entschied sich die SPD für die „Große Koalition".

Die SPD als stärkste Partei nominierte am 12. Dezember 1946 Christian Stock als ihren Kandidaten für das Amt des Hessischen Ministerpräsidenten, der auch am 20. des Monats mit den Stimmen von SPD und CDU gewählt wurde. Die KPD begründete ihre Nichtzustimmung damit, dies sei kein

Votum gegen Stock, sondern eine Stellungnahme gegen die anhaltenden gefährlichen Versuche, eine Koalitionsregierung aus SPD und CDU unter Ausschluß der KPD zustande zu bringen. Als diese Regierung am 3. Januar 1947 praktisch gebildet war, erklärte Leo Bauer im Namen seiner Partei:

> „Die Kommunistische Partei, die stets bereit war, mit jeder Partei, die sich zur Durchführung der Verfassung und des Artikel 41 bekennt, zusammenzuarbeiten, um eine möglichst breite Grundlage für den Aufbau zu schaffen, bedauert diese Erklärung des Herrn Ministerpräsidenten [zur Bildung der Regierung]. Sie stellt fest, daß die Sozialdemokratie als stärkste Partei Hessens sich dem Diktat der CDU gefügt hat, die von vornherein die Ausschaltung der KPD verlangte, um dadurch eine linke Mehrheit unwirksam zu machen."

Fraglos stand die Regierungsbildung von SPD und CDU in Hessen (aber nicht nur dort) dafür, daß die Zeit der Kooperation anderer Parteien mit der KPD in den drei Westzonen Deutschlands vorbei war. Die Zeit der Konfrontation, die sich international mit den sich rapide verschlechternden Beziehungen zwischen den Westmächten auf der einen und der Sowjetunion auf der anderen Seite bereits um die Jahreswende 1946/47 deutlich abzeichnete, hatte Rückwirkungen auch auf die deutsche Innenpolitik.

Das Verhältnis der SPD zur KPD und die Begründung der Sozialdemokraten dafür, mit der CDU und ohne die KPD eine Regierung in Hessen zu bilden, erläuterte Willi Knothe am 21. Januar 1947 in der „Frankfurter Rundschau". Die Mandate der beiden Arbeiterparteien hätten zwar rein rechnerisch für eine Mehrheitsbildung ausgereicht (48 gegen 42 von CDU und LDP), doch sei diese Mehrheit zu knapp. „Jede Erkrankung gefährdet eine solche Mehrheit sogar bei der Abstimmung." Der wichtigere Grund war jedoch das Mißtrauen der SPD gegenüber der KPD, deren Politik immer die Gefahr in sich berge, sich in der bloßen Agitation um kurzfristiger Erfolge willen gegen die SPD zu richten.

> „Als einziger Regierungspartner der Sozialdemokratie hätten sie der Versuchung bestimmt nicht widerstanden, eine billige Agitation fortzusetzen. In der Fraktion und im Landesvorstand hat sich deshalb auch keine Stimme für eine . . . auf SPD und KPD gestützte Regierungskoalition erhoben."

Der Weg in die Isolation

Was den persönlichen Erfolg betrifft, hatte die Arbeit Leo Bauers in Frankfurt zweifellos Früchte getragen und ihn, der im Dezember 1946 gerade 34 Jahre alt geworden war, nicht nur zu einem der führenden Kommunisten,

sondern auch zu einem einflußreichen Politiker in Hessen gemacht. Das Bild, Bauer sei ein intelligenter und sehr ehrgeiziger junger Mann, der Karriere machen wolle und wohl auch machen werde, das Menschen, die ihn vorher nicht kannten, in der Schweiz von ihm gewonnen hatten, schien sich in Frankfurt zu bestätigen. Wie bei so vielen anderen wirkten Einfluß und Macht auf die Persönlichkeit Leo Bauers, den das Phänomen der Macht sein Leben lang faszinieren sollte, offenbar eher negativ. Bemerkenswert sind in diesem Zusammenhang die Zeugnisse von Jo Mihaly und Brigitte Freudenberg, die mit Bauer sowohl in der Schweiz als auch, nur wenige Monate später, in Frankfurt zusammentrafen. Für beide wurde das Wiedertreffen zu einer Enttäuschung, bei beiden entwickelte sich gegenüber dem Mann, den sie in der Schweiz geschätzt und sogar bewundert hatten, Distanz, ja Mißtrauen. Jo Mihaly, die 1933 hatte in die Schweiz emigrieren müssen und dort als Mitglied des Züricher Schauspielhauses in der illegalen kommunistischen Bewegung gearbeitet hatte, kehrte im November 1945 im Auftrag der Partei legal nach Deutschland zurück. Sie, die aufgrund ihres offenen und verbindlichen Wesens und ihrer liebenswürdigen Art geradezu prädestiniert war, werbewirksam für überparteiliche Unternehmungen zu wirken, wurde von Leo Bauer damit beauftragt, die Freie Deutsche Kulturgesellschaft zu organisieren. Sie tat dies mit großem organisatorischen Geschick in vorbildlicher Art und Weise, so daß die Gesellschaft innerhalb weniger Wochen unter Einbeziehung aller Parteien und gesellschaftlichen Gruppen arbeiten und erfolgreich wirken konnte. Ihre Enttäuschung über Leo Bauer rührte daher, daß sie ihn nun als berechnenden Machtpolitiker empfand, dem es nicht mehr in erster Linie um die Sache, sondern vor allem um den Erfolg gehe. Daß er dafür auch über die Arbeit und das Leben von Genossen bestimmt habe, habe sie an Leo Bauer und an seinen Motiven zweifeln lassen.
Brigitte Freudenberg, die an Leo Bauer in der Schweiz nicht nur Intelligenz, sondern auch Phantasie, Idealismus, guten Willen und Opferbereitschaft geschätzt hatte, war ebenfalls unangenehm berührt, als sie beim Wiedersehen in Frankfurt um die Jahreswende 1945/46 erleben mußte, wie tief die Kluft zwischen ihr, der Christin, und ihm, dem engagierten Parteipolitiker, wirklich war oder aber geworden war. Bauer kritisierte „die Engstirnigkeit und Bürgerlichkeit der Christen, fehlende Einsatzbereitschaft und falsches Anpacken der praktischen Wiederaufbauarbeit". Brigitte Freudenberg warf Bauer die parteipolitische Einseitigkeit der „Frankfurter Rundschau" vor, die Falschmeldungen dann nicht korrigiere, wenn die Richtigstellung nicht in ihrer politischen Linie liege; sie kritisierte den Anspruch der Kommunisten, die einzig wirklichen Gegner des Nationalsozialismus gewesen zu sein, und ihr Verschweigen und Rechtfertigen der Greuel, die man aus den östlichen Gebieten Deutschlands höre. Eine Verständigung, die in der Schweiz noch als

naheliegend, fast selbstverständlich erschien, war nur wenige Monate später nicht mehr möglich.

Seit April 1946 beschäftigte sich die SPD mit dem für sie bisher unbekannten kommunistischen Politiker Leo Bauer. Jedoch kam die Initiative dazu nicht aus Hessen, sondern aus Hannover. Am 24. April 1946 schrieb Fritz Heine, enger Mitarbeiter Kurt Schumachers beim Büro der Westzonen der SPD in Hannover, an den Landesvorsitzenden der hessischen SPD, Willi Knothe, um ihn auf die Vergangenheit Bauers aufmerksam zu machen, über die die SPD-Führung in Hannover auf Umwegen einige Informationen erhalten hatte.

Der Londoner Korrespondent der Neuen Zürcher Zeitung, ein ehemaliger Kommunist, hatte bei einem Besuch in Deutschland in dem Mitglied des Hessischen Landesausschusses Leo Bauer den ihm bekannten „Leo Katz" wiedererkannt und dies bei seiner Rückkehr nach London dort erzählt. Von London aus gelangte diese Information nach Hannover. Fritz Heine, der bis Anfang 1946 in London im Exil gelebt hatte und nach wie vor über gute Kontakte nach England verfügte, konnte der hessischen SPD zudem mitteilen, „Leo Katz" habe „etwa in der Zeit nach München in der Tschechoslowakei eine sehr fragwürdige Rolle als Vertreter des hohen Kommissars für Flüchtlingsfragen gespielt. Er war der Schuldige an skandalösen Zuständen, über die seinerzeit im Ausland viel Material veröffentlicht worden ist". Heine bat Knothe, sich näher mit Leo Bauer und dessen Vergangenheit zu beschäftigen und ihn über neue Erkenntnisse auf dem Laufenden zu halten.

In den folgenden Wochen bemühten sich die hessischen Sozialdemokraten, Licht in das Dunkel um Leo Bauer zu bringen. Sie wandten sich unter anderem auch an den einflußreichen Mitarbeiter des OSS S. Höxter, einen früheren deutschen Sozialdemokraten, ohne daß sie allerdings für sie befriedigende Ergebnisse erhielten. Leo Bauer blieb für die SPD in den folgenden Monaten ein Problem, das sie umso dringender zu ergründen versuchte, je bekannter und bedeutender dieser wurde.

Im Juni 1947 brachte man zwar in Erfahrung, daß Leo Bauer als Rudolf Katz Flüchtlingskommissar in der Tschechoslowakei gewesen war, doch reichte dem Landesvorsitzenden Willi Knothe das „Material" nicht aus, um gegen Bauer vorzugehen. In einem Brief an Fritz Heine schrieb er im Sommer 1947, Bauer gehöre

> „zu den klügsten, schlauesten und aktivsten Kommunisten und [er ist] bestimmt einer der verschworensten Gegner der Sozialdemokratischen Partei. Der Vergangenheit Bauers in absolutestem Sinne auf die Spur zu kommen, ist für uns hier wie für die gesamte Bewegung von großer Bedeutung".

Diese Einschätzung des politischen Gegners Leo Bauer war bei einigen Sozialdemokraten verbunden mit persönlicher Wertschätzung des jungen kommunistischen Politikers, die selbst christdemokratische Politiker in Hessen, wie der spätere Bundesaußenminister Heinrich von Brentano, teilten. Der sozialdemokratische Gewerkschafter und spätere DGB-Vorsitzende Willi Richter und der SPD-Verfassungsexperte Prof. Ludwig Bergsträsser schätzten Bauer und hatten zu ihm gute persönliche Beziehungen. Dabei dürfte wie in der Schweiz wiederum eine nicht unwesentliche Rolle gespielt haben, daß Bauer dem gängigen Klischee eines kommunistischen Funktionärs so gar nicht entsprach; er kleidete sich sehr gut, gab sich selbstbewußt und weltoffen, fast weltmännisch, und es machte ihm Vergnügen, Umgang mit Menschen aus verschiedenen Ländern, aus anderen Parteien und aus unterschiedlichen Klassen und Schichten zu pflegen. Diese Eigenschaften, die im Zusammenhang mit dem Leben im Exil in Frankreich und in der Schweiz gesehen werden müssen, unterschieden Bauer ganz wesentlich von den meisten derjenigen deutschen kommunistischen Funktionäre, die in der Zeit des Nationalsozialismus vorwiegend in Moskau gelebt hatten und für die stellvertretend in der Öffentlichkeit Walter Ulbricht stand. Es wäre aber falsch, wollte man aus Bauers Lebensstil herauslesen, er habe sich in Opposition zur kommunistischen Linie oder im grundsätzlichen Widerspruch zur Parteiführung in Berlin befunden. Die KPD war mehr als nur seine politische Heimat, und sie blieb es in den Jahren 1945 bis 1947 für Leo Bauer auch deshalb, weil sie ihm ermöglichte, das Leben zu führen, in der Politik wie im Privaten, das ihn ausfüllte.

Im Unterschied zu Leo Bauers persönlicher Karriere konnte die Bilanz der KPD zur Jahreswende 1946/47 nicht positiv ausfallen: Die Partei stand wieder, wie in der Weimarer Republik, in der Opposition, daran hatten ihre Bemühungen um Zusammenarbeit mit den anderen politischen Parteien genauso wenig zu ändern vermocht wie ihre gemäßigte Programmatik. Der Zusammenhang zwischen ihrer Mitgliederentwicklung, der Zustimmung, die ihre Politik in der Bevölkerung gefunden hatte, wofür die Wahlergebnisse zumindest ein aussagekräftiger Indikator waren, und ihrer Mißachtung vor allem auch durch die SPD, war unübersehbar.

Hinzu kam, daß mit der Gründung der SED in der SBZ die Kommunisten dort Wege eingeschlagen hatten, auf denen ihnen die Parteigliederungen in den drei Westzonen nicht zu folgen vermochten, die den Kommunisten in den Westzonen aber immer wieder als Beleg für das undemokratische Vorgehen ihrer Genossen vorgeworfen wurden. SED im Osten und KPD im Westen bildeten zwar in ihrem Selbstverständnis und auch de facto eine Partei und waren somit die einzige gesamtdeutsche Organisation; da dieses Faktum aber den geltenden Besatzungsbestimmungen widersprach, wurde es von den

Westmächten nicht anerkannt, und es wurden Gegenmaßnahmen ergriffen. Die drei westlichen Besatzungsmächte ordneten an, daß die aus ihren Zonen stammenden Vorstandsmitglieder der SED dieses Gremium zu verlassen hätten, und sorgten auch sonst durch Beschränkungen und Schikanen dafür, daß KPD und SED nicht ungestört zusammenarbeiten konnten. Für die Funktionsfähigkeit des „demokratischen Zentralismus", für die Anerkennung der Leitungsbefugnis der SED auch in den Westzonen, hatte dies jedoch keinerlei Bedeutung.

Als die Gründung der SED in den Westzonen im Frühjahr 1946 gescheitert war, waren zwar die Forderungen der KPD nach der Einheit nicht verstummt, aber vorübergehend hinter andere Notwendigkeiten der Tagespolitik zurückgetreten. Das änderte sich zu Beginn des Jahres 1947. Vor dem Hintergrund des Zusammenschlusses der amerikanischen und britischen Zone zur „Bizone", der im Winter sich verschärfenden Probleme der Wirtschaft und Versorgung in den Westzonen, begann die SED/KPD eine neue Initiative zur Herstellung der Einheit der Arbeiterklasse im nationalen Rahmen. Dies allein könne die Spaltung Deutschlands überwinden und damit die Voraussetzungen schaffen für die Beseitigung der wirtschaftlichen Schwierigkeiten und für eine Entwicklung in ganz Deutschland nach dem Vorbild der SBZ. Am 14. Februar 1947 gründeten Vertreter der SED und der KPD eine „Sozialistische Arbeitsgemeinschaft", und am 1. März erschien ein Aufruf des Parteivorstands der SED zur Gründung der SED auch in den Westzonen. „Die Kommunistische Partei der westlichen Besatzungszonen konnte allein keine entscheidende politische Kraft entwickeln", hieß es. „Der Neuaufbau Deutschlands auf demokratischer Grundlage kann nur gelingen, wenn auch in West- und Süddeutschland die Einigung der Arbeiter erfolgt..." Da jedoch zu dieser Zeit nicht die geringste Chance bestand, die SED im Westen Deutschlands auf der Basis eines Zusammenschlusses von KPD und zumindest Teilen der SPD zu schaffen, versuchten die Kommunisten auch gar nicht, dies als Aufgabe darzustellen. Der Landesparteitag der KPD Hessen, der am 8. und 9. März 1947 in Offenbach stattfand und damit am Beginn der neuen Einheitskampagne, beschloß in Anwesenheit von Otto Grotewohl, Wilhelm Pieck, Franz Dahlem und Erich W. Gniffke die organisatorische Verschmelzung von SED und KPD. Ziel sei es, „die Kräfte der KPD in den gewaltigen Strom der SED einzufügen und darüber hinaus neue Kräfte zu mobilisieren, die infolge der Spaltung der deutschen Arbeiterbewegung im Westen politisch heimatlos sind". Aber selbst dieser Versuch zur Herstellung der Einheit der Arbeiterklasse scheiterte am Veto der Besatzungsmächte. Die britische und amerikanische Besatzungsmacht weigerten sich, den Anträgen der KPD/SED zu entsprechen und die Änderung des Namens und des Status der KPD in ihren Zonen zuzulassen.

Hatten die Kommunisten anfänglich der Zusammenlegung der amerikanischen und britischen Zone zur Bizone eher skeptisch-reserviert gegenübergestanden, so wurden Anfang 1947 die kritisch ablehnenden Töne zu diesem separaten Vorgehen der Anglo-Amerikaner deutlicher. Die De-facto-Abtrennung des Saarlands von Deutschland, die Forderung, Frankfurt solle anstelle Berlins die zukünftige deutsche Hauptstadt werden, und die Verfestigung der Strukturen der Bizone ließen Walter Fisch unmittelbar vor der mit großen Hoffnungen verbundenen Moskauer Außenministerkonferenz der vier Siegermächte warnen: Diese Politik laufe auf die Aufrechterhaltung längst überholter wirtschaftlicher Vorrechte und auf die Aufspaltung Deutschlands und dessen schrittweisen Ausverkauf an imperialistische Interessen des Auslands hinaus. Mit dieser Entwicklung befaßte sich in Artikeln auch wiederholt Erica Glaser, die im Sommer 1945 ebenfalls aus der Schweiz nach Frankfurt gekommen war, zunächst weiterhin beim amerikanischen Geheimdienst OSS arbeitete und inzwischen Jurastudentin in Frankfurt und Redakteurin bei der Zeitschrift der KPD „Wissen und Tat" war. Sie warnte davor, Deutschlands Zukunft darauf aufzubauen, daß man einen Keil zwischen die Alliierten treibe.

Die KPD litt darunter, die Kriegsziel- und Besatzungspolitik der UdSSR — und, solange die „Anti-Hitler-Koalition" noch als existent angesehen wurde, auch der Westalliierten — rechtfertigen und teilweise geradezu glorifizieren zu müssen. Trotzdem bot ihr das Klima des „antifaschistischen Konsenses", auch zwischen den deutschen Parteien, bessere Entfaltungsmöglichkeiten als der 1947/48 offen ausbrechende Kalte Krieg. Deutschland kam in diesem Konflikt eine Schlüsselrolle zu, wobei sich die im Krieg schwer verwüstete Sowjetunion mit ihren Reparationsbedürfnissen offenbar mehrere Optionen offen hielt. Für die USA, damals einzige wirkliche Weltmacht, stellte sich das Deutschlandproblem stärker als Funktion ihrer globalen Ziele — „One World" als Ausdruck der Wiederherstellung eines einheitlichen liberalkapitalistischen Weltmarkts — dar.

Da die USA die Sowjetunion nicht zur Kooperation nach ihren Vorstellungen zu veranlassen vermochten, ergriffen sie — unter Zurückdrängung der speziellen Interessen der anderen westlichen Alliierten, namentlich Frankreichs — um die Jahreswende 1947/48 die Initiative zur Bildung eines trizonalen Separatstaats, um das westdeutsche Industriepotential der wirtschaftlichen Rekonstruktion Westeuropas dienstbar zu machen.

Obwohl schon mit dem Scheitern der Moskauer Außenministerkonferenz im März 1947 und der offensichtlich gegen die Sowjetunion gerichteten „Truman-Doktrin" aus dem gleichen Monat die Gefahren einer Spaltung Deutschlands in einen West- und in einen Ost-Teil größer geworden waren, bemühten sich die Kommunisten in den Westzonen weiterhin um Optimismus.

Es gelte zu verhindern, daß sich die Deutschen entweder dem Westen oder dem Osten anschlössen, so die Argumentation der KPD, die Maxime müsse vielmehr heißen, Verständigung mit West und Ost. Bedauert wurde, daß es bisher nicht gelungen sei, eine nationale deutsche Repräsentation zu schaffen, die sich im Namen des ganzen deutschen Volkes Gehör schaffen könne. Die Deutschen müßten versuchen, endlich aus ihrer reinen Objektrolle in der Politik herauszukommen.

Der Neigung der Kommunisten in den Westzonen, die Gefahr der endgültigen Teilung Deutschlands ein wenig zu bagatellisieren, lag sicherlich ein Teil Zweckoptimismus im eigenen Interesse zugrunde. Es wird der Versuch deutlich, die bedrohliche Vorstellung, vielleicht schon sehr bald eine ausgestossene, als feindlich betrachtete Oppositionspartei in einem eng an die Westmächte angelehnten Weststaat zu sein, zur Seite zu schieben. Es gab aber auch begründete Hoffnungen auf Überwindung der Teilung Deutschlands.

Auf Initiative der CDU-Führer in der SBZ, Jakob Kaiser und Ernst Lemmer, hatten zwischen allen Parteien Sondierungsgespräche über die Möglichkeit der Schaffung einer nationalen Repräsentation der Deutschen stattgefunden. Die SED stand diesem Plan aufgeschlossen gegenüber, die KPD begrüßte ihn, und von den Besatzungsmächten kamen vorerst keine entmutigenden Reaktionen. Obwohl auch einige führende Sozialdemokraten die CDU-Initiative begrüßten, scheiterte sie an dem Veto Kurt Schumachers, der nicht bereit war, zusammen mit der SED an einer gemeinsamen Politik mitzuwirken, solange der SPD in der SBZ keine freien Betätigungsmöglichkeiten zugestanden wurden.

Doch mit dem Scheitern dieser auf die Parteien ausgerichteten Aktion war die Möglichkeit eines koordinierten Vorgehens der Deutschen aller Zonen noch nicht gänzlich vertan. Anfang Mai 1947 nahm der bayerische Ministerpräsident Hans Ehard den Gedanken einer Zusammenkunft von Vertretern aus allen vier Besatzungszonen auf und lud seine Ministerpräsidentenkollegen zu einer Konferenz nach München ein. Nach Billigung durch die amerikanische Besatzungsmacht, die von den Absichten Ehards nicht begeistert war, konnte der bayerische Ministerpräsident am 14. Mai über Radio München erklären, die Konferenz der Ministerpräsidenten aller vier Zonen ergebe sich aus der Notwendigkeit, die wirtschaftliche Not, die Deutschland am stärksten bedränge, gemeinsam zu erörtern und nach Mitteln zu suchen, um den Ring des Elends, der das deutsche Volk umgebe, zu sprengen. Die Gefahren für Deutschland seien beträchtlich, zeigten sich doch bereits gegenwärtig in Wirtschaftsaufbau, Sozialbegriffen, Rechtstechnik und Verwaltungssystem erhebliche Unterschiede zwischen den vier Besatzungszonen.

Wie groß die Unterschiede zwischen den Zonen, aber auch zwischen ihren führenden Politikern waren, verdeutlichten die Reaktionen auf die Einladung Ehards. Die größten Widerstände gegen eine Teilnahme „ihrer" Ministerpräsidenten gingen von der französischen Besatzungsmacht aus. Die Ministerpräsidenten der französischen Zone mußten zusagen, die Konferenz sofort zu verlassen, wenn über die künftige Gestaltung Deutschlands gesprochen werden würde.

Widerstände kamen aber auch von deutscher Seite. Kurt Schumacher bestritt den Ministerpräsidenten aus der Ostzone die Legitimation und erklärte, man könne Sozialdemokraten nicht zumuten, mit Vertretern der SBZ an einem Tisch zu sitzen. Er relativierte dann seine schroff ablehnende Haltung insofern, als er einer Teilnahme der sozialdemokratischen Ministerpräsidenten unter der Bedingung zustimmte, es dürfte in München nicht über eine zukünftige Reichsverfassung diskutiert werden.

Aber auch in der SED gab es Kräfte, die Bedenken gegen die Konferenz vorbrachten. Sie befürchteten, daß hinter dieser Initiative die Absicht stecke, zu einer gesamtdeutschen Regelung zu kommen, die sich gegen die Interessen der Sowjetunion und der deutschen Kommunisten richten würde, mit der dann auch die Entwicklung in der SBZ wieder zurückgedreht werden würde. Walter Ulbricht, der führende Mann dieser Ablehnungsfraktion innerhalb der SED, reagierte schroff abweisend auf die Einladung Ehards, konnte sich aber mit seinen prinzipiellen Einwänden nur mit Abstrichen im Zentralsekretariat der SED durchsetzen. Man einigte sich vorerst darauf, die Teilnahme der Ministerpräsidenten der Ostzone, Friedrichs (Sachsen), Hoecker (Mecklenburg), Dr. Paul (Thüringen), Steinhoff (Brandenburg) und Huebener (Sachsen-Anhalt), von der Erfüllung bestimmter Vorbedingungen abhängig zu machen. Diese sollte der sächsische Ministerpräsident Friedrichs mit seinem bayerischen Amtskollegen Ehard zuvor in einem Treffen erörtern. Die Ministerpräsidenten der Ostzone wollten auf Vorschlag Ulbrichts darauf bestehen, daß auf der Konferenz in München auch Vertreter von Parteien und Gewerkschaften hinzugezogen würden. Ehard lehnte diese von Friedrichs vorgetragene Vorbedingung ab und enttäuschte ihn zudem mit der Mitteilung, daß auch über Fragen der Wiedervereinigung auf der Konferenz nicht gesprochen werden dürfte, da sonst die Ministerpräsidenten aus der französischen Zone nicht imstande seien teilzunehmen.

Obwohl diese Bedingungen den Vorstellungen der SED über den Zweck eines solchen gesamtdeutschen Treffens zuwiderliefen, faßte das Zentralsekretariat der SED den Beschluß, die Ministerpräsidenten der Ostzone nach München fahren zu lassen. Diejenigen, die die Gefahr einer Abkoppelung der SBZ von den Westzonen sahen und einer solchen Entwicklung vorbeugen wollten, hatten sich gegen Ulbricht durchgesetzt.

Die sich an diese Antwort anschließenden Diskussionen in der SED-Führung und unter den Ministerpräsidenten der Ostzone lassen sich nicht mit Sicherheit rekonstruieren. Fest steht, daß die Vorkonferenz der Bevollmächtigten der Ministerpräsidenten am 4. und 5. Juni 1947 in München offensichtlich ohne den eingeladenen, aber nicht erschienenen Vertreter der Ostzonen-Ministerpräsidenten eine vorläufige Tagungsordnung für die Konferenz erarbeitete, die vor Beginn der Tagung am Abend des 5. Juni vorlag. Da diese Tagungsordnung nur Punkte zur Überwindung der Not enthielt, die Frage der wirtschaftlichen und politischen Einheit Deutschlands jedoch genauso wenig berücksichtigt worden war wie die Schaffung deutscher Zentralverwaltungen, beantragte Hoecker im Namen seiner Ministerpräsidentenkollegen aus der SBZ als Hauptpunkt der Tagungsordnung aufzunehmen:

„Bildung einer deutschen Zentralverwaltung durch Verständigung der demokratischen Parteien und Gewerkschaften zur Schaffung des deutschen Einheitsstaats."

Als dieser Antrag von den Ministerpräsidenten der Westzonen abgelehnt wurde, war die gemeinsame Tagung bereits gescheitert. Die Versuche einzelner Vertreter sowohl aus dem Osten wie aus dem Westen, einen für alle annehmbaren Minimalkonsens für die Konferenz zu vermitteln, scheiterten insbesondere an denjenigen, die von vornherein mit Unbehagen an dieses gesamtdeutsche Unternehmen herangegangen waren. Auf Seiten der SBZ-Delegation war dies vor allem Kurt Fischer, ein enger Vertrauter Walter Ulbrichts, der als stellvertretender Ministerpräsident von Sachsen den erkrankten Friedrichs in München vertrat.
Die Leichtfertigkeit, mit der diese Chance verspielt wurde, lag nicht nur auf der Seite der SED, sie galt auch für Sozialdemokraten und Christdemokraten. So blieb die Münchener Ministerpräsidenten-Konferenz ein Intermezzo im Prozeß der Spaltung Deutschlands, ein halbherziger Versuch, der nicht wiederholt wurde, der aber die deutschen Politiker in Ost und West und die Besatzungsmächte animierte, verstärkt auf die Karte der Stabilisierung ihrer jeweiligen Zone zu setzen.
Wirklich betroffen reagierten nur die Kommunisten in den Westzonen. Für sie stellte die Trennung der Westzonen von der Ostzone eine viel größere Gefahr dar als für die Mitglieder anderer Parteien. Eine Spaltung Deutschlands mußte alle ihre Hoffnungen zerschlagen. Sie konnten sich ausrechnen, daß sie in den Westzonen über kurz oder lang in eine Lage kommen mußten, die sich nicht grundlegend von der unterscheiden würde, in der sich die einheitsunwilligen Sozialdemokraten in der SBZ befanden. Wenn sich die Gegensätze zwischen den Alliierten und damit die Gegensätze zwischen der Ostzone und den Westzonen zuspitzen sollten, würden sie zu Vertretern einer feindlichen Macht in den Westzonen werden. An diesem Punkt fanden die

sich aus den unterschiedlichen Ausgangsbedingungen ergebenden Interessen der Kommunisten in den Westzonen und in der Ostzone ihren offensichtlichsten Ausdruck. Schon vorher war in der Behandlung der deutschen Ostgrenze, der Rückführung der deutschen Kriegsgefangenen aus der Sowjetunion und selbst in der Kritik an der Politik der westlichen Besatzungsmächte und der SPD deutlich geworden, daß sich die KPD trotz der Bereitschaft zur totalen Anpassung an die Vorgaben des ZK der KPD beziehungsweise des Zentralsekretariats der SED nicht völlig auf die Berliner Linie einlassen konnte. Wenn die Kommunisten im Westen eine realistische Politik mit gewissen Erfolgsaussichten vertreten wollten, dann durfte diese nicht gänzlich an den Interessen und den Einstellungen der Bevölkerung ihrer Zonen vorbeigehen, und dann mußten sie mit bestimmten Fragen differenzierter und sensibler umgehen, als dies die Genossen im Osten taten.

Als sich mit dem Scheitern der Münchener Ministerpräsidenten-Konferenz die Teilung Deutschlands und damit die totale Isolierung der KPD in den Westzonen abzeichnete, übten führende Funktionäre der KPD erstmals dezidierte Kritik am Vorgehen der SED. Ihnen erschien das Scheitern der Münchener Konferenz durch Ulbricht geplant, zumindest sei von den Ost-Ministerpräsidenten zu wenig getan worden, um ein Scheitern zu verhindern. Neben Fritz Sperling und Hugo Ehrlich gehörte auch Leo Bauer zu den Kritikern Ulbrichts, und Leo Bauer war inzwischen nicht mehr einer von vielen mittleren Funktionären, sondern von einem führenden Regionalpolitiker in Hessen zu einem der führenden Männer der KPD geworden. Das zeigte sich nicht zuletzt daran, daß er zu den sechs Mitgliedern einer KPD-Delegation gehörte, die unter Führung von Max Reiman Anfang März 1947 auf Einladung der KP Englands nach London gefahren war, um erstmals nach dem Zweiten Weltkrieg an einem Parteitag einer ausländischen Bruderpartei teilzunehmen.

Unmittelbar nach Beendigung der Münchener Konferenz kam Walter Ulbricht in Begleitung von Friedrich Ebert nach München. Auf einer Großkundgebung versuchte er, die Schuld am Scheitern der Tagung den Ministerpräsidenten der Westzonen anzulasten. Ulbricht sei aber auch in München gewesen, so Leo Bauer, um vor den opponierenden KPD-Funktionären seine Linie zu rechtfertigen. Nach Auffassung Leo Bauers hatte Ulbricht, trotz Widerständen in der SED und trotz explizit anderer Haltung der KPD, die Konferenz in München systematisch sabotiert.

> „Ulbricht, das hat er in späteren Gesprächen offen zugegeben, wußte", schreibt Bauer, „daß die Ministerpräsidenten der anderen Zonen nicht in der Lage waren, den Abänderungsvorschlägen der sowjetzonalen Ministerpräsidenten zuzustimmen, und daß sie sich verpflichtet hatten,

auf dieser Konferenz nicht über die Wiedervereinigung zu sprechen. Er wußte es, und genau deshalb verlangte er, daß die SED-Vertreter diese Forderung anmelden sollten. Nur so konnte er erreichen, was er wollte: die Teilnahme der Ministerpräsidenten der SBZ an der Münchener Konferenz zu verhindern."

Der Versuch Ulbrichts in München, auf einer Konferenz der KPD-Funktionäre diese von seiner Linie zu überzeugen und sie zur Parteidisziplin zu zwingen, ist Leo Bauer zufolge gescheitert.

„Einmütig verteidigten die KP-Funktionäre der amerikanischen Besatzungszone ihren Standpunkt. Ulbricht reiste ergebnislos ab. Wenige Tage später wurden einige der ‚meuternden' KP-Funktionäre nach Berlin zur ‚Selbstkritik' bestellt . . . 1947 war es noch möglich", so das Fazit von Bauer, „sich einer solchen ‚bolschewistischen Selbstkritik' nicht zu beugen. Walter Ulbricht hat aber niemals die Münchener Tage vergessen. Er nahm wenige Jahre später an den Wortführern Rache. Sie wurden Opfer der Säuberungswelle in der KPD und SED."

VI. Im Netzwerk der letzten Großen Säuberung

Der unfreiwillige Neuanfang in Berlin

Seit 1946 gehörte es mit zu den Aufgaben Leo Bauers, regelmäßig in Berlin Bericht zu erstatten und Direktiven für die KPD in Hessen entgegenzunehmen. Dieses für alle Bezirke der Westzonen bestehende Kuriersystem sollte den Kontakt des Zentralsekretariats der SED zu den Parteigliederungen der KPD im Westen Deutschlands so eng wie möglich gestalten. Im Oktober 1947, auf der Rückfahrt von einer seiner Berlin-Reisen, verunglückte Leo Bauer mit dem Auto in der Nähe von Eisenach schwer. Mit lebensgefährlichen Verletzungen kam er dort, im sowjetisch besetzten Teil Deutschlands, in ein Krankenhaus. Mit diesem Unfall fand seine Karriere als Spitzenfunktionär der westdeutschen KPD ein Ende.

Nach wochenlangem Krankenhausaufenthalt in Eisenach verlegte man Bauer in die berühmte Charité nach Berlin. Die Erwartung der hessischen KPD, er würde bald wieder nach Frankfurt zurückkehren können, erfüllte sich nicht. Am 21. Januar 1948 beantragte Walter Fisch in seiner Funktion als Landesvorsitzender der KPD Hessen bei der amerikanischen Militärregierung in Frankfurt die Ausstellung von drei Interzonenpässen für die Sekretäre der hessischen KPD Heinrich Studer und Josef Hartmann sowie für den Fahrer Bernhard Clemens, da sie vom Landesvorstand der Partei beauftragt worden seien, in Berlin mit Leo Bauer „Rücksprache zu nehmen." In dem Brief Fischs an die Militärregierung heißt es weiter:

> „Diese Rücksprache ist deshalb dringend notwendig, weil Leo Bauer infolge seines Autounfalls sich einer zweiten Operation in Berlin unterziehen muß und dadurch für längere Zeit an der Ausübung seiner Tätigkeit verhindert ist. Die Obengenannten sind beauftragt, alle Angelegenheiten mit ihm durchzusprechen, damit die Parlamentstätigkeit reibungslos durchgeführt werden kann und keine Unterbrechung erfährt."

Das Gespräch ergab, daß Bauer aufgrund seiner Verletzungen der hessischen Partei für längere Zeit nicht zur Verfügung stehen würde. Er blieb aber

vorerst weiterhin offiziell Mitglied des Hessischen Landtages, allerdings zeichnete bereits für das Februar-Heft 1948 der Zeitschrift „Wissen und Tat" Ernst Eichelsdörfer anstelle von Bauer als verantwortlicher Herausgeber.
Nicht nur wegen seiner Verletzungen war die Situation Leo Bauers in den folgenden Monaten alles andere als ermutigend. Er bekam ein Zimmer in der Charité zugewiesen und hatte sich, nicht besonders großzügig von der Partei unterstützt, in Berlin zurechtzufinden. Da er sich dort nur zur medizinischen Behandlung aufhielt, wurde zwar alles für seine Wiederherstellung getan, der gewohnte Lebensstil war aber nur mit Schwierigkeiten aufrechtzuerhalten. Bauer erhielt sein monatliches Gehalt von 300 RM, was der Spitzenverdienst von KPD-Funktionären in Hessen gewesen war — ein Facharbeiter verdiente etwa zwei Drittel davon —, in Berlin nicht mehr gezahlt, und seine Freundin Gitta Dubro hatte in erster Linie den gemeinsamen Lebensunterhalt zu bestreiten.
Im Sommer 1948 trat Bauer einen mehrwöchigen, von der Partei finanzierten und organisierten Erholungsurlaub an, der ihn in die Tschechoslowakei, in die Hohe Tatra, führte. Erst danach hatten sich die Pläne der SED über seine weitere Verwendung so weit konkretisiert, daß er in Berlin eine Aufgabe beim Aufbau des Rundfunks erhielt, ohne daß damit allerdings endgültig über seine Zukunft entschieden war. Er hoffte, demnächst wieder nach Hessen an seine Arbeit zurückkehren zu können.
Bauers Arbeit beim Rundfunk begann zu einer Zeit, in der die SED und die gesellschaftliche Entwicklung in der SBZ an einem Wendepunkt standen. Nach der Errichtung der britisch-amerikanischen Bizone, nach der Ankündigung der Marshall-Plan-Hilfen und deren Ablehnung durch die Sowjetunion und daran anschließend durch alle osteuropäischen Staaten, einschließlich des sowjetisch besetzten Teils Deutschlands, markierte die Londoner Außenministerkonferenz vom November/Dezember 1947 das offensichtliche Ende der Eintracht der Siegermächte in Deutschland und ihres Bemühens um einen gemeinsamen Weg. Von dieser Zeit an gingen die Westmächte verstärkt an den Aufbau einer westdeutschen Bundesrepublik als integralen Bestandteil eines kapitalistisch rekonstruierten Westeuropas, und die Sowjetunion tat alles, ihren Einflußbereich in Osteuropa abzusichern. Der SBZ mußte dabei nach Lage der Dinge eine zentrale Rolle zufallen.
Die drohende Spaltung Deutschlands in zwei Staaten, die aufgrund ihrer jeweiligen außenpolitischen Bindungen in verschiedenen, gegensätzlichen Lagern stehen würden, veranlaßte die SED-Führung, ihre bisherige Politik nach und nach zu ändern. Dabei ging es ihr offensichtlich darum, die Gefahren, die sich aus der absehbaren Spaltung für die bestehende politische Ordnung in der SBZ ergeben könnten, von vornherein so gering wie möglich zu halten. Die Landtagswahlen vom 20. Oktober 1946 hatten gezeigt, daß sich die

SED durchaus nicht als legitimierte Alleinherrscherin in der SBZ betrachten durfte. Trotz der massiven Unterstützung durch die Sowjetische Militäradministration in Deutschland (SMAD) und trotz ihrer starken und einflußreichen Stellung im öffentlichen Leben hatte die SED mit 47,5 % der Stimmen die absolute Mehrheit verfehlt. LDP (24,6 %) und CDU (24,5 %) waren zusammen sogar ein wenig stärker, allerdings konnten die 3,4 %, die auf die ebenfalls kandidierenden Massenorganisationen, wie zum Beispiel den Demokratischen Frauenbund Deutschlands, entfallen waren, noch der SED zugerechnet werden.

Ein fast traumatisches Erlebnis dürfte für die SED jedoch der Ausgang der ebenfalls am 20. Oktober 1946 stattfindenden Wahlen zur Berliner Stadtverordnetenversammlung gewesen sein. Dort, wo die SPD als eigenständige Partei kandidiert hatte und die Vormachtstellung der SED aufgrund der Anwesenheit der Westmächte zumindest stark eingeschränkt war, wurde sie hinter der SPD (48,7 %) und der CDU (22,2 %) mit 19,8 % (LDP: 9,3 %) auf den dritten Platz verwiesen.

Die Vormachtstellung der SED in der SBZ konnte also noch nicht als gesichert, zumindest nicht als ungefährdet angesehen werden, wobei nicht vergessen werden darf, daß rund die Hälfte ihrer Mitglieder frühere Sozialdemokraten waren, die nicht plötzlich durch ihre Mitgliedschaft in der SED zu überzeugten Anhängern der Politik geworden waren, für die Wilhelm Pieck und Walter Ulbricht standen. Daher galt gerade früheren Sozialdemokraten das Mißtrauen der Kommunisten.

Die Aussicht, daß die im Juni 1945 proklamierte „antifaschistisch-demokratische Umwälzung", die sich in der Blockpolitik, in Verwaltungs-, Schul- und Justizreformen, in der Bodenreform und in den Verstaatlichungen der Großindustrie bereits manifestiert hatte, nur in dem Teil Deutschlands durchführbar sein würde, in dem die Sowjets als Besatzungsmacht fungierten, ließ die SED Kurs auf eine Integration der SBZ in das System der eng mit der Sowjetunion verbundenen osteuropäischen Volksdemokratien nehmen. Maßnahmen auf dem Wege dahin waren 1. die Ausschaltung aller oppositionellen Kräfte, 2. die Umstrukturierung der SED zu einer „Partei neuen Typs" und 3. die beschleunigte soziale Transformation der SBZ ohne Rücksicht auf den Stand der Arbeiterbewegung in Westdeutschland.

In der Entwicklung des Rundfunks in der SBZ und in der Medienpolitik der SED spiegelten sich auch die daraus resultierenden Konflikte zwischen den Siegermächten und zwischen den deutschen Parteien wider.

Der Berliner Rundfunk

Der „Berliner Rundfunk" begann bereits am 13. Mai 1945 wieder mit seiner Sendetätigkeit, zu einer Zeit also, in der allein die Sowjets als Siegermacht in Berlin präsent waren. Er hatte seinen Standort im Westteil der Stadt, in der Masurenallee in Berlin-Charlottenburg (dem heutigen Sitz des „Senders Freies Berlin") und unterstand der Kontrolle der SMAD.
Die Versuche der Westmächte nach ihrem Einmarsch in die ehemalige Reichshauptstadt, den „Berliner Rundfunk" unter Vier-Mächte-Verwaltung zu stellen, was sie erstmals im Herbst 1945 forderten, scheiterten am sowjetischen Widerstand. Mit der Zuordnung des gesamten Rundfunkwesens der SBZ zur Deutschen Zentralverwaltung für Volksbildung am 21. Dezember 1945 sorgte die SMAD vielmehr dafür, daß der „Berliner Rundfunk" fest in ihrer und in der Hand der KPD verblieb. Obwohl sich der Sender bis in das Jahr 1946 bemühte, politische Ausgewogenheit zu demonstrieren, ließ sich unschwer feststellen, daß er sich dem Programm der KPD verpflichtet fühlte. Solange das von den Kommunisten initiierte System des Blocks der vier zugelassenen Parteien einigermaßen funktionierte, konnte der Eindruck einer gewissen parteipolitischen Ausgewogenheit aufrecht erhalten werden; aber bereits die Vereinigung von KPD und SPD im Frühjahr 1946 brachte die ersten Konflikte mit den oppositionellen, einheitsunwilligen Sozialdemokraten in Berlin.
Nach den Wahlen vom Oktober 1946 spitzten sich die Gegensätze insbesondere zwischen der SPD und dem „Berliner Rundfunk" zu, aber auch die Amerikaner beobachteten mit Mißtrauen die zunehmenden Angriffe auf ihre Politik. Die Berliner SPD, die sich nicht nur erfolgreich den Einigungsbestrebungen der KPD und eines Großteils ihrer Führung widersetzt hatte, sondern wider Erwarten überlegen die stärkste Partei bei den ersten Wahlen geworden war, fühlte sich, selbstbewußter geworden, mehr und mehr vom „Berliner Rundfunk" diskriminiert und lehnte es bereits unmittelbar nach ihrem Wahlsieg ab, zukünftig Übertragungen ihrer Veranstaltungen zuzulassen, „solange der Rundfunk diese Sendungen in der bisherigen, entstellenden Weise beschneidet." Als aus der Neujahrsrede des Berliner SPD-Vorsitzenden Franz Neumann ein Absatz gestrichen wurde, verzichtete Neumann auf deren Verlesung und erklärte noch im Januar 1947: „Solange diese Leute ihre Hetze weiter betreiben, wird kein Sozialdemokrat mehr in diesem Sender sprechen."
Diese Absage fiel den Sozialdemokraten dadurch ein wenig leichter, daß die Amerikaner bereits im September 1946 nach dem Scheitern neuerlicher Versuche, den „Berliner Rundfunk" unter die Kontrolle aller vier Mächte zu stellen, mit dem Aufbau eines eigenen Senders (RIAS) begonnen hatten und auch die Engländer eine Berliner Nebenstelle des Nordwestdeutschen Rund-

funks (NWDR) errichtet hatten. Die Monopolstellung des „Berliner Rundfunks" war also gebrochen. Das änderte aber nichts daran, daß der Sender nach wie vor durchaus beliebt war und viele Hörer wohl auch nicht wußten, daß aus dem Haus in der Masurenallee im Britischen Sektor ein unter der Kontrolle der SMAD und der SED entstandenes Programm ausgestrahlt wurde. Daß mehr als die Hälfte der Hörer des „Berliner Rundfunks" in Berlin ein Zuviel an politischer Propaganda beklagte, lag weniger an der Ausrichtung der Sendungen, als daran, daß die Berliner offensichtlich genug von der Politik hatten, zumindest beim Radiohören den Musiksendungen eindeutig den Vorzug gaben. Die Klage, im Radio sei zuviel politische Propaganda zu hören, äußerten auch diejenigen Berliner, die den RIAS oder den NWDR einschalteten. Bei 2,2 Millionen Rundfunkgeräten in der SBZ war der Einfluß des „Berliner Rundfunks" beträchtlich, vor allem deshalb, weil die Sender der Westmächte nicht über seine technische Ausstattung verfügten und auch nicht die Sendezeit füllten, so daß sie vorerst keine wirkliche Konkurrenz darstellten.

Die Ende 1946 beginnenden und im Dezember 1948 mit der Sprengung der Tegeler Sendetürme durch französische Pioniere auf ihrem Höhepunkt angelangten Störaktionen der Westmächte waren nicht nur Ausdruck ihres Unmuts über die Weigerung der Sowjets, gemeinsam Rundfunkpolitik in Berlin zu betreiben, sondern auch der Versuch, den „Roten Sender" direkt zu treffen und seine Arbeitsbedingungen zu erschweren. Immer deutlicher spiegelten sich im Rundfunk die politischen Konflikte in Deutschland wider, in deren Mittelpunkt nicht selten Berlin stand.

Obwohl unter der Intendanz des Kommunisten Heinz Schmidt, der bis dahin Chefredakteur des Senders und Leiter der Abteilung Tagesfragen gewesen war und am 1. August 1947 Max Seydewitz ablöste, versucht wurde, das Programm des „Berliner Rundfunks" lockerer und populärer zu gestalten, ließ sich die Behauptung, der Sender stünde in keiner Weise in dem Dienst einer Partei, immer weniger in der Praxis unter Beweis stellen. Als sich Ende 1947 das Verhältnis der SED zur Ost-CDU verschlechterte, schlug sich das auch in der Behandlung führender Christdemokraten im Sender nieder. Die drei in der SBZ zugelassenen Parteien (SED, CDU, LDP) hatten zwar wöchentlich zehn Minuten Sendezeit in der Sendung „Tribüne der Demokratie" zur Verfügung, im Konfliktfall konnte dies aber, wie sich jetzt zeigte, leicht rückgängig gemacht werden. Anlaß war die Weigerung der CDU-Führung mit Jakob Kaiser an der Spitze, sich an der „Volkskongreß"-Bewegung zu beteiligen. Hier hatte die SED den Gedanken Jakob Kaisers vom Jahresbeginn aufgenommen, eine nationale Repräsentation der Deutschen zu schaffen, die bei den Verhandlungen der Siegermächte ein deutsches Votum mit Gewicht vertreten sollte. Bei der Brisanz der auf der Londoner

Außenministerkonferenz im Dezember 1947 anstehenden, Deutschland betreffenden Fragen sei es unbedingt erforderlich, daß dort eine deutsche Delegation mit Nachdruck deutsche Interessen zum Ausdruck bringe, insbesondere gegen die Spaltung des Landes Stellung nehme.

Da nach dem Scheitern der Münchener Ministerpräsidenten-Konferenz und noch viel mehr angesichts der Haltung der Parteien in den Westzonen zum Marshall-Plan abzusehen war, daß die Initiative der SED wohl fast ausschließlich auf die SBZ beschränkt bleiben würde, lehnte die ostdeutsche CDU-Führung das Vorgehen der SED als sinnlos und schädlich für die deutsche Einheit ab. Das hinderte die SED nicht daran, zu einem „deutschen Volkskongreß für Einheit und gerechten Frieden" nach Berlin einzuladen, dessen Aufgaben darin bestehen sollte, dem Willen Deutschlands zu Frieden, Einheit, Demokratie und Freiheit Ausdruck zu geben und eine Delegation für die Außenministerkonferenz in London zu wählen.

Gegen die opponierenden Christdemokraten wurde repressiv vorgegangen: Der Beitrag des CDU-Politikers Prof. Emil Dovifat für die Sendung „Tribüne der Demokratie" wurde mit einer wenig stichhaltigen Begründung nicht gesendet, auch Presseveröffentlichungen der unliebsamen CDU-Führung wurden zum Teil unmöglich gemacht. Mit der dann folgenden Absetzung Jakob Kaisers als Führer der CDU in der SBZ nahm die Ausschaltung dieser selbständigen bürgerlichen Partei durch die SMAD und die SED ihren Anfang. Das führte innerhalb weniger Wochen dazu, daß von der Autonomie der Ost-CDU fast nichts mehr übrig geblieben war. Mit der Gründung von zwei neuen bürgerlichen Parteien, der Nationaldemokratischen Partei Deutschlands (NDPD) und der Demokratischen Bauernpartei Deutschlands (DBD) im Juni 1948, fanden die Maßnahmen gegen die CDU ihren Abschluß. Zweck der neuen Parteien war es, das bürgerliche Lager weiter zu zersplittern und durch Aufnahme von NDPD und DBD in den Parteien-Block dort den Einfluß von CDU und LDP weiter zu schwächen, denn die Führungen der beiden Neugründungen galten als sichere Parteigänger der SED. (Die NDPD sollte besonders nationalistische Bevölkerungsgruppen binden).

Der „Deutschlandsender"

Die Auseinanderentwicklung der Besatzungszonen und die absehbare Vertiefung der deutschen Teilung veranlaßten die SED, in ihrer Medienpolitik größeres Gewicht auf die Berücksichtigung der Westzonen zu legen. Waren 1946 von den Sowjets die Ansprüche der Westmächte, den „Berliner Rundfunk" unter die Kontrolle aller Besatzungsmächte in Berlin zu stellen, noch mit dem Argument abgelehnt worden, der Sender sei für die SBZ zuständig und falle daher allein in den Kompetenzbereich der SMAD, so zählten solche formalen Begründungen in der Zeit des beginnenden Kalten Kriegs nicht mehr.

Mit der Inbetriebnahme einer stärkeren Sendeanlage im Sommer 1946 war, Regionalsender oder nicht, der „Berliner Rundfunk" auch in den Westzonen zu empfangen. Es war wohl kein Zufall, daß ab Ende März 1947, in der Zeit der sich zuspitzenden Auseinandersetzungen zwischen der Sowjetunion und den Westmächten, das Zentralorgan der SED, das „Neue Deutschland", dazu überging, den Abdruck des täglichen Programms des „Berliner Rundfunks" nun auch mit den Frequenzangaben zu versehen, auf denen der Sender auf Mittelwelle und Kurzwelle zu empfangen war, später kam die Angabe der Langwelle hinzu.

Anfang 1948 wurde beim „Berliner Rundfunk" eine Westabteilung eingerichtet, die dem Intendanten Heinz Schmidt unterstand und ihre Anweisungen direkt vom ZK der SED bekam. Ohne propagandistischen Aufwand ging man in aller Stille daran, ein Sonderprogramm für die Westzonen zu konzipieren. Zu diesem Zweck bemühte man sich um Journalisten, die den Westen tatsächlich aus eigener Erfahrung kannten. Unter anderen kamen Karl-Eduard von Schnitzler, bisher Kommentator beim NWDR in Köln, und Herbert Gessner, in der gleichen Funktion bei Radio München tätig, nach Berlin. Nach seinem Erholungsaufenthalt in der Hohen Tatra gehörte auch Leo Bauer zu dieser „Westabteilung". Im Sommer 1948 verfügte der jetzt so genannte „Deutschlandsender" noch nicht über ein eigenständiges Programm; sein Wirken bestand zuerst darin, daß er im Rahmen des „Berliner Rundfunks" die Sendung „Wir sprechen für Westdeutschland" und einen „Suchdienst für Heimkehrer" beisteuerte.

Eine Veränderung der Medienlandschaft kündigte sich der Öffentlichkeit erstmals dadurch an, daß die Programmankündigungen des „Berliner Rundfunks" in der Zeitschrift „Der Rundfunk" vom 27. Juni 1948 an auch für den „Deutschlandsender" galten. Erst mit der Einführung des Winterprogramms 1948/49 am 3. Oktober 1948 stellte sich der „Deutschlandsender" mit eigenem Programm und eigenem Pausenzeichen vor. Anfang November erklärte der Generalintendant des Rundfunks in der SBZ, Hans Mahle, das Hauptgewicht der Medienarbeit im Bereich des Rundfunks liege zur Zeit „im Ausbau des eigenen Programms im Deutschlandsender und in der weiteren Vervollkommnung der Sendungen." Den Start des „Deutschlandsenders" hatte der in West-Berlin erscheinende „Tagesspiegel" unter der Überschrift: „Mißbrauch des Gastrechts — Kommunistisches Radio im britischen Sektor nennt sich ‚Deutschlandsender'" gemeldet. Der Intendant des „Berliner Rundfunks" habe mitgeteilt, nationale Politik sei die Aufgabe des neuen Senders.

Der für den weiteren Aufbau und Ausbau des „Deutschlandsenders" zuständige Mann war Leo Bauer. Er hatte inzwischen mit seiner Freundin, die er am 28. Januar 1949 heiratete, ein Haus in dem westlich Berlins liegenden Villenvorort Glienicke bezogen und begriff seine neue Aufgabe vorerst als eine vorübergehende. Man kann wohl davon ausgehen, daß Leo Bauer seinen Einsatz beim Rundfunk nicht nur als Auszeichnung durch die Partei auffaßte. Er erwartete, seine frühere Stellung in der hessischen und westdeutschen KPD bald wieder einnehmen zu können. Anfang 1949 wurde diese Hoffnung zerschlagen. Er erhielt den Parteibefehl, ganz nach Berlin überzusiedeln, er sollte Chefredakteur des „Deutschlandsenders" werden.
Nach der Erinnerung seiner Frau Gitta war Bauer aus mehreren Gründen über diese Entwicklung nicht glücklich: Als Chefredakteur beim „Deutschlandsender" war er aus der engeren Parteiführung „praktisch raus", auch wenn die Stelle von der SED vergeben worden war. Auf der Karriereleiter, im Ansehen und in den Machtbefugnissen hatte Bauer, verglichen mit seiner Zeit in Hessen, einen Abstieg erlebt. Zudem hatte er fast ein schlechtes Gewissen, seinen Genossen in Hessen seine endgültige Übersiedelung nach Berlin zu gestehen, ihnen klar zu machen, daß er nicht freiwillig, von sich aus ging und sie im Stich ließ, sondern allein auf Anweisung der Parteispitze handelte. Verständlicherweise erschien vielen Kommunisten im Westen, verglichen mit ihrer zunehmend hoffnungslosen Isolierung, die Funktionärsarbeit in der SBZ inzwischen wie das Paradies, so daß diejenigen, die in die SBZ gingen, je nachdem, beneidet oder als Verräter angesehen wurden. Ein eigenmächtiger Umzug von den Westzonen in die Ostzone war den KPD-Mitgliedern durch Parteibeschluß verboten. Bei der Vorstellung, was die Genossen in Hessen wohl denken würden, als er im Juni 1949 sein Landtagsmandat in Hessen niederlegte und den Posten des Chefredakteurs antrat, fühlte Bauer sich unwohl. Bezeichnenderweise blieb er in Frankfurt als Untermieter bei einer Genossin polizeilich gemeldet.
Trotz der Belastungen, die die neue Tätigkeit mit sich brachte — dazu gehörte auch, daß er sich auf dem für ihn unbekannten Gebiet der Rundfunkarbeit zurechtfinden mußte —, ging Bauer mit Elan und Engagement an die Arbeit. Er versuchte mit gewissem Erfolg, Mitarbeiter seines Vertrauens einzustellen und auch, seine Vorstellungen von der Funktion des „Deutschlandsenders" zur Geltung zu bringen.
In seinen Erinnerungen hat Leo Bauer stets betont, die SED habe ihn allein deshalb zum „Deutschlandsender" abkommandiert, um ihn besser unter Kontrolle zu haben. Denn er habe im Verdacht gestanden, zu den Kommunisten zu gehören, die sich aufgrund ihrer in der Westemigration bewahrten Unabhängigkeit des Denkens am ehesten in Opposition zur SED-Linie stellen könnten. Es kann kein Zweifel bestehen, daß Bauer in seiner neuen Tätigkeit

sehr bald mit Untersuchungen der Partei konfrontiert war, die sich mehr oder weniger direkt gegen seine Person richteten. Er bekam zu spüren, daß in Berlin andere Bedingungen herrschten als die, die er in Hessen erlebt hatte. Hinzu kam, daß durch die Umstrukturierung der SED und durch die Änderung ihrer Politik inzwischen ein schärferer Wind wehte.
Nach der weitgehenden Ausschaltung der bürgerlichen Parteien als selbständige Faktoren im politischen Leben der SBZ ging die SED daran, sich durch Umstrukturierung zu einer „Partei neuen Typs" von sozialdemokratischen Relikten und anderen, ihr unliebsamen Elementen zu befreien. In einer Entschließung des Parteivorstands vom Juli 1948 ging es um „Anweisungen für die organisatorische Festigung der Partei und für ihre Säuberung von feindlichen und entarteten Elementen", darin heißt es:

> „Ein beschleunigtes Ausschlußverfahren ist gegen folgende Kategorien von Mitgliedern durchzuführen:
> Mitglieder, die eine parteifeindliche Einstellung vertreten; Mitglieder, die eine sowjetfeindliche Haltung bekunden; Mitglieder, die an Korruptionsaffären, Schiebereien, kriminellen Verbrechen direkt oder indirekt beteiligt sind; Mitglieder, die über ihre politische Vergangenheit in der Nazizeit wahrheitswidrige Angaben gemacht haben; Mitglieder, bei denen begründeter Verdacht besteht, daß sie im Interesse parteifeindlicher Kräfte (Agenten des Ostsekretariats der SPD) oder als Spione und Saboteure fremder Dienste in der Partei wirken."

Dieser Beschluß ist ein anschauliches Dokument dafür, daß die Zeit der „Halbheiten" für die SED endgültig vorbei war und daß sie bereit war, rigoros gegen alle, die nicht eindeutig genug Partei ergriffen, vorzugehen. Nach Schätzungen sind zwischen 1948 und 1950 etwa 200.000 Mitglieder aus der SED entfernt worden oder ausgetreten. Seit dem Auszug der Sowjets aus den Vier-Mächte-Gremien in Berlin, seit der Währungsreform und der Blockade über Berlin hieß auch der offiziell verkündete Kurs der SED: engste Anlehnung an die Sowjetunion und Nacheifern ihres Vorbilds.
Die von Anton Ackermann im Namen der KPD im Februar 1946 entwickelte Theorie des „besonderen deutschen Weges zum Sozialismus", die wesentlich dazu beitrug, die Bedenken vieler zweifelnder und zögernder Sozialdemokraten bei der bevorstehenden Gründung der SED zu verringern, wurde fallengelassen. Ackermann hatte Selbstkritik zu üben. In einem Artikel im „Neuen Deutschland" vom 24. September 1948 setzte er sich mit den Beschlüssen des Parteivorstandes der SED vom 16. des Monats auseinander, in denen es unter anderem hieß:

> „Der Versuch, einen ... besonderen deutschen Weg zum Sozialismus

zu gehen, würde dazu führen, das große historische Beispiel der Sowjetunion zu mißachten... Das würde ein Abgleiten in den westeuropäischen Scheinsozialismus, das heißt, in den Opportunismus und Nationalismus, sein."

Seine frühere Theorie vom „deutschen Weg zum Sozialismus" bezeichnete Ackermann jetzt als „unbedingt falsch und gefährlich". Sie habe „schwankende und unklare Elemente" daran gehindert, die richtige Position zu finden.

„Im Kampf um die Partei neuen Typus", schließt Ackermann seine selbstkritischen Überlegungen in der Sprache der Inquisition, „muß deshalb vor allem diese ernste ‚theoretische' Entgleisung liquidiert und bis auf den letzten Rest ausgemerzt werden." In diesem Kampf gegen „Sozialdemokratismus", „Trotzkismus" und „Titoismus" als vermeintliche Agenturen des amerikanischen Imperialismus, in dem Bemühen um den Beweis der engsten Verbundenheit mit der Sowjetunion mußte Leo Bauer seinen Platz finden. Und nicht nur das, er war als Chefredakteur für die Umsetzung der SED-Linie in den Sendungen für die 1949 gegründete Bundesrepublik Deutschland verantwortlich.

Zentrale Elemente des Selbstverständnisses des „Deutschlandsenders" lassen sich beispielhaft aus der Vorankündigung einer neuen Sendung entnehmen. Die neue Sendereihe, die Mitte November 1948 begann, jeden Montag ausgestrahlt wurde und auf Monate hinaus geplant war, hatte den Titel: „Ein Sechstel der Erde". Die Intention des „Deutschlandsenders" sei es, so war in der Programmzeitschrift „Der Rundfunk" zu lesen, durch diese Sendung Vorurteile über die Sowjetunion, über die dort lebenden Menschen und über den Bolschewismus abzubauen. Im Namen des Antibolschewismus werde bereits wieder eine Politik betrieben, „die unserem Volk, die Deutschland mehr schadet als der Sowjetunion." Sich dieses Themas anzunehmen, sei gerade im Hinblick auf die Entwicklung in den Westzonen von besonderer Bedeutung.

> „... in der Ostzone und in Berlin helfen Publikationsmöglichkeiten, vor allem aber der sich immer mehr anbahnende direkte Kontakt von Mensch zu Mensch, von Volk zu Volk, langsam die Wahrheit über die Sowjetunion und über den Sowjetmenschen kennen zu lernen. Für den Westen ist dagegen der Deutschlandsender für diejenigen, die auf ein selbständiges Urteil nicht verzichten möchten, eine der wenigen Informationsquellen."

Leo Bauer hatte die Vorstellung, der „Deutschlandsender" habe als Rundfunk für die Westzonen beziehungsweise für die Bundesrepublik in aller erster Linie Sprachrohr der KPD (nicht der SED) zu sein und damit besonders auf die spezifische Situation und Politik der Kommunisten im Westen Rücksicht zu nehmen. Damit geriet er aber sehr bald in Konflikt mit dem ZK der SED. Beispielhaft dafür ist ein Vorfall im Sommer 1949, an den sich Rudolf Maerker, ein enger Mitarbeiter Bauers beim „Deutschlandsender", erinnert. Die SED hatte im Prozeß der Einbindung der SBZ in die osteuropäischen Volksdemokratien ihre ursprünglichen Vorbehalte gegen die Festschreibung der Oder-Neiße-Linie als deutsche Ostgrenze aufgegeben und bezeichnete sie jetzt als „endgültige Friedensgrenze" zwischen Deutschland und Polen. Max Reimann, der Vorsitzende der KPD, nahm einen Besuch in Berlin zum Anlaß, Leo Bauer in seiner Funktion als Chefredakteur des „Deutschlandsenders" zu bitten, die Propagierung der neuen deutschen Ostgrenze in den Sendungen für die Westzonen zumindest ein wenig einzuschränken, da die Revision der bisherigen Linie in dieser Frage zum Ergebnis haben könne, daß die KPD bei den bevorstehenden Wahlen zum ersten deutschen Bundestag eine schwere Niederlage erleide. Leo Bauer, der dem KPD-Vorsitzenden trotz der Prager Ereignisse vom Frühjahr 1939 (siehe oben, S. 77) freundschaftlich verbunden war, entsprach Reimanns Bitte. Sei es, daß er die Reaktion der SED-Führung unterschätzte, sei es, daß er glaubte, in diesem Konflikt zwischen SED-Interessen und KPD-Interessen habe er sich, gestützt auf eine Rückendeckung durch den KPD-Vorsitzenden, hinter die westdeutschen Kommunisten zu stellen; Bauer erließ eine interne Anweisung für die Mitarbeiter des „Deutschlandsenders", die Oder-Neiße-Linie als deutsche Ostgrenze vorerst nicht mehr in den Sendungen zu behandeln. In dem sich daraus ergebenden Konflikt geriet Bauer mehr und mehr ins Schußfeld parteiinterner Kritik. Da sich Max Reimann von ihm distanzierte, was die Freundschaft zwischen den beiden beendete, stand Bauer isoliert und völlig allein da, sein Tun erschien als eigenmächtiges Handeln eines oppositionellen Einzelgängers.

Dabei kam erschwerend hinzu, daß Leo Bauer bereits in Hessen wegen einer Äußerung zur Oder-Neiße-Linie Schwierigkeiten gehabt hatte. Bauer will 1946 in einer öffentlichen Veranstaltung, als ihm eine auf die Endgültigkeit der Grenzziehung abhebende Äußerung des sowjetischen Außenministers Molotow vorgehalten wurde, geantwortet haben, er könne die Position Molotows verstehen, aber nicht teilen. Diese Stellungnahme widersprach nicht der damaligen KPD-Linie. Aus den Reihen der KPD ist auch keine Kritik daran bekannt. Wohl aber — so berichtet Bauer — sei er von dem zuständigen amerikanischen Besatzungsoffizier vorgeladen und wegen Kritik an einem Alliierten verwarnt worden.

Seit Sommer 1949 nahmen die Vorwürfe gegen den Chefredakteur Bauer auch in den Redaktionskonferenzen des Senders zu. Ein Mitarbeiter, der als Vertrauter Walter Ulbrichts galt, kritisierte öffentlich Bauers politische Auffassungen und warf ihm seinen privaten Lebenswandel vor, der einem Kommunisten nicht angemessen sei. Obwohl diese massive Form der Auseinan-

dersetzungen bei Bauer Besorgnis über seine Stellung in der Partei und im Sender hervorrufen mußte, versuchte er die Vorgänge damit zu bagatellisieren, daß er die ganze Affäre als kleinliche Intrige Ulbrichts abtat.
Bauer hatte kein schlechtes Gewissen, er war sich keines oppositionellen Vergehens gegen die Partei bewußt, das ihn außerhalb der kommunistischen Gemeinschaft gestellt hätte. Ihm schienen seine Auffassungen genauso mit den Interessen und der Linie der SED/KPD vereinbar wie die der Ulbricht, Matern oder Mielke.
Man wird Bauer nicht Unrecht tun, wenn man feststellt, daß er versuchte, seine Arbeit beim „Deutschlandsender" so zu tun, daß die SED-Führung zufrieden war und sich der Druck, dem er ausgesetzt war, abschwächte. Es mag sein, daß er bestimmte Richtlinien in der Arbeit nur widerwillig befolgte, wenn deren Konsequenz beispielsweise hieß, bei jeder sich bietenden Gelegenheit und sei es bei einem Boxkampf, die richtige politische Linie zu propagieren, was sich, folgen wir der Glosse eines westlichen Journalisten, dann so anhörte:

> „Hein ten Hoff kämpft gegen Wilson Kohlbrecher und der Sportsprecher von Radio Berlin, ein ehemaliger Olympiakämpfer übrigens, berichtet darüber. Er berichtet gut. In der zweiten Runde geht Kohlbrecher K.O. und nun kommt die Überraschung. Statt mit seinem Mikrophon in den Ring zu eilen, muß der Sportsprecher von Radio Berlin dem Chefredakteur des ‚Deutschlandsenders' das Wort übergeben: ‚Was sagen Sie nun zu dieser Veranstaltung, Herr Bauer?' Und Bauer sagt, daß diese Sportveranstaltungen eigentlich nur dem Zwecke dienen, die Massen von ihrer Not abzulenken. Er flüstert ins Mikrophon einige Zitate aus der Sonntagsnummer des ‚Neuen Deutschland' über die geplante Sprengung des Lorelei-Felsens, spricht davon, daß Amerika Korea angegriffen habe, und wenn der Beifall im weiten Rund der Boxarena schwillt, dann wagt er auch laut zu sprechen."

Es mag sein, daß Leo Bauer das bis an die Grenze der Lächerlichkeit gehende Absurde seiner Arbeit und der Politik der SED hier genauso bewußt wurde, wie am Tag des 70. Geburtstags von Josef Stalin, als, auf seine Anordnung hin, „selbst in der Frühgymnastik-Stunde des großen Stalin gedacht wurde." Diesen Geburtstag nahm Generalintendant Hans Mahle im übrigen zum Anlaß, in einem Glückwunschtelegramm Stalin und dem Sowjetvolk im Namen aller Rundfunkmitarbeiter für das Vertrauen zu danken, das der jungen deutschen Demokratie dadurch erwiesen worden sei, daß ihr der Weg zur Gründung der Deutschen Demokratischen Republik eröffnet worden sei.

> „Wir Mitarbeiter des deutschen demokratischen Rundfunks verspre-

chen Ihnen, uns dieses Vertrauens würdig zu erweisen und uns kompromißlos für die engste, herzlichste und immerwährende Freundschaft unserer beiden Völker einzusetzen."

Mit welchen Vorbehalten Leo Bauer seine Rolle als Chefredakteur des „Deutschlandsenders" auch ausfüllte, er hatte zu dieser Zeit noch nicht den Abstand zu und die ideologischen Probleme mit der SED, um sich von ihr zu lösen, gar um gegen sie oppositionell zu wirken oder sich nach West-Berlin oder in die Bundesrepublik abzusetzen. Der Druck, dem er ausgesetzt war, nahm dennoch ständig zu. Darüber konnte auch nicht hinwegtäuschen, daß er zu den Privilegierten der SBZ/DDR gehörte, mit einem Haus in einem Villenvorort, mit einer Hochzeitsreise in den Schwarzwald an den Titisee, wofür ihm die Partei sogar einen „Horch 8" mit Fahrer zur Verfügung stellte. Bauer ignorierte die Anzeichen wachsender Gefährdung und versuchte, sich in seiner Arbeit zu profilieren. Eine Konferenz der Mitarbeiter des „Deutschlandsenders" und dessen Korrespondenten in den Westzonen, die am 12. und 13. August 1949 in Berlin stattfand, bot ihm die Gelegenheit, erstmals im größeren Rahmen seine Vorstellungen über Rundfunkarbeit vorzustellen. Die Friedenssehnsucht der Menschen sei, so Bauer, der Hebel, um die Hörer zu veranlassen, sich mit „unseren Problemen zu befassen, sich zu äußern und die Sendungen zu hören. Auf der Grundlage dieser breiten Friedenssehnsucht kann jeder bei uns sprechen, es kommt jetzt darauf an, diese Arbeit systematisch durchzuführen. Der Deutschlandsender muß das Sprachrohr für ganz Deutschland sein...". Dazu müßten die Korrespondenten „die Sprache der westlichen Zonen liefern", und die Berliner Mitarbeiter des Senders sollten häufiger „Orientierungsreisen" in die Westzonen unternehmen, um sich über die Verhältnisse und die Stimmung der Bevölkerung dort zu informieren. Auch wenn sich die Sendungen in letzter Zeit verbessert hätten, bliebe noch einiges zu tun. „In Hessen zum Beispiel wäre noch eine Menge mehr aus der Berichterstattung herauszuholen." Des weiteren regte Bauer an, sich mehr mit den Vorgängen in den Landtagen der Westzonen zu befassen und sich verstärkt um die Probleme der Jugend zu kümmern.

Welche Rolle ein Mitarbeiter und natürlich besonders der Chefredakteur des „Deutschlandsenders" zu spielen hatte, formulierte Hans Mahle „Zum Neuen Jahr" 1950 so: „Als leidenschaftlicher Sprecher gegen die koloniale Versklavung Westdeutschlands durch den amerikanischen Imperialismus wird sein [des Rundfunks] Bemühen dahin gehen, alle aufrechten Deutschen, die ihre Heimat lieben, in der Nationalen Front für den Abschluß eines Friedensvertrages und den Abzug aller Besatzungstruppen zu sammeln." Aber obwohl Bauer versuchte, den Anforderungen der SED zu entsprechen, „ein treuer Freund und Helfer der Werktätigen in ihrem Widerstand gegen die Zerstörungswut und die Kriegspläne der anglo-amerikanischen Besatzungsmächte und der ‚deutschen' Adenauers und Schumachers" zu sein und „den Kampf deutscher Kulturschaffender gegen die Zersetzungsversuche anglo-amerikanischer Kulturbarbarei" zu unterstützen, obwohl er in den Redaktionskonferenzen des „Deutschlandsenders" — wie er zwei Jahrzehnte später nicht ganz überzeugend interpretierte: zur Tarnung — als der kalte, linientreue Parteifunktionär auftrat, der mit aller Schärfe Abweichungen von der Parteilinie anprangerte und die betroffenen Redakteure „fertigmachte", wurde er ein Opfer der Parteisäuberungen. Die „Revolution von oben" begann ihre Kinder zu fressen.

Die DDR um 1950 aus Funktionärsperspektive

Der „Ami-Käfer" trieb sein Unwesen. „Die USA werfen Kartoffelkäfer über der DDR ab!" Solch' schaurige Meldungen konnte man im Juli 1950 im „Neuen Deutschland" lesen. Eine Regierungskommission enthüllte, „daß der Abwurf von Koloradokäfern nach einem bis ins einzelne festgelegten Plan über einem großen Gebiet erfolgte und mit ihm das Ziel verfolgt wurde, die Lebensmittelversorgung des deutschen Volkes zu schädigen und die Gefahr der Ausbreitung des Koloradokäfers auf die Kartoffelfelder der an die Deutsche Demokratische Republik angrenzenden Länder entstehen zu lassen." Bauer hatte oft derartige Meldungen von ADN auf seinem Schreibtisch. Überall wurden in der jungen DDR angebliche Agenten entlarvt und massenweise Saboteure entdeckt. Aber phantastische Schreckensmeldungen brachte nicht nur der Osten. In der westlichen Presse wurden kommunistische Agentenzentralen ausgemacht, Infiltranten und Terrorkommandos. Wer zum Beispiel den Westberliner „Tagesspiegel" von damals liest, muß den Eindruck bekommen, die KPD wäre dem freiheitlichen Bestand der Bundesrepublik immer gefährlicher geworden.
Für Bauer war das Routine, Kleingeld der Tagespolitik. Er las neben den deutschen Zeitungen noch mehrere ausländische Blätter. In seinem Haus in Glienicke hatte er sich ein eigenes Zeitungsarchiv angelegt. Er besaß stets ein gieriges Interesse an dem, was politisch vor sich ging, besser noch: was bahnte sich an, und wer zog an den Drähten? Noel Field und Erica Glaser hatten ihn in der Schweiz manchmal scherzhaft „unseren Informationsminister" genannt. „Und wir wunderten uns immer: woher hat er das schon wieder?"
Natürlich nicht nur aus Zeitungen. Bauer suchte und brauchte immer Menschen. Sein Element war das Gespräch. Auf diesem Feld beeindruckte er am meisten, wie gesagt, gerade die Nicht-Kommunisten. Das beruhte teilweise auf seiner mühsam erworbenen Bildung. Man konnte also auch über etwas

anderes mit ihm reden als über Aufrufe und Resolutionen. Sehr gut kannte er sich auf dem Gebiet der neueren Literatur aus, insbesondere der französischen. Er ging gerne in die Oper, ins Theater und versäumte keine Neu-Inszenierung von Wolfgang Langhoff am Deutschen Theater in Ost-Berlin. Langhoff kannte er aus dem Schweizer Exil, und Gitta Bauer freute sich, über ihren Mann so viele interessante Leute kennenzulernen: „Ich suchte unendlich viel zu lernen". Sie war unter Hitler aufgewachsen und teilte den Hunger einer ganzen Generation nach der ehemals verbotenen oder verpönten Kultur. So fehlten auch Bauers nicht unter den Zuhörern, als Thomas Mann 1949 seine berühmte Goethe-Rede in Weimar hielt.

Die affektive Faszination, die Leo Bauer auf Gitta — aber nicht nur auf sie — ausübte, war indessen elementarer. Gitta hatte Leo im Herbst 1946 kennengelernt. Sie berichtete damals für ADN aus Nürnberg über die Kriegsverbrecher-Prozesse, und die Beziehung der beiden spielte sich ein Jahr lang zwischen Nürnberg, Wiesbaden und Berlin ab. Über ihre erste Begegnung mit Leo Bauer auf dem Bahnhof Berlin-Wannsee — Bauer war auf der Rückfahrt nach Hessen — berichtet Gitta:

> „Er war so groß, und dann diese gewisse Arroganz, die er hatte, diese völlige Selbstsicherheit im Auftreten. Ich habe ihn nie eigentlich unsicher erlebt, jedenfalls nie in der Öffentlichkeit. Selbst wenn er es war, konnte er es fabelhaft verbergen. Er war keine Schönheit im klassischen Sinne, aber wenn wir in ein Lokal kamen, dann drehten sich alle nach ihm um, nicht nach mir, sondern nach ihm. — Und wie ich ihn das erste Mal sah, auf dem Bahnsteig in Wannsee, wo er mit einem Jeep vorfuhr, da war er für deutsche Verhältnisse sehr elegant gekleidet; wir waren alle noch so arm und verrissen angezogen. Er hatte einen Schweizer Mantel an und zwei dicke Offenbacher Ledertaschen. Die waren natürlich von den Genossen in den Offenbacher Ledermanufakturen hergestellt und dem Landtagsabgeordneten Bauer zur Verfügung gestellt worden. — Jedenfalls machte er einen überwältigenden Eindruck."

Bauer war bestimmt kein Anhänger eines pseudoproletarischen Habitus, sondern mußte eher als „Salon-Kommunist" wirken. Er legte Wert auf Kleidung, auf ein bißchen Lebensart, zeigte sich nicht prüde oder spießig, war ein guter Gesellschafter und bewies bei seiner Vorliebe für Autos eine sehr bürgerliche Schwäche. Autos bedeuteten für ihn außer dem Statussymbol, welches er gerne in Anspruch nahm, auch noch die Faszination, schnell an vielen Orten zu sein, hier noch ein Gespräch führen zu können, dort noch rechtzeitig bei einer Veranstaltung aufzukreuzen. Er genoß es. Und er muß es gerade genossen haben, weil er über zwölf Jahre lang unter zum Teil erbärmlichen Verhältnissen gelebt hatte, sich nie etwas hatte „leisten" können und oft auf die Hilfe anderer Leute angewiesen gewesen war. Jetzt wollte er zum ersten Mal in seinem Leben etwas „nachholen", und er zweifelte nicht daran, daß es ihm zustünde. Ideologische „Bauchschmerzen" hatte er deshalb nicht. Wer sich mit Bauer nicht über Politik oder Kultur unterhalten konnte oder wollte, wechselte am besten zum Sport. Alle Kampfsportarten interessierten ihn, besonders wenn man über Strategie und Taktik und einzelne Manöver diskutieren konnte: Vorzugsweise also Fußball, aber es ist auch anzunehmen, daß er nicht hauptsächlich aus politischen Gründen dem Boxkampf zuschaute, den wir oben erwähnt haben.

Das alles erklärt noch nicht genügend, warum er manche Leute so beeindruckte. Der Schlüssel ist, daß er Menschen fordern und im produktiven Sinn herausfordern konnte. Er konnte durch seine Gespräche verunsichern, verwirren, zur Selbstbehauptung zwingen, zum Nachdenken oder Überdenken bringen, er konnte mühelos beim anderen Schwachstellen aufspüren und, wenn er wollte, ihn oder sie in die Enge treiben. Damit gab er vielen Leuten Anstöße, solange es in einer Atmosphäre gegenseitigen Respekts geschah. Bauer war gar nicht so sehr interessiert, jemand anderen im persönlichen Verkehr durch seine Gaben „fertigzumachen". Denn das hätte verhindert, daß er selbst aus den Gesprächen das herausholte, was er brauchte: Bestätigung, Anerkennung und Sympathie. In der Öffentlichkeit, auch in der Parteiöffentlichkeit, gegenüber Gegnern und in persönlichen Situationen, bei denen er sich nicht anders zu helfen wußte, war er freilich leicht in der Lage, solche Sperren zu durchbrechen.

Vieles von dem, was wir eben geschildert haben, wird Bauers Stellung unter den kommunistischen Funktionären erschwert haben. Nicht etwa der Hang, die Privilegien des Systems in der SBZ/DDR hinzunehmen; das war üblich, und ein Abweichen davon wurde nicht gerne gesehen. Zu Bauers Position als Chefredakteur des „Deutschlandsenders" gehörten als Ausstattung: ein Haus in einer Funktionärskolonie, ein Dienstwagen mit Chauffeur und Sonderrationen („Pajoks"). Ein Dienstmädchen und später ein Kindermädchen werden vielleicht nicht immer dazugehört haben, aber es fiel bestimmt nicht unter der Funktionärselite auf.

Was ins Gewicht fiel, war, daß Bauer für die Funktionäre, die aus Moskau gekommen waren und die die Zeit der Moskauer Prozesse überlebt hatten, eine Art „Paradiesvogel" gewesen sein muß. Bauer hatte nicht den Stallgeruch des Moskauer Hotels Lux. Sein Selbstbewußtsein war durch die politische Arbeit in der Emigration und seine ersten Erfolge als kommunistischer Lokal-Matador von Hessen eher gestiegen, während die Ost-Emigranten in der Regel noch das Trauma allseitiger Verkrümmung überwinden mußten. Außerdem wird sich Bauer nicht nur Freunde geschaffen haben, wenn er anderen Funktionären manchmal heftig über den Mund fuhr. Daß Bauer nach der Ministerpräsidenten-Konferenz 1947 in München Ulbricht gegenüber besonders vorlaut gewesen sein soll, ist bereits erwähnt worden. Solche Gegensätze spielten bei bestimmten Machtkonstellationen und Intrigen gewiß eine Rolle. Kurt Müller, dem damaligen stellvertretenden Vorsitzenden der KPD, zufolge sah Ulbricht in Bauer tatsächlich den Vertreter einer proamerikanischen Politik in der KPD. Eine solche Einschätzung klang für viele Kommunisten umso plausibler, als Bauer gern auf seine guten Verbindungen zu den Amerikanern verwies, obwohl solche Kontakte nicht mehr erwünscht waren.

Wenn schon so oft von Bauers Intelligenz, seinem Ideenreichtum, seinem Aktivismus und seinem politischen Instinkt auch für diese Zeit geredet werden muß, so ist es aufschlußreich, an welchen Stellen ihn sein „Kompaß für das Beachtliche" (H. Wehner) in die falsche Richtung führte. Das war zum Beispiel bei Titos Abfall von Stalin der Fall. Natürlich sei und bleibe Tito ein großer Kommunist, soll er gemeint haben: „Das ist ein ganz großes Manöver, damit die wahren Feinde ihr Haupt erheben."

Hier und bei im folgenden noch erwähnten Gelegenheiten wird Bauers Bereitschaft deutlich, an die ganz besonders verwickelten Windungen einer großen Linie zu glauben. Auf die Grenzen seiner politischen Erkenntnisfähigkeit weist indirekt auch ein ganz „unpolitisches" Phänomen seiner Persönlichkeit hin: Bauer verfügte damals über ein erstklassiges Gedächtnis. Er konnte Gespräche, Situationen und Tatsachen wie kaum ein anderer speichern. Das wird ihm eine große Hilfe in der Parteipolitik und als Journalist gewesen sein. Aber er hatte dieses Gedächtnis nur, „wenn er wollte", wie Erica Wallach hinzufügt. „Wenn er nicht wollte, konnte er fürchterlich unter Amnesie leiden." Denn sein Gedächtnis understand, wie seine ganze Persönlichkeit, dem Regime eines starken Ego, das Selbstkritik wenig zu fürchten hatte. So wird er zwar oft als sehr geistreich, aber nie als besonders humorvoll geschildert. Von besonderer Tragweite wird diese Schwäche, wenn eine politische Konstellation auftritt, die eigentlich nur Folgerungen zuläßt, die die Grundkonstruktion des Ego in Frage stellen. Bauers psychisches Gleichgewicht beruhte aber auf der Teilhabe des chaotischen, von manch tiefer Angst geplagten Individuums Bauer an einer strahlenden Kraft, an der Partei. Mit „Partei" ist hier nicht die soziale Organisation von Mitgliedern gemeint, sondern die totale Idee „Partei", die ihm der einzige Weg zu einem sinnvollen Leben schien. Bauer brauchte die Partei. Noch brauchte die Partei ihn. Aber langsam lief schon ein Räderwerk an, das eine neue Art von Feinden produzierte, die es auszumerzen galt. Eine Art von „Ami-Käfern" in der Partei.

Wir haben beschrieben, wie deutsche Kommunisten in der Schweiz auch mit amerikanischen Dienststellen zusammenarbeiteten, um gegen Hitler zu kämpfen. Osteuropäische Emigranten gelangten durch diese Hilfe noch vor Kriegsende in ihre Heimatländer. Leo Bauer und andere zogen 1945 amerikanische Uniformen an, um ungehindert nach Frankfurt zu kommen. Umgekehrt war es durchaus keine Seltenheit, daß es unter den Offizieren der amerikanischen Militärverwaltung Mitarbeiter gab, die gewisse Sympathien für die Kommunisten zu erkennen gaben. Das war 1945/46. Als sich aber dann zwei Blöcke herausschälten, die immer fester und deren Kanten immer schärfer wurden, wurden solche Vorgänge verdächtig. Und in den Spalt, der sich zwischen den Blöcken auftat, stürzten viele, andere wurden hineingestoßen und wußten nicht warum, und manche traf es, daß sie mehrfach zwischen die Fugen gerieten.

Bauers spätere Frau Gertrud ist ein Beispiel dafür, wie ein völlig unpolitischer Mensch Opfer des Kalten Krieges werden konnte. Sie besaß ein Friseurgeschäft in Eberswalde bei Berlin. Zu ihren Kundinnen gehörte auch eine russische Offiziersfrau mit Namen Galina. Da es ratsam war, sich mit den neuen Mächtigen gut zu stellen, ging Gertrud auch auf deren Sonderwünsche ein. Galina ließ sie zu unmöglichen Zeiten durch ihren Chauffeur rufen und bringen, und Gertrud frisierte die Russin in einer beschlagnahmten Villa. Galina konnte aber auch einfach nett sein; sie nahm Gertrud mit ihrem Wagen mit, als sie nach Berlin fuhr. Gertrud holte Färbemittel bei der Firma Schwarzkopf. Sie konnte nicht wissen, daß Galina und ihr russischer Offizier in den Westen flüchten wollten. Galina wurde vor ihrer Flucht als „amerikanische Agentin" festgenommen. Gertrud kam in Haft, weil sie verdächtigen Kontakt zu Galina gehabt hatte. Die Fahrt nach Berlin galt später als getarnte Spionage- und Kurierfahrt. Gertrud wurde von einem Gericht des sowjetischen Geheimdienstes per Fernurteil aus Moskau verurteilt und nach Sibirien gebracht.

Am 27. Juni 1948 schloß das Kommunistische Informationsbüro [Kominform] die Nachfolgeorganisation der Komintern, die jugoslawischen Kommunisten aus. Dieses war ein ungeheuerlicher Vorgang. Hier weigerte sich eine — gesellschaftspolitisch besonders radikale — kommunistische Partei, der Politik Moskaus, alle Volksdemokratien von sich abhängig zu machen, Folge zu leisten. Möglich war das nur, weil keine sowjetischen Truppen in Jugoslawien standen. Die jugoslawischen Partisanen hatten ihr Land überwiegend selbst von den Truppen Hitlers befreit. Die jugoslawische Häresie bedeutete eine Gefahr für die sowjetische Politik, die osteuropäischen Staaten unter ihrer Hegemonie zu konsolidieren. Und das zu einer Zeit, da die USA dazu übergegangen waren, den sowjetischen Einfluß überall auf der Welt „einzudämmen".

In den osteuropäischen kommunistischen Parteien setzten „Säuberungen" ein, die von Juni 1948 bis Oktober 1951 ungefähr 25 % der Mitglieder

betrafen. Ganz besonders stark wurde die tschechoslowakische Partei von den Säuberungen ergriffen. Für Osteuropa insgesamt wird die Zahl der Ausgeschlossenen auf 2,5 Millionen geschätzt, und etwa 5—10 % der „gesäuberten" Personen wurden inhaftiert.
Am 3. Juli 1948 billigte das Zentralsekretariat der SED die Entschließung des Kominform gegen Jugoslawien. Als „wichtigste Lehre der Ereignisse in Jugoslawien" wurde es in dieser Stellungnahme bezeichnet, „die SED zu einer Partei neuen Typus zu machen... einen politisch festen, zielklaren Funktionärskörper in der Partei zu schaffen..."
Zwei Monate später beschloß der Parteivorstand der SED, die organisatorischen Mittel herauszubilden, mit denen die Parteisäuberung durchgeführt werden sollte: die Einrichtung von Parteikontrollkommissionen:

> „Um die Sauberkeit der Partei zu sichern, beschließt der Parteivorstand die Bildung einer Zentralen Partei-Kontrollkommission und von Partei-Kontrollkommissionen für jedes Land und für jeden Kreis."

Die stalinistischen Säuberungen zeigten drei Kennzeichen: Das erste war, daß die Opposition oder Abweichung nicht als politisches Faktum, sondern als Verbrechen definiert wurde. Die Opfer mußten verkleidet werden als Spione, Verschwörer, Terroristen und Verräter. Besonders deutlich wurde das bei der Behandlung von Tito und seinen Genossen. Vor seiner Verurteilung war Tito ein großer Held der Arbeiterklasse, ein überragender Marxist-Leninist und beispielhafter Revolutionär. Durch ihren Ausschluß aus dem Kominform wurden Tito und seine Genossen zu einer „faschistischen Bande", einer verbrecherischen Clique, zu einer „besoldeten Agentur des Imperialismus."
Dabei wurde Wert darauf gelegt nachzuweisen, daß diese Abweichler entweder „schon immer" Agenten gewesen seien, oder wenigstens schon vor langer Zeit zu Agenten gemacht worden seien. Der Begriff des „Agenten" wurde dabei in zweierlei Weise benutzt. Zum einen „objektiv", das heißt jemand war Agent des Imperialismus, da er eine Meinung vertrat, die als nützlich für den Imperialismus angesehen wurde. Meist begnügte man sich jedoch nicht mit solcher Fassung des Begriffs, sondern es wurde viel Aufwand betrieben, um zu beweisen, daß diese Abweichler von imperialistischen Geheimdiensten persönlich und einzeln angeworben worden seien, Aufträge erhalten und Geld kassiert hätten.
Ein zweites Kennzeichen bestand darin, daß die „Gesäuberten" auch persönlich verunglimpft wurden. So bezeichnete man Tito und seine Anhänger als „widerliche Achtgroschenjungens". Im Fall von Noel Field und Erica Glaser klang das so:

> „Angeblich hatte Field das hilflose Mädchen in Spanien aus großer Notlage gerettet und in die Schweiz gebracht. In Wirklichkeit stand sie

im Solde der Amerikaner und war sowohl seine als auch seiner Frau Hertha Geliebte."

Das dritte Kennzeichen war, daß die „Gesäuberten" in der Regel einer Gruppe angehörten, die ohnehin besonders verdächtig schien. Der Wahnsinn der Säuberung hatte eine verdeckte Methode.
Am 16. September 1949 begann in Budapest ein politischer Schauprozeß gegen sechs Ungarn und zwei Jugoslawen, die der Spionage, der Verschwörung, des Umsturzes und weiterer volksfeindlicher Verbrechen beschuldigt wurden. Unter den Angeklagten befanden sich drei hohe Staats- und Parteifunktionäre: Laszlo Rajk, Tibor Hoffmann-Szönyi und Andras Szalai. Der Hauptangeklagte Rajk war zuletzt Außenminister, davor ungarischer Innenminister, langjähriges KP-Mitglied, Internierter in Frankreich, Widerstandskämpfer in Ungarn gegen den Faschismus, KZ-Häftling in Dachau. Alle Angeklagten gaben an, im Auftrag mehrerer westlicher Geheimdienste und der Gestapo, der Trotzkisten und Tito-Faschisten gearbeitet zu haben.
Von ihm und den anderen Angeklagten waren erstaunliche Geständnisse zu hören: Laszlo Rajk gestand, bereits mit 22 Jahren Polizeispitzel in Ungarn gewesen zu sein, dann ungarischer Polizeiagent unter den kommunistischen Emigranten in Prag, trotzkistischer Agent in Spanien. Im Internierungslager in Frankreich habe er für den französischen Geheimdienst „deuxième bureau" spioniert und schließlich die Wahl gehabt, entweder für den amerikanischen OSS oder aber für die Gestapo zu arbeiten. Der Höhepunkt von Anklagen und Selbstbezichtigungen war erreicht, als die Angeklagten erklärten, im Auftrag Titos einen konterrevolutionären Umsturz in Ungarn vorbereitet zu haben. Rajk, Szönyi und Szalai wurden zum Tode verurteilt und erhängt. Sieben Jahre später, im März 1956, wurden die Hingerichteten vom Obersten Gericht der Volksrepublik Ungarn und vom ZK der Kommunistischen Partei Ungarns für unschuldig erklärt und rehabilitiert. Ein feierliches Staatsbegräbnis wurde für sie nachträglich ausgerichtet. Die Parteizeitung Szabad Nép schrieb dazu: „Ihre Tragödie und die Tragödie der gesamten Partei liegt darin, daß sie in unserem System in den Kerker geworfen und liquidiert wurden, daß im Namen des Volkes und des Sozialismus das Todesurteil über diese noch in der Stunde des Todes treu ergebenen Soldaten der Partei, des Volkes und des Sozialismus ausgesprochen wurde."
1949 beeilte sich indessen die SED, „Lehren" aus dem Prozeß zu ziehen. Das offizielle Protokoll der Gerichtsverhandlung wurde noch im selben Jahr vom Dietz-Verlag als Broschüre veröffentlicht. In den 384 Seiten taucht der Name Noel Field des öfteren auf, und es kam auch zur Sprache, daß N. Field und A. Dulles nicht nur zu den ungarischen Emigranten in der Schweiz in Verbindung standen.

Aber Noel Field selbst stand in Ungarn nicht vor Gericht und später auch vor keinem anderen. Keiner schien zu wissen, was aus der Familie Field geworden war. Etwa Mitte Mai 1949 war Noel Field in Prag spurlos verschwunden. Am 22. August 1949 verschwand Hermann Field, der Bruder von Noel, auf dem Weg von Warschau nach Prag, wo er nach seinem Bruder suchen wollte. Am 26. August verschwand Hertha Field, die ebenfalls nach Prag gereist war, um ihren Mann zu suchen. Ein Rätselraten begann in Ost und West.

Leo Bauer und andere deutsche Kommunisten wußten, daß Field kein US-Superagent war, und sie erklärten sich die Beschuldigungen so, daß Field vor den Amerikanern rehabilitiert werden sollte. Aber die Field-Affäre nahm doch einen anderen Gang, als diese Genossen spekulierten. Bei der Zentralen Partei-Kontrollkommission (ZPKK) wurde ein Untersuchungsausschuß unter der Leitung von Hertha Geffke eingesetzt, der die Verbindungen deutscher Kommunisten mit Field zu untersuchen hatte. Ab Oktober 1949 mußten alle Genossen, die in irgendeiner Verbindung zu Field gestanden beziehungsweise der Emigration in Südfrankreich und der Schweiz angehört hatten, Berichte verfassen und wurden vor den Untersuchungsausschuß zitiert. Bauer mußte bis zu seiner Verhaftung im August 1950 mehrere Berichte schreiben, und er wurde intensiv verhört.

Die Witwe von Lex Ende berichtete später, ihr Mann habe begriffen, was kommen würde, als der Name Noel Field im Rajk-Prozeß gefallen war. Er sagte zu ihr: „Gott sei Dank hatte ich praktisch nichts mit Field zu tun". Lex Ende hatte Field nur einmal für eine halbe Stunde in Marseille getroffen. Aber dieses „praktisch nichts" reichte später aus, damit er aus der Partei ausgeschlossen wurde. Lex Ende verlor seinen Posten als Chefredakteur der „Friedenspost", mußte sich im Uranbergbau „bewähren" und starb 1952. Maria Weiterer, in Frankreich die Lebensgefährtin von Siegfried Rädel, war 1949/50 im Vorstand des Demokratischen Frauenbundes. Die Fields hatten ihr in den schweren Jahren der Schweizer Emigration sehr geholfen. Sie war mit Noel und Hertha befreundet gewesen und glaubte durch ihr eigenes Zeugnis die Verdächtigungen entkräften zu können.

Sie schrieb daher in ihrem Bericht vom 23. 10. 1949 an die ZPKK:

> „Ich habe gezeigt und dargestellt, wie ich Noel und Hertha Field kennenlernte — als Menschen, die bereit waren, für unsere Genossen zu sorgen, soweit das in ihren Möglichkeiten lag, die sich auch persönlich einsetzten, wenn es nottat. Ich habe sie als ehrliche und aufrichtige Menschen kennengelernt, und ich glaube nicht, daß ihre Begeisterung für die Sowjetunion geheuchelt war. Jedenfalls danken viele Genossen aus der genannten Emigration Field und der Unterstützung, die durch ihn möglich war, Leben und Gesundheit. Ich persönlich hatte immer

Gefühle der Dankbarkeit und Hochachtung für diese beiden Menschen."

Ein solches Zeugnis war für die SED nichts wert. Es wurde geradezu ins Gegenteil verkehrt. Im Parteibeschluß vom 24. August 1950 wurde diese Aussage zitiert, um zu beweisen, daß Maria Weiterer „keinerlei Klassenbewußtsein und nicht die geringste Spur von revolutionärer Wachsamkeit" zeige. Denn wie konnte sie so etwas schreiben „nach der Entlarvung von Fields Rolle durch den Rajk-Prozeß"? Auch Maria Weiterer wurde schließlich aus der Partei gestoßen und verlor damit ebenfalls ihren Arbeitsplatz.
Die Verhöre vor der ZPKK müssen wir uns in einer feindlichen Atmosphäre vorstellen, als eine Art Inquisitionsgericht. Hans Bergmann, von dessen Tätigkeit für das „Freie Deutschland" in der Schweiz die Rede war, war 1949 bei der DEFA. Auch er wurde vorgeladen und erinnert sich, daß hier nicht unter Genossen eine kameradschaftliche Befragung durchgeführt wurde. Ihn erinnerte die Situation an die Polizei-Verhöre im „Dritten Reich": *„Das kannte man"*. Er floh noch 1949 nach West-Berlin.
Drei Genossen mußten sich durch die Budapester „Enthüllungen" besonders getroffen fühlen: Paul Merker, Paul Bertz und Leo Bauer. Paul Bertz war 1949/50 bereits 64 Jahre alt und hatte eine lange politische Karriere hinter sich. In der Weimarer Republik war er Reichstagsabgeordneter der KPD gewesen, später Mitglied des Zentralkomitees und Politbüros in der Exilleitung der KPD und als solcher „ranghöchster" deutscher Kommunist in der Schweiz. Wenn es politische Verfehlungen im Schweizer Exil gab, so mußte sich Bertz zuerst beschuldigt fühlen. Wir wissen nicht, unter welchen Umständen es geschah, denn diese wurden nie öffentlich geklärt. Wir wissen nur, daß Paul Bertz noch vor dem 24. August 1950 in seiner Heimatstadt Chemnitz Selbstmord beging.
Unter den Genossen, die im Schweizer Exil gewesen waren, mußte sich vor allen anderen Leo Bauer Sorgen machen. Er hatte einen besonders engen Kontakt zu Field gehabt, der auch nach Kriegsende bis 1948 nie abriß. Bauer traf Field das letzte Mal im Sommer 1948 in Prag. Über Paul Merker versuchte er den stellungslosen Field als Dozent an die gesellschaftswissenschaftliche Fakultät in Leipzig zu vermitteln. Die Verhandlungen zogen sich hin und Bauer merkte, daß Field zu einer unerwünschten Person für die SED geworden war. Im Sommer 1949 wollte Bauer mit seiner Frau auf Urlaub nach Polen fahren. Er wandte sich an eine polnische Genossin, die er kannte und die in der Schweiz Fields Sekretärin gewesen war. Er mußte feststellen, daß sie verschwunden war, das heißt, verhaftet worden war. Außer der Bekanntschaft zu Field und Fields Sekretärin gab es noch eine Reihe anderer Punkte, die im Hinblick auf die Furcht vor einer amerikanischen Unterwan-

derung der Partei Bauer belasten mußten. Bauer hatte Erica Glaser für die Arbeit der KPD Hessen rekrutiert. Sie war 1946 und 1947 Redakteurin der Zeitschrift „Wissen und Tat" gewesen. Bauer kannte aus der Schweiz und aus Hessen amerikanische Offiziere, zu denen er ein gutes Verhältnis gehabt hatte. Es handelte sich vor allem um Samuel Wahrhaftig, Leiter einer Abteilung bei der US-Militärregierung, und um Hans Hollstein, einen Mitarbeiter des OSS in Berlin.
Bereits 1949 erhielt Bauer von Kurt Müller die Warnung, daß er von Ulbricht in einer Sitzung der Führungsgruppe der SED als „Agent" bezeichnet worden sei. Kurt Müller selbst wurde im März 1950 nach Ost-Berlin bestellt und verhaftet. Im Juni 1950 fand eine geheimgehaltene Funktionärstagung der westdeutschen KPD in der Nähe von Berlin statt. Es fiel hier Max Reimann und Fritz Sperling die Aufgabe zu, die Gründe für die Absetzung und Verhaftung Kurt Müllers zu erklären. Fritz Sperling trat an Stelle von Müller den Posten des stellvertretenden Parteichefs an. Bauer kannte Sperling gut aus der Zeit der Schweizer Emigration, und außerdem hatten beide als KPD-Funktionäre der amerikanischen Zone bis 1947 eng zusammengearbeitet. Sperling wird von den Gerüchten, die über Bauer umliefen, gehört haben, und auch er ging den Weg, seine Furcht durch Linientreue und persönliche Abgrenzung zu überspielen.

„Bei dieser Tagung fiel mir auf, daß Fritz Sperling mir gegenüber — wir waren naturgemäß ziemlich befreundet — sehr zurückhaltend war und es vermied, auch nur ein persönliches Wort mit mir zu sprechen."

Es soll hier nur der Vollständigkeit halber erwähnt werden, daß auch Sperling ein solches Verhalten nichts half. Er wurde am 24. August 1950 nach Ost-Berlin bestellt und verhaftet, saß für einige Zeit im selben Gefängnis wie Bauer und später in der Haftanstalt Bautzen.
Es geht hier um die Frage, ob Bauer Freunde hatte. Gitta Bauer kann sich nur an einen Menschen im außerdienstlichen Bereich erinnern, zu dem Bauer einen offeneren Kontakt hatte: Professor Robert Rompe.
Daneben dauerte die Freundschaft zu Erica Glaser fort. Erica hatte im Frühjahr 1948 den amerikanischen Offizier Robert Wallach geheiratet, war aus der KPD ausgetreten und mit Wallach nach England gegangen. Ursprünglich hatten sie vorgehabt, in die USA zu übersiedeln. Aber Erica erhielt kein Einreisevisum in die USA, weil sie Funktionärin der Kommunistischen Partei gewesen war. Sie blieben in Europa, und Erica bekam kurz hintereinander zwei Kinder.
Im Juni 1950 beschloß Erica, nach dem Schicksal ihrer ehemaligen Pflegeeltern, der Fields, zu fahnden. Ein französischer Kommunist gab ihr den Rat, es doch bei einem ihrer Bekannten zu versuchen, die jetzt in leitender Stellung

seien. Erica wußte zu diesem Zeitpunkt nicht, ob nicht auch Bauer schon in Schwierigkeiten geraten war. Sie beschloß, ihn anzurufen, weil ihr das als sicherste Möglichkeit erschien, um erstens festzustellen, ob Bauer nicht etwa schon verhaftet worden sei, und zweitens, ob er bereits wegen dieser Angelegenheit in Schwierigkieten geraten sei. Sie vermutete, daß er sich dann einfach weigern würde, mit ihr überhaupt zu sprechen, oder daß er ihr im Gespräch einen versteckten Hinweis geben würde. Aus der Zeit ihrer illegalen Tätigkeit in der Schweiz beherrschten sie eine verdeckte Sprache.
Erica brauchte nicht ihren Namen zu sagen. Leo erkannte sie an der Stimme. Erica sagte ihm, daß sie sich Sorgen um ihre Freunde mache und daß sie ihn sehr gerne sprechen wolle. Leo erschien ihr in seinen Antworten normal. Er sagte ihr, daß er erst prüfen müsse, wann er Zeit habe. Sie schlug ihm vor, daß er ihr einen Brief an „Freund Francois" schicke: Leo sagte zu.

> „Als er den Hörer auflegte, stand ihm kalter Schweiß auf der Stirn. Er brauchte auch nicht lange auf die Bestätigung seiner schlimmsten Befürchtungen zu warten. Der russische Offizier des Senders, dessen Chef Leo nach außen hin war, rief ihn fünf Minuten später an und verlangte zu wissen, worum die Unterhaltung sich gedreht habe. Telefongespräche selbst führender Kommunisten nach dem Westen wurden abgehört. Leo versuchte, die Angelegenheit in ein günstiges Licht zu rücken. Er erklärte, daß er lange Zeit nichts von Erica gehört habe und nicht wisse, was sie von ihm wolle. Auf keinen Fall, sagte er, würde er nach Frankfurt fahren. Er stand vor Schwierigkeiten, das wußte er."

Als Bauer nach Hause kam, erzählte er seiner Frau von dem abgehörten Gespräch. Er sei immer noch sehr aufgeregt gewesen, und es sei der schwerwiegende Satz gefallen: „Ich muß sie ausliefern". Aber seine Frau glaubte nicht, daß er den Brief schreiben würde, der nun von ihm verlangt wurde, und er erzählte ihr auch nichts von seiner Vorladung bei der ZPKK.

> „Drei Tage später wurde er vorgeladen. Hermann Matern, Chef der Kontrollkommission der SED . . ., war da und ebenso die Russen. Bauer wurde befragt, wozu er sich entschlossen habe. Er sagte, er würde an Erica schreiben, daß er sie nicht in Frankfurt treffen könne und daß sie, wenn sie ihn sehen wolle, nach Berlin kommen müsse".

Bauer schrieb den Brief.

> „Er gab ihn Matern zur Absendung. Matern sagte Bauer, daß er sich korrekt verhalten und der Partei bewiesen habe, daß er nichts zu verbergen wünsche."

Es wäre für Bauer möglich gewesen, auch ohne großes Risiko auf sich zu nehmen, Erica zu warnen, selbst durch einen Brief, den er parteioffiziell abschicken ließ. Denn aus der Zeit seiner Inhaftierung in der Schweiz verfügten beide über das erwähnte System von unauffälligen Schlüsselworten, die zum Beispiel besagen konnten: Achtung, der folgende Satz ist eine Lüge. Außerdem hätte er die Möglichkeit gehabt, einen zweiten Brief anderen Inhalts hinterherzuschicken. Es ist schwer, die Frage zu beantworten, was sich Bauer durch diesen „Treuebeweis" gegenüber der Partei erhoffte. Er konnte im Grunde nicht glauben, daß die Partei ihn ungeschoren lassen würde, wenn Erica Wallach einmal in die Falle des Staatssicherheitsdienstes und der sowjetischen Geheimpolizei geraten war. Sollte er angenommen haben, Erica und er könnten zusammen die Vorwürfe ausräumen?

Es verging Zeit, ohne daß Bauer noch irgendetwas von Erica Wallach hörte. Denn der Brief, den er ihr geschrieben hatte, erreichte sie erst im August. Inzwischen fand vom 20.—24. Juli 1950 der 3. Parteitag der SED statt. Die Teilnahme daran war Leo Bauer — ein weiteres Alarmzeichen — ausdrücklich untersagt worden. Wilhelm Pieck gab den Rechenschaftsbericht für die Parteileitung ab. Was er zu dem Fall Field sagte, waren eindeutige Drohungen:

> „Der Rajk-Prozeß erbrachte den einwandfreien Beweis, daß die von Field geworbenen Agenten von Allen Dulles und seinen Mithelfern mit politischen Aufträgen betraut wurden ...
> Im Rajk-Prozeß wurde auch festgestellt, daß Field eine solche Tätigkeit auch unter den deutschen Emigrantengruppen ausgeübt hat ...
> Die Aufgabe besteht darin, die Wachsamkeit der Partei in dieser Hinsicht zu erhöhen und die trotzkistische Agentur aus unseren Reihen auszumerzen."

Ein Monat vor dem Parteitag hatte der Beginn des Korea-Kriegs die internationalen Spannungen in einer seit 1945 einmaligen Weise verschärft. Die Einbeziehung Westdeutschlands in das militärische Potential des Westens begann sich abzuzeichnen.

Der amerikanische Journalist Stewart Stevens hat 1974 — im Zusammenhang mit den damaligen Enthüllungen über CIA-Aktivitäten — in seinem Buch „Operation Splinter Factor" die These entwickelt, die Säuberungswelle in Osteuropa ab 1949 sei im Auftrag des CIA von einem — später übergelaufenen — Obersten des polnischen Geheimdienstes maßgeblich verstärkt und gezielt beeinflußt worden, um die Konsolidierung des sowjetischen Machtbereichs zu stören. Als „Nagel" der „Operation" habe der etwas naive fellow traveller Noel Field gedient. Man weiß heute, daß es 1936/37 vergleichbare Versuche der Nationalsozialisten im Hinblick auf die Dezimierung des sowje-

tischen Offizierskorps gab. Auch im Fall der Verfolgungsmaßnahmen innerhalb des Ostblocks nach dem Zweiten Weltkrieg ließen sich Indizien für eine Einmischung des CIA nennen.
Es würde den Rahmen dieser biograpischen Studie sprengen, die These des amerikanischen Journalisten systematisch zu überprüfen. Es soll aber nicht unerwähnt bleiben, daß die beiden wichtigsten Überlebenden der „Field-Affäre", Hermann Field und Erica Wallach, sowie die Betroffene Gitta Bauer aufgrund ihrer Erfahrungen die Deutung des Vorgangs als CIA-„Operation Sprengsatz" für möglich halten.

Untersuchungshaft

Es war kurze Zeit nach dem Parteitag, als Leo und Gitta Bauer Prof. Rompe und seine Frau bei einer Veranstaltung trafen und sie anschließend zum Essen in ein Restaurant einluden. Das war Rompe offensichtlich sehr unangenehm, und er lehnte ab. Er ging auch nicht auf die Einladung ein, zu Bauers nach Hause zu kommen. Leo Bauer sagte seiner Frau hinterher, daß Rompe über ihn vernommen worden sei und daß er ihn anscheinend fallengelassen habe. Bauer stand jetzt unter den Parteigenossen isoliert da. Man mied ihn und beobachtete ihn. Er wußte, daß es speziell einen Kollegen im Rundfunk gab, der die Aufgabe hatte, alle seine Schritte zu registrieren.
In dieser Zeit kam für Bauer eine weitere Belastung hinzu, die er selbst verursacht hatte. Aus persönlichen Gründen kam es zu einer Ehe-Krise, und seine Frau wollte sich von ihm scheiden lassen. Er beschwor sie, ihn in dieser Situation nicht im Stich zu lassen. Im Mai 1950 wurde der gemeinsame Sohn André — benannt nach dem engen Mitarbeiter Münzenbergs Otto Katz alias André Simone, der 1952 ein Opfer des Prager Slansky Prozesses wurde — geboren, und nach einem längeren Krankenhausaufenthalt war Gitta immer noch nicht völlig wiederhergestellt. Sie sollte zur Erholung. Das wäre eine gute Gelegenheit gewesen, sie und seinen Sohn für einige Zeit in Sicherheit zu bringen, indem sie zum Beispiel ein Heim im Schwarzwald ausgesucht hätten. Aber Leo Bauer wollte auch nicht den geringsten Anlaß geben, seine Parteitreue in Zweifel zu ziehen. So wurde eine Pension in Friedrichroda in Thüringen ausgesucht. Bauer schrieb seiner Frau täglich Briefe, die zwischen Ratlosigkeit, Pessimismus und einem gewissen krampfhaften Optimismus schwankten. Am Vorabend seiner Verhaftung schrieb er um 20 Uhr:

> „Die letzte Woche Deines Urlaubs ist angebrochen. Und ich denke, Du zählst schon die Stunden . . . Oft denke ich, ich werde wahnsinnig. Dann meine ich, ich träume und komme mir vor wie ein Nachtwandler.

Und endlich, immer wieder und wieder verlangt eine Stimme kategorisch von mir, Du darfst Gitta und André nicht mit dir und deinem Morgen belasten. Lange habe ich mich gefragt, ob ich Dir sagen soll, was ich damit meine: Ich denke, daß Du jetzt so gesund und kräftig bist, daß ich es Dir nach Deiner Rückkehr offen sagen werde. Und dann werden wir alle Für und Wider besprechen, als Freunde, als Mann und Frau. Aber nun genug davon. Verflucht, warum fange ich immer wieder davon an . . . Laß mich Dir sagen, daß ich Deine Freundschaft gerade jetzt unendlich schätze, Deine freundschaftliche Zuneigung, die so reif und diskret ist, die weiß, wann zu reden und wann zu schweigen. Ja, wer weiß, was die Zukunft bringt. Irgendwann wird es langsam, sehr langsam besser werden. Hier nur der Unterschied. Der Tiefpunkt ist ja noch gar nicht da. Und dann erst, dann erst wird die Zukunft zu entscheiden sein. Genug für heute. Il faut attendre . . ."

Bauer wußte zu dem Zeitpunkt, daß er seinen Posten als Chefredakteur des „Deutschlandsenders" verlieren würde. Gegenüber seinem Fahrer sagte er, daß er abgelöst werden solle, und er hätte doch den Rundfunk noch so gerne weiter ausgebaut. Er rechnete vielleicht auch mit dem Parteiausschluß, aber anscheinend nicht mit einer unmittelbar bevorstehenden Verhaftung. Noch glaubte er, daß etwas gemeinsam zu entscheiden bliebe, wenn der „Tiefpunkt" erreicht sei. In einem Brief seiner Schwiegermutter beschreibt diese die letzten Vorgänge in Glienicke, kurz vor der Verhaftung:

„Am Dienstag, den 22. 8. kam Leo abends mit seiner Sekretärin (Frl. Schulz) nach Glienicke und hat dort mit ihr zusammen einen Kommentar ausgearbeitet. Gegen 4 Uhr morgens ist er nochmal zum Funk gefahren, während Frl. Schulz in Glienicke blieb. Etwa 9 Uhr früh am Mittwoch den 23. kam er wieder und fuhr dann nach dem Frühstück und nach der üblichen Verabschiedung (ohne irgendwelche Merkmale zu zeigen) mit Frl. Schulz, nachdem er sich von Vera (das Hausmädchen) einen Koffer mit dunklem Anzug und *weissem* Hemd (worauf er besonders bestand) hatte packen lassen, weg. Fertig gepackt hat er sich den Koffer allerdings dann selbst. Er sagte nur, es ist ganz unbestimmt, wann ich zurückkomme. Und seitdem haben wir nichts mehr von Leo gehört. Er hat uns oder den dreien in Glienicke keinerlei Warnung oder Andeutung gegeben."

Bauer fuhr am Vormittag des 23. August 1950 in sein Büro im Rundfunkhaus. Dort erhielt er einen Anruf, daß er nachmittags um 15 Uhr zu einer Besprechung mit der ZPKK kommen solle. Er fuhr hin. Im Büro von Hertha Geffke wurde ihm der Beschluß über seinen Parteiausschluß vorgelesen. Es wurde ihm mitgeteilt, daß ihm das Recht zustehe, bis zum nächsten Morgen eine Erklärung zu dem Beschluß zu Händen des Zentralkomitees abzugeben. Beim Verlassen des Parteihauses wurde Bauer auf der Straße verhaftet und in das Gefängnis in der Schumannstraße gebracht.

Warum erschien Bauer pünktlich zu seiner Verhaftung? Es wäre doch ein Leichtes gewesen, sich dem Zugriff der Partei zu entziehen. Sein Büro lag in einer Art sowjetsektoraler Exklave in der Masurenallee am Funkturm, im Britischen Sektor. Er hätte doch nur aus dem Haus zu gehen brauchen und im Westen bleiben können. Nicht einmal eine richtige Flucht wäre erforderlich gewesen.

> „Aber die innere Abhängigkeit ist keine Frage der Geographie", sagt treffend Ralph Giordano. „Es ist gleichgültig, wo der gläubig Liebende wohnt, ob in Moskau oder Paris, Warschau oder Hamburg. Sein Zustand der Wehrlosigkeit, der Preisgabe, der Lähmung und der Bereitschaft zu Selbstverleugnung und Unterwerfung, dieser ganze Zusammenbruch der Persönlichkeit wird bestimmt durch eine Furcht, die immer besessenere Formen anzunehmen beginnt: die Zugehörigkeit zur Partei einzubüßen. Diese inbrünstige und anonyme Magie, genannt Liebe zur Partei, ist der Schlüssel für das gesamte Verhalten, in ihr laufen alle Fäden zusammen: ‚Es gibt keine Alternative zur Partei!' Das bewirkt die innere Ausweglosigkeit, die bedingungslose Selbstauslieferung und macht die Unterwerfung logisch."

Am 26. August kam Erica Wallach mit dem Flugzeug in Berlin an. Sie hatte Angst. Aber andererseits glaubte sie dann doch, ihr könne nichts passieren. Sie kannte nicht die Meldungen der Westberliner Zeitungen, daß Bauer verschwunden sei. Es war Sonnabend nachmittag, und im Haus des Rundfunks erreichte sie niemanden, der ihr sagen konnte, wo Leo Bauer war. Sie rief Esther Goldhammer an, deren Mann mit Bauer zusammen verhaftet worden war. Frau Goldhammer gab ihr keinen Hinweis auf die Wahrheit und verwies sie ans Parteihaus. Erica ging nach Ost-Berlin und wurde verhaftet. Am gleichen Tag erschienen zwei SSD-Männer in Friedrichroda und verhafteten Gitta Bauer sowie ihre Schwester, die sie begleitet hatte. Hilde Dubro war Modejournalistin in Berlin und ein unpolitischer Mensch. Allein die Tatsache, daß sie ihre Schwester begleitet hatte, besiegelte ihr Schicksal. Sie wurde 19 Monate später entlassen, ohne je verhört worden zu sein, ohne je einen Haftbefehl gesehen zu haben und ohne Gerichtsverhandlung. Ihre Verlobung ging durch die Haftzeit in die Brüche, und dem Mann, den sie später heiratete, konnte sie nicht, wie geplant, in die USA folgen, weil sie von

der Haftzeit her Tbc-krank war und daher keine Einreiseerlaubnis in die Vereinigten Staaten bekam. Als Hilde die Erlaubnis bekommen hätte, war es für die Ehe zu spät.
Für Gitta Bauer gab es ebenfalls keinen Haftbefehl und keine Gerichtsverhandlung. Sie wurde verhört und hielt sich an die Anweisungen, die ihr Leo Bauer für den Fall gegeben hatte, daß sie vor der ZPKK verhört werde. So sollte sie zum Beispiel leugnen, daß zwischen ihrem Mann und Erica Glaser-Wallach nach 1948 noch irgendein brieflicher Kontakt bestanden habe. Gitta Bauer hielt sich daran. Ihr Mann hielt sich nicht daran oder konnte sich nicht daran halten. Daher saß Gitta länger in verschiedenen ostdeutschen Gefängnissen, als vielleicht selbst unter den gegebenen Verhältnissen nötig gewesen wäre. Denn es war den Vernehmern von Anfang an klar, daß sie nicht die Wahrheit sagte. Im März 1954 kam sie nach West-Berlin. Wir haben im Fall Gitta Bauers und ihrer Schwester vorgegriffen, um dem Gang der Untersuchung gegen Leo Bauer und Erica Wallach im Zusammenhang folgen zu können, die schließlich beide vor dem selben sowjetischen Militärtribunal standen.
Als in West-Berlin das Verschwinden von Leo Bauer bekannt wurde, setzte hier zunächst ein Rätselraten ein. Sollte er geflohen sein? Ein dpa-Korrespondent recherchierte in Frankfurt und kam dabei zu folgender Erkenntnis:

„In unterrichteten Kreisen Frankfurts hat die angebliche Flucht des Chefredakteurs des sowjetisch kontrollierten Deutschlandsenders, Leo Bauer, in die Bundesrepublik großes Erstaunen ausgelöst. Leo Bauer, der bis Anfang 1948 hessischer Landtagsabgeordneter der KPD und Generalsekretär dieser Partei in Hessen war, war als einer der konsequentesten Kommunisten bekannt. Er galt als einer der geistigen Führer in der Westzonen-KPD und man zweifelt in Frankfurt sehr, daß er wegen politischer Unzuverlässigkeit entlassen worden sei. Man glaubt viel eher, daß er mit irgendeinem besonderen Auftrag in die Bundesrepublik kommt und die Bekanntmachung seiner Entlassung nur konstruktive Arbeitsmöglichkeiten vorbereiten sollte . . . Er war nach der Neugründung der Kommunistischen Partei in der amerikanischen Zone (1945) der erste tonangebende Kommunist. Er galt als ausgesprochen klug und geistreich, war ein geschickter politischer Redner."

Das Ministerium für Staatssicherheit wurde offiziell im Februar 1950 gegründet, aber bereits kurz nach der Gründung der DDR im Oktober 1949 hatten Wilhelm Zaisser, Gerhard Werner und Erich Mielke mit dem Aufbau eines eigenständigen Sicherheitsapparats begonnen. Wilhelm Zaisser ist besonders unter seinen Decknamen General Gomez als Truppenkommissar im Spanischen Bürgerkrieg bekannt geworden. Erich Mielkes Name ist mit weniger rühmlichen Ereignissen verbunden. Mielke hatte in der Weimarer Republik zum Kippenberger-Apparat gehört. Im März 1950 wurde in der Schumannstraße/Ecke Albrechtstraße ein besonderes Untersuchungsgefängnis für politische Häftlinge errichtet. Aber es waren noch nicht alle Vorbereitungen abgeschlossen, als bereits der erste Häftling eingeliefert wurde: Kurt Müller, als Stellvertreter von Max Reimann der zweithöchste Funktionär der westdeutschen KP. Müller hatte unter Hitler jahrelang im KZ gesessen. Das Gebäude des neuen Gefängnisses war zwar von außen in Ordnung, aber innen noch gar nicht als ein Gefängnis eingerichtet. Es bestand zum Teil aus größeren Räumen ohne Türen, und es gab noch Löcher in den Wänden und andere Kriegsschäden.

So war jedenfalls die Lage, als Alfred Schürz hier in der Wachmannschaft seinen Dienst antrat. Schürz war von Mielke aus dem Dezernat 5 der Kriminalpolizei rekrutiert worden. Sein Lebenslauf schien die Gewähr zu bieten, daß er seine Aufgaben im Sinne seiner Dienstherren versah. Schürz war in der Weimarer Republik Mitglied des Kommunistischen Jugendverbandes gewesen und hatte nach Hitlers Machtübernahme ein Jahr in dem berüchtigten Gefängnis in der Papestraße gesessen. 1939 wurde er eingezogen, und im Januar 1944 kam er in russische Kriegsgefangenschaft, durchlief mehrere Lager und „Antifa"-Schulen und kam Ende 1947 nach Deutschland. Kurt Müller war die ersten Monate bis August 1950 der einzige Gefangene. Schürz und die anderen Wachleute hatten den strengen Befehl, kein Wort mit Müller zu wechseln. Er durfte nicht wissen, wo er war, sich nicht rasieren oder regelmäßig waschen, und die Verpflegung sollte nur unregelmäßig ausgegeben werden. Vernehmungen wurden nur nachts durchgeführt, sehr oft zwischen 23 und 4 Uhr früh, oder als Beispiel: um 24 bis 1 Uhr, dann wieder um 2 Uhr und dann nochmals gegen 5 Uhr. Während der Pausen sollte der Verhörte der Meinung sein, für heute sei Schluß. Wenn er sich hingelegt hatte und eingeschlafen war, wurde er kurz danach geweckt und wieder vernommen. Tagsüber durfte er nicht schlafen. Nach dreijähriger Untersuchungshaft wurde er durch ein Fernurteil aus Moskau zu 25 Jahren Zwangsarbeit verurteilt, in die Sowjetunion überführt und 1955 entlassen.

Als Leo Bauer eingeliefert wurde, kam er in eine Eckzelle neben dem Raum für das Wachpersonal. Die Wachleute waren instruiert, besonders auf ihn zu achten, vor allem aber darauf, daß er tagsüber nicht schliefe und keinerlei Verbindungen zu anderen Häftlingen aufnähme.

Zwei Tage später wurde er Mielke vorgeführt:

> „Am 25. August 1950, gegen 22 Uhr, erhielt ich im Gefängnis den Besuch des Mitglieds des Zentralkomitees der SED, des Staatssekretärs

im Staatssicherheitsministerium der DDR, Mielke. Unumwunden teilte er mir in Gegenwart eines anderen Beamten mit, daß es die Absicht der Partei sei, spätestens im Februar 1951 gegen Merker, Ende, Kreikemeyer, Goldhammer und mich einen Schauprozeß analog zu den Prozessen gegen Rajk und Kostoff (Bulgarien) durchzuführen und daß er von mir erwarte, daß ich der Partei keine Schwierigkeiten dabei machen würde. Der Begleiter Mielkes unterstrich einige Wochen später in einer neuen Vernehmung, die sehr ‚freundlich' verlief, die persönliche Rolle von Ulbricht in der ganzen Angelegenheit, indem er feststellte, es würde im entscheidenden Maße von Walter Ulbricht persönlich abhängen, welchen Verlauf die Untersuchung nehme."

Auch aus den Berichten über die Verhöre von Erica Wallach und Gitta Bauer kann man schließen, daß zumindest ein Teil der SED-Führung anfänglich einen Schauprozeß erwog, ja vielleicht sogar plante. Warum kam es nicht dazu? Bauer gibt dazu die Erklärung, daß der SSD zu dumm war, um einen solchen Prozeß vorzubereiten und daß auch seine späteren Geständnisse vor den sowjetischen Vernehmern für einen Schauprozeß nicht tauglich gewesen seien. Bauer will durch seine Darstellung den Eindruck erwecken, was menschlich sehr verständlich ist, daß er bis auf wenige Momente in gewisser Weise Herr der Lage geblieben sei. Das scheint aber anderen Aussagen zufolge nicht der Fall gewesen zu sein.
Bauer vertritt die Auffassung, daß es Ulbricht ganz besonders auf die KPD-Funktionäre abgesehen hatte, die ihm in den Jahren 1945—48 Schwierigkeiten gemacht hätten. In der Tat kann man feststellen, daß es das Ziel Ulbrichts war, eine vollkommene Unterordnung der KPD unter die SED zu erreichen. Aber 1950 war dieses Ziel bereits erreicht, und um die wenigen potentiell selbständig denkenden Köpfe in der Führung der KPD ausschalten zu können, brauchte es keinen Schauprozeß. Man bestellte sie einfach nach Berlin wie Müller im März 1950, Sperling im August 1950 und Prinz im Februar 1951, und ließ sie verschwinden. Wozu benötigte man da einen Schauprozeß und einen Noel Field? Ulbricht war nicht der Politiker, der sich allein aus Rachegelüsten zu politisch riskanten Aktionen hinreißen ließ. Wenn man sich den Beschluß des ZK zu Field genau durchliest, stellt man fest, daß es ein höchst umständliches Dokument ist, in welchem feine, unterschiedliche Belastungsgewichte an die vielen Namen gehängt werden und mehr Nebel verbreitet wird, als sonst schon bei derartigen Texten üblich.
Von allen genannten Funktionären wird nur Bauer mit dem Vorsatz „der Agent" belegt. Hierauf konnte man sich offenbar leicht einigen. Bruno Fuhrmann, Hans Teubner, Walter Beling und Wolfgang Langhoff erscheinen weiter als „Genossen", und sie werden auch nur aller Parteifunktionen entho-

ben. Ihre Tätigkeit habe „nur zu einer mittelbaren Unterstützung des Klassenfeindes" geführt. Paul Merker, Bruno Goldhammer, Willi Kreikemeyer, Lex Ende und Maria Weiterer werden ebenfalls wie Bauer aus der Partei ausgeschlossen. Aber nur Goldhammer und Kreikemeyer werden wie Bauer anschließend verhaftet.
Diese drei waren nun keineswegs Spitzenfunktionäre im SED-Parteiapparat. Goldhammer war Abteilungsleiter in Gerhard Eislers „Amt für Information". Kreikemeyer hatte zwar einen hohen Verwaltungsposten als Direktor der Deutschen Reichsbahn, gehörte aber auch nicht zum Führungskern der SED. Paul Merker hatte dazugehört. Er war seit Juli 1946 ununterbrochen Mitglied des SED-Zentralsekretariats beziehungsweise des Politbüros und seit der Gründung der DDR außerdem Staatssekretär im Ministerium für Land- und Forstwirtschaft gewesen. Für ihn war es sicherlich eine Umstellung, nun wieder in seinem gelernten Beruf als Kellner in der HO-Gaststätte Luckenwalde zu arbeiten, aber er blieb bis Dezember 1952 auf freiem Fuß. Das ist nicht nur erstaunlich, weil zu jedem innerparteilichen Schauprozeß nach stalinistischem Muster wenigstens einer der höchsten Parteifunktionäre gehörte, sondern auch deshalb, weil Merker in Marseille als Mitglied des Exil-ZK der KPD die „Nr. 1" war und er eigentlich das Eindringen des „Agenten" Field hätte verantworten müssen.
Wenn wir uns die Parteipresse der SED nach dem Field-Beschluß ansehen, so wird der Eindruck von „Halbherzigkeit" in diesem Säuberungsprozeß nur verstärkt. Die Zeugen Jehovas erhalten in ihrer angeblichen Eigenschaft als „Atombomben-Apostel" und „Wall-Street-Agenten" einen Rang auf der ersten Seite des „Neuen Deutschland", und es wird ihnen mehr Raum gewidmet als den zustimmenden Reaktionen der SED-Bezirksleitung Berlin und der Lehrer und Schüler der Parteihochschule auf die Maßnahmen gegen die „entlarvten Parteifeinde". Allein zu Kreikemeyer erscheint am 25. Oktober 1950 noch ein Enthüllungsartikel unter dem für ND-Verhältnisse neutralen Titel: „Einige Materialien über Sabotage durch Bürokratismus, dargestellt an dem Fall Kreikemeyer". Kreikemeyer „sah seine Aufgabe unter anderem darin, jede Einsichtnahme in die Schrottbestände der Reichsbahn zu verhindern und jede Schrottabgabe zu sabotieren".
Es ist sehr fraglich, ob das die Art und Weise war, wie sich die sowjetische Führung eine deutsche Reaktion auf den Fall Field vorstellte. Man kann mit Sicherheit davon ausgehen, daß es der SED-Führung nicht möglich gewesen wäre, die ganze Field-Affäre in der DDR unbeantwortet zu lassen. Es hatte schon beinahe ein Jahr gedauert, bis die SED eine deutsche Field-Zentrale namhaft gemacht hatte. Ein noch längeres Zögern hätte bei der KPdSU den Verdacht nähren können, daß die obersten Agenten in der Ulbricht-Gruppe selbst zu suchen seien. Man scheint also in der SED-Führung unter dem

Druck gestanden zu haben, wenigstens ein paar Bauern in diesem Spiel zu opfern.

Einen indirekten Beleg über diese These findet sich auch in dem Vorgang der Untersuchung gegen Wallach und Bauer. Erica Wallach wurde von den Sowjets als wichtigere Agentin angesehen als Bauer. Gleich von der ersten Vernehmung an saß ein sowjetischer Offizier dabei, der zuerst in Zivil gekleidet war und mit dem deutschen Vernehmer nur über Zettel verkehrte. Ihr gegenüber sollte die Fiktion aufrecht erhalten bleiben, daß es sich hier nur um deutsche Stellen handele. Auch Bauer hatte bis zum April 1951 nur deutsche Vernehmer. Als Erica Wallach am 21. Januar 1951 zusammenbrach und ein Protokoll unterzeichnete, es aber bei der nächsten Vernehmung gleich widerrief und seitdem (bis zu ihrer Verurteilung) standhaft blieb, verloren die Sowjets die Geduld. Sie wurde Anfang Februar nach Karlshorst überführt, und auf vielerlei Arten versuchte man sie hier gefügig zu machen. Zuletzt trat der Chef des sowjetischen Geheimdienstes in Deutschland persönlich auf. Erica gewann bei mehreren Unterredungen mit ihm die feste Überzeugung, daß dieser Mann wirklich daran glaubte, Field sei ein imperialistischer Agent und sie die wichtigste Person für den deutschen Teilbereich. „Er hielt mich ernsthaft für eine Art Super-Mata-Hari." Dieser Offizier versuchte mit ihr auf der Ebene von Kollegen zu reden, „wovon er auch felsenfest überzeugt war", und er sagte ihr, es ginge ihm nicht um die bereits Verhafteten oder ihre Person, sondern er wolle wissen, wer wirklich die Agenten in der obersten Reihe seien. Erica nannte keine Namen, und härtere Methoden wurden wieder angewandt.

Im Juni wurde sie plötzlich von Karlshorst nach Hohenschönhausen überführt. Sie konnte es zuerst nicht glauben, sondern dachte, eine schlimmere Station und nicht eine etwas leichtere müßte folgen. Sie hatte Angst davor, nach Moskau gebracht zu werden, oder was sie noch mehr befürchtete: nach Ungarn, wo bereits Noel und Hertha Field saßen. Der Grund dafür, daß der Druck auf sie nachließ, obwohl sie weiter verhört wurde, bestand darin, daß Leo Bauer „gestanden" hatte. Er war Anfang April 1951 weiter in der Schumannstraße vernommen worden und dann nach Hohenschönhausen gekommen, wo ihn Sowjets und später wieder Deutsche verhört hatten und schließlich erfolgreich gewesen waren.

Leo Bauer schildert die letzte Phase der Vernehmung, in der er schließlich nachgab, wie folgt:

„Das Fenster wurde wieder geöffnet. Ich bekam einen Schüttelfrost. Niemand sprach. Der Chef ging im Zimmer auf und ab. Ich saß, wie stets bei solchen Gelegenheiten, nicht in der Ecke, sondern mitten im Zimmer. Ich wartete auf das, was kommen sollte. Und das war fürchterlicher als alles Vorhergehende. Ich fühlte plötzlich, wie eine Hand mein Haar zart streichelte, fast so zart wie eine Frauenhand. Es war die gleiche Hand, die mich kurz vorher schlimmer als einen Hund geprügelt hatte. Mit seinen schönen Augen, aus denen plötzlich alle Härte, alles Gemeine verschwunden schien, schaute er mich lange und menschlich an. Die Unterhaltung begann: ‚Leo, wissen Sie was vor 8 Tagen war?' Ich wußte nicht, worauf er hinauswollte und schwieg. ‚Wissen Sie es wirkich nicht? Haben Sie vergessen, daß vor 8 Tagen ihr Sohn André 1 Jahr alt wurde? Ich weiß, wie Sie sich auf diesen Sohn gefreut haben. Im Moment Ihrer Verhaftung war er 3 Monate alt. Es geht ihm gut. Wollen Sie ihn nicht wiedersehen? Wollen Sie weiter sinnlos den Helden spielen? Leo, ich spreche zu Ihnen wie ein Vater zu seinem Sohn. Ich beschwöre Sie, geben Sie den unnützen Widerstand auf. Sie wissen wie ich, daß jeder Kampf Opfer kostet. Ich kenne Sie genug, um jetzt zu wissen, daß Sie wahrscheinlich unschuldig sind. Aber Sie waren zu bekannt in der Öffentlichkeit. Sie waren ein führender Mann der Partei und in diesen Fällen kann die Partei nie zugeben, daß sie nicht recht hatte. Ich kann Ihnen auch noch etwas anderes sagen. Das Material, das gegen Sie vorliegt, ist nicht sehr viel Wert. Wahrscheinlich wird kein öffentlicher Prozeß stattfinden. Wir betrachten Sie trotzdem als einen amerikanischen Agenten, und Sie müssen es gestehen, ob es wahr ist oder nicht. Ich verspreche Ihnen als Chef der Untersuchungsabteilung, daß Sie keine allzu hohe Strafe erhalten werden und daß Sie dann zu Ihrer Familie zurückkehren können. Denken Sie an Ihren Sohn!' So ging es weiter bis zum frühen Morgen. Ich fühlte, wie sich in mir die Verkrampfung löste, wie mich langsam mein Ich verließ und ich ein anderer wurde. Ich sprach kaum. Es war so angenehm, dieser tiefen, echt russischen Stimme zu lauschen und selbst das Deutsch des Übersetzers klang plötzlich angenehm. Nur ein Bedürfnis hatte ich: Ruhe, Ruhe, Ruhe! Der deutsche Posten kam, mich zu holen. Zum ersten Mal erhielt er den Befehl, mir nicht die Hände zu fesseln (nur bei den Deutschen wurde man in Fesseln geführt). Zum Abschied gab mir der Chef die Hand, seine letzten Worte waren: ‚Denken Sie an Ihren Sohn und dann wird alles gut.'

Er hatte recht. Schon einige Stunden später verlangte ich den Gefängnisleiter und ersuchte ihn, die russischen Stellen zu verständigen, daß ich um eine sofortige Vernehmung bitte. Sie hatten es plötzlich nicht eilig. Erst zwei Tage später kamen sie: Der Chef, der andere und diesmal eine Dolmetscherin (in ihrer Gegenwart wurde gewöhnlich nicht geschlagen). Er wußte also, daß er gewonnen hatte.

‚Genosse Bauer, Sie haben den Wunsch geäußert, uns zu sprechen. Wir stehen zu Ihrer Verfügung und hören Ihnen zu. Sprechen Sie, solange Sie es wünschen.' "

Das „Geständnis" und seine Folgen

In den nun folgenden zwei Monaten mußte Bauer ein eigenhändiges Geständnis fabrizieren. Er schrieb es auf 150 Seiten nieder. Zum Teil wurde die Untersuchung gemeinsam von sowjetischen und deutschen Vernehmern geführt. Zu vielen namhaften Funktionären der SED und KPD wurde er vernommen, und es wurden umfangreiche Protokolle angelegt. Bemerkenswert ist, daß Bauer im Spätherbst 1952, als er zur Vorbereitung seines Geheimprozesses nach Karlshorst gebracht wurde, von den Sowjets noch einmal speziell über die Führungsgruppe der SED vernommen wurde und daß

„über jeden einzelnen dieser heiligen Führer der internationalen Arbeiterklasse ausführliche Protokolle mit mir gemacht wurden, wobei allergrößter Wert darauf gelegt wurde, auch in diesen Protokollen die allgemeingültige sowjetische Methode für Protokolle anzuwenden: In ihnen darf kein günstiges Wort über die Person, die im Protokoll behandelt wird, stehen. Besonders eingehend und ausführlich wurde ich über Walter Ulbricht vernommen".

Für den Herbst 1951 erwähnt Bauer noch ein eingehendes Verhör zu Fritz Sperling. Wir können aber annehmen, daß spätestens im Herbst/Winter 1951/52 genügend „Beweismaterial" für einen Prozeß beziehungsweise sogar Schauprozeß vorgelegen haben wird, neben der zweiten, nicht weniger wichtigen Voraussetzung: ein vollständig geständiger Angeklagter. Warum kam es aber zu einem Prozeß erst ein gutes Jahr später, im Dezember 1952?
Eine systemimmanente Erklärung könnte lauten, daß sich die verschiedenen Apparate und politischen Entscheidungsinstanzen gegenseitig blockierten. Darüber hinaus muß man sich ins Gedächtnis rufen, daß im Frühjahr 1952 Stalin und die sowjetische Führung noch einmal durch die Propagierung eines wiedervereinten und neutralen Deutschland die Westintegration der Bundesrepublik zu verhindern suchten. Wie ernst dieser Vorschlag („Stalin-Note" vom 10. März 1952) wirklich gemeint war und ob die UdSSR für den Fall einer Neutralisierung Deutschlands die DDR fallen gelassen hätte, ist nach wie vor umstritten. In jedem Fall erscheint es logisch, daß in dieser Zeit kein größerer Schauprozeß inszeniert werden durfte. Nicht nur aus propagandistischen Gründen, sondern weil auch nicht sicher sein konnte, welche Art von Parteiführung unter eventuell veränderten Bedingungen

gebraucht würde. Vom Frühjahr bis zum Sommer 1952 erlebte es jedenfalls Erica Wallach, daß sie zu ihrer großen Verwunderung überhaupt nicht mehr verhört wurde. Eine neue und ganz andere Phase begann für sie wie für Bauer im August/September 1952. Sie erhielten offiziell Haftbefehle vorgelegt, und nun wurde zielgerichtet ein Verfahren vor einem sowjetischen Militärtribunal vorbereitet. Im November fand eine Gegenüberstellung statt, in der sich Leo Bauer gegenüber Erica Wallach — wie vorgesehen — als „Agenten" bezichtigte (wie auch bei der Gegenüberstellung mit Kurt Müller), Weihnachten 1952 fand der dreitägige Prozeß statt, der — der Formulierung Erica Wallachs zufolge — in streng legaler Form geführt wurde, „abgesehen von der Tatsache, daß es weder Zeugen noch einen Verteidiger gab".
Die Anklageschrift, die mit dem Urteil praktisch identisch war, lautete auf „konterrevolutionäre Tätigkeit", Art. 58 des sowjetischen Gesetzbuches, und zwar in den folgenden Punkten:

> „Punkt 4: Unterstützung der internationalen Bourgeoisie zum Schaden der Sowjetunion ...
> Punkt 6: Spionage, das heißt Sammlung und Weitergabe von Nachrichten, die sich ihrem Inhalt nach als ein besonders schutzwürdiges Staatsgeheimnis darstellen, zugunsten ausländischer Staaten, konterrevolutionärer Organisationen oder Privatpersonen ...
> Punkt 10: Propaganda oder Agitation, die zu Sturz, Unterhöhlung oder Schwächung der Sowjetherrschaft oder zu Begehung einzelner gegenrevolutionärer Verbrechen auffordern ...
> Punkt 11: Organisatorische Tätigkeit jeglicher Art im Sinne der obenaufgeführten gegenrevolutionären Umtriebe."

Im folgenden nun vor allem der Erlebnisbericht Erica Wallachs: Bei seinem letzten Wort, das ihm als Angeklagten zustand, brach Leo Bauer zusammen, und die Verhandlung wurde unterbrochen.

> „Er beruhigte sich in wenigen Minuten, und die Soldaten, die uns bewachten, waren anscheinend so gerührt, daß sie uns gestatteten, miteinander zu reden. Wir sprachen französisch, um sicher zu sein, nicht verstanden zu werden. ‚Was wird deiner Ansicht nach geschehen? Wieviel Jahre werden wir bekommen?' fragte ich.
> ‚Ich schätze, etwa zehn', antwortete Leo.
> ‚Zehn Jahre! Das bedeutet Rußland', sagte ich entsetzt. ‚Alles unter zehn bleibt in Deutschland, von zehn an geht's nach Sibirien. Nachbarn haben mir das gesagt.'

‚Nun, selbst wenn wir zehn bekommen sollten, werden ja die zweieinhalb Jahre abgezogen, und es ist doch klar, daß wir vorher 'rausgelassen werden. Das ist doch nur eine Farce; sie wissen das genau so gut wie wir. Wir werden auf kurze Zeit verschwinden, bis der innerparteiliche Streit zwischen Titoisten und Stalinisten vorbei ist, dann werden sie uns wieder freilassen. Warte es nur ab. Wir werden höchstens zwei oder drei Jahre sitzen.'

‚Solange es nur unter zehn Jahren ist und wir nicht nach Sibirien brauchen. Du weißt, daß wir von dort nicht lebendig zurückkommen. Vielleicht bekommen wir nur fünf Jahre, dann bleiben zweieinhalb. Oder vielleicht nur drei? Dann hätten wir fast nichts mehr abzusitzen. Aber der Fall sieht schlecht aus; ich wette, wir kriegen zehn.' "

Leo Bauer und Erica Wallach wurden in allen Anklagepunkten für schuldig befunden und zum Tode durch Erschießen verurteilt. Beide waren fassungslos, und Erica fragte ihn mit den Augen: „Was hat das zu bedeuten? Was sagst Du nun?' Er zuckte die Achseln und schüttelte langsam den Kopf, aber in seinen Augen konnte ich die Botschaft lesen: ‚Ich verstehe überhaupt nichts mehr. Aber eines ist sicher, wir sind so gut wie tot.' "

Leo Bauer hatte einen Schock erlitten, der ihn vollkommen verwirrte und der die ganze Zeit des Transportes nach Moskau anhielt. In dem Moskauer Gefängnis Butirka lagen beide Todeskandidaten für zwei Tage in beieinanderliegenden Zellen. Sie gab Klopfzeichen. Bauer antwortete, aber sie konnte seine Signale nicht in Worte umsetzen. Alles blieb unverständlich, bis sie auf den richtigen Gedanken kam, daß Bauer vergessen hatte, einen Buchstaben mitzuzählen. Schließlich klopfte er so heftig, daß es die Wachen hörten und sie weit auseinander sperrten. Ein halbes Jahr warteten sie in ihren Todeszellen. Tagsüber pflegte Bauer in seiner Zelle auf und ab zu gehen und seine Schritte zu zählen.

„Die Nacht ist, wenn man nicht schlafen kann, die eigentliche Hölle des Häftlings. Man muß liegen, man darf nicht in das Reich der vierunddreißigtausend Schritte fliehen. Unendliche Stille — noch stiller und unheimlicher als am Tage — ruht über dem Gefängnis. Plötzlich aber fängt irgendwo in einer Zelle ein Mensch in seiner Verzweiflung an zu schreien. Weiß man, was los ist? Wurde er geschlagen? Wurde er gefoltert? Schrie er im Traum, in seiner Verzweiflung, in seiner Angst? Wurde er wahnsinnig? Man weiß es nicht. Man erlebt im Bett liegend alle nur erdenklichen Szenen. Vielleicht wird gerade ein Leidensgenosse zur Erschießung geführt. Plötzlich hört man das stets neuen Schreck einjagende Geräusch des Schließens einer Zellentür. Der Riegel wird zurückgerissen, irgendwo wird eine Zellentür geöffnet. Ein

Mensch soll zur Vernehmung geführt werden oder vielleicht zum Tode. Er wehrt sich, er will nicht, er schreit, er brüllt, — die Posten bemühen sich, ihn zu beruhigen, schimpfen und fluchen — nichts hilft. Die Tür wird wieder zugeschlagen, der Posten entfernt sich, um einige Minuten später mit Verstärkung wiederzukommen. Man hört auf seinem Bett, in Schweiß gebadet und zitternd, die gleichen Geräusche und man erlebt die Szene, als wäre man selbst das Opfer. Wieder wird die Zellentür aufgerissen, wieder wehrt sich der Mensch. Diesmal besteht die Antwort nicht in Beruhigungsworten und nicht in Flüchen. Der Mensch wird gepackt, zu Boden gezerrt und man hört, wie ein Mensch schreiend, sich wehrend und um sich schlagend den Korridor entlang geschleift wird. Immer entfernter erklingen die Schritte, immer leiser wird das flehende Gejammer des Menschen, der da leidet. Und plötzlich ist man wieder von der absoluten Stille umgeben, die Angst einjagt, die den Menschen in seinem Bett bedrückt und der er nicht entfliehen kann. Furchtbar sind die Nächte des Häftlings, die er schlaflos verbringen muß. Und kommt dann der Schlaf, dann ist er von Träumen erfüllt, die noch furchtbarer sind, als die Schlaflosigkeit. Der zum Tode Verurteilte erlebt im gleichen Moment, wie er im Schoße einer Frau das höchste Glück empfindet und dabei seiner eigenen Hinrichtung beiwohnt. Er erlebt in vielfacher Form seinen Tod. Er rast ins Unendliche, möchte sich wehren, schreit und wacht erschöpft auf. Dann erst merkt er, daß die Nacht vorbei ist, der Posten hat gerade an die Zellentür geschlagen und sein ‚Podjem‘, ‚Aufstehen‘ gerufen."

Inzwischen war am 5. März Josef Stalin gestorben, und am 27. war eine erste große Amnestie erlassen worden. Im Juli 1953 wurden Leo und Erica zu 25 beziehungsweise 15 Jahren Zwangsarbeit begnadigt. Erica Wallach kam an den nördlichen Polarkreis, südlich der Insel Novaja Semlja, in ein Lager des Strafbezirks Workuta.
Bauer kam nach Ostsibirien, nach Tajschet.

Das Arbeitslager Tajschet

„Als ich im Sommer 1953 zu 25 Arbeitsjahren ‚begnadigt‘ wurde, wog ich nach der knapp dreijährigen Haft noch 88 Pfund. Im Gefängnis hatte ich eine offene Tb bekommen. Außerdem hatte ich eine offene Dystrophie (an meinen Beinen sind heute [1970] noch die Folgen zu sehen). Dazu gehörte, daß der Körper voll Wasser war. In diesem Zustand wurde ich ‚auf Etappe‘ geschickt: in Güterwagen wurde ich von Moskau nach Sibirien etappenweise gebracht. Unterwegs blieben wir, abhängig von den weiteren Verbindungsmöglichkeiten, einmal zwei Wochen, das andere Mal ein paar Tage und das nächste Mal einen Monat in sogenannten Durchgangsgefängnissen, die im wahrsten Sinne des Wortes dem letzten Jahrhundert entstammten. Ich wurde dabei mehrmals an die Schilderungen in ‚Aus einem Totenhause' erinnert. Im Gefängnis von Kuibyschew an der Wolga brach ich als Folge der Dystrophie endgültig zusammen. Daß ich noch lebe, verdanke ich der aufopfernden Hilfe einer jungen schönen sowjetischen Ärztin, die Mitglied des Komsomol war. Ihr hatte ich meine Vergangenheit und Geschichte erzählt. Sie versuchte rührend, ihre Partei zu verteidigen (ihren Vater und ihren Bruder hatte sie im Kriege mit den Nazis verloren). Sie machte die dollsten Sachen. Sie brachte mir aus der Stadt Medikamente, Weißbrot und päppelte mich wieder auf. Dazu gehörte einer der schönsten platonischen Flirts. Gegen den Willen der Geheimpolizisten hielt sie mich einige Wochen im Gefängniskrankenhaus zurück. Dann kam der Tag des Abschieds. Sie verriet mir, wo ich hinkommen würde: in ein politisches Regime-Lager schlimmster Art (Tajschet)."

Noch 1927 war Tajschet ein unbedeutendes Dorf an der Transsibirischen Eisenbahn, ein Pionierstützpunkt bei der Erschließung Ostsibiriens. Das begann sich langsam in den dreißiger Jahren zu ändern, als der Bau der Baikal-Amur-Magistrale beschlossen wurde. Diese neue Eisenbahnstrecke sollte bei Tajschet von der Transsibirischen Trasse abzweigen und über Ust-Kut nach Sowjetskaja-Gawan („Sowjetischer Hafen") eine neue Verbindung zum Pazifischen Ozean schaffen. Die sowjetische Führung reagierte mit diesem Projekt auf die japanische Invasion der Mandschurei im Jahr 1932. Die nordmandschurische Bahn war für die Sowjetunion wertlos geworden und die Transsibirische Eisenbahn wegen ihrer Grenznähe zum besetzten China zu sehr gefährdet. Der Bau der neuen Bahn und ihre völlige Fertigstellung sind durch verschiedene Umstände immer wieder verzögert worden. Das erste größere Teilstück von Tajschet bis Ust-Kut wurde Anfang der fünfziger Jahre fertiggestellt. Neben den geo-strategischen Überlegungen war die systematische Erschließung des menschenarmen, aber rohstoffreichen Ostsibirien geplant. Wir zitieren — auch im folgenden — aus der umfassenden amtlichen Darstellung über das Schicksal der deutschen Kriegsgefangenen:

„Die weiten Strecken durch Gebirge und den sibirischen Urwald lassen sich betrieblich nur halten, wenn sie gesichert sind und sich auf eine zumindest schwache menschliche Besiedlung stützen können. Nachdem einmal die Bahn in Angriff genommen war, mußten Menschen in den Raum gelenkt werden. Dazu bot wiederum der sowjetische Strafvollzug die Möglichkeit."

Nach dem postrevolutionären sowjetischen Strafrecht gab es keine Schuld und keine Strafe. Der Begriff der Schuld war durch den Begriff der „Sozialgefährlichkeit" des Täters ersetzt. An die Stelle der Strafe, die als eine „notwendige Folgeerscheinung des kapitalistischen Tausch- und Vergeltungsgrundsatzes" abgelehnt wurde, trat offiziell ein abgestuftes System von „Maßnahmen des sozialen Schutzes". Worte wie „Zwangsarbeit", „Zuchthaus" oder „Arbeitslager" wurden vermieden. Gegen zurechnungsfähige Verbrecher richteten sich „Maßnahmen gerichtlich-bessernder Art" in „Besserungslagern". Kern dieser Ideologie war das Postulat von der erzieherischen Wirkung der Arbeit. Damit wurde verschleiert, daß es um die Ausnutzung der Arbeitskraft einer industriellen Reservearmee ging, die nach Millionen zählte. Exakte Zahlen lassen sich nicht ermitteln, da der Anteil der unfreien Arbeit an der Volkswirtschaft der UdSSR offiziell verschwiegen wurde. Westliche Schätzungen und Hochrechnungen differieren beträchtlich, auch für den gleichen Zeitraum. Der mittlere Schätzwert für das Jahr 1939 liegt bei knapp 10 Millionen Straflagerinsassen, für das Jahr 1946 bei 17 bis 18 Millionen. In den zwanziger Jahren sollen weniger als 600.000 Menschen in Straflagern gelebt haben.

> „Im Anfang der kommunistischen Herrschaft präsentierten sich die politische Polizei mit ihrer Aufgabe, den Bestand der Revolutionserfolge zu gewährleisten, und die für die Wirtschaft zuständigen Instanzen als heterogene Institutionen, die durch keinerlei ständige Wechselbeziehungen miteinander verbunden waren. Beide staatlichen Verwaltungsbereiche, die Polizei und die Wirtschaft, standen sich anfänglich in ihren Zuständigkeiten wesensfremd gegenüber. Erst das Überhandnehmen der Festsetzungen von Menschen in Lagern und das Auftreten ungewöhnlicher Beanspruchungen des Menschenpotentials für weiträumige Wirtschaftsplanungen vertauschte Ursache und Wirkung. Nicht mehr die Isolierung gesellschaftsfeindlicher Elemente veranlaßte die Polizeiorgane zu ihren Maßnahmen, sondern der Kräftebedarf zu billigen Kosten mußte gedeckt werden. Die Fünfjahrespläne ab 1928 hatten letztlich zur Schaffung der ‚GULAG' als einer der Hauptabteilungen innerhalb des NKWD geführt."

Fast alle Lager in der UdSSR waren der GULAG unterstellt, der „Hauptverwaltung der Besserungsarbeitslager", die zuerst eine Abteilung des „Volkskommissariats für Innere Angelegenheiten" (NKWD) war und die 1946 — nach einer Umbenennung — Hauptabteilung des Ministeriums des Innern (MWD) geworden war.

Die Lager waren in sechs Klassen eingeteilt, die sich nach der Art der Häftlinge beziehungsweise ihres Strafmaßes sowie nach den gesamten Haft- und Arbeitsbedingungen unterschieden. In die russische Terminologie wurde dazu das französische Lehnwort „Regime" eingeführt, um die unterschiedliche Behandlung kenntlich zu machen.

Lager mit „gelockertem Regime" und „normalem Regime" waren ausschließlich oder überwiegend für kriminelle Gefangene vorgesehen. Das entsprach der sowjetischen Rechtsauffassung, nach der ein Mord oder anderes Kapitalverbrechen weniger schwer wiegt als ein politisches Verbrechen gegen die Staatsordnung. Für die politischen Häftlinge waren die Lager mit „strengem Regime" und „verschärftem Regime" vorgesehen. Eine weitere Steigerung bildete das „Katorgan-Regime" und schließlich das „Isolator-Regime" als Sonderform der vorübergehenden Gefangenenhaltung.

Als die russische Ärztin Leo Bauer mitteilte, daß er nach Tajschet verlegt werde, war mit dem Namen der Ortschaft ein ganzer Straflagerbezirk gemeint, der aus etwa 60 Einzellagern bestand. Auf einer Fläche von etwa der Größe des Bundeslandes Baden-Württemberg waren diese Lager rechts und links der neuen Eisenbahntrasse von Tajschet bis Sajarsk angesiedelt. In diesem Gebiet liegt heute auch die Stadt Bratsk, die 1975 185.000 Einwohner zählte, an dem berühmten Staudamm, dessen Wasserkraftwerke jährlich 24 Milliarden Kilowattstunden leisten. Die Entwicklung dieser Stadt verdeutlicht die stürmische Industrialisierung der ganzen Region. Als Bauer in verschiedene Lager der Tajscheter Trasse kam, gab es diese Stadt noch nicht. Es existierte zwar eine Ortschaft gleichen Namens, aber diese ist Ende er fünfziger Jahre der Aufstauung des Wassers zum Opfer gefallen. Ein neues Bratsk wurde gebaut. Wenn heute diese ungeheure Leistung weniger Jahrzehnte gefeiert wird, dann bleibt die Pionierleistung meist unerwähnt, die Zehntausende von Strafgefangenen in diesem Gebiet erbrachten. Denn in den vierziger und fünfziger Jahren gab es viel zu wenig Anreize, um „normale" Arbeitskräfte in ausreichender Zahl in das noch unerschlossene und unwirtschaftliche Gebiet zu ziehen, von dem chronischen Arbeitskräftemangel der Sowjetwirtschaft abgesehen.

Die Region gehört zur sibirischen Taiga und ist durch hartes Kontinentalklima geprägt. Der Winter ist hier mit 260 Tagen Frost die längste Jahreszeit. 94 Tage im Jahr sind im Durchschnitt frostfrei. Ackerbau ist zwar noch möglich, aber wenig ertragreich. Wenn der kurze, heiße Sommer plötzlich anbricht, taut die Sonne den gefrorenen Boden an. Hitze und Feuchtigkeit bringen an vielen Orten eine ungewöhnlich starke Stechmücken-Plage mit sich. In den Jahren 1949 bis 1955 waren die Straflager der Tajscheter Trasse auf folgende Arbeiten ausgerichtet: Waldarbeit, Holzeinschlag und alle der mit Holzverarbeitung verbundenen Arbeiten, Schwellenbau für die Eisen-

bahn, Auf- und Ausbau von Ortschaften, Glimmerverarbeitung und Straßenbau sowie Errichtung von einzelnen Kombinaten.
Die Besetzung der Lager war sehr unterschiedlich, von 250 bis zu 2.000 Gefangenen. Die Gesamtzahl der Gefangenen in diesem Bezirk umfaßte Anfang der fünfziger Jahre etwa 30.000 bis 35.000 Personen, davon 9.000 bis 10.000 Frauen. Der Anteil der Deutschen läßt sich nicht genau bestimmen. Als Anhaltspunkt kann die Zahl von 1.257 Häftlingen dienen, die als Heimkehrer aus Tajschet in der Bundesrepublik registriert wurden.

„Die deutschen Gefangenen setzten sich zu etwa 90 % aus Zivilisten, die aus der SBZ verschleppt wurden, und einem geringen Anteil von 1945 aus den deutschen Ostgebieten Verschleppten zusammen. Kriegsgefangene sind unter ihnen vereinzelt vertreten. Alle Gefangenen waren wegen angeblicher politischer Vergehen nach Art. 58 oder Kontrollratsgesetz verurteilt. Das Strafmaß beträgt 10 bis 25 Jahre, bei etwa der Hälfte 20 bis 25 Jahre."

Bauer gelangte im Spätsommer 1953 in das Lager 048 bei der Ortschaft Tajschet, das ein späterer Heimkehrer so beschreibt:

„Wir waren nur politische Gefangene, die durchweg zu 25 Jahren verurteilt waren. Nach dem Stand vom Dez. 1953 war das Lager von 2.000 Mann belegt — darunter 70 Volksdeutsche und 3 Reichsdeutsche —, von denen 2 als ehemalige Kgf. [Kriegsgefangene] anzusehen sind. Insgesamt konnte ich feststellen, daß 17 europäische Nationen vertreten waren. Die Insassen wurden in einer Reparaturwerkstatt für Automobile und Lokomotiven verwendet. Verpflegung und ärztliche Betreuung waren erträglich. Das Zusammenleben war gut."

Auf Grund seines Gesundheitszustandes wurde Bauer von hier in ein Lazarett verlegt. 1954 arbeitete er dann im Lager 013 bei Bratsk. Neben einem Sägewerk und Tischlereien gab es hier ebenfalls Großwerkstätten für die Reparatur von Maschinen. Im November 1954 wurde Bauer mit infektiöser Leberentzündung in das Krankenlager 052 bei Vichorevka verlegt. Diese „Bolniza" (Krankenhaus) war mit relativ modernen Einrichtungen versehen. Es waren eine Röntgenstation und Operationsräume vorhanden. Die ärztliche Versorgung fand zu einem großen Teil durch gefangene Ärzte aus vielen Nationen statt. Mithäftlinge stellten auch das Pflegepersonal. Aber für jede Abteilung trug in der Regel ein russischer Zivilarzt, meist eine Ärztin, die Verantwortung. Die Monate bis April 1955, die Bauer hier verbrachte, blieben ihm in lebhafter Erinnerung:

„Die Atmosphäre eines solchen Krankenhauses hat etwas Gespenstisches an sich. Es ist nicht nur die Sammlung von Elend, Krankheit, Verzweiflung und auch Hoffnung, die das Klima der Bolniza bestimmt. Es ist nicht nur die Tatsache des besseren Essens, die die Menschen dort anders als im normalen Arbeitslager sein läßt. Der Mensch als Lebewesen möchte jede Krankheit möglichst schnell überwinden. Hier wird sie aus Angst vor dem Zurück in den grauen dunklen Alltag mit allen Mitteln kultiviert. In vielen Fällen wird es ein Kampf auf Leben und Tod, wobei sehr oft der Kranke in seiner Verzweiflung zu seinem eigenen schlimmsten Feinde wird."

Bauer erinnert sich an den Ausspruch des Chefarztes der Bolniza, Major Barinow, der ihm erklärt habe, in erster Linie sei er Tschekist, außerdem bleibe er ihr Feind, und dann erst sei er Arzt.

„Solchen Männern ist der Häftling als Kranker ausgeliefert und als Häftling findet er natürlich Mittel und Wege, um diese Art Ärzte zu betrügen und zu bekämpfen, wobei wie gesagt der Häftling zwar den Arzt betrügt, oft aber sich allein für immer ruiniert."

Neben solchen „Ärzten" gab es aber auch andere:

„Viele Kameraden, die als SS-Leute in sowjetische Gefangenschaft geraten waren, erzählten Bergmann, wie sie erstaunt waren über die Aufopferung hauptsächlichst russischer Ärztinnen, um auch die SS-Leute wieder gesund zu machen. Unter ihnen waren Frauen jüdischer Herkunft, die gegen die Deutschen haßerfüllt waren, weil sie im Kriege durch die Nazis alles verloren hatten, besonders aber ihre Angehörigen ermordet worden waren. Unzählige Male geschah es, daß sie in den ersten Begegnungen ihren Haß so äußerten, daß der betreffende SS-Mann sein sicheres Ende voraussah. Dann aber überwanden die Frauen in vielen Fällen die Gefühle des Hasses und ersetzten sie durch das Gefühl der menschlichen Pflicht."

In der Bolniza traf Bauer auf drei ganz unterschiedliche Menschen, die eine seltsame Freundschaft miteinander verband, und die ihn als vierten in ihrem Kreis aufnahmen.

„Diese Freundschaft konnte nur in der eigenartigen Welt der Lager entstehen, in der die Vergangenheit des Einzelnen, der Glaube von gestern und die sich daraus ergebenden Handlungen keine Rolle mehr spielen und der Mensch als Mensch mit seinen Stärken und Schwächen in den Vordergrund tritt."

Einer der drei Männer war der Zahnarzt und ehemaige SS-Sturmbannführer Dr. Helmut Kunz. Kunz war Assistent des Leibzahnarztes von Adolf Hitler gewesen. In der Reichskanzlei hatte er noch kurz vor Kriegsende Nazi-Größen behandelt. Die Lebenswege von Kunz und Bauer hätten kaum unterschiedlicher sein können: zwei deutsche Schicksale in einer Zeit blutiger Verwirrungen.

> „Während K. die Freuden des Studenten erlebte, studieren und seine Examina ablegen konnte, wurde ich von der Universität relegiert. Die Zeiten, in denen K. persönlich den Aufstieg erlebte und sicher war, die Verwirklichung seines Ideals zu erleben, bedeuteten für mich Haft, Illegalität, Emigration, Haft, Verurteilung in der Emigration und sie bedeuteten vor allem Teilnahme an einem Kampf gegen eine scheinbar unbesiegbare Macht, der Dr. K. diente. Als er in Gefangenschaft geriet, — am Ende des „Tausendjährigen Reiches", meinte ich den Beginn der Verwirklichung dessen zu erleben, wofür ich bisher gekämpft, gelitten und viel geopfert hatte. Das Ende — Beide trafen wir uns als Häftlinge im Lager der Macht, die er als Diener seiner Führer mit Haß bekämpft hatte und von der er besiegt worden war.
> Ich wiederum war ein Anhänger der Macht gewesen, die uns jetzt beide als Sklaven behandelte."

Kunz hatte sich vom Nationalsozialismus gelöst. Bauer schätzte an ihm, daß er selbstkritisch und ohne Haß über seine Lage sprechen konnte und daß er seine alten Vorurteile gegenüber Menschen und Rassen offenbar abgelegt hatte.

> „Was wesentlicher war: er [Kunz], der sein Leben lang gewöhnt war, nicht nach Zusammenhängen zu suchen, dies seinen Führern überließ und nur glaubte und gehorchte — er hatte im Laufe der Leidenszeit gelernt, die inneren Zusammenhänge zu suchen und zu erkennen. So gestand er, daß er natürlich die Begründung für sein Urteil lächerlich fand, daß er aber nicht in der Lage sei, sich als das unschuldige Opfer zu erklären. Schließlich und endlich habe er auf der Seite einer MACHT gekämpft, die als obersten Grundsatz das Recht des Siegers über den Besiegten, das Recht der Beherrschung des Schwachen durch den Starken, anerkannt und proklamiert hatte."

Durch Kunz lernte Bauer den russischen Häftling Mischa kennen. Er war der Älteste an Lebens- und Lagerjahren in ihrem Kreis. Als zweiundzwanzigjähriger Bolschewist hatte er 1917 für die Revolution gekämpft, war ein Sekretär Lenins gewesen und später Funktionär im Volkskommissariat für Außenhandel. Nach einer Dienstreise in die USA war er 1937, in der Zeit der

Moskauer Schauprozesse, verhaftet worden. Bauer fragte ihn, warum er aus den USA zurückgekehrt sei, da er seine Verhaftung doch bereits befürchtet habe.

„Schauen Sie, Genosse Bergmann, warum bin ich zurückgefahren. Ich mußte. Kann man die Welt, zu der man zugehört, so einfach verlassen? Eine Sache ist, wenn im eigenen Lande eine andere Macht die Herrschaft übernimmt. Aber das war ja nicht der Fall. Ich weiß, daß meine Antwort für viele Menschen unverständlich bleiben muß, denn sie kennen nicht das Gefühl der Zugehörigkeit zu einer Bewegung, der man sich restlos verschrieben hat und zu der man sich bekennt."

Bauer beeindruckte an Mischa, daß er sich nach wie vor als Kommunist begriff, der aber Stalin und den Stalinismus als etwas ablehnte, das nichts mit den Idealen der Oktoberrevolution gemein habe.

Kunz, Mischa und Bauer trafen sich manchmal nachts in einem abgelegenen Raum innerhalb der Sonderbaracke für Geisteskranke. Der vierte in ihrem Kreis, Ilja, ein litauischer Arzt jüdischer Herkunft und ebenfalls Häftling, leitete diese Abteilung, da für sie kein Zivilarzt gefunden worden war. Ilja war wie Mischa Parteimitglied der KPdSU gewesen und zudem hoher Funktionär im Gesundheitswesen der Litauischen SSR. Er war 1950 als Zionist und litauischer Nationalist verhaftet worden. Ilja wird von Bauer als sehr intelligent, temperamentvoll und kulturell außerordentlich gebildet geschildert. Aber Ilja war wohl auch verbittert und einsam und nutzte sein Privilegium als Lagerarzt, um sich durch „medizinischen Alkohol die Gesellschaft einiger weniger Gefangener zu erkaufen".

Jedenfalls scheint der Reiz dieser Vierergruppe in einer merkwürdigen Mischung aus sentimentaler Männerbündelei, politisch-philosophischer Debatte und Trinkkumpanei krudester Art bestanden zu haben. Über den Inhalt der nächtlichen Diskussionen hat Leo Bauer kaum etwas mitgeteilt. Das für ihn Neue und Faszinierende bestand offenbar in der rückhaltlosen Offenheit, mit der die vier Männer über ihr Leben und ihre Ideale sprachen. Soweit das Gespräch auf politische Geleise kam, spielten Tagespolitik und Parteiräson — zum ersten Mal für Bauer — keinerlei Rolle. Die Extremsituation der Lagerhaft ermöglichte und erzwang zugleich den Versuch, sich über die eigene Motivstruktur Klarheit zu verschaffen. Dieser Versuch konnte ohne psychologischen Sachverstand und angesichts des begreiflichen Bedürfnisses aller Beteiligten, nach der Zerstörung der alten Illusionen möglichst schnell eine neue emotionale Sicherheit zu gewinnen, nur teilweise gelingen. Man darf aber wohl davon ausgehen, daß hier in Tajschet — nach dem durch die Verurteilung zum Tode ausgelösten tiefen Schock — die Persönlichkeitselemente Leo Bauers neu zusammengesetzt wurden.

Im April 1955 kam Bauer in das Lager 011 und im Spätsommer noch einmal für kurze Zeit in das Lager 013. Am 4. Oktober 1955 wurde ein Häftlingstransport nach Deutschland zusammengestellt. Bauer war dabei. Die mehrwöchige Rückreise begann.

VII. Ein Exkommunist in der Adenauer-Republik

Das Ende der Haft und die Rückkehr nach Westdeutschland

Leo Bauer traf am 20. Oktober 1955 mit einem Transport der Kriegsgefangenen, deren Freilassung Bundeskanzler Adenauer bei seiner Moskau-Reise im September 1955 mit der sowjetischen Führung ausgehandelt hatte, im Aufnahmelager Friedland ein. Verdankte er deshalb — wie ihm später mehrfach mit höhnischem Unterton von Politikern und Journalisten vorgehalten wurde — schließlich Adenauer seine Freilassung aus sowjetischer Haft? Ende November 1954 hatte Leo Bauer von der Freilassung der Fields in Polen und Ungarn erfahren.

„Ich schrieb sofort nach Moskau und ersuchte um Wiederaufnahme des Verfahrens. Überraschend schnell erhielt ich eine vorläufige Bestätigung über den Eingang meines Gesuches. Einige Monate später sollte ich nach Moskau gebracht werden. Ich wurde jedoch krank und lag mit einer schweren Gelbsucht drei Monate im Krankenhaus. Dort und im Lager wurde ich einige Male vernommen. Jedesmal versprach man mir, daß ich bald nach Hause fahren könne. Als die Verhandlungen zwischen der Bundesregierung und der Regierung der Sowjetunion schon beendet waren, erhielt ich plötzlich den Bescheid, daß ich nach Moskau und anschließend nach Deutschland fahren würde. Tatsächlich wurde ich in das Stammlager gebracht und alle Vorbereitungen für meine Abreise getroffen. Ein Gegenbefehl jedoch kam und so verließ ich Sibirien mit meinen anderen Kameraden am 4. Oktober 1955, um am 20. Oktober 1955 in der Bundesrepublik einzutreffen.
Am Abend vorher, in Frankfurt/Oder, hatten Beauftragte Ulbrichts einen Versuch unternommen, meinen Übergang nach dem Westen zu verhindern. In diesem Falle ‚verdanke' ich es dem sowjetischen Begleitoffizier unseres Transportes, der einen Skandal verhindern wollte, daß ich doch weiterfahren konnte. Er griff ein, weil ich mich laut und energisch gegen das ‚Angebot' wehrte und meine Kameraden eine drohende Haltung gegen die SED-Funktionäre einnahmen. Ohne den

Gegenbefehl, der mich im Stammlager Tajschet erreichte, wäre ich bestimmt den gleichen Weg gegangen wie meine Mitangeklagte Erica Glaser. Sie wurde nach Moskau gebracht und zwar in das Gefängnis Lubijanka. Dort fand eine neue kurze Untersuchung statt, die mit der Feststellung endete, die Verurteilung habe auf einem Irrtum beruht und sie sei rehabilitiert. Auf ihre wiederholte Frage nach meinem Schicksal wurde ihr mitgeteilt, daß auch ich schon auf der Reise nach Moskau sei. Einige Tage später jedoch erfuhr sie von den gleichen Beamten, daß ich nicht mehr nach Moskau komme, sondern mich schon auf der Fahrt nach Deutschland befände. Damit endete mein scheinbares, von Ulbricht gefordertes Ende. Ich bin noch einmal davongekommen."

Mit dieser Schilderung hat Leo Bauer selbst keine vollständige Klarheit über seine Rückkehr geschaffen. Als wichtigste Frage bleibt zumindest offen, von wem und warum der erwähnte „Gegenbefehl" kam, der statt der Reise nach Moskau den Transport in die Bundesrepublik anordnete. Der von Bauer selbst erwartete „normale" Weg hätte für ihn, der als SED-Funktionär verhaftet worden war, über Moskau nicht unbedingt in die Bundesrepublik, sondern durchaus auch zurück nach Ost-Berlin führen können. Mit der Hoffnung auf eine baldige Freilassung mußte sich deshalb für ihn die Furcht verbinden, daß er demnächst erneut Ulbrichts Zugriff ausgeliefert sein könnte. Durch die ausführlichen Aussagen vor seiner Verurteilung hatte er — unabhängig von der Field-Affäre — viele hohe SED-Funktionäre belastet. Er nahm deshalb an, daß er bei einer Rückkehr in die DDR mit einer erneuten Verhaftung zu rechnen hätte. Wie der geschilderte Vorfall in Frankfurt/Oder zeigt, war diese Befürchtung nicht unberechtigt. Aber auch die Alternative zu einer neuen Verhaftung, nämlich zukünftig in der DDR vielleicht Parteifunktionär von Ulbrichts Gnaden sein zu müssen, konnte ihn kaum beruhigen. Während der Haftzeit hatte er endgültig den Glauben verloren, daß mit den Methoden der Kommunistischen Partei Politik betrieben werden dürfe. Auch seine persönliche Bindung an diese Partei, die ihm früher aufkommende Zweifel hatte verdrängen helfen, war durch die Erlebnisse der letzten Jahre zerstört. Andererseits hatte selbst die Haftzeit ihn nicht so sehr gebrochen, daß er die opportunistische Selbstverleugnung hätte aufbringen können, die — so nahm er an — bei einer Rückkehr in die DDR von ihm verlangt worden wäre. Er wußte, daß ihn in der Bundesrepublik keine angenehme Zukunft erwartete. Aber die Vorstellung, sich unter diesen Bedingungen in Westdeutschland behaupten zu müssen, erschreckte ihn weniger, als die Vorstellung, sein zukünftiges Leben erneut von den Konjunkturen der SED-Politik abhängig zu machen.

Sicherlich haben ihn diese Gedanken während seiner Krankheit die letzten Monate in Sibirien beschäftigt. Durch den Transport von Tajschet in die Bundesrepublik blieb ihm die DDR erspart, er mußte dadurch aber auch auf eine erneute Untersuchung seines Falles und die offizielle Urteilsaufhebung verzichten. Die Gründe, warum die Sowjets „plötzlich" von dem üblichen Verfahren abwichen und — nach dem Eindruck, den man aus Leo Bauers eigener Schilderung gewinnen muß — selbst kein Interesse an seiner Rückkehr in die DDR hatten, lassen sich heute nur noch vermuten. Möglicherweise wollten ihn die Sowjets nach seinen Aussagen über führende SED-Politiker eine Rückkehr in die DDR nicht zumuten. Aber auch der politische Hintergrund kann das sowjetische Verhalten beeinflußt haben: Die SED-Führung war bisher nicht dem Beispiel der Sowjetunion und der Volksdemokratien in Osteuropa gefolgt, einen Kurs des innenpolitischen „Tauwetters" einzuschlagen. Nach den Ereignissen des 17. Juni 1953 stand sie vielmehr jeder Lockerung sehr skeptisch gegenüber. Mit dem Hinweis, in der DDR habe es ja keine Schauprozesse wie in Ungarn, Bulgarien und der Tschechoslowakei gegeben, versuchte sie, innerparteiliche Kritik, die auch für die SED endlich eine Abkehr vom stalinistischen Kurs forderte, aufzufangen und mögliche Einflüsse des „Tauwetters" auf ihren Machtbereich zu verhindern. Leo Bauer wäre bei der gleichen Behandlung, wie sie den Fields und Erica Wallach zuteil wurde, der einzige ehemalige SED-Politiker gewesen, dessen Verurteilung schon zu diesem Zeitpunkt — also noch ein halbes Jahr vor der offiziellen Einleitung der Entstalinisierung auf dem XX. Parteitag der KPdSU, von der die SED-Führung anscheinend völlig überrascht wurde — aufgehoben worden wäre. Die Sowjets selbst hätten damit den Kritikern in der SED ein weiteres Argument für deren Forderungen geliefert. Um solchen Schwierigkeiten aus dem Wege zu gehen, könnten sie es für opportun gehalten haben, Leo Bauer lieber ohne Urteilsaufhebung und ohne großes Aufsehen in den Westen abzuschieben. Die Transporte der letzten deutschen Kriegsgefangenen aus den sibirischen Lagern in die Bundesrepublik boten sich als eine solche Möglichkeit im Oktober 1955 an.
Leo Bauer hat die Ironie, daß ausgerechnet er mit den sogenannten Spätheimkehrern zurückgebracht wurde, nicht nur empfunden, sondern auch ein bißchen genossen. Man muß sich dabei daran erinnern, daß die Ankunft dieser Transporte die westdeutsche Öffentlichkeit stark erregte. Von der Bundesregierung wurde die ausgehandelte Freilassung der Gefangenen als großer Erfolg von Adenauers „Politik der Stärke" gegenüber dem Ostblock gefeiert, schien sie doch seine ständig wiederholte These zu bestätigen, nur eine starke, militärisch und politisch vollständig in das westliche Bündnis integrierte Bundesrepublik könne den Osten zu Zugeständnissen auf dem Wege zur Wiedervereinigung Deutschlands „in Freiheit" bewegen. Trotz

gerade erfolgter Proklamation der Souveränität der Bundesrepublik und deren Aufnahme in die NATO im Mai 1955 und ohne wesentliche Abstriche am Alleinvertretungsanspruch war es Adenauer bei seinem Besuch in Moskau im September 1955 gelungen, im Gegenzug zur Aufnahme diplomatischer Beziehungen mit der Sowjetunion die Rückführung der Kriegsgefangenen zu erreichen.

In der westdeutschen Bevölkerung weckte dieses Verhandlungsergebnis schon bei Bekanntgabe bei Millionen die Hoffnung, seit dem Krieg oder der Flucht als vermißt gemeldete Familienangehörige doch noch lebend wiederzutreffen oder wenigstens konkrete Nachrichten über das Schicksal verschollener Verwandter zu bekommen. Jeder ankommende Transport wurde mit großer emotionaler Spannung erwartet, alle Zeitungen berichteten ausführlich über Szenen des Wiedersehens, die Gemeinden der Heimkehrenden ließen abends die Glocken läuten und gaben Empfänge für die Zurückgekehrten.

Natürlich wußte Leo Bauer, daß das Glockenläuten und der vom Oberbürgermeister gegebene Empfang in Frankfurt/Main nicht der Rückkehr seinesgleichen galten. Genauso, wie er jedoch in der eingangs zitierten Schilderung ungebrochen von „meinen Kameraden" schreibt, hat er an den Ehrungen und dem Empfang wie selbstverständlich teilgenommen. Gemeinsam war er mit den anderen Deutschen endlich der sibirischen Hölle entkommen; er hatte mit ihnen gemeinsam das Schicksal der letzten Jahre geteilt, warum sollte er für sich den ehrenvollen Empfang nicht für richtig und angemessen halten? Dieses Gefühl der Gemeinsamkeit ließ ihn in den ersten Wochen der Freude über die Rückkehr nicht nur die unterschiedlichen Wege vergessen, die in das sibirische Lager geführt hatten, sondern wohl auch verdrängen, daß es ein Privileg war, nicht, wie andere politische Häftlinge, allein und unbeachtet abgeschoben zu werden, sondern von einer allgemeinen Woge der öffentlichen Anteilnahme empfangen zu werden.

Durch die Kuriosität, daß der ehemalige kommunistische Politiker ausgerechnet mit „Adenauers" Heimkehrern in den Westen kam, wurde die publizistische Attraktivität seiner Rückkehr noch gesteigert. Sofort stürzten sich Zeitungen auf ihn, um die Möglichkeiten einer Vermarktung seiner Erlebnisse zu sondieren. Es erschienen dann aber nur einige kurze Meldungen über seine Rückkehr in verschiedenen Blättern. Offensichtlich hielt sich Leo Bauer hier an die Auflagen offizieller Stellen, zuerst einmal keine Stellungnahmen abzugeben.

Wie bei allen politischen Häftlingen aus Ländern des Ostblocks meldeten sich nämlich direkt bei der Ankunft bei Leo Bauer die Geheimdienste. An seinem Fall hatte neben den westdeutschen Geheimdiensten besonders der amerikanische CIA Interesse. Die Fields hatten sich nach ihrer Freilassung — zum

Entsetzen der amerikanischen Öffentlichkeit und des CIA — entschieden, in Ungarn zu bleiben. Um Informationen über Details und um Einschätzungen der ganzen Affäre zu erhalten, war der Geheimdienst deshalb darauf angewiesen, alle in den Westen gelangten Beteiligten intensiv auszufragen. Erica Wallach, die Ende Oktober 1955 aus Moskau über Ost-Berlin in der Bundesrepublik eintraf, und Leo Bauer waren die einzigen Personen, die wichtige Details über die damaligen Verhaftungen in der DDR, die Verhöre von ostdeutscher und sowjetischer Seite und die Prozesse liefern konnten. Speziell bei Leo Bauer war man natürlich nicht nur an Informationen im Zusammenhang mit der Field-Affäre, sondern auch an seinen Kenntnissen über die KPD beziehungsweise SED interessiert.

Fast täglich hatte er in den nächsten Monaten zu langen Gesprächen beim CIA zu erscheinen. Noch einmal sah er sich gezwungen, sich minuziös an alle Einzelheiten erinnern, Aussagen anderer bestätigen oder korrigieren und vor allem sein eigenes Verhalten rechtfertigen zu müssen. Durch diese bedrückende Lage war die erste Freude bei seiner Rückkehr schnell verflogen. Hinzu kam, daß ihm seine angegriffene Gesundheit und die völlig unsichere private und berufliche Zukunft schwer zu schaffen machten. Obwohl es anfänglich nicht so ausgesehen hatte, begannen für ihn jetzt die schwersten Jahre seines Lebens, die er in Freiheit verbrachte.

Gleich nach seiner Rückkehr wurde Leo Bauer damit konfrontiert, daß seine Frau Gitta eine Scheidung ihrer Ehe wünschte. Sie war in ihren Zweifeln an der Beziehung zu ihm, die sie schon vor der Haftzeit gehabt hatte, durch sein — wie sie meinte — egozentrisches und der Familie gegenüber rücksichtsloses Verhalten in den Tagen der Verhaftung, durch ihre Hafterlebnisse und ihr Leben nach der Entlassung aus dem DDR-Gefängnis 1954 so bestärkt, daß auch die Freude über die Rückkehr Leos diesen Entschluß nicht umstoßen konnte. Gitta wollte gern weiter mit Leo in freundschaftlichem Kontakt bleiben, aber die Distanz, die durch die Trennung entstanden war, auch nicht wieder aufgeben.

Leo Bauer, der auf einen neuen Anfang der Beziehung, vor allem auf eine Rückkehr in „seine" Familie gehofft hatte, mußte diesen Wunsch Gittas akzeptieren. Es fiel ihm nicht leicht, und er fühlte sich zuerst gekränkt. Diese Kränkung wurde aber dadurch etwas kompensiert, daß sein sechsjähriger Sohn André ihn sofort als Vater annahm und ihn nicht wie einen fremden Onkel empfing. Diese Vaterrolle hat er deutlich genossen.

Die freundschaftliche Beziehung zu Gitta blieb nach der Scheidung im Februar 1956 und seiner neuen Heirat im Mai 1956 bestehen. Beide waren Spezialisten für DDR-, Osteuropa- und Kommunismus-Probleme aufgrund ihres Lebensweges, so daß sich — über Fragen der Erziehung von André hinaus — ständig politische Diskussionspunkte ergaben. Über die Tätigkeit als Redakteurin und Referentin bei der „Vereinigung der Opfer des Stalinismus" kam Gitta 1967 als Amerika-Korrespondentin zum „Springer Auslandsdienst". In den USA machte sie sich einen Namen mit Reportagen über die Aufstände der Schwarzen in den sechziger Jahren. Auch wenn sie politische Differenzen hatten, war Leo weiter an den Kontakten zu ihr interessiert.

Besonders als sich André persönlich und politisch Ende der sechziger Jahre in eine Richtung entwickelte, die ihm überhaupt nicht paßte, schrieb er ihr verschiedentlich über seine Probleme mit ihm.

Von Gitta hatte Leo bei seiner Rückkehr nicht die emotionale Zuwendung bekommen, nach der er sich sehnte und auf die er aufgrund seines Schicksals in den letzten Jahren auch glaubte, einen Anspruch zu haben. Er bekam sie bald von Gertrud. Im November 1955 hatte er sie in West-Berlin zufällig bei einem ehemaligen Mithäftling wiedergetroffen, nachdem er sie auf dem Rücktransport von Sibirien kennengelernt und sich auf dem Bahnhof in Frankfurt/Oder — kurz bevor der Zwischenfall mit den SED-Funktionären passierte — eigentlich schon für immer von ihr verabschiedet hatte.

Wir haben die Umstände der Verhaftung und Verurteilung Gertruds im vorigen Kapitel bereits dargestellt. Sie hatte acht Jahre völlig schuldlos in Zwangsarbeitslagern an der Tajscheter Trasse verbracht, als sie in die DDR zurückgeschickt wurde. Kurz nach ihrer Rückkehr hatte sie sich von ihrem Ehemann getrennt und war nach West-Berlin geflohen.

Die ähnlichen Erlebnisse der letzten Jahre in Sibirien, aber noch stärker die gleiche private Situation nach der Rückkehr, das Gefühl, sich oft einsam und verlassen zu fühlen, verband sie mit Leo Bauer. Gertrud hätte allen Grund gehabt, verzweifelt zu sein und Trost zu verlangen. Ohne jeden Sinn und eigene Schuld war ihr Leben zerstört worden, die Lagerzeit hatte sie gesundheitlich schwer mitgenommen. Als sie Leo Bauer näher kennenlernte, stellte sie ihre eigenen Sorgen zurück. Sie begann, ihn zu pflegen und auf seine Krankheiten, Depressionen und Krisen aus Liebe und Bewunderung für ihn einzugehen. Als bald nach ihrer Heirat die Tochter Marlies geboren wurde, hatte Leo seine Familie beisammen, nach der er sich in der Todeszelle und im Lager manchmal gesehnt hatte. Auch wenn das Familienleben ständig von Existenzsorgen und Krankheit überschattet war, war er doch sehr stolz darauf, weil er als Familienoberhaupt Verantwortung trug und für die Familie sorgen mußte. Sein politisches Leben und seine Vergangenheit hielt er möglichst aus dem Familienleben heraus. Hier wollte er sich zurückziehen, mit seiner kleinen Tochter und dem Gitta zugesprochen Sohn André, der häufig da war, unbeschwert spielen und ohne Rechtfertigungszwang seiner Fußballbegeisterung nachgehen können. Die Familie war in diesen Jahren seine entscheidende Stütze, um seine gesundheitlichen, beruflichen und politischen Krisen aufzufangen.

Er hatte allerdings auch Phasen, in denen er dem Familienleben entfloh. Gerade weil er seine politischen und geistigen Auseinandersetzungen aus der Familie heraushalten wollte, sehnte er sich zeitweise nach einer spannungsreichen, intensiven Beziehung, die er frei von den auferlegten Zwängen der Familie erleben wollte. Schon kurz nach seiner Heirat hatte er Ilse Beck kennengelernt. Zwischen ihnen begann sich schnell eine solche Beziehung zu entwickeln, die bis zu seinem Tode andauerte. Selbst aus einer musischen Familie stammend, hatte Ilse durch ihre Ehe mit einem, damals schon schwerkranken Musiker und ihrer Tätigkeit bei kulturellen und politischen Institutionen (zuletzt beim Bundespresseamt) in Berlin viele Bekannte und Freunde aus Künstler- und Intellektuellenkreisen. Mit Ilse konnte Leo seine Persönlichkeitskrise wirklich besprechen, Möglichkeiten seiner beruflichen Zukunft diskutieren und seine ständigen Ideen für momentan nicht zu realisierende Projekte entwickeln. In der ersten Zeit stillte er im Verein mit ihr aber vor allem seinen Hunger nach kulturellem Leben.

„Ich war immer Sozialist"

Als Leo Bauer in die Bundesrepublik kam, war es für ihn selbstverständlich, sich als Sozialisten zu bezeichnen. Genauso selbstverständlich sah er die deutsche Sozialdemokratie als seine zukünftige politische Heimat an. Schon bald erkundigte er sich deshalb bei einigen SPD-Politikern, die er aus seiner früheren Zeit kannte, danach, ob und wie er SPD-Mitglied werden könnte. Herbert Wehner gab ihm den Rat, sich an den damaligen Parteivorsitzenden Ollenhauer zu wenden. Anscheinend kam eine Korrespondenz mit dem Parteivorsitzenden oder ein Gespräch, wie Wehner vorschlug, jedoch nicht zustande. Im Frühsommer 1956 wurde er dann SPD-Mitglied in seinem Frankfurter Wohnbezirk. Er trat in der SPD in diesen ersten Jahren politisch aber nicht in Erscheinung.

Der Vorwurf, daß der Wandel vom Kommunisten zum Sozialdemokraten unglaubwürdig sei, tauchte nicht erst in der gegen ihn gerichteten Kampagne Anfang der siebziger Jahre auf. Zweifel an seiner Glaubwürdigkeit gab es auch 1956 innerhalb der SPD. Viele Sozialdemokraten begegneten ehemaligen Kommunisten aus ihren eigenen Erfahrungen mit den politischen Methoden der KPD beziehungsweise SED sehr skeptisch. Als Leo Bauer — nicht zuletzt, um den Sozialdemokraten zu zeigen, daß er nichts zu verbergen habe und Mißtrauen unberechtigt sei — die ausführliche Schilderung seiner Verhaftung und seiner Hafterlebnisse im Juli 1956 veröffentlichte, bewirkte dieser Artikel bei einigen führenden Sozialdemokraten das Gegenteil. In einem Brief an Mitglieder des „Ostbüros" der SPD wurde die Schilderung als „durch und durch verlogenes Agentprodukt" bezeichnet und vor Leo Bauer gewarnt.

(Richard Löwenthal, der aus seiner Kenntnis der Ostblockverhältnisse zu dieser Einschätzung gekommen war, hat sich Jahre später bei Leo Bauer entschuldigt.) Noch stärker als diese politisch begründeten Zweifel an seiner Glaubwürdigkeit muß ihn getroffen haben, daß selbst gute Freunde, die aus eigener Kenntnis seine subjektive Aufrichtigkeit nicht in Frage stellten, den Wechsel seines politischen Standortes so, wie er ihn erklärte, nicht akzeptieren wollten.

Leo Bauer konnte diese Zweifel an der Glaubwürdigkeit seines Bruchs mit dem Kommunismus und seiner Hinwendung zur Sozialdemokratie im Grunde nicht verstehen. Zur Erklärung dieses auf den ersten Blick naiven Unverständnisses muß man auf seine Entwicklung zum Sozialismus in seiner Jugend zurückgreifen. Sozialismus war für ihn damals die Idee einer menschlichen und gerechten Gesellschaft gewesen, die in Programmen und Methoden politischer Parteien gar nicht faßbar war. Die Idee des Sozialismus schwebte in dieser Jugendvorstellung weit über der Sphäre konkreter sozialistischer oder kommunistischer Politik. Während es falsche und richtige, schlechte und gute Programme und Methoden in der Politik geben konnte, blieb die Idee des Sozialismus davon unberührt. Leo Bauer hatte sich diese Vorstellung anscheinend während seiner Zeit als kommunistischer Politiker bewahrt, ohne daß dies allerdings in seiner politischen Arbeit für die KPD deutlich geworden wäre. Als er seinen Bruch mit der Kommunistischen Partei vollzog, gewann diese „idealistische" Grundauffassung unmittelbare Bedeutung. Besonders deutlich wird dies am Schluß der Schilderung seines Bruchs mit der Partei in seinem Beitrag zu der Sendereihe „Das Ende der Utopie". Dort läßt er den in Sibirien mitgefangenen bolschewistischen Revolutionär Mischa religiöse Worte zur Beschreibung seiner Idee des Sozialismus finden.

„Keiner von uns wird das, was sein Leben ausmachte, je vergessen oder aufgeben können. Du, Leo, wirst, genauso wie ich, immer weiter dafür eintreten, daß der Sozialismus Wirklichkeit auf dieser Erde werde. Gewiß wissen wir, daß Menschen stets Menschen bleiben, auch wenn sie Mitglieder der kommunistischen Partei sind. Aber Sozialismus, das ist ein modernes Wort für die ewige Sehnsucht der Menschen nach einer besseren Welt, nach menschlicher Würde, nach größerer Freiheit, nach Überwindung der Entfremdung des Menschen von sich selbst, nach Heimkehr. Vielleicht und wahrscheinlich wird diese Sehnsucht morgen nicht mehr Sozialismus genannt werden. Aber die Sehnsucht, die Hoffnung nach einer solchen Welt, werden bleiben und Menschen wie du und ich, wir werden stets Außenseiter sein, ob ich hier in der Sowjetunion oder du im Westen deiner Heimat, weil wir nicht nur von dieser Welt der Hoffnung träumen, sondern dafür eintreten."

Leo Bauer hatte geglaubt, in der KPD/SED mit seiner Arbeit für die Verwirklichung dieser Sehnsucht zu kämpfen. Diese Überzeugung war jetzt durch seine Erfahrungen mit den letzten Konsequenzen der Methoden kommunistischer Machtpolitik zerstört. Für diesen Irrtum hatte er nicht nur mit der Haft zu bezahlen, sondern mußte sich auch danach für diesen Fehler sein Leben lang rechtfertigen. Der Glaube an die Idee des Sozialismus wurde aber weder durch die Deformation der Kommunistischen Partei, noch durch seine eigenen Irrtümer und Fehler zerstört. Der weltanschauliche Totalitätsanspruch der Kommunistischen Partei, der manche andere Kommunisten bei ihrer Abkehr von der Partei den Glauben auch an diese Idee verlieren läßt, hat für ihn anscheinend nicht existiert. Durch die Trennung zwischen Weltanschauung und Partei, zwischen Ziel und Methoden der Politik, konnte er seinem Glauben an den Sozialismus treu bleiben, als der Glaube an die Partei zerstört wurde.

An dieser Idee hielt er fest, als er sich jetzt in der Bundesrepublik der Sozialdemokratie anschließen wollte. Die SPD stritt — nach seiner vermeintlichen neuen Einsicht — mit der besseren Methode für die Verwirklichung der Idee. Das kollektivistische Menschenbild („Die Partei ist alles, der Einzelne nichts") als Grundlage der kommunistischen Organisation und Politik habe zum Terror geführt. Als er am eigenen Schicksal das Ausmaß der zynischen Menschenverachtung dieser Politik erlebte, gab es für ihn nur den Weg, für seine Idee des Sozialismus mit der alternativen Methode zu kämpfen, das Ziel der menschlicheren und gerechteren Welt auch mit menschenwürdigen und freiheitlichen Methoden zu erstreiten — sich als Sozialist der Sozialdemokratie anzuschließen. „Ich war immer Sozialist, nur habe ich an eine falsche Macht geglaubt" — dies war seine einfache Antwort.

Es ist verständlich, daß diese Erklärung Leo Bauers über seine Abkehr von der Kommunistischen Partei und seiner Hinwendung zur Sozialdemokratie ungläubiges Staunen auch bei Freunden hervorrufen mußte. Aus dem Mund eines durch die Schule des dialektischen Materialismus gegangenen ehemaligen Kommunisten eine solche „idealistische Konstruktion" zu hören, hatte kaum jemand erwartet. War es deshalb berechtigt, sie als Scheinargumentation zur Rechtfertigung des schnellen politischen Standortwechsels abzutun? Er konnte natürlich nicht durch Artikel oder Hinweise auf Handlungen dokumentarisch belegen, daß er sich eigentlich immer seinen idealistischen Glauben bewahrt hatte. Man muß sich aber auch fragen, welchen Sinn es für ihn hätte haben sollen, im nachhinein eine solche Erklärung zu entwickeln. Mit seiner Deutung stritt er nicht Fehler ab, die er als kommunistischer Politiker gemacht hatte, sie verkleinerte auch nicht seine Verantwortung für die Teilnahme an der kommunistischen Politik bis zum Tage seiner Verhaftung. Diese Erklärung half ihm aber auch nicht, zukünftiges Mißtrauen

gegenüber seiner Person und seiner politischen Arbeit abzubauen. Sie hatte nur einen Sinn: vor sich selbst wieder die Achtung zurückzugewinnen, um weiter leben und politisch arbeiten zu können.
Nur wenige Menschen haben Leo Bauer in diesem Punkt verstanden. Einer dieser Menschen ist Herbert Wehner. In der Rede bei der Gedenkstunde für Leo Bauer hat er dies in seiner ihm eigenen rhetorischen Verklausulierung zum Ausdruck gebracht:

> „Er hatte bis zuletzt zu ertragen, was ehemalige Kommunisten ihr Leben hindurch zu tragen haben, wenn sie ihre Seele nicht umzuschmelzen imstande oder umschmelzen zu lassen bereit sind — nämlich, sich dafür verantworten zu müssen, daß sie es einmal geworden sind, dafür, wie lange sie es waren, und dafür, daß sie unter welchen Umständen es dann mit welchen Aussichten auf das, was danach kommen könne, geändert haben. Und sofern sie sich nicht zu denen gesellten, die in der herkömmlichen Art und Weise ein ‚Anti‘ vor das zu setzen bereit sind, was Kommunismus heißt, dann sind sie verdammt ihr Leben lang dafür, daß sie es gewesen sind, daß sie es ‚geblieben‘ sind und auch dafür, daß sie nicht genügend umgeschmolzen sind. Auch daß sie Verständnis haben für vieles und für viel und doch durch das, was sie hinter sich haben, nicht wieder werden können, was sie einmal gewesen sind, das alles paßt nicht in die Schablonen. So ist das, und damit kann man sich zwar nicht abfinden, aber das kann man und muß man tragen."

Was Leo Bauer in den ersten Jahren zu ertragen hatte, können seine Versuche verdeutlichen, sich eine berufliche Zukunft aufzubauen. Er hatte — wie viele ehemalige kommunistische Politiker seiner Generation — keine Berufsausbildung abgeschlossen. Selbst in der zur damaligen Zeit Facharbeitskräfte auf fast allen Gebieten suchenden Wirtschaft der Bundesrepublik war es für diese „Berufsrevolutionäre" schwer, eine Verdienstmöglichkeit zu finden. Das einzige, was an diesen Exkommunisten interessant war, waren ihre Kenntnisse des kommunistischen Machtapparats und der kommunistischen Ideologie. Man muß sich dabei daran erinnern, daß seit dem Tode Stalins und dem Beginn des „Tauwetters" die „Kreml-Astrologie" in der Bundesrepublik eine Blüte erlebte. Intimkenntnisse osteuropäischer Machtverhältnisse und Deutungen von Machtverschiebungen im Ostblock, die sich durch den Namen eines Exkommunisten den Anschein von Authentizität geben konnten, standen auf dem publizistischen Markt hoch im Kurs. Aber um hier Geld verdienen zu können, mußte erst einmal eine Selbstrechtfertigung abgegeben werden. Gefragt war nur der frühere Kommunist, der bereit war, sein Wissen in den Dienst des vorherrschenden Antikommunismus zu stellen.

Für Leo Bauer sahen vor diesem Hintergrund seine berufliche Zukunft und seine Verdienstmöglichkeiten von Anfang an nicht sehr verheißungsvoll aus. Bis zum Jahresende 1955 war für ihn aufgrund seines Gesundheitszustandes und der Verhöre beim Geheimdienst an eine journalistische Tätigkeit nicht zu denken. Anfang 1956 verfaßte er dann seinen Artikel „Die Partei hat immer recht" — die schon erwähnte Selbstrechtfertigung. Der „Monat", bei dem der Artikel zuerst erscheinen sollte, lehnte die Veröffentlichung — nach Leo Bauers eigener Darstellung — ab, weil er den Redakteuren zu „objektiv" erschien.

„Der Monat" war in der Adenauer-Ära eine der intellektuell niveauvollsten politisch-kulturellen Zeitschriften mit antikommunistischer Ausrichtung. Wenn Leo Bauers Artikel vom „Monat" abgelehnt wurde, lag das sicherlich nicht so sehr daran, daß er — wie er selbst angibt — „zu objektiv" war, sondern daß er in der Problemstellung und im Stil nicht in den Rahmen der Zeitschrift paßte. Leo Bauer konnte solche Kränkungen offenbar nicht anders verarbeiten, als eine politische Zurückweisung darin zu sehen. Als der Artikel dann im Juli 1956 in der Beilage zu „Das Parlament" erschien, wurde er zwar von Fachleuten und interessierten Laien zur Kenntnis genommen, die erhofften Angebote zur Veröffentlichung anderer Artikel — besonders über die Verhältnisse in der DDR und KPD/SED — blieben jedoch aus. Anstatt daß der Artikel den ersten Schritt zu einer neuen beruflichen Perspektive Leo Bauers dargestellt hätte, drohte — wie oben erwähnt — seine Person erneut in die politische Auseinandersetzung zu geraten.

Herbert Wehner hatte ihm schon bald nach seiner Rückkehr aus eigener Erfahrung geraten, zunächst einmal — wenn seine finanzielle Lage es zulasse — nicht zu schreiben und zu publizieren, sondern sich über die Entwicklungen in der DDR und im Ostblock vom Westen aus zu informieren, bevor er in die politische Auseinandersetzung eingreife. Nach den Erfahrungen mit dem „Parlaments"-Artikel hielt Leo Bauer sich an diesen Rat, obwohl er sich sicherlich gern geäußert und das Geld notwendig gebraucht hätte. Er hat in den nächsten drei Jahren keine Artikel mehr veröffentlicht.

Im Zusammenhang mit seiner damaligen Verhaftung und der Field-Affäre äußerte er sich nur noch einmal direkt vor der Presse. Am 10. August 1957 erschien in der „Frankfurter Rundschau" folgende Meldung:

> „Der jetzt im Elsaß lebenden Ehefrau des früheren Generaldirektors der Sowjetzonalen Reichsbahn, Willi Kreikemeyer, ist im vergangenen Monat durch Einschreiben ein Beschluß des Stadtbezirksgerichts Prenzlauer Berg vom 9. Juli 1957 zugegangen, in dem es heißt: ‚Nach Prüfung aller Umstände ist Willi Kreikemeyer am 31. August 1950 in Berlin gestorben.'

Dies teilte am Freitag der ehemalige Chefredakteur des Deutschlandsenders Leo Bauer, der im August 1950 zusammen mit Kreikemeyer in gleicher Angelegenheit verhaftet worden war, vor der Presse in Frankfurt/Main mit. Bauer bezeichnete diesen Beschluß als falsch. Frau Kreikemeyer sei vom SSD bis 1954 ständig versichert worden, ihrem Mann gehe es gut und mit einer baldigen Entlassung aus der Haft sei zu rechnen."

Leo Bauer hatte mit Kreikemeyer noch nach dem angeblichen Todesdatum im DDR-Gefängnis Kontakt gehabt, so daß er wußte, daß diese Nachricht falsch sein mußte. In Absprache mit Frau Kreikemeyer gab er diese Stellungnahme ab, damit diese durch Reaktionen in den Besitz stichhaltigerer Hinweise auf den wirklichen Verbleib oder den Tod von Willi Kreikemeyer gelänge.

Bauers Hoffnung auf einen beruflichen Einstieg als Journalist hatte sich also erst einmal zerschlagen. Ungefähr zur gleichen Zeit erhielt er außerdem noch die Ablehnung seines Antrags auf Entschädigung als „Opfer des Stalinismus" nach dem Häftlingsentschädigungsgesetz. Die Ablehnung bedeutete neben dem Verlust einer finanziellen Unterstützung, daß ihm die Anerkennung als politisch Verfolgtem verweigert und er als „Nutznießer des SED-Regimes" eingestuft wurde. Der Rechtsstreit darüber zog sich bis 1963 hin.

Leo Bauer hätte die finanzielle Unterstützung dringend gebraucht; viel stärker deprimierte ihn aber die Erniedrigung, daß seine Haftleiden, deren deutliche Spuren sein körperlicher und seelischer Zustand trug, mit dieser Entscheidung einfach vom Tisch gefegt wurden. Von dieser tiefen Enttäuschung erholte er sich nur langsam. Er zog sich jedoch nicht — wie viele ehemalige Genossen in dieser Situation — verbittert zurück, sondern versuchte, gestützt auf die Hilfe seiner Familie, einiger guter Freunde und seinen eigenen Lebenswillen, weiterzumachen.

Sowohl in seiner Wiedergutmachungsangelegenheit als auch bei der Vermittlung von Vorträgen bei den Gewerkschaften und den Landeszentralen für Heimatdienst (heute Landeszentralen für politische Bildung), mit denen er jetzt sein Geld verdiente, halfen ihm neben politischen Freunden wie Herbert Wehner und Carlo Schmid auch frühere politische Gegner aus seiner Zeit als hessischer Landtagsabgeordneter wie Bundesaußenminister Heinrich von Brentano und Ludwig Bergsträsser, mit denen er in der Diskussion um die Hessische Verfassung teils zusammengearbeitet, teils heftige Auseinandersetzungen geführt hatte. Er hat diese Hilfe immer in dankbarer Erinnerung behalten. Neben den Erlebnissen in Sibirien war es diese Erfahrung der existentiellen Hilfe — über alle politischen Grenzen hinweg —, die wesentlich mit dazu beitrug, daß die unmittelbare menschliche Solidarität in Bauers

weiterem politischen Denken und Handeln einen sehr hohen Stellenwert bekam. Obwohl er in dieser Zeit auch häufig mit ehemaligen Genossen zusammentraf, die jetzt als Exkommunisten unter ähnlichen Bedingungen wie er in der Bundesrepublik lebten, entwickelten sich dagegen aus diesen Kontakten kaum anhaltende Freundschaften. Den Selbstrechtfertigungen der anderen und ihren Interpretationen der kommunistischen Welt stand er skeptisch gegenüber. Bei den meisten von ihnen vermutete er, daß sie nur den Absprung ins ertragreichere Lager vorbereiteten, während er seine Schwierigkeiten darauf zurückführte, daß er auch in der Adenauer-Republik Sozialist bleiben wollte. Das galt aber auch für etliche andere. Vielleicht wäre Leo Bauer letzten Endes lieber der einzige gewesen. Statt den „Renegaten" publikumswirksam in Zeitungen, Rundfunk und Fernsehen Konkurrenz machen zu können, mußte er sich in diesen Jahren darauf beschränken, in der politischen Bildungsarbeit — vor allem bei der Gewerkschaftsjugend und bei öffentlichen, parteipolitischen und christlichen Institutionen — tätig zu sein. Sein zentrales Thema bei Vorträgen und Seminaren war aber ebenfalls die Schilderung seiner eigenen Erfahrungen mit kommunistischer Politik und die Interpretation politischer und sozialer Veränderungen im Osten. Aus den wenigen vorliegenden Vortragsmanuskripten — meist sprach er, von Fragen seiner jugendlichen Zuhörer ausgehend, ohne ausgearbeitetes Konzept und verließ sich auf seine rhetorische Begabung — geht jedoch hervor, daß sich seine Vorstellungen vom vorherrschenden Denken in den Kategorien des Kalten Krieges scharf abgrenzten und er schon zu dieser Zeit nach Ansatzpunkten für einen Ausgleich zwischen den Machtblöcken suchte.
Einen Vortrag im Rahmen eines Seminars zum Ost-West-Problem beginnt er zum Beispiel mit der optimistischen Feststellung:

> „Mögen auch die offiziellen Politiker sich mühen, die Auseinandersetzung der angeblichen beiden und in sich fest geschlossenen Machtblöcke im alten Stil fortzusetzen, so kann mit Freude und Genugtuung festgestellt werden, daß sich die Erkenntnis durchsetzt, das Wohl und Wehe der Zukunft der Menschheit hänge von der Klärung, von der Verständigung und von den Versuchen einer echten Lösung der schwebenden Probleme ab."

Zum Konflikt selbst führt er dann — mit zahlreichen Beispielen und Hinweisen auf die eigenen Erfahrungen illustriert — folgendes aus:

> „Will man sich ernsthaft um die Grundlagen eines Gesprächs um die Dinge und Probleme unserer Zeit bemühen, so hat man davon auszugehen, daß es in Wirklichkeit kein Ost-West-Problem gibt. Die Teilung der heutigen Welt in Ost und West scheint nicht nur geographisch ein

Unsinn, sondern widerspricht den Tatsachen und ist daher gefährlich
... Der Widersinn, die Probleme unserer Zeit als eine Auseinandersetzung zwischen Ost und West darzustellen, ergibt sich aus der Tatsache, daß die heutige Entwicklung der Produktivkräfte, die Automatisierung und ähnliche Prozesse auch bei uns den Staat dazu verleiten, dem Menschen in seiner Freiheit, in seinen Rechten und in seinem Wollen zu reglementieren und dem Menschen auch bei uns durch stets neue Verbote das Leben unfrei zu machen ... Die Interessen der Staatsraison erfordern angeblich solche Maßnahmen — Maßnahmen, die auch in den klassischen Ländern der Demokratie vor Gewissensforschung nicht halt machen ... Die Versuche, die Welt in Ost und West zu teilen, werden auch dadurch nicht besser, daß man von den Sprechern der Weltmächte das als richtig bejaht, was man selbst tut, das Gleiche aber als verbrecherisch und schädlich bezeichnet, wenn es von der anderen Seite gemacht wird ... Wenn man als absolute Wahrheit anerkennt: richtig oder falsch — mein Vaterland —, dann muß man das gleiche der anderen Seite zubilligen. Dann aber ist es notwendig zu erkennen, daß eine Befriedung der Welt unmöglich ist. Es sollte doch einmal klar ausgesprochen werden: Koexistenz kann es in der geforderten Form nicht geben. Koexistenz setzt voraus, daß sich zwei unversöhnliche Gruppen von Menschen gegenüberstehen, die sich zwar gern gegenseitig vernichten möchten, dies auch im Interesse ihrer eigenen Herrschaft weiter planen, jedoch aus verschiedenen Gründen im Augenblick ein solches Tun für unmöglich oder für inopportun betrachten. Es ist verständlich, daß konservative Kräfte in der Welt, wo sie auch herrschen mögen und ob sie von Koexistenz sprechen oder nicht, für Koexistenz eintreten. Ihnen ist an der Aufrechterhaltung des status quo gelegen, da sie in seiner Aufhebung die doppelte Gefahr der Vernichtung von außen oder, was sie noch mehr fürchten und was sie einander näher bringt, von innen sehen."

Diese Thesen verbanden sich mit der Überzeugung, daß in der Jugend des Westens, vor allem aber bei den Jugendlichen der Sowjetunion sich eine Strömung durchzusetzen beginne, die für Veränderungen der Systeme in Richtung eines demokratischen Sozialismus kämpfe und sich daraus langfristig eine Art „Wandels durch Annäherung" (wie Egon Bahr diesen Prozeß 1963 nannte) ergeben könne. Viel Zustimmung fand Bauer damals auch bei politischen Freunden nicht. Auch seine vorwiegend jugendlichen Zuhörer waren vielleicht weniger von den Inhalten seiner Ausführungen als vielmehr von seinem Engagement für die Sache beeindruckt. Für Bauer war diese Tätigkeit zwar ein sehr mühsames Geschäft, es gab ihm aber auch die Bestätigung, daß er nicht nur etwas zu sagen hatte, sondern — besonders Jugendlichen — auch etwas vermitteln konnte.

Beim „Stern"

Während seiner Vortragstätigkeit war Leo Bauer ständig auf der Suche nach anderen Möglichkeiten einer beruflichen Betätigung. Obwohl ihm die Vorträge selbst Spaß machten, stand der Aufwand in keinem Verhältnis zu dem materiellen Ertrag. Der Verdienst war gering und unsicher; aufgrund seiner Krankheit konnte er häufig längere Zeit keine Vorträge halten. Hinzu kam, daß er die Hoffnung noch nicht völlig aufgegeben hatte, mit seinen Kenntnissen, Erfahrungen und Fähigkeiten doch noch eine wichtigere Position im öffentlichen Leben der Bundesrepublik zu finden als die in der politischen Bildungsarbeit.

Als ihm durch die Vermittlung einer Bekannten von Ilse Beck Ende 1958 eine Stelle als freier Mitarbeiter bei der Münchener Illustrierten „Quick" angeboten wurde, nahm er dieses Angebot sofort an, auch wenn es sicherlich nicht ganz seinen Vorstellungen entsprach. Aber er sah zu diesem Zeitpunkt seine Lage so hoffnungslos und deprimiert, daß er meinte, sich nicht mehr aussuchen zu können, was und für wen er arbeitete, um Geld zu verdienen; zusätzlich bot ihm die Stelle wenigstens die Möglichkeit, wieder stärker alte Kontakte aufnehmen und neue Kontakte — vor allem zu anderen Journalisten — knüpfen zu können.

Bauer blieb nur für kurze Zeit bei der „Quick" und hat später selten dieses ihm selbst wohl etwas peinliche „Gastspiel" erwähnt. Schon nach wenigen Monaten, im Frühjahr 1959, bot ihm Henri Nannen an, als freier Mitarbeiter zum „Stern" nach Hamburg zu wechseln. Es hatte sich beim „Stern" herumgesprochen, daß Leo Bauer mit seiner Tätigkeit in München nicht zufrieden war. Ohne konkrete Vorstellungen darüber zu haben, welche Aufgaben ein Mann wie Leo Bauer beim „Stern" übernehmen könnte, war man dort jedoch davon überzeugt, daß seine Kenntnisse und Kontakte für den „Stern" wichtig sein könnten.

Schon damals unterschied sich der „Stern" von anderen westdeutschen Illustrierten und genoß auch Ansehen in Kreisen, die sonst nur abfällig von der „Klatsch- und Sensationspresse" sprachen. Sein besseres Image war dabei nicht darauf zurückzuführen, daß im „Stern" eine liberalere und „fortschrittlichere" Linie — wie einige Jahre später — zum Ausdruck kam. In Sachen Antikommunismus und freier Marktwirtschaft gab es damals auch im „Stern" kaum Kritik an den CDU-Parolen. Auch er orientierte sich an den konservativen Grundwerten, die das öffentliche Bewußtsein der fünfziger

Jahre in der Adenauer-Republik bestimmten. Der Unterschied lag vielmehr darin, daß der „Stern" Politik aus seinen Seiten nicht vollständig verbannte und den Leser nicht ausschließlich mit Prominentenklatsch, rührenden Berichten vom Leben in der „großen Welt" und halbseidenen Sensationsstories unterhielt. Häufiger als in anderen Illustrierten wurden im „Stern" schon Ende der fünfziger Jahre überhaupt politische Themen behandelt und nicht ausschließlich das Bild einer unpolitischen Scheinwelt vorgeführt. Hinzu kam, daß der „Stern" — orientiert am Vorbild amerikanischer Magazine — einfach professioneller und gekonnter gemacht war und auch seine Sensationsberichte und Unterhaltungsthemen nicht in der sonst in dieser Branche meist üblichen plumpen Form aufzog. Mit dieser Konzeption und Aufmachung sprach der „Stern" Bevölkerungsschichten an, die die anderen Illustrierten nicht erreichten. Auch das gehobene Bürgertum und Intellektuelle konnten den „Stern" als Unterhaltungsmagazin — in Ergänzung zu ihrer montäglichen „Spiegel"-Lektüre — akzeptieren, ohne daß andere Leserschichten abgestoßen wurden.

Auf dieses Ansehen des „Stern" in der Öffentlichkeit ist es zurückzuführen, daß Leo Bauer — im Gegensatz zur „Quick" — die Mitarbeit beim „Stern" als seine große Chance sah. Es war nicht nur die Möglichkeit, endlich ein von Existenzsorgen freies Leben führen zu können; es erfüllte sich für ihn damit auch die Hoffnung, doch wieder eine wichtigere Rolle als bisher im öffentlichen Leben zu spielen. Als Journalist beim „Stern" war er wieder „wer".

Carola Stern, die vor ihrer Flucht aus der DDR 1951 Dozentin an der Parteihochschule der SED gewesen war und in der Bundesrepublik viele frühere Genossen kannte, erinnert sich:

> „Als Leo beim ‚Stern' den Job fand, wurde er von allen sehr beneidet, denn das war ja nun auch ein besonderer Job. Andererseits sagten wir uns: da haben wir nun auch einen beim ‚Stern', an den wir uns wenden können."

Man kann sich die großen Erwartungen vorstellen, mit denen Leo Bauer im Frühjahr 1959 nach Hamburg gegangen ist. Nach seiner Rückkehr 1955 aus der Haft hatte er schnell erfahren müssen, daß sich sein heimlicher Wunsch, sich wieder als Politiker zu betätigen, in dem durch antikommunistische Vorurteile, die von der Realität im Osten scheinbar immer wieder bestätigt wurden, und Mißtrauen gegenüber früheren Kommunisten geprägten politischen Klima Westdeutschlands wohl nie mehr erfüllen werde. Deshalb sah er — wie viele ehemalige kommunistische Berufspolitiker — im politischen Journalismus einen Ausweg, um — ohne selber wieder Politiker zu sein — Macht und Ansehen wiederzugewinnen. Mit dem Medium eines illustrierten Massenblattes politisch Einfluß zu nehmen, das mußte Bauer besonders reizen. Sehr selbstbewußt hat er später einmal gegenüber Egon Bahr seine „Entscheidung", zum „Stern" zu gehen, damit begründet,

> „daß einem Manne mit seiner Vergangenheit in einer Gesellschaft wie der Bundesrepublik dies die größten Wirkungsmöglichkeiten bieten würde, um unpolitischen, antikommunistischen, antisowjetischen Tendenzen entgegenzuwirken."

Angesichts des Erscheinungsbildes des „Stern" im Frühjahr 1959 klingt diese Begründung reichlich vermessen. Man muß aber berücksichtigen, daß Henri Nannen Leo Bauer von einer langfristig geplanten Veränderung des „Stern" berichtet hatte.
Etwa zu diesem Zeitpunkt begann unter Henri Nannens Regie nämlich ein Wandel in der Linie des Blattes, durch den sich der „Stern" in den folgenden Jahren allmählich zu einer politischen Illustrierten mit modernem, liberaldemokratischem bis fortschrittlichem Image entwickelte. Politische Themen wurden zum festen Bestandteil jeder Ausgabe. Gesellschaftspolitische Probleme, die die Adenauer- und Erhard-Regierungen meinten, durch Negieren bewältigen zu können, griff der „Stern" ab circa 1960 immer häufiger auf und hob sie ins öffentliche Bewußtsein. Die Kalte-Kriegs-Berichterstattung wurde langsam durch Artikel und Serien abgelöst, die sich durch differenziertere Schilderungen des alltäglichen Lebens in den osteuropäischen Staaten und auch in der DDR auszeichneten. Diese Politisierung und der gleichzeitige Richtungswandel des „Stern" griffen eine Strömung in den Schichten der westdeutschen Bevölkerung auf, die die vermeintlichen Modernisierungs-, Liberalitäts- und Demokratiedefizite des CDU-Staates zunehmend beunruhigten. Henri Nannen hatte die Bedeutung dieser neben Sozialdemokraten auch Kreise der Kirchen, des kulturellen Lebens und der Wissenschaft umfassenden Strömung, deren Massenbasis die „Aufsteiger" der neuen Mittelschichten bildeten, vor vielen anderen erkannt und wollte sich mit dem „Stern" an ihre Spitze setzen. „Die Zeit" kommentierte jüngst:

> „Nannen verkörperte alles, was den ‚Stern' groß gemacht und erfolgreich auf dem Markt gehalten hat. Als es die Zeit gebot, war er ein glühender Antikommunist, aber als der Wind sich drehte, trat er für den Ausgleich mit dem Osten ein... Er war ein Vertreter der Marktwirtschaft, wie Ludwig Erhard sich ihn entschiedener nicht wünschen konnte, aber als es opportun wurde, ans Umverteilen zu denken und sozial zu werden, marschierte Henri Nannen an der Spitze... Mit Gesinnungslosigkeit hat das nichts zu tun, dafür um so mehr mit den Geheimnissen einer erfolgreichen Illustrierten."

Dieses Gespür, Tendenzen und Strömungen zu erkennen, bevor sie tatsächlich sichtbar werden, mag Henri Nannen zu der Überzeugung geführt haben, daß ein Mann wie Leo Bauer für den „Stern" wichtig werden könnte, auch wenn — wie sich Gerhard E. Gründler, der als innenpolitischer Ressortleiter mit Leo Bauer später viel diskutierte und stritt, erinnert — er eigentlich kein Journalist war.

> „Von seinem journalistischen Zuschnitt her war er nicht gerade der geborene ‚Stern'-Redakteur. Er war ja kein Schreiber, wie der ‚Stern' ihn sich erträumte. Aber als Mann mit ungeheuer vielen und guten Kontakten war er in dieser Phase, in der der ‚Stern' sich immer stärker politisierte, für die Chefredaktion und für das politische Ressort von großem Wert. Wäre der ‚Stern' damals nicht in der Politisierungsphase gewesen, hätte er einen Mitarbeiter wie Leo gar nicht gebraucht, aber auch gar nicht ertragen können."

Als Leo Bauer nach Hamburg kam, mußte ihn zuerst einmal Henri Nannen selbst in langen politischen Streitgesprächen ertragen, da er nicht gleich in der politischen Redaktion beginnen konnte, sondern als Berater der Chefredaktion eingestellt wurde.
Er hat in dieser ersten Zeit neben Diskussionen über die politische Konzeption des Blattes Themen für mögliche politische Artikel und Serien vorgeschlagen, Pläne für deren Realisierung entwickelt und dafür in Frage kommende Informanten, Autoren und Berater angesprochen. Das für ihn wohl wichtigste Projekt war die Planung einer großen Ulbricht-Serie. Mit Hilfe des Apparats des „Stern" ließ er minuziös jede Äußerung von und über Ulbricht zusammenstellen, die in der Literatur zu finden war. In langen Listen ließ er möglichst viele noch lebende Personen erfassen, die vermutlich etwas über Ulbrichts politisches und privates Leben aussagen konnten. Er selbst reiste vor allem herum, um mit früheren Genossen über das Projekt zu sprechen, sie für eine Mitarbeit zu gewinnen oder sie als Zeitzeugen zu interviewen. Als Autor der Serie war von ihm zuerst Gerhard Zwerenz vorgesehen, mit dem er auch später noch häufiger zusammengearbeitet hat. Als Bauer erfuhr, daß Carola Stern an einer Ulbricht-Biographie arbeitete, nahm er sofort mit ihr Kontakt auf, um ihre bisherigen Recherchen verwenden zu können. Das Motiv, warum er sich beim „Stern" so intensiv mit einer Ulbricht-Serie beschäftigte, schildert Carola Stern folgendermaßen:

> „Als erstes kam er mit einer Ulbricht-Serie zu mir. Als ich ihn fragte, warum er diese Serie ausgerechnet mache, sagte er zu mir: ‚Das wird meine persönliche Abrechnung mit Walter.' Und ich glaube, er hat noch zu mir gesagt: ‚Und ich sage Dir, vielleicht kriegen wir den auf diese Weise geschaßt.' Ich sagte: ‚Du hast doch nicht alle Tassen im

Schrank. Glaubst Du wirklich, daß Walter über eine ‚Stern'-Serie fällt?' — Aber das war seine Abrechnung mit Walter Ulbricht ... Die träumten doch alle, und Leo Bauer träumte jede Nacht davon, von dieser großen Enthüllung — der Walter-Ulbricht-Story. Und die Enthüllungen blieben aus, es ist ja wirklich eigentlich nichts rausgekommen."

So offen wie gegenüber Carola Stern sprach Leo Bauer in der Chefredaktion des „Stern" sicherlich nicht über seine persönlichen Motive für dieses Projekt. Doch wer seinen Lebensweg und seine Persönlichkeit auch nur ein bißchen kannte, spürte schnell, daß Ulbricht eine der ganz wenigen Personen war, die Leo Bauer leidenschaftlich haßte. Durch diesen persönlichen Haß konnte er sich in phantastische Vorstellungen und fixe Ideen hineinsteigern. Es gibt zum Beispiel kaum einen Artikel von ihm, bei dem er nicht Ulbricht erwähnte — ob es nun paßte oder nicht.
Auch in seinem ersten Exposé für die Ulbricht-Serie ist der Affekt spürbar. Als wesentliche Charakterzüge sollten nach seiner Vorstellung in der Serie herausgearbeitet werden:

„Ulbricht hat nie eine eigene Meinung oder einen eigenen politischen Gedanken entwickelt. Für ihn galt der Satz: Die Bewegung ist alles! Die Organisation ist alles! Ulbricht ist ein hervorragender Organisator und ein rücksichtsloser Einpeitscher und Ausbeuter ...
Ulbrichts ‚genialste Fähigkeit' bestand darin, daß er immer rechtzeitig genau die richtige Parteilinie feststellte, um sie vor den anderen zu vertreten. Es kam ihm dabei nicht darauf an, heute genau das Gegenteil von dem zu vertreten, was er gestern mit der gleichen Energie als die einzige richtige Linie dargestellt hatte ...
Ulbricht kennt keine Rücksichten auf andere Menschen. Ich habe selten einen solchen Ausbeuter menschlicher Arbeitskraft erlebt wie Ulbricht, und selten erlebte ich einen Menschen, der so rücksichtslos gegen Untergebene vorging wie er. Hierzu können viele Beispiele geliefert werden. Er kroch nach oben und kannte keine Rücksicht nach unten. Er kannte auch keine persönlichen Freundschaften. Gewiß gab es Menschen, mit denen er in bestimmten Perioden mehr verbunden war als mit anderen. Ein Kennzeichen von Walter Ulbricht ist es aber ..., daß er eigene Freunde dann denunzierte, wenn es ihm gerade schlecht ging und wenn er wegen irgendwelcher politischer Fehler angegriffen wurde. Natürlich hatte er bei solchen Gelegenheiten immer genügend Sündenböcke zur Hand. Ulbricht wirkte aber glaubwürdiger, wenn er als Sündenböcke nicht nur offene Gegner seiner Person bezeichnete,

sondern gleichzeitig Menschen, von denen bekannt war, daß er mit ihnen persönlich und politisch verbunden war."

Leo Bauers Hoffnung auf eine Abrechnung mit Walter Ulbricht durch eine Enthüllungsgeschichte im „Stern" erfüllte sich nicht. Die projektierte Ulbricht-Serie ist nicht in der geplanten großen Aufmachung erschienen.
Für Bauer bedeutete das aber nicht, daß er nicht andere Möglichkeiten suchte, um Pläne und Projekte zu verwirklichen, die beim „Stern" nicht durchzusetzen waren. Als Journalist hatte er ständig Kontakt mit Kollegen vom Rundfunk und vom Fernsehen. Bei der auf DDR- und Sowjetkommunismus spezialisierten Ost-West-Redaktion des Westdeutschen Rundfunks kannte er Jürgen Rühle. Vom Westdeutschen Rundfunk wurden dann auch in den Jahren 1962 und 1963 mehrere politische Kommentare von Leo Bauer gesendet. In zehnminütigen Sendungen setzte er sich hierin an Hand eines aktuellen Aufhängers scharf mit der Person Ulbrichts, dessen Rolle bei den stalinistischen Säuberungen und dessen Weigerung, eine wirkliche Entstalinisierung in der DDR einzuleiten, auseinander.
Durch Jürgen Rühle lernte Leo Bauer bei der Zusammenarbeit für eine Fernsehsendung über die Entwicklung der Kommunistischen Internationale auch Günther Nollau kennen. Nollau, der wie Bauer die DDR aus eigenem Erleben kannte, hatte sich nach seiner Flucht in der Bundesrepublik durch Veröffentlichungen über die Kommunistische Internationale einen Namen als Spezialist für Fragen der kommunistischen Weltbewegung gemacht, bevor er dann später als Präsident des Verfassungsschutzes bekannt wurde. Bei der Schilderung der Arbeiten an dem Fernsehfilm in seinem Buch „Das Amt" wird der Arbeitsstil Bauers deutlich:

> „Am Tage vor der Sendung kamen wir abends zusammen, um zu ,texten'. Wir arbeiteten die ganze Nacht. Morgens um 5 Uhr entbrannte über eine Bagatelle ein Streit zwischen Rühle und Bauer, in dessen Verlauf Rühle entnervt die Tür des Studios hinter sich zuschlug und entschwand. Bauer und ich machten allein weiter. Gegen 8 Uhr morgens waren wir fertig."

Mit Günther Nollau, mit dem er offensichtlich gut zusammenarbeiten konnte, hat Leo Bauer kurze Zeit später noch einen weiteren Fernsehfilm über den sowjetisch-chinesischen Konflikt und 1966 — nach dem Scheitern des Redneraustauschs zwischen SPD und SED — eine vielgelobte Sendung zur Entwicklung der Volksfrontpolitik gemacht. Ein spezifischer Beitrag von ihm in diesen Sendungen bestand darin, daß er es durch seine Kontakte schaffte, zu einem bestimmten Problem die interessantesten und authentischsten Zeitzeugen vor die Kamera zu bekommen.

Anfang 1961 war Leo Bauer beim „Stern" fest eingestellt worden. Er wechselte von der Chefredaktion in das politische Ressort, ohne daß sich allerdings seine Tätigkeit entscheidend veränderte. Weiter diskutierte er politisch-konzeptionelle Fragen, gab ständig Anregungen für Artikel, die unbedingt geschrieben werden müßten, und stellte Kontakte mit Prominenten und wichtigen Politikern her. Mit besonderer Vorliebe flog er „im Auftrag des ‚Stern'" — wie er immer betonte — schnell einmal nach London, Paris, Rom (seine Lieblingsstädte) oder in andere Großstädte Europas. Er pflegte diese Kurzvisiten mit privaten Treffen, Theater- und Opernbesuchen oder kurzen Urlaubsreisen zu verbinden. Oft hat er Ilse Beck, mit der er viel reiste,

> „irgendwo hin beordert, um für einen oder zwei Tage in stundenlangen, halsbrecherischen Autofahrten durch die Gegend zu rasen. Er war immer knapp mit Zeit und ständig in Hetze."

Seine Mitarbeit beim „Stern" eröffnete Bauer die Möglichkeit, in einem zu ihm passenden Lebensstil endlich alles nachholen zu können, was er bisher versäumt hatte, oder wenigstens in der ihm verbleibenden Zeit noch so viel wie möglich zu erleben. „Rastlosigkeit" ist deshalb das Wort, das fast allen Freunden und Bekannten als erstes einfällt, wenn man sie nach Leo Bauers Leben in den sechziger Jahren befragt. Zur besinnlichen Ruhe, nach der er sich manchmal sehnte, war er schon nicht mehr fähig. Der autobiographische Roman, den er in dieser Zeit begann, ist Fragment geblieben. Viele große Projekte, die er in Ruhe verwirklichen wollte, kamen über das Stadium der Planung nicht hinaus.

Seit 1961 erscheinen im „Stern" auch vereinzelt Artikel von Leo Bauer, meist in Zusammenarbeit mit „Berufsjournalisten" wie Jürgen von Kornatzki oder Joachim Heldt. Nach einer Afrika-Reise 1961 erscheint zum Beispiel eine Reportage über den Bürgerkrieg im Kongo mit einem politischen Porträt des Ministerpräsidenten Patrice Lumumba. Als 1962 auf Veranlassung der in der DDR lebenden Witwe von Ernst Thälmann eine erneute gerichtliche Untersuchung des Todes von Thälmann im KZ Buchenwald in der Bundesrepublik bevorsteht, präsentiert Leo Bauer in einem Bericht einen Augenzeugen, der die Tatbeteiligung zweier, als angesehene Bürger in Westdeutschland lebender, ehemaliger KZ-Aufseher bezeugen könne.

Zum einhundertjährigen Jubiläum der SPD 1963 erscheint ein von Leo Bauer und Jürgen von Kornatzki verfaßter längerer Bericht über die Entwicklung der Sozialdemokratie mit dem Titel „Ohne Marx in den Knochen". Bauers politisches Anliegen ist zu erkennen, wenn als zentrales Thema der Darstellung die unberechtigte Angst des Bürgertums vor „den Sozis" hervortritt.

> „Das Unglück wollte es, daß die SPD sich bis 1959 weder für die

‚Revolution mit dem Stimmzettel' Ferdinand Lassalles noch für die gewaltsame Revolution nach den Ideen von Karl Marx, für jeden erkennbar, entscheiden konnte."

Mit dem Godesberger Programm habe die SPD endlich eine klare Entscheidung getroffen und „Mut zur Popularität" bewiesen.

„Auf dem Godesberger Parteitag 1959 warf die SPD nicht nur die Marxschen Parolen, sondern sogar die roten Fahnen über Bord, die sie immer wieder als reine Arbeiter- oder Proletarier-Partei abstempelten. Proletarier — das will heute niemand mehr sein. Die Zeiten sind wohl für immer vorüber, als die Arbeitnehmer klassenbewußt und stolz auf den Namen Proletarier waren. Die SPD versuchte, Volkspartei zu werden . . . Seit zwei Jahren steigt ihr Stimmanteil bei Bundes- und Landtagswahlen steil an. Wenn dies so bleibt . . . wird die SPD vielleicht zum erstenmal in ihrer Geschichte die absolute Mehrheit in einem deutschen Reichs- oder Bundestag erringen, falls ihre Freunde in den Gewerkschaften ihr nicht durch unpopuläre Streiks die Chancen rauben.

Es wird sich dann zeigen, ob die SPD als Regierungspartei ebenso erfolgreich sein wird wie in 100 Jahren Opposition."

In der Bundestagswahl 1965 hat sich diese optimistische Hoffnung noch nicht erfüllt. Am „Stern" und an Leo Bauer lag das nicht. Je näher der Wahltermin rückte, um so mehr schwenkte der „Stern" auf eine Unterstützung der SPD ein. In dem zitierten Artikel wird indes eine politische Argumentation deutlich, die später — seit der Bildung der Großen Koalition — Leo Bauers Wirken für die SPD und beim „Stern" fast ausschließlich bestimmen sollte. Bei den Vorbereitungen zu einem Artikel, der das Verhältnis Papst Johannes XXIII. zur PCI und den osteuropäischen Staaten behandelte, beschäftigte sich Leo Bauer 1963 mit einem Thema, das ihn danach ebenfalls nicht mehr loslassen sollte. Schon bei seinen Vorträgen Ende der fünfziger Jahre hatte er häufiger einen Vergleich zwischen der kommunistischen Weltbewegung und der Institution der Katholischen Kirche gezogen. Unter diesem Aspekt mußte ihn das Reformpapsttum unter Johannes XXIII. besonders interessieren. Grundsätzlich äußert er sich in einem Brief an seinen Kollegen Joachim Heldt vom 9. Mai 1963:

„Ich habe noch viel über Ihre immer wieder gestellte Frage nachgedacht: Sind diese Veränderungen prinzipieller oder taktischer Natur? Niemand kann wohl heute darauf eine endgültige Antwort geben. Immerhin glaube ich, daß folgendes in etwa der Wahrheit (gibt es sie?) nahekommt. Und ich sage dies aufgrund meiner Kenntnisse der kommunistischen Welt: Natürlich betrachten die Urheber der Reformen ihr Werk als taktisch notwendig für die Erhaltung der Reinheit der Idee. Indem sie aber Schritt für Schritt Konzessionen an die Wirklichkeit und an die Macht der Entwicklung machen müssen, werden sie zwangsweise zu ‚revolutionären oder radikalen Reformern‘, das heißt sie müssen bewußt oder unbewußt, gewollt oder ungewollt Teile der ‚reinen Wahrheit‘ aufgeben. Das gilt nach meinem Dafürhalten auch für die katholische Kirche. Natürlich ist der Prozeß in einer Institution, die 2000 Jahre besteht, langsamer und schwieriger. Aber mir scheint, daß das Tempo der Entwicklung in der Welt auch das Tempo der Änderungen prinzipieller Art in der katholischen Kirche bestimmen wird. Natürlich sind Rückfälle immer möglich, aber sie ändern nichts am Lauf der Dinge."

An dieser Sicht hat Leo Bauer — sowohl auf die Katholische Kirche, vor allem aber auf die kommunistische Bewegung bezogen — festgehalten. In der „Stern"-Redaktion stritt er in heftigen Diskussionen immer wieder für seine These, daß der Antikommunismus in der Bundesrepublik nur abgebaut werden könne, wenn das öffentliche Interesse auf Differenzierungen innerhalb der kommunistischen Weltbewegung gelenkt würde. Als Beispiel bot sich hier die Entwicklung der PCI an. Seit 1962/1963 erschienen im „Stern" mehrfach Berichte über die PCI, ihr Verhältnis zu den anderen italienischen Parteien, vor allem aber über ihre Differenzen mit Moskau. Als große Bestätigung seiner Auffassung empfand es Bauer, daß es ihm im Oktober 1964 gelang, für den „Stern" ein Interview mit dem Generalsekretär der PCI Luigi Longo zu führen (siehe S. 273 ff.).
Im Sommer 1963 begann sich Leo Bauer, wieder zusammen mit Jürgen von Kornatzki, einem neuen Thema zuzuwenden, das nicht in unmittelbarem Zusammenhang zu seinem eigenen Lebensweg und seinen allgemeinen politischen Vorstellungen stand: der Situation und den Perspektiven der Berufsausbildung in der Bundesrepublik. In der letzten Ausgabe 1963 und den ersten Ausgaben 1964 erschien im „Stern" der erste umfassende Report über „Berufsaussichten und Berufsausbildung in der Bundesrepublik." Mit der provozierenden Aufforderung: „Wechseln Sie Ihren Beruf rechtzeitig!" beginnend, wurde in sechs Folgen — gestützt durch Umfragen und wissenschaftliche Begleitung — dargelegt, daß der Zustand der Berufsausbildung katastrophal sei und nur eine grundlegende gesetzliche Reform des Ausbildungssystems die Berufschancen des Einzelnen und die internationale Wettbewerbsfähigkeit der westdeutschen Wirtschaft in Zukunft sichern könne.
Zu einem Zeitpunkt veröffentlicht, als der „Bildungsnotstand" noch nicht ausgerufen war und die Politiker über notwendige Bildungsreformmaßnahmen

lieber schwiegen, mußte diese Serie großes Aufsehen erregen, zumal hier Handwerkskammern und Innungen direkt angegriffen wurden. Die Reaktion in der Öffentlichkeit beschreibt die Gewerkschaftszeitung „Druck und Papier", die — wie alle anderen Gewerkschaften und auch die Großindustrie — zu einer positiven Einschätzung des „Stern"-Reports kam:

> „Kein zweifel, der ‚Stern' hat die gemüter in wallung gebracht. Beim handwerk verschleißt man ganze sonderausgaben, um nachzuweisen, daß unsere ausbildung, speziell jene im handwerk, nach wie vor das ei des kolumbus sei. Von höchsten staatlichen stellen unterstützt und getröstet, suggeriert man eifrig dem letzten bürger in der bundesrepublik, daß der ‚Stern' die größte publizistische fehlleistung aller zeiten vollbracht habe, als er sich mit der berufsausbildung beschäftigte."

Der Hauptvorwurf gegen den Report bestand dabei nicht einmal darin, daß die Ergebnisse der Untersuchung unzutreffend seien. In den Mittelpunkt der Kritik rückte, daß der „Stern" es, ohne fachliche Legitimation, überhaupt gewagt hatte, Millionen seiner Leser unberechtigte Angst vor der Zukunft einzujagen. Um sich gegen diese Vorwürfe zu verteidigen, wurden in der extra dafür gebildeten „Sonderredaktion Berufsreport" die Ergebnisse der ersten Untersuchung im folgenden Jahr erneut überprüft, ein internationales Kolloquium mit Fachwissenschaftlern aus vielen Ländern organisiert und die Fortschreibung der Ergebnisse zur Jahreswende 1964/65 in vier Folgen veröffentlicht. Eine dreibändige „Stern"-Dokumentation faßte alle Ergebnisse zusammen.

Durch die Resonanz, die der Report fand, eröffnete sich für Leo Bauer ein neues Feld der politischen Auseinandersetzung. Hier konnte er zeigen, daß er nicht nur Spezialist für Kommunismusfragen war, sondern es auch verstand, sich auf anderen Gebieten der Politik zu behaupten. Noch wichtiger war für ihn aber wohl, daß er mit dieser Arbeit sich selbst und anderen bewies, nicht nur ein Mann der großen Pläne und globalen Perspektiven zu sein, sondern daß er sich mit Energie und Zähigkeit solange für ein politisches Ziel einsetzen konnte, bis eine Veränderung wirklich in Gang gekommen war. Für ihn war das auch eine Bestätigung seines Wandels vom früheren „revolutionären" Politiker zum sozialdemokratischen Reformer. Sein Engagement für eine Berufsausbildungsreform, das Anstöße für eine spätere gesetzliche Neuregelung gab, hat ihm viel Anerkennung eingebracht. Von Gewerkschaften und Bildungsorganisationen wurde er zu Vorträgen und Podiumsdiskussionen eingeladen. Der „Stern" selbst „belohnte" Bauer dadurch, daß ab Januar 1964 endlich sein Name als Redakteur im Impressum erschien.

Leo Bauer war schon die treibende Kraft beim „Stern", als es darum ging, ob nur einer der üblichen, kurzlebigen Berichte zur Berufsbildung produziert oder das Thema — als dessen politische Brisanz erkannt war — grundsätzlich angefaßt werden sollte. Dazu gehörte, den Verlag dazu zu bewegen, durch Meinungsumfragen, statistische Erhebungen und wissenschaftliche Beratung auf diesem Gebiet „Grundlagenforschung" zu betreiben. Als er das geschafft hatte, sah Bauer seine Aufgabe hauptsächlich darin, die Zusammenarbeit mit Bildungswissenschaftlern und vor allem dem Meinungsforschungsinstitut „Infratest" zu organisieren und zu koordinieren. Hier lag der Beginn eines intensiven Kontaktes zu „Infratest", den er bis zu seinem Tode gepflegt hat. Er entdeckte dabei auch seine Leidenschaft für Ergebnisse von Meinungsumfragen und deren — von ihm wie von vielen anderen eher überschätzten — Wert als Argument in politischen Auseinandersetzungen.

Als durch die Resonanz auf die ersten Veröffentlichungen der politische Streit begann, war er wiederum die treibende Kraft, die den „Stern" dazu brachte, das Thema weiterzuverfolgen und durch neue Untersuchungen und Stellungnahmen international anerkannter Fachleute die bisherigen Ergebnisse abzusichern. Und schließlich war er dann — noch nach seiner Zeit beim „Stern" — eine treibende Kraft, indem er die politische Auseinandersetzung wachhielt, bis eine baldige Neuregelung der Berufsausbildung in Sicht kam. Am 7. Mai 1969 schreibt er an Hans-Jürgen Wischnewski, um vor einer halben Reform zu warnen, die auf einem Kompromiß mit den Vorstellungen des Handwerks beruhe:

> „Sollte das stimmen, so möchte ich Dir in aller Klarheit sagen, daß es für *die Partei* und für die *Sache selber besser* wäre, wenn das Gesetz nicht verabschiedet würde. Man sollte dann auch noch diese Legislaturperiode vorübergehen lassen. Aber in dieser Frage sind in Hinblick auf die Strukturveränderungen und auf die Anforderungen der Wirtschaft Kompromisse mit der Großindustrie, nie aber mit dem Handwerk möglich. Entweder es gelingt uns, den mittelalterlichen Zopf der Berufsausbildung total abzuschneiden, oder wir sollten lieber die Finger davon lassen."

Die Arbeit am Berufsreport hinderte Leo Bauer nicht, in der „Stern"-Redaktion weiter mitzudiskutieren. Der Erfolg hat ihn eher bestärkt, seine Vorstellungen entschiedener einzubringen, und bewirkt, daß seine Stimme größeres Gewicht bekam. Natürlich profitierte er dabei auch davon, daß die neue Linie des Blattes insgesamt sehr erfolgreich war. Daß William S. Schlamm, der bis 1963 wöchentlich Kolumnen im „Stern" schrieb, von Sebastian Haffner abgelöst wurde, wird nicht ganz ohne Leo Bauers Mitwirkung geschehen sein, betrachtete er Schlamm doch als seinen politischen Intimfeind. Daß im Frühjahr 1965 Henri Nannen im „Stern" verkündete, zukünftig F. J. Strauß für regelmäßige Kommentare Spalten der Zeitschrift nicht mehr zur Verfügung zu stellen, während Willy Brandt weiter häufig zu Wort kam, wird Leo Bauer zumindest nicht bedauert haben. An dem verstärkten Engagement des „Stern" vor der Bundestagswahl 1965 für eine liberale und „fortschrittliche" Wende in der Bundesrepublik hat Leo Bauer fraglos entscheidend mitgewirkt.

„Wenn es Politik in dieser Zeitschrift gibt, so ist das zu einem nicht geringen Teil auch sein Werk."

Dieser Satz aus Gerhard Gründlers Nachruf auf Leo Bauer findet besonders seit dieser Zeit in „Stern"-Ausgaben seine volle Bestätigung, obwohl er sicherlich auch schon vorher zutraf.

In der Redaktion tauchte jetzt immer häufiger — hinter seinem Rücken — die Frage auf, ob Leo Bauer nun Journalist oder Sozialdemokrat sei. Angesichts seiner spätestens 1966 beginnenden Arbeit für die sozialdemokratische Führung, die er in der Redaktion keineswegs verheimlichte, war diese Frage vom Standpunkt der Berufsjournalisten durchaus berechtigt, auch wenn Bauer sie für unzulässig hielt. Noch bevor er mit Aufgaben für die SPD betraut wurde und lange bevor er Ende Juli 1968 den „Stern" verließ, hatte bei ihm selbst durch Kontakte zu informellen SPD-Kreisen eine Umorientierung begonnen. Obwohl er bald nach seiner Rückkehr in die SPD eingetreten war, hatte sich Bauer lange Zeit nicht an Parteidiskussionen beteiligt und vom Parteileben ferngehalten. Außer durch das Parteibuch und persönliche Bekanntschaften mit einzelnen Sozialdemokraten gab es zuerst keine Verbindung zur SPD. Diese Distanz zur Partei resultierte nicht nur aus der bewußten Entscheidung, sich nicht sofort in neue politische Auseinandersetzungen zu stürzen. Es war auch nicht eine selbstauferlegte Zurückhaltung eines früheren Kommunisten, der nicht als politischer Opportunist erscheinen wollte. Vielmehr war ihm nach seinen kommunistischen Parteierfahrungen das sozialdemokratische Parteiwesen innerlich fremd. Das Gemisch aus politischem Diskutierklub und deutscher Vereinsmeierei mit Ritualen aus der arbeiterparteilichen Tradition, wie es auf den unteren Ebenen häufig anzutreffen war, stieß ihn ab. Hierauf wollte er sich nicht einlassen — und hätte es nach seiner Vergangenheit und aufgrund seiner Persönlichkeit auch nicht gekonnt. Ihn sich als Kassierer in einem Frankfurter Ortsverein vorzustellen — der übliche Ausgangspunkt der „Ochsentour" in der SPD — ist schlecht möglich.

Der Einstieg erfolgte ganz anders. Bauer lernte bei Freunden und Bekannten immer mehr prominente Sozialdemokraten kennen. Hinzu kam, daß ein Journalist beim „Stern" auch für die SPD interessant war, um Ansprechpartner bei einer so einflußreichen Zeitschrift zu haben. Leo Bauer bekam Kontakt zu einem kleinen Kreis in West-Berlin. Auf Einladung von Jochen Severin trafen sich hier Sozialdemokraten mit und ohne Parteibuch, um Willy

Brandt als Kanzlerkandidat in der Bundestagswahl 1961 zu beraten. Im Vorfeld dieser Wahl ging es dabei um ähnliche Fragen, wie sie Leo Bauer aus den Diskussionen um die politische Linie des „Stern" kannte, das heißt, um die konkrete Umsetzung der Öffnung der SPD für bürgerliche Wählerschichten. Bei diesen Treffen des sogenannten „Severin-Kreises" sprachen sich Willy Brandt und Leo Bauer zum ersten Mal, nach zwei flüchtigen Begegnungen im Jahre 1959. Hier lernte er auch Egon Bahr, Werner Steltzer und den damaligen Chefredakteur des „Vorwärts", Jesco von Puttkamer, kennen.
Nach der Bundestagswahl 1961 traf sich diese informelle Runde in unregelmäßigen Abständen weiter. Leo Bauer hielt zu vielen der neuen Bekannten auch von Hamburg aus engen Kontakt. Vor der Bundestagswahl 1965 wurde der Kreis reaktiviert, andere prominente SPD-Anhänger kamen hinzu. Hier lernte Bauer auch Günter Grass kennen, der sich im Wahlkampf für die SPD einsetzte. Bauer und Grass arbeiteten später in der „Sozialdemokratischen Wählerinitiative" zusammen. Für Leo Bauer entstanden neue Verbindungen, immer häufiger wurde er zu Gesprächen von führenden Sozialdemokraten herangezogen, so daß er bald selber ein wichtiger sozialdemokratischer Politiker wurde.

VIII. Die zweite Karriere

„Die Neue Gesellschaft"

Nach der Bundestagswahl 1965 und insbesondere nach Bildung der — von ihm bejahten — Großen Koalition wurde Leo Bauer von der SPD-Spitze immer stärker für verschiedene politische Arbeiten herangezogen; am 1. August 1968 trat er dann auch hauptberuflich in den Dienst der SPD: Er wurde Chefredakteur der Zeitschrift „Die Neue Gesellschaft" (NG), die 1954 in der Nachfolge der „Gesellschaft" Rudolf Hilferdings und der Exil- „Zeitschrift für Sozialismus" begründet worden war.
Mit dieser Stellung bei der NG hatte man für Bauer eine Position gefunden, die ihm genügend Zeit und Spielraum ließ, um für andere Aufgaben zur Verfügung zu stehen, ihm als politischem Journalisten aber auch persönlich lag. Entsprechend nahm er die Chefredaktion der NG sehr ernst und ging sofort daran, langfristige Planungen, die zukünftige Rolle der Zeitschrift betreffend, zu verwirklichen. Sein Ehrgeiz lag darin, aus der bislang wenig gelesenen „Neuen Gesellschaft" ein Forum der deutschen Sozialdemokratie zu machen, das von den Funktionären und Mitgliedern der Partei in ihrer praktischen Arbeit als Hilfe empfunden würde; dabei sollte die NG für Vertreter anderer „fortschrittlicher" Positionen (aus den Kirchen, der Wissenschaft und der Kultur) und für die europäische Diskussion geöffnet werden.

> „Die Neue Gesellschaft will in Zukunft an den Diskussionen innerhalb und außerhalb der Bundesrepublik aktiver und intensiver als bisher teilnehmen",

schreibt Leo Bauer im Editorial von Heft 1/1969.
Ohne ein ausschließlich theoretisches Organ zu werden, sollte die Zeitschrift vor allem grundlegende Positionen der SPD und Probleme der europäischen Sozialdemokratie in den Mittelpunkt stellen.
Drei Jahre später, im Heft 1/1972, konnte Leo Bauer in einem einleitenden Beitrag darauf verweisen, daß „Die Neue Gesellschaft" von Anhängern wie Gegnern stärker beachtet würde als früher. „Mit Befriedigung" sei zu vermer-

ken, daß die Kommunisten und die Konservativen sich „intensiver denn je mit der theoretischen Zeitschrift der SPD... auseinandersetzen." Unbefriedigend schien Bauer indes, wie er „selbstkritisch" anmerkte, die innerparteiliche Resonanz auf „Die Neue Gesellschaft". „Dieser Bereich der Aufgabenstellung der Zeitschrift [hinke] noch stark hinterher". Die drei inhaltlichen Schwerpunkte für 1972 sah der Chefredakteur in der Propagierung und Erläuterung der Politik der „inneren Reformen" in Abgrenzung von einer explizit systemüberwindenden Strategie, in der „Diskussion um die Grundwerte des demokratischen Sozialismus" sowie — „nicht minder wichtig... und vielleicht... von noch größerer Bedeutung" — in der „weiteren Entwicklung Europas" und der „aktiven Unterstützung der Friedenspolitik".

Die relativen Erfolge seiner Redakteurstätigkeit sind unbestreitbar und unbestritten. In den vier Jahren seiner Führung konnten der Abstand zwischen formaler und „echt" verkaufter Auflage — bei Auflagenerhöhung — auf einen Bruchteil reduziert und der Erscheinungsrhythmus von zweimonatlich auf monatlich umgestellt werden. Über die materiellen Bedingungen sah Leo Bauer verschiedentlich Anlaß zur Klage, und manch' hochfliegender Plan — etwa der, zum 1. Mai 1971 das Heft 5 in einer Auflage von 100.000 herauszubringen — scheiterte daran, daß der Schatzmeister der SPD, Alfred Nau, die Grenzen des finanziellen Entgegenkommens erreicht sah. Es wird Leo Bauer enttäuscht haben, daß der Stellenwert „seiner" Zeitschrift nicht überall gleich hoch eingeschätzt wurde.

Der Verlag Neue Gesellschaft war noch 1968 von Bielefeld nach Bonn verlegt und der Friedrich-Ebert-Stiftung angegliedert worden. Leo Bauer hatte sich in Absprache mit dem SPD-Präsidium neue Herausgeber (sozialdemokratische Spitzenpolitiker, Wissenschaftler und Theologen), einen Redaktionsbeirat und neue Mitarbeiter gesucht, entschied aber in redaktionellen Dingen letzten Endes meist allein. Im Januar 1972 gehörten außer ihm Dr. Heinz Dieter Bauer, Dr. Karl-Ludolf Hübener und Hans Schumacher, der die Zeitschrift inzwischen verantwortlich weiterführt, zur Redaktion. Seine ehemaligen Redaktionskollegen und die beiden damaligen Sekretärinnen Katrin Füllerer und Heidrun Fick betonen die kameradschaftliche Atmosphäre — ungeachtet einer gewissen Selbstherrlichkeit Bauers. Zwar sei es diesem im Moment schwer gefallen, einen Irrtum einzugestehen; später habe er aber doch viele zunächst zurückgewiesene Einwände berücksichtigt. Gleichzeitig heben sie den genialisch-chaotischen Arbeitsstil Bauers hervor, der der durch Überbeschäftigung verursachten Hektik seines Tagesablaufs entsprach. „Er war ja ein Chaot bis zum Geht-nicht-mehr", meint seine enge Mitarbeiterin Katrin Kiehne (geborene Füllerer). „Es war nichts zu finden." Wegen Schlafstörungen und auf der Flucht vor schmerzlichen Erinnerungen und akuten gesundheitlichen Problemen habe er „dann wie ein Geisteskranker ... bis nachts gearbeitet." Insbesondere manche Besprechung mit den Mitarbeitern von „Infratest" sei zur Nachtsitzung — „bis morgens um 5 oder 6" — ausgeartet. Der Gesprächspartner „ging dann auf dem Zahnfleisch, weil er nicht mehr konnte, und der Leo war immer top-fit." Ohne eine zuverlässige und ständig präsente quasi Privatsekretärin hätte Leo Bauer diesen Arbeitsstil gar nicht durchhalten können. Es ist bezeichnend, daß die von Katrin Kiehne besorgte Ablage in der Redaktion der „Neuen Gesellschaft" mehr Aufschluß sogar über Bauers nichtdienstliche Angelegenheiten gibt als seine persönliche Hinterlassenschaft.

Vor der „Ära Bauer" — insbesondere seitdem auf kontroverse Diskussionsbeiträge der aus der oder an den Rand der SPD gedrängten sozialistischen Intellektuellen wie Wolfgang Abendroth verzichtet worden war — war die NG von der Partei zunehmend als Belastung empfunden worden, als Publikationsorgan, das, ungeachtet seines hochqualifizierten Chefredakteurs Dr. Ulrich Lohmar und etlicher — allerdings meist sehr spezieller — gewichtiger Beiträge, offenbar kaum zur Kenntnis genommen worden war. Mindestens das änderte sich. Die Zeitschrift wurde mit einer neuen Aufmachung auch inhaltlich lebendiger und leserfreundlicher. Der erhoffte große Durchbruch blieb jedoch aus.

Der Grund dafür lag weniger in den geschilderten persönlichen Eigenheiten des Chefredakteurs als vielmehr in der Ambivalenz der Aufgabenbestimmung der „Neuen Gesellschaft". Es ist eben nur schwer möglich, gleichzeitig den aktuellen Anforderungen der Parteipolitik zu genügen und somit Hilfe für die unmittelbare Praxis zu gewähren, wie auch die langfristigen Perspektiven sozialdemokratischer Politik in der angemessenen Gründlichkeit zu diskutieren. Dieses objektive Dilemma entsprach einer inneren Zwiespältigkeit Leo Bauers, der als Person ständig zwischen Tagespolitik und grundsätzlichen Überlegungen schwankte. Sein aufrichtiger Wunsch nach der kontroversen Debatte kollidierte immer wieder mit dem Unvermögen, eine ihm falsch erscheinende Position gerecht zu würdigen. Daß ein intelligenter, informierter, integrer und seriöser Mensch zu gänzlich anderen Einschätzungen und Beurteilungen gelangen konnte als er selbst, wollte Bauer letztlich nicht in den Kopf. Dahinter stand ein im Grunde enges Verständnis von Parteiräson.

Exemplarisch wurde das schon zwei Monate nach seinem offiziellen Arbeitsbeginn deutlich, als er einen Aufsatz der angesehenen sozialdemokratischen Historikerin und Politologin Helga Grebing über die deutsche Revolution von 1918/19, der von der Redaktion bereits 1967 angefordert worden war, zurückwies. (Der Aufsatz erschien dann in den „Gewerkschaftlichen Monatsheften" und zählt seitdem zu den bekannteren kritischen Forschungsberichten.) In seinem Brief an Frau Grebing führt Leo Bauer aus:

„Wir wollen einen so breit wie möglichen Kreis von sozialdemokratischen Mitarbeitern erreichen. Dieser Kreis ist ohne Zweifel nicht interessiert an einer Zusammenfassung von Aussagen über andere Bücher ... Man wird den Eindruck nicht los, daß Sie persönlich der Überzeugung sind, in der heutigen Forderung der APO nach einem Rätesystem (keiner dieser APO-Leute kann sagen, wie er sich das Rätesystem vorstellt) sei das Erbe jener wiederzufinden, die ‚unglücklicherweise' sich 1918 nicht durchgesetzt haben ... Es ist mein fester Entschluß, aus der Neuen Gesellschaft ein theoretisches Organ, aber auch die Diskussionsgrundlage für die SPD zu machen. Allerdings: ich verstehe unter Diskussionsgrundlage etwas anderes als viele meiner Freunde und eine Reihe von Menschen innerhalb der SPD. Es ist meine Überzeugung, daß Kritik nur dann in einer politischen Bewegung, wie sie nun einmal die SPD darstellt, Sinn hat, wenn sie nicht nur im Negativen hängen bleibt, sondern sich bemüht, Alternativen aufzuzeigen.

Etwas anderes kommt hinzu: Die Aufgaben, die von der SPD in den nächsten Monaten und Jahren zu lösen sein werden, verlangen eine ‚Diskussion nach vorn' und nicht Auseinandersetzungen über die Vergangenheit. Soweit es dabei notwendig ist, sich mit der Vergangenheit auseinanderzusetzen, sollte das nur in Zusammenhang damit geschehen, daß versucht wird, klarzustellen, was aus dieser Vergangenheit für die weitere Entwicklung der SPD von Bedeutung sein kann, sein sollte oder sein muß."

Konzeptionell hätte Bauer recht behalten, wie Helga Grebing in ihrer Antwort ohne weiteres zugab, wenn es ihm gelungen wäre, die NG zu dem zu machen, was ihm vorschwebte. Es ist ihm nicht uneingeschränkt gelungen. Zugleich belegt die Stellungnahme zu H. Grebings Aufsatz, daß er Schwierigkeiten hatte, die Richtung einer Kritik zu erkennen, die ihm nicht auf Anhieb einleuchtete. (Immerhin wurde die Grebingsche Position mehr oder weniger klar von praktisch allen Forschern geteilt, die der SPD nahestanden. Mit Räteutopien hatte das wenig zu tun; es ging diesen Autoren um die Widerlegung der fatalistischen Legende, 1918 habe die SPD vor der Wahl zwischen „Bolschewismus" und Bündnis mit der sozial herrschenden Klasse, der alten Bürokratie und dem Militär gestanden.)

Leo Bauers eigene Artikel und Glossen in der NG lassen eine charakteristische Diskrepanz erkennen: Wo es um die Unterstützung der SPD-Regierungspolitik ging, die er für überaus wichtig hielt, waren seine Ausführungen ohne Schwung und jede Originalität. Hier handelte es sich fast um eine Art Hofberichterstattung. Ganz anders, wenn Bauer einen konkreten Gegner hatte, seien es die Unionsparteien, die er als Sozialreaktionäre ansah und als

„Deutschnationale" bezeichnete und denen er den Vorwurf machte, „von der Opposition zur Obstruktion überzugehen", seien es die ostdeutschen Kommunisten, seien es auch die Jungsozialisten in der SPD (siehe unten). Diese Polemiken wirkten klarer in der Aussage, flüssiger im Stil und zupackender in der Argumentation; sie ließen die journalistischen Fähigkeiten Bauers erkennen.

Leo Bauer veröffentlichte vom Januar 1969 bis zum August 1972 in seiner Zeitschrift 25 Gespräche mit Persönlichkeiten aus Politik, Wissenschaft und Kultur, zu denen neben deutschen und ausländischen Sozialdemokraten etwa auch der Jesuitenpater Gustav A. Wetter, der jugoslawische Außenminister Edvard Kardelj und der amerikanische Diplomat und Politikwissenschaftler George F. Kennan gehörten. Diese Gespräche, denen Herbert Wehner viel „Wertbeständiges" attestiert, kreisten alle um die Bezugspunkte „Frieden" und „Demokratisierte Gesellschaft".

Zu den Gesprächspartnern, die diese Interviews besonders schätzten, gehörte der französische Verleger Jean-Jacques Servan-Schreiber. Herbert Wehners Eindruck sei hier wiedergegeben:

> „Er ist ja nicht einfach hingegangen, weil der [Betreffende] einen Titel hatte, sondern [hat] herausgefunden, der müßte jetzt, oder den müßte man. Das hat er auf eine meisterhafte Art gemacht. Das wird niemand wiederholen . . . weil er . . . diesen ausländischen Gesprächspartnern den Eindruck vermittelt hat, das ist einer, der sich wirklich auch für das interessiert, und gerne davon etwas bringen möchte, was die an Besonderem zu sagen haben, sei es Erleben, sei es Wollen, sei es auch Tätigkeiten. Darin steckt eine unheimliche Arbeit, die er da zustande gebracht hat. Er hatte ein Auge für und ein Gespür für das, was es an inneren Zusammenhängen und Unterschieden gab, und [wollte] das die Leser wissen lassen oder ihnen nahebringen."

Das Urteil der Autoren ist in einem Punkt skeptischer: Leo Bauer gelang es zwar, den Interviewpartnern grundsätzliche und richtungweisende Aussagen zu entlocken, war aber insgesamt auf einen zu harmonischen Gesprächsverlauf aus. Wo das Nachhaken, die provokative Gegenthese zur Belebung der Diskussion vonnöten gewesen wären, gab er allzu schnell bei — wohl auch beeindruckt von der intellektuellen und politischen Bedeutung der Interviewten. Das mochte angesichts der Impertinenz mancher Starjournalisten sympathisch wirken, hatte aber auch seine dramaturgischen Nachteile.

Eine von Bauers Lieblingsideen, der Dialog mit den „Reformkommunisten", kam über Statements nicht recht hinaus — in auffälligem Kontrast zu den relativ erfolgreichen vertraulichen Kontakten zum Bund der Kommunisten Jugoslawiens und zur PCI (siehe unten). Das Echo auf die Fragen der

PCI-Zeitschrift „Rinascita" und der „Neuen Gesellschaft" war recht begrenzt. Eine Auseinandersetzung kam noch am ehesten zwischen Bruno Kreisky und Carlo Galluzzi (PCI) zustande, wenn auch als Schlagabtausch. Kreisky formulierte sein tiefes Mißtrauen gegen die Ehrlichkeit der italienischen Kommunisten und sah in einer Regierungsübernahme der PCI ein Sicherheitsrisiko für den Westen. Galluzzi beteuerte demgegenüber:

> „Wir stehen für eine solche Konfrontation und für eine solche Debatte mit der italienischen und der europäischen Linken ohne Furcht zur Verfügung. Wir sind davon überzeugt, daß die richtigen Lösungen der Probleme nur durch die selbständigen und verantwortlichen Beiträge aller derer gefunden werden können, die daran interessiert sind und ihre Ideen und verschiedenen Vorschläge bringen."

Kreiskys Antwort und Galluzzis erneute Replik auf Kreisky bestätigten für die „Neue Gesellschaft" die engen Grenzen einer — jedenfalls öffentlichen — Diskussion zwischen den Sozialdemokraten und den Kommunisten Europas. Die Zeitschrift brach die Debatte daraufhin mit einem „Schlußwort" in Heft 5/1969, das kurz nach dem Regierungswechsel in Bonn erschien, ab, bevor sie richtig begonnen hatte. Die NG wies darauf hin, daß sich Kreiskys zurückhaltende Position mit den Beschlüssen der Sozialistischen Internationale decke. Es scheint so, als ob — angesichts der bevorstehenden Verhandlungen mit dem Osten, die gegen hartnäckigen Widerstand der Opposition durchgesetzt werden mußten — innenpolitische Auseinandersetzungen über das Verhältnis von Sozialdemokraten und westlichen Kommunisten vermieden und zugleich Unstimmigkeit zwischen der SPD und sozialdemokratischen Bruderparteien über diese Frage vorgebeugt werden sollten.
Die ideologische Basis der politischen und journalistischen Arbeit Leo Bauers ist von ihm — auch für seine letzten Jahre — nur bruchstückhaft formuliert worden.
Reste klassenpolitischen Denkens vermengten sich, wie bei der Nach-Godesberg-SPD insgesamt, mit interpretatorischen Versatzstücken aus der zeitgenössischen bürgerlichen Soziologie und dem eher harmonisierenden Leitbild einer demokratischen Volksgemeinschaft. So unzweifelhaft die egalitäre Vision — Leo Bauers Mitarbeiter beim „Stern", Gerhard Gründler, spricht von seiner „Sehnsucht nach einem humanen, gerechten und sozialen Staat" — und ebenso der traditionelle Fortschrittsglaube (als Stilisierung der „Modernität" zu einem Wert an sich) weiter Gültigkeit behielten, war das theoretisch-systematische Denken — nicht nur als Marxismus — weitgehend aufgegeben. Das Godesberger Programm, das in der Praxis weniger die Pluralität theoretischer Ansätze in der SPD begründete, als daß es der verbreiteten Ablehnung jeder Theorie als Rechtfertigung diente, kam Leo Bauer

ganz sicher entgegen. Ein Theoretiker war er nie gewesen, und von theoretischen Systemen hatte er nach seinen Erfahrungen mit dem Kommunismus genug. Cum grano salis könnte man ihn als einen ethischen Sozialisten bezeichnen, wobei „Sozialismus", streng genommen, einerseits formal — nämlich als „ständige Aufgabe", die Gesellschaft zu demokratisieren —, andererseits negativ — nämlich in Abgrenzung zur politischen und sozialen Ordnung des „realen Sozialismus" — bestimmt wurde.

Leo Bauers historische Perspektive umfaßte zwei Ebenen der Analyse: erstens den „objektiven" gesellschaftlich-industriewirtschaftlichen Prozeß in West und Ost, den Bauer für weitgehend determiniert hielt, und zweitens die politischen Konsequenzen dieses Prozesses für die Strategie der SPD, die er keinesfalls als selbstverständlich und zwingend ansah. Zwar ging Bauer im Frühjahr 1969 davon aus, daß die Zeit der Dominanz konservativer und rechtsliberaler Parteien in Westeuropa dem Ende entgegen gehe, dieses müsse sich aber keineswegs überall zugunsten der Sozialdemokratie auswirken. Insbesondere in Italien und Frankreich mit ihren derzeit relativ kleinen, zwischen populistischen Rechts-Mitte-Parteien und großen kommunistischen Parteien eingeklemmten, vermeintlich unfruchtbar theoretisierenden sozialistischen Organisationen sei das Schicksal der Sozialdemokratie offen. Vornehmlich hier müßten andere progressiv-demokratische Kräfte in den großen Dialog der europäischen Linken einbezogen werden.

Seine französischen Verbindungen, die er noch als „Stern"-Redakteur angeknüpft hatte, waren eher auf den modernistischen Flügel des bürgerlichen Lagers als auf die — von ihm offenbar zutiefst verachteten — Sozialisten gerichtet. Neben dem früheren Ministerpräsidenten Pierre Mendès-France traf er sich vor allem mit dem Verleger und Politiker der Radikalen Partei Jean-Jacques Servan-Schreiber, dessen Konzept von einem einheitlichen Europa als einer eigenständigen Kraft im Atlantischen Bündnis ihn genauso faszinierte wie dessen Ideen einer sozialliberalen Reform von Wirtschaft und Gesellschaft.

Im Sommer 1968 — in einer Phase eher skeptischer Beurteilung — hatte Leo Bauer seine Überlegungen über die „Probleme der Sozialdemokratie" formuliert. Dieses, im folgenden fast vollständig abgedruckte Konzept offenbart beispielhaft die Richtung, in die Leo Bauers Gedanken sich bewegten. Dabei ist hier unwichtig, daß seine Vorschläge Makulatur blieben. Es ging ihm darum, dem Kommunismus den „Sozialdemokratismus" — er benutzte selbst diesen Begriff — entgegenzustellen; dafür schien es ihm nötig, vermeintlich unvoreingenommen die politischen Tatsachen und gesellschaftlichen Entwicklungstrends im internationalen Maßstab zu konstatieren. Außergewöhnlich war dabei nicht so sehr die Qualität des schnell formulierten Papiers, sondern der Charakter der Fragen, die darin aufgeworfen wurden:

„1. Ausgangspunkt der Überlegungen sind folgende Feststellungen:
a) Die sozialdemokratischen Parteien verlieren in allen Ländern Europas an Einfluß und müssen bei Wahlen erhebliche Verluste einstecken. Es gibt eine Ausnahme: Österreich.
b) Die Wahlniederlage einer sozialdemokratischen Partei wirkt sich indirekt auf die Wahlchancen anderer sozialdemokratischer Parteien aus. Es ist unbestritten, daß zum Beispiel die permanenten Niederlagen der Labourparty bei den Nachwahlen und die damit verbundene Propaganda der ‚Regierungsunfähigkeit' der Sozialdemokraten sich negativ auswirken müssen.
c) Eine Analyse der Wahlprogramme der französischen Parteien für die letzten Wahlen hat ergeben, daß das modernste, in die Zukunft gerichtete Programm von den Gaullisten vorgelegt wurde.
d) Eine Untersuchung der Zusammensetzung des französischen Parlaments hat ergeben, daß die gaullistische Fraktion die bei weitem jüngste Zusammensetzung hat, während die Sozialisten — in diesem Falle auch die Kommunisten — weitaus ältere Abgeordnete stellen.
e) Eine Analyse der Wahlen zum italienischen Parlament hat ergeben, daß die Kommunisten und die Christlichen Demokraten sich zu ziemlich gleichen Teilen die Stimmen der Jungwähler teilten. Die Sozialisten Italiens verloren darüber hinaus viele Stimmen bei den mittleren Jahrgängen.
f) Wenn man die Aktivität der Gewerkschaften in den verschiedenen Ländern Europas verfolgt, so ist leider festzustellen, daß diese Gewerkschaften in vielen Fällen eine ‚rückständige' Politik betreiben.
Die Rolle der englischen Gewerkschaften ist bekannt. In Frankreich spielen die unter sozialdemokratischem Einfluß stehenden Gewerkschaften keine große Rolle. Die kommunistischen Gewerkschaften sind passiver und rückständiger als die christlichen Gewerkschaften. In Italien ist es ähnlich.
g) Dies alles geschieht in einem Moment, da von bestimmten ‚bürgerlichen' Parteien Forderungen und Programmpunkte, die die Sozialdemokraten seit Jahrzehnten als ihr ‚Eigentum' ansahen, übernommen und der heutigen Zeit angepaßt werden. Man denke dabei an das schon erwähnte Programm der Gaullisten. Man denke an die Industrialisierung Süditaliens. Man denke aber auch, was die Bundesrepublik angeht, an das Hochschulprogramm, das in jüngster Zeit von der Jungen Union verabschiedet wurde.
Es ist sicher, daß im Rahmen der EWG die Zusammenarbeit

zwischen den Arbeitgeberverbänden und den konservativen Parteien weitaus besser klappt als die Zusammenarbeit der sozialdemokratischen Parteien und der Gewerkschaften.

h) Dies alles geschieht aber auch in einer Zeit, da im kommunistischen Lager viel in Bewegung geraten ist und Grundgedanken des ‚Sozialdemokratismus' zur Grundlage innerkommunistischer Auseinandersetzungen werden — wenn man dabei auch nicht von Sozialdemokratie spricht.

i) Dies geschieht endlich in einer Zeit, da in vielen Ländern Europas und besonders in der Bundesrepublik breite Bevölkerungskreise und darunter wichtige Wählerschichten nach einer Neuorientierung und einer Neubestimmung politischer Standorte suchen. Wer über die sehr weitgehenden Unterhaltungen und Gespräche zwischen der Katholischen Kirche und bestimmter marxistischer Kreise Bescheid weiß, wird zugeben, daß jene Kreise die Bedeutung des Suchens nach einer neuen Standortbestimmung mehr begriffen haben als dies anscheinend in den sozialdemokratischen Parteien der Fall ist.

2. Aus dem eben Gesagten ergeben sich verschiedene Fragen:
a) Welche Ursachen werden von den Verantwortlichen der verschiedenen sozialdemokratischen Parteien für die Wahlrückschläge genannt?
b) Gibt es Gründe, die für alle sozialdemokratischen Parteien anerkannt werden können oder spielen rein nationale Ursachen die entscheidende Rolle?
c) Kann die Sozialdemokratie in ihrer heutigen Form und mit ihrer heutigen Programmatik die Rückschläge überwinden oder muß nicht vielmehr auf europäischer und auf nationaler Grundlage geprüft werden, was getan werden muß, um eine Neuorientierung der sozialdemokratischen Bewegung zu finden?
d) Wie können die sozialdemokratischen Parteien den ihnen zu Recht oder Unrecht anhaftenden Ruf überwinden, pragmatische oder sogar rein opportunistische Parteien geworden zu sein?
e) Wenn man davon ausgeht, daß der Gedanke der ‚sozialen und humanistischen Demokratie' — unter welchem Namen auch immer — gerade in der heutigen Zeit, in der die Entfremdung des Menschen immer größere Ausmaße annimmt, eine große Chance sowohl im Westen als auch in kommunistischen Ländern, als aber auch in der Dritten Welt haben könnte, so ergibt sich die Frage: Wie muß die Zielsetzung des ‚Sozialdemokratismus' hier und

heute definiert werden, um auf breite Schichten, besonders aber auf die Jugend attraktiv zu wirken?

f) In diesem Zusammenhang ist zu fragen: Wie weit wird die heutige Sozialdemokratie von der Last der hundertjährigen Tradition ‚belastet'? Was muß geschehen, um bei Anerkennung der Tradition bestimmte überholte Inhalte und Begriffe zu überwinden? Als Beispiel und zum Verständnis sei hier nur eine Frage aufgeworfen: Wir alle gebrauchen noch die Begriffe ‚links' und ‚rechts' wie sie im letzten Jahrhundert entstanden sind. Dabei haben sie heute sicherlich einen ganz anderen Inhalt.

3. Zur Beantwortung der unter 2) gestellten Fragen (es ist sicher, daß noch viele andere hinzugefügt werden müssen wie zum Beispiel die Frage: Was muß geschehen, um das Selbstbewußtsein der Sozialdemokraten angesichts der Tatsache, daß sie von allen Seiten attackiert werden, zu steigern?) ergeben sich einige Vorschläge. Die hier folgende Aufzählung ist auf jeden Fall ungenügend und wird in den nächsten Tagen ergänzt werden:

a) Es müssen die Wahlanalysen der verschiedenen sozialdemokratischen Parteien eingeholt und verglichen werden.

b) Das gleiche gilt für die Grundsatz- und für die Wahlprogramme der verschiedenen sozialdemokratischen Parteien.

c) Es sollte eine koordinierte Untersuchung unter dem Arbeitsbegriff ‚Sozialdemokratie heute' in allen in Frage kommenden Ländern durchgeführt werden. Man muß endlich wissen, wie die sozialdemokratischen Parteien soziologisch zusammengesetzt sind, welche Beweggründe für den Eintritt in eine sozialdemokratische Partei maßgeblich waren, wie die Altersstruktur aussieht und wie weit Programme noch einen Einfluß auf die Mitglieder haben. Zu diesem Punkt wird ein konkreter Arbeitsvorschlag entworfen, der in etwa 14 Tagen vorgelegt werden kann.

d) Es ist zu überlegen, ob die Grundsatzdiskussion über den ‚Sozialdemokratismus' nicht offen ausgetragen werden sollte. Dabei spielt natürlich der Gedanke einer Zeitschrift, die sich dieser Aufgabe widmet, eine Rolle. Es darf daran erinnert werden, daß bei der Diskussion über die Neugestaltung der Zeitschrift ‚Die Neue Gesellschaft' der Vorschlag gemacht wurde, in absehbarer Zeit die Zeitschrift auch in englisch und französisch herauszugeben...

Im Rahmen dieser Grundsatzdiskussion sollten die führenden Sozialdemokraten aller Länder eine Analyse der Stellung ihrer Parteien in dem jeweiligen Lande vornehmen. Es sollten die verschiedenen Strömungen innerhalb der Sozialdemokratie zu Worte kommen. Es sollte die Auseinandersetzung mit den diversen kommunistischen Strömungen beginnen. Es sollte endlich — und das erscheint eine der entscheidenden Fragen — der offene Dialog mit den Katholiken und Protestanten in Gang gebracht werden. Das ist zugegebenermaßen ein ‚Riesenprogramm'. Es ist aber bei einigermaßen gutem Willen und bei der Bereitschaft zur Zusammenarbeit zwischen den sozialdemokratischen Parteien zu realisieren. Es entspricht auf jeden Fall den Notwendigkeiten, die sich aus der heutigen Unruhe nicht nur der Jugendlichen ergeben. Es kann sogar mit ziemlicher Gewißheit vorausgesagt werden, daß eine solch offene ausgetragene Diskussion das Ansehen der sozialdemokratischen Bewegung gerade bei den Kreisen steigern würde, die gefühlsmäßig mit der Idee der sozialen Demokratie verbunden sind, aber an vielen Dingen zweifeln und sich daher zur Kritik und oft zur Passivität verpflichtet fühlen."

Als Mitarbeiter der SPD-Führung für besondere Aufgaben

Diese internationale und perspektivische Sicht prädestinierte Leo Bauer dazu, im Auftrag der SPD-Führung Kontakte zu sozialistisch-sozialdemokratischen und kommunistischen Parteien Europas wahrzunehmen. Als Verbindungsmann zu den in Osteuropa regierenden Parteien eignete er sich aus biographischen Gründen — wie er selbst wußte — kaum, obwohl seine eigene Haltung gegenüber dem Osten, mit Ausnahme der DDR, erstaunlich wenig emotional beeinflußt war.

Dem Bund der Kommunisten Jugoslawiens kam bei den Parteibeziehungen der SPD eine Sonderstellung zu: Einerseits handelte es sich um eine kommunistische Partei an der Macht, andererseits steuerte Jugoslawien im Innern (mit dem System der industriellen Selbstverwaltung und einer weitgehenden Liberalisierung der wirtschaftlichen und politischen Ordnung) und nach außen (durch die Politik konsequenter Blockfreiheit an der Seite der Dritten Welt) einen eigenständigen Kurs, der es eher möglich machte, bestehende Verbindungen auch öffentlich zu demonstrieren. In diesem Fall war Leo Bauers Vergangenheit kein Hindernis, eher im Gegenteil: Er konnte sich besser als andere in die Mentalität der jugoslawischen Führer mit ihrer kommunistischen Tradition hineinversetzen, zumal seine Verhaftung im August 1950 nur zwei Jahre nach dem Bruch Stalins mit Tito erfolgt war.

Die Entwicklung Jugoslawiens bewies nach Bauers Meinung, daß die schrittweise Veränderung der kommunistischen Systeme in Richtung auf den „demokratischen Sozialismus" eine reale Möglichkeit darstellte, wenn dieser

Prozeß nicht — wie in der CSSR 1968 — von außen gewaltsam gestoppt würde. Den Teufelskreis: isolierte Reformbewegung — sowjetische Intervention — verschärfte Blockkonfrontation — erneute Unterdrückung, zu durchbrechen, sollte die Ostpolitik der SPD einen Beitrag leisten. Zu wichtigen politischen Führern Jugoslawiens, vor allem zu Edvard Kardelj, dem langjährigen Außenminister, vermochte Leo Bauer einen auch persönlichen Draht herzustellen. Dabei spielte möglicherweise eine Rolle, daß die Position eines Chefredakteurs des theoretischen Parteiorgans in kommunistischen Parteien weitaus bedeutender eingeschätzt wird als in sozialdemokratischen. Jedenfalls kamen Bauer die Jugoslawen, bei denen er gelegentlich auch einen Urlaub verbrachte, wie Wunschkommunisten vor. „Mann des Grübelns, des Nachdenkens", mit der „Geduld des Pädagogen", „kein Dogmatiker": mit Attributen solcher Art belegte er Kardelj, dem er in Heft 5/1969 der NG ein empirisches Verhältnis zur Politik, Nüchternheit und eine vorbehaltlose Bereitschaft zur friedlichen Koexistenz bescheinigte. Gleichzeitig pflegte Bauer aber auch seine Bekanntschaft mit Milovan Djilas, den er als analytischen und prognostischen Denker überaus schätzte. Leo Bauer, der im März 1969 zur SPD-Delegation auf dem 9. BdKJ-Kongreß gehörte, war im Dezember 1968 aus Anlaß eines Interviews mit dem stellvertretenden Regierungschef Kiro Gligorov in Belgrad gewesen und hatte dort mit einer Reihe Spitzenpolitiker eingehende Gespräche führen können. Dabei wurde von seiten der Jugoslawen vorgeschlagen, die Beziehungen zwischen SPD und BdKJ durch regelmäßige Besprechungen zu intensivieren. Die Realisierung dieses Angebots erfolgte dann aber erst nach der Bundestagswahl 1969, als sich zuerst zwei jugoslawische Vertreter in Bonn und anschließend drei westdeutsche Sozialdemokraten, zu denen Bauer allerdings nicht gehörte, in Belgrad aufhielten. Vom 31. August bis zum 6. September 1970 weilte eine von Herbert Wehner geleitete siebenköpfige Delegation des SPD-Parteivorstands zu einem offiziellen Besuch in Jugoslawien; diesmal war Leo Bauer dabei.

Die außereuropäischen Reiseaktivitäten Bauers scheinen von geringerer Bedeutung gewesen zu sein. Hervorgehoben seien Reisen nach Japan, Lateinamerika und den USA, wo Leo Bauer im Januar 1971 mit einflußreichen Vertretern des Außenministeriums und der Presse sowie wichtigen opinion leaders Hintergrundgespräche führte; dabei handelte es sich vorwiegend darum, Irritationen wegen der Ostpolitik der SPD/FDP-Regierung entgegenzuwirken.

Alle „außenpolitischen" Aktivitäten wurden von Bauer in erster Linie in ihrer Funktion für die SPD-Innenpolitik gesehen, der er trotz allem den weitaus größten Teil seiner Zeit widmete. Noch vor der Einstellung als Chefredakteur der NG war er an der Erarbeitung der „Sozialdemokratischen Perspektiven im Übergang zu den siebziger Jahren" maßgeblich beteiligt worden. Die „Perspektiven", die 1969 unter der Herausgeberschaft von Horst Ehmke als Rowohlt-Taschenbuch erschienen, waren der Versuch, knapp ein Jahrzehnt nach Verabschiedung des Godesberger Grundsatzprogramms und im Vorfeld einer Bundestagswahl, die die SPD zur führenden politischen Kraft Westdeutschlands machen sollte, die Rahmenbedingungen und Ziele einer künftigen SPD-Regierung zu formulieren. Die „Perspektiven" belegen den zögernden programmatischen Übergang von einer betont „ideologiefreien" und vielfach technokratischen Argumentation zu einer wieder verstärkt das linke Profil und den emanzipatorischen Anspruch der SPD unterstreichenden Argumentation. Leo Bauer gehörte der aufgrund eines SPD-Präsidiumsbeschlusses vom 11. September 1967 eingesetzten zentralen Arbeitsgruppe an, die, neben der Koordinierung der thematischen Einzelgruppen, unter dem Vorsitz Hans-Jürgen Wischnewskis wichtige Themen wie Außen- und Deutschlandpolitik, Mitbestimmung und Steuerpolitik unmittelbar behandelte. Am Ergebnis der Zentralgruppe hatte Bauer einen hervorragenden Anteil. Horst Ehmke übersandte den Rohentwurf zum Jahresende 1967 an Willy Brandt mit der Versicherung, „der Endspurt mit Leo Bauer" sei „ein Genuß" gewesen.

Diese Fähigkeit Bauers zur inhaltlichen und redaktionellen Vereinheitlichung von komplexen Texten bewies sich auch bei seiner Mitarbeit an den „Berichten zur Lage der Nation" und den zugehörigen „Materialien" für die Jahre seit 1970.

So empfand das auch der Soziologe und DDR-Forscher Peter Christian Ludz, den Leo Bauer im Dezember 1969 in den USA, wo Ludz zu dieser Zeit als Hochschullehrer wirkte, besuchte, um mit ihm die bis dahin geleisteten Vorarbeiten zum „Bericht zur Lage der Nation" und den „Materialien" für 1970 durchzusprechen. Ungeachtet schwerer methodischer Bedenken gegen die beabsichtigte Form des Systemvergleichs — es würde formal nebeneinander gestellt, ohne inhaltlich beziehungsweise funktional zu gewichten (Bedenken, die übrigens Willy Brandt auch teilte) — schloß Ludz einen Brief vom 19. Dezember 1969 mit der Versicherung an Leo Bauer, „wie sehr mir unsere Zusammenarbeit Spaß gemacht hat". In späteren Briefen, als die Kooperation bei den folgenden „Berichten" und „Materialien" weit enger geworden war, schlug sich eine fast euphorische Wertung dieser Arbeits- und Freundschaftsbeziehung nieder; Ludz war überzeugt, daß beide Männer sich vorzüglich ergänzten, und beschwörend-ermutigend bat er Bauer anläßlich dessen häufiger werdender Erkrankungen, auf seine Gesundheit zu achten, um nicht die wichtigen zukünftigen gemeinsamen Projekte zu gefährden.

Leo Bauers alles überragendes Motiv bestand Horst Ehmke zufolge darin, „die Linken an die Macht zu bringen".

„Der Sieg der deutschen Sozialdemokraten bei den nächsten Wahlen", formulierte Bauer in einem Redeentwurf für Willy Brandt im Sommer 1969, „bedeutet nicht nur die Niederlage derer, die 20 Jahre in der Bundesrepublik regiert haben", sondern er „wird gleichzeitig die schwerste Niederlage für Walter Ulbricht und seine Freunde bedeuten..."

Leo Bauer sei — so wieder Horst Ehmke — „aus Erfahrung und mit Leidenschaft für einen moderaten Kurs" eingetreten: sozusagen als ein militanter Reformist. Mit Unerbittlichkeit und Hartnäckigkeit, ja bis zur physischen Erschöpfung, setzte er sich in den Jahren 1968 und 1969 für den Sieg der SPD bei den Wahlen zum 6. Deutschen Bundestag ein, und ein Jahr nach dem Erfolg von 1969 leitete er einen Diskussionsbeitrag in einer vom Bundeskanzler einberufenen informellen Runde zum Thema „Eigentum verpflichtet" mit dem Satz ein: „Wie gewinnt die SPD die nächsten Wahlen? ist die entscheidende Frage." Hierum ging es ihm; auf dieses Ziel waren alle Einzelaktivitäten konzentriert. Leo Bauer hielt für die SPD-Führung den Kontakt zur Sozialdemokratischen Wählerinitiative, die sich im Herbst 1968 auf Betreiben von Günter Grass neu konstituierte. Zur selben Zeit gehörte er zu einem Kreis von jüngeren SPD-freundlichen Bonner Journalisten, zu dem unter anderem Reinhard Appel, Dettmar Cramer und Rolf Zundel gehörten.

Im Frühjahr/Sommer 1969 fungierte Leo Bauer (informell) als einer der Koordinatoren des SPD-Wahlkampfs, speziell in Bezug auf die Kampagne für die Person Willy Brandts. Die Verschiedenartigkeit der Anforderungen und die damit verbundene hektische Betriebsamkeit machten den Wahlkampf zum eigentlichen Element des Politikers Leo Bauer, der im Hintergrund manche Idee durchsetzen konnte, deren Realisierung in normalen Zeiten von der Schwerfälligkeit der bürokratischen Apparate bedroht gewesen wäre. Daß die engen Kontakte zu „Infratest" dabei hilfreich waren, liegt auf der Hand. In einer manchmal schon vorschnellen Wendigkeit interpretierte Leo Bauer jedes Umfrageergebnis zu einer gesellschaftlichen oder sozialpsychologischen Tendenz und entwickelte daraus politische Ratschläge. Die Demoskopie vermittelte ihm die Vorstellung, dem Volk sozusagen aufs repräsentative Maul schauen zu können.

Ständig wies er auf inhaltliche Fragen hin, die stärker betont werden sollten (wie etwa die Lohnfortzahlung im Krankheitsfall) oder gab Ratschläge, wie die gegnerische Presse zu behandeln sei. „Selbstbewußt und würdevoll" sollte das Vorgehen der SPD erscheinen, gleichzeitig aber auch kämpferisch. Leo Bauer hatte dabei weniger einen „linken" als einen im Stil offensiven Wahlkampf im Auge. Es schien ihm verkehrt, den Spitzenkandidaten nur als „Staatsmann" zu zeichnen. In einem Brief an Willy Brandt vom 14. Mai 1969 mahnte er:

„Wir sollten diesbezüglich wirklich auch von der CDU lernen. Weder Adenauer noch die anderen Politiker der CDU/CSU — und schon gar nicht Strauß — sind je als ‚reine Staatsmänner' aufgetreten. Natürlich solltest Du Dich nicht mit kleinen Streitigkeiten abgeben. Du solltest aber für unsere Freunde, für die Stammwähler der SPD und für potentielle Wähler der Parteivorsitzende, der Politiker sein und das natürlich in Koordination mit dem Bundesaußenminister. Dazu gehört auch die Auseinandersetzung mit dem Gegner. Du solltest nicht allzu ‚pingelig' sein. Du hast selbst gesagt, daß Du nicht gedenkst, Hindenburg zu sein, das heißt, über den Parteien stehen. Du bist Partei und also mußt Du reagieren. . . . Ich brauche Dir erfahrenen Politiker bestimmt nicht zu sagen, daß man in der Politik eben ohne Polemik und ohne Demagogie nicht auskommt.
Nochmals: Es geht nicht um kleine Zwistigkeiten für mich, es geht um Deine Rolle in der Politik der Bundesrepublik. Wir dürfen nicht freiwillig helfen, Dich zum zweiten Mann abstempeln zu lassen. Die CDU tut das."

In den Jahren ab 1966, verstärkt ab 1968, erstellte Leo Bauer fast pausenlos Redeentwürfe, vor allem für Willy Brandt, aber teilweise auch für andere Politiker wie Horst Ehmke und Gustav Heinemann (zu dessen Ansprache als neugewähltem Bundespräsidenten er einige nicht unwesentliche Akzente beitrug). Bei wichtigen Reden oder Erklärungen wirkte Bauer manchmal als Koordinator einer ganzen Batterie von Teilentwürfen. Allerdings pflegte Willy Brandt, den Bauer öffentlich für den besseren Journalisten erklärte, alle ihm zugehenden Redeentwürfe sehr genau durchzugehen und zum Teil erheblich zu überarbeiten. Hervorzuheben wäre in erster Linie die Mitwirkung Bauers an der Regierungserklärung vom 28. Oktober 1969 und an den Reden des SPD-Vorsitzenden auf den Parteitagen 1966, 1968 und 1970. Über die geschilderten, vielfältigen politischen Tätigkeiten wurde Leo Bauer nach und nach zu einer Art Berater des SPD-Vorsitzenden und stand seit Herbst 1969 als „Kanzlerberater" im Rampenlicht der Öffentlichkeit. Zu der Stellung Leo Bauers im engeren Beraterkreis Willy Brandts nach dessen Wahl zum Bundeskanzler führt Günther Schmid in seiner Arbeit über die Entstehung der neuen Ost- und Deutschlandpolitik 1969/70 aus:

„Die nahezu ständige Anwesenheit einer dominierenden Persönlichkeit wie Bauer in unmittelbarer Nähe Brandts — zu dessen bevorzugten Gesprächspartnern gehörte neben Bahr, Ehmke und Ahlers teilweise auch Günter Grass — mußte zwangsläufig von anderen engen Mitarbeitern und Beratern des Kanzlers als latente ‚Gefährdung' deren eigener Vertrauensposition perzipiert werden. So betrachteten vermutlich Helmut Schmidt, Hans-Jürgen Wischnewski und wohl auch Bahr und Ahlers die Präsenz Leo Bauers im Kanzleramt mit gemischten Gefühlen. Zusammen mit Wischnewski begleitete Bauer im Dezember 1969 den Bundeskanzler und seine Familie in deren Weihnachtsurlaub nach Tunesien. Dort arbeitete Brandt mit seinen beiden Parteifreunden am Konzept für seinen Bericht zur Lage der Nation.

Zu Besprechungen im Kanzleramt wurde Leo Bauer nur dann gebeten, wenn Parteiangelegenheiten, ideologische Fragen oder Probleme des Kommunismus erörtert wurden. Sein Einfluß auf grundsätzliche politische und operative Entscheidungen blieb daher begrenzt. In Fragen der Ost- und Deutschlandpolitik konsultierte ihn Brandt wiederholt auch privat, insbesondere um sich Bauers Detailkenntnisse über die kommunistischen Verhandlungspartner und ihre Denkweise nutzbar zu machen. Ob diese Mitwirkung an der Meinungsbildung des Regierungschefs erheblichen Einfluß auf praktisch-politische Entscheidungen ausüben konnte, erscheint fraglich."

Leo Bauer gehörte zu den wenigen Menschen, die sowohl zu Herbert Wehner als auch zu Willy Brandt eine enge persönliche Beziehung hatten. Durch seine vermittelnde „Informationspolitik" trug er maßgeblich dazu bei, daß das Verhältnis der beiden Führungsgestalten einige Jahre lang von gegenseitigem Respekt und Loyalität bestimmt war. Wehner war wohl in stärkerem Maße Freund in des Wortes herkömmlicher Bedeutung — er saß bis zuletzt an Bauers Krankenbett —; Brandt wurde — nach den Worten der langjährigen Lebensgefährtin Leo Bauers, Ilse Beck — „abgöttisch geliebt". Vielleicht erscheint es nicht zu weit hergeholt, hier auch Identifikation mit einer Karriere anzunehmen, die Leo Bauer angesichts seiner Vergangenheit versperrt war. Bei der Übertragung der Feierlichkeiten zur Verleihung des Nobelpreises an Willy Brandt habe er — so wird berichtet — geweint. Am 6. Dezember 1971 hatte er — krank darniederliegend — an Willy Brandt geschrieben:

> „Du hast in den letzten Jahren Großes in Gang gebracht und wirst dafür — das geschieht selten in der Geschichte der Menschheit — noch zu Lebzeiten ausgezeichnet. Daß dies der SPD und darüber hinaus dem ganzen deutschen Volk zugute kommt, ist irgendwo, wenn man die Internas kennt, und ich habe darüber in den letzten Wochen im Bett nachgedacht, und irgendwie ungerecht. Aber die Geschichte fragt nicht danach. Dennoch bestätigt Dein Gang eine Wahrheit, die wir Sozialisten jahrzehntelang unterschätzt haben: Männer machen die Geschichte.

Natürlich kenne ich auch die objektiven und subjektiven Gründe, die es Dir ermöglichten, diesen Weg zu gehen. Dennoch bleibt es dabei, Du bist — und Du kennst mich genug, um zu wissen, daß ich solche Worte selten gebrauche — eine Ausnahmefigur. Dir in den letzten Jahren ein ganz klein wenig helfen, dienen und raten gedurft zu haben, betrachte ich als eine hohe Auszeichnung."

Seine zahlreichen Briefe an den Vorsitzenden, den Kanzlerkandidaten und späteren Bundeskanzler zeigen eine Umsicht, die mit fanatischer Beharrlichkeit Reibungsverluste zu vermeiden suchte, und ein hohes Maß an Fingerspitzengefühl für den richtigen Umgang mit dem ersten Mann der SPD. Bauer meinte, Brandt möge ihn, weil er ihm „nicht in den Arsch krieche". Das war sicher richtig, aber könnte das Mißverständnis auslösen, es habe eher ein freundlich-ruppiger Ton zwischen Brandt und Bauer geherrscht. Vorherrschend war vielmehr ein ständiges, der Empfindlichkeiten des Gegenüber bewußten Bemühen, an der richtigen Stelle und im richtigen Moment zu ermutigen, zugleich aber deutlicher als die meisten anderen die eigene Meinung auch dann zu vertreten, wenn nicht von vornherein mit Zustimmung gerechnet werden konnte.

Daß er sich dabei auch den Unwillen des Parteivorsitzenden zuziehen konnte, mußte Leo Bauer erleben, als er sich im Herbst 1969 im Auftrag einer Gruppe von SPD-Politikern bei Willy Brandt gegen dessen Absicht aussprach, Conrad Ahlers, bis dahin stellvertretender Pressesprecher der Bundesregierung der Großen Koalition, zum neuen Regierungssprecher zu machen. Ahlers schien ihm weder politisch noch in seiner persönlichen Loyalität absolut verläßlich, wie er es im buchstäblichen Sinne verlangte. Brandt reagierte — wie Bauer fand — unangemessen scharf zurückweisend. Nichtsdestoweniger ist — stellt man den unterschiedlichen Charakter Wehners und Brandts in Rechnung — festzuhalten: Beide Spitzenpolitiker der SPD empfanden Leo Bauer gegenüber tiefe Sympathie, freundschaftliche Gefühle und eine Art sentimental gefärbter Seelengemeinschaft, die aus dem (bei Wehner der KPD-Vergangenheit wegen stärker ausgeprägten) Bewußtsein eines gemeinsamen Erfahrungshorizonts entsprangen.

Der politische Generationskonflikt

Etwa zur gleichen Zeit, als Leo Bauers verstärkter Einsatz für die SPD-Spitze begann, fingen Studenten und Schüler an, gegen den „Muff von 1.000 Jahren" an Schulen und Hochschulen, gegen die „formierte Gesellschaft", gegen Springerpresse und Notstandsplanung und für die Unterstützung nationaler Befreiungsbewegungen in der Dritten Welt — von Vietnam über Persien bis

Lateinamerika — in der Bundesrepublik und vor allem in West-Berlin auf die Straße zu gehen. Leo Bauer hat sich als sozialdemokratischer Politiker, aber auch als Vater mit dieser seit Mitte der sechziger Jahre entstehenden „Außerparlamentarischen Opposition" (APO) gegen die spätkapitalistische Gesellschaft mit ihren Institutionen in den nächsten Jahren ständig auseinandersetzen müssen.

In der Hochschulpolitik ging es von Anfang an nicht nur um tradierte Privilegien der Hochschullehrer, Mitwirkungsmöglichkeiten von Studenten und Assistenten, veraltete Lehrinhalte, sondern auch um den Protest gegen die zu starke Funktionalisierung der Universitäten für die Interessen des großen Kapitals und des Staates. Die Bewegung griff also einerseits strukturelle Relikte des 19. Jahrhunderts an, die den Erfordernissen der modernen bürgerlichen Gesellschaft gar nicht mehr entsprachen, und andererseits technokratisch begründete Veränderungen, die eine modernisierende Anpassung auf Kosten traditioneller studentischer Freiheiten durchzusetzen drohten.

Was sich ab 1966 — für die Bevölkerung weithin unverständlich — als vehementer Protest auf den Straßen manifestierte, war der positive Ausdruck einer Bewußtseinskrise in der progressiven akademischen Jugend. Vorangegangen war dem eine jahrelange Theoriedebatte im SDS, dem intellektuellen Kern der Studentenbewegung, über die Chancen sozialistischer Veränderungen unter den Bedingungen eines vermeintlich stabilen kapitalistischen Systems. Von der durch politische Passivität oder Pragmatismus gekennzeichneten traditionellen Arbeiterbewegung in den westlichen Industriestaaten seien Impulse für eine solche Veränderung nicht zu erwarten, was sich besonders deutlich am Beispiel der Bundesrepublik zeige: mit dem Godesberger Programm habe die traditionelle Vertretung der Arbeiterinteressen in der Bundesrepublik, die SPD, das Ziel der sozialistischen Veränderung aufgegeben, in der Großen Koalition sei sie jetzt sogar zum aktiven Helfer bei der Stabilisierung des angeknacksten Systems geworden, um den Herrschafts- und Manipulationsapparat des „autoritären Staates" entsprechend den technokratischen Anforderungen ausbauen und verfeinern zu können.

Angesichts des vermeintlichen Versagens der Arbeiterklasse als „revolutionäres Subjekt" seien revolutionäre Anstöße nur noch vom nationalen Befreiungskampf der verelendeten Kolonialvölker gegen den Imperialismus, unterstützt durch Intellektuelle und andere Minderheiten in Europa und Amerika, zu erwarten. Hier spitzten sich die Widersprüche des kapitalistischen Weltsystems zu und wären sinnlich stärker erfahrbar als in den Metropolen.

In der Solidarität mit den Revolutionären der Dritten Welt würde die politisch bewußte Minderheit in den Metropolen selbst zur Speerspitze der Veränderung, zur revolutionären Avantgarde.

Die Attacken der APO trafen deshalb besonders jene Repräsentanten des

„Systems", die den Krieg der USA in Vietnam verteidigten. Die verschiedenen Aktionsformen des Protests enthielten dabei Provokation und Aufklärung zugleich: Sie sollten in der Bevölkerung bislang blockierte Bewußtseinsprozesse freisetzen, das heißt, die Mechanismen der repressiven Gesellschaft „massenweise" erkennen lassen und den großen Wandel herbeiführen.
Unverkennbar trug dieses revolutionäre Selbstbewußtsein von Studenten und Oberschülern voluntaristisch-subjektivistische und elitäre Züge, was aber nicht die politische Berechtigung sowohl des Protests gegen überholte Strukturen im Bildungswesen und der Empfindlichkeit gegen Einschränkungen demokratischer Rechte, als auch des Kampfes gegen die Verbreitung von Vorurteilen und Haß durch die Zeitungen des Springerkonzerns und des moralisch-politischen Engagements gegen den Vietnamkrieg in Frage stellen konnte.
Wie viele Vertreter der älteren Generation reagierte auch Leo Bauer vor allem wegen der Formen des Protests mit scharfer Ablehnung, da diese nur der politischen Rechten helfen würden. Hinzu kam aber, daß er klare Ziele, strategisch-taktisches Denken — so wie er es verstand — und wohl auch eindeutige Strukturen vermißte; der kulturrevolutionär-antiautoritäre Ansatz der Bewegung wirkte auf ihn liberalistisch und anarchoid, mit einem Wort: individualistisch. Bei einer Minderheit der Bewegung, die mit revolutionärsozialistischer Zielsetzung auftrat (Maoisten, Trotzkisten und ähnliche) wurde er vermutlich außerdem an seine eigene Jugendzeit erinnert. Schon damals hatte er sich sehr schnell gegen die SAP mit ihren zahlreichen kleinen Fraktionen und Gruppen und für die starke, geschlossen auftretende KPD entschieden. Diese alte Abneigung gegen politische Splittergruppen, nonkonforme sozialistische Strömungen und unberechenbare, diffus erscheinende Bewegungen rief die APO in ihm wieder wach.
Bei diesem Gemisch von Aversionen ist es nicht verwunderlich, daß damalige junge Gesprächspartner Diskussionen mit Leo Bauer nicht in guter Erinnerung behalten haben. Die beiden Töchter von Ilse Beck, die in der Berliner APO engagiert waren, erlebten ihn in solchen Auseinandersetzungen als autoritär und rechthaberisch; andere verärgerte er mit seiner arrogantspöttischen Toleranz, die auf seiner Ansicht basierte, daß „das alles schon dagewesen" sei; ein Magazin beschreibt sein Auftreten als „schulterklopfende Gönnerhaftigkeit".
Einen besonders schweren Stand in Auseinandersetzungen mit Leo Bauer hatte sein Sohn André. Der Vater bezweifelte bei ihm nicht nur die Aufrichtigkeit des politischen Engagements in der Frankfurter Schüler- und Studentenbewegung aufgrund seiner vermeintlichen Kenntnis der Entwicklung seines Sohnes, sondern meinte auch, das persönliche Auftreten und die private Lebensführung entschieden kritisieren zu müssen. André fühlte sich durch

das Unverständnis seines Vaters, der doch sonst immer betonte, wie tolerant er sei, und durch die herablassende Art, mit der dieser auf seine Vorstellungen und Probleme reagierte, provoziert. Kurz nachdem André 1968 — zum Zeitpunkt der Verabschiedung der Notstandsgesetze — das Abitur gemacht hatte, schrieb Leo Bauer über den Konflikt mit seinem Sohn an seine frühere Ehefrau Gitta:

> „André ist im Moment ein kleines Problem. Ich habe in der letzten Zeit mehrere Auseinandersetzungen mit ihm gehabt. Sie betrafen das äußere Aussehen und seine nihilistischen, fast anarchistischen Einstellungen. Nachdem es vor circa 3 Wochen zu einem harten Wortwechsel kam, verlief die letzte Begegnung recht angenehm. Sogar sein Äußeres war erträglich. Die langen Haare waren gewaschen und nach hinten gekämmt. Er hatte sich zu Ehren des Tages, beziehungsweise zu Ehren seines Herrn Vaters sogar ein sauberes Oberhemd angezogen und eine Krawatte gebunden. Ich habe ihm insbesondere vorzuwerfen gehabt, daß er mit Schlagworten um sich wirft, ohne auch nur die geringste Definition für einen der Begriffe geben zu können . . . Das alles ist im Grunde nicht sehr ernst. Der Ton aber macht die Musik. Ich habe etwas den Eindruck gehabt, daß er so hart, ja fast rauhbeinig geworden ist, weil seine Eltern tolerant sind und der natürliche Feind fehlt."

Bei dieser Einstellung seines Vaters ist es nicht verwunderlich, daß André mit erneuten Provokationen reagierte. Wenige Monate später wurde Leo Bauer von dem zuständigen Prüfungsausschuß aufgefordert, zum Antrag seines Sohnes auf Anerkennung als Kriegsdienstverweigerer Stellung zu nehmen. Als er die halbseitige, im Flugblattstil einer ML-Gruppe verfaßte Begründung seines Sohnes las, war er empört. An André schrieb er:

> „Ich schäme mich aufrichtig, daß mein Sohn André in dieser entsetzlich primitiven Form, die Ignoranz und Arroganz beweist, seinen Antrag auf Wehrdienstverweigerung begründet hat. Es muß Dir überlassen bleiben, ob Du den Wehrdienst machen willst oder nicht . . . Worüber ich mich schäme, ist, daß André Bauer fremde Federn benutzen muß, um seinen Antrag zu begründen. Ich behaupte, daß kein Wort der Begründung von Dir stammt, sondern daß Du Dir das hast aufschwätzen lassen . . . Meine Sorgen beziehen sich darauf, daß ich mehr und mehr den Eindruck habe, daß Du über Dinge redest, von denen Du keine Ahnung hast, weil Du Dir nicht einmal die Mühe gibst, zu lesen und zu studieren. Wir konnten Freunde werden, weil ich nämlich den Standpunkt vertreten habe, daß ich in meiner Jugend nicht besser war als die jetzige Generation. Aber mein Revoltedasein zeichnete sich dadurch aus, daß ich Tag und Nacht gelesen und studiert habe — allein

und in Kursen. Daraus entwickelte sich meine Weltanschauung... Ich habe den Eindruck, daß Du zwar revolutionär tust, sogar revolutionär sein willst, daß Du aber in Wirklichkeit kaum etwas dazu tust, um Dir eine echte Grundlage für diese Einstellung zu schaffen...
Ich glaube, daß Du aus dem Schicksal Deiner Mutter und besonders aus meinem Schicksal zumindest gelernt hättest, was wirklich unmenschlich ist. Nur satte Bürger, die durch den Überfluß, in dem sie leben, so übermütig geworden sind, daß sie neue Reize zur Befriedigung ihrer Gefühle brauchen, können behaupten, daß dieses System so unmenschlich sei, daß es zerschlagen werden müsse. Ich finde es ausgesprochen traurig, daß mein Sohn André mit dieser Einstellung sich in der Gesellschaft der Töchter und Söhne der herrschenden Schicht der Bundesrepublik befindet, die aus der von mir soeben genannten Übersättigung anarchistisch revoltieren. ... Die reaktionäre Stellung der meisten der jungen Menschen, von denen ich in diesem Zusammenhang spreche, ergibt sich ja auch schon aus dem sogenannten Elitedenken und der Verachtung für die Arbeiterschaft, die sie aus dem Elternhaus mitgebracht haben."

Leo Bauer sprach in dieser Auseinandersetzung seinem Sohn nicht nur die Ernsthaftigkeit seines Engagements ab, sondern ließ auch die von ihm immer geforderte Toleranz aufgrund der fehlenden Distanz zu sich selbst vermissen. Er konnte seinem eigenen Sohn gegenüber diese Toleranz nicht aufbringen, das heißt, anerkennen, daß André für seine Überzeugungen und Handlungen, auch wenn der Vater sie für falsch, dumm und gefährlich hielt, zuerst einmal selbst verantwortlich war. Die eigene Unzulänglichkeit in diesem Konflikt hat Leo Bauer wohl selbst gespürt. Nicht zuletzt deshalb sah er vielleicht auch Willy Brandts Verhalten gegenüber seinem Sohn Peter als vorbildlich an. Hier war er nämlich mit seinem Freund Günter Grass der Meinung, daß „Willy Brandts praktisches Beispiel einer aktiven und aufklärenden Toleranz" — so eine Formulierung von Günter Grass in einem unter der Überschrift „Eine pädagogische Lektion" veröffentlichten Artikel in der NG, dem intensive Diskussionen zwischen Grass und Bauer vorausgegangen waren — für die Auseinandersetzung der älteren Generation mit dem APO-Protest, aber auch für einen Wandel des öffentlichen Bewußtseins in der Bundesrepublik zu mehr Liberalität von nicht zu unterschätzender politischer Bedeutung sei.
Bauer hatte schon früher Willy Brandt aus diesen politischen Motiven heraus nachdrücklich ermutigt, den sachlich ernsten, aber von einem Teil der Presse eher als ein Fall pädagogischer Unzulänglichkeit gedeuteten Konflikt mit seinem ältesten Sohn Peter auszuhalten und positiv zu wenden. Er hatte Vater

und Sohn kurz nach den Osterunruhen 1968, als letzterer während einer Demonstration im Anschluß an den Mordanschlag auf Rudi Dutschke verhaftet worden war, zu einem Gespräch vor der Kamera eines „Stern"-Fotographen überredet. Die Story war zwar wohlwollend geschrieben, aber von Vergröberungen und Verzerrungen nicht frei. Willy Brandt, in dessen Augen ein Neunzehnjähriger für sich selbst verantwortlich war, widerte die ganze öffentliche Behandlung des politischen Generationskonflikts in seiner Familie genauso an wie seinen Sohn. In einem Brief an Willy Brandt vom 14. Mai 1968 argumentiert Leo Bauer gegen eine Verdrängung des Konflikts:

> „Man kann natürlich in Kenntnis der im deutschen Volk bestehenden Emotionen permanent zurückweichen und versuchen, sich anzupassen. Ich fürchte, daß das zu nichts führt. Im Gegenteil. Ich darf an die Wahlanalysen von Backhaus und Ehmke nach der Bundestagswahl 1965 erinnern. Beide waren ausgezeichnet. Sie hoben hervor, daß die im deutschen Volk bestehenden Emotionen . . . nur durch Überzeugungsarbeit und nur durch offensichtliches Vorgehen, nicht aber durch Verschweigen oder Nachgeben überwunden werden können. Ich weiß, lieber Willy, daß das persönlich nicht einfach ist . . . Es ist klar, daß die bestehenden Emotionen das Denken und Fühlen auch vieler älterer Sozialdemokraten bestimmen. Das kann aber kein Grund zum Nachgeben sein. Wir dürfen einfach nicht den Reaktionären und der National- und Soldatenzeitung das Feld überlassen. Wir müssen die Dinge von uns aus ansprechen und anpacken. Wir verfügen dabei über ein großes Reservoir an good will in der Presse, im Funk und im Fernsehen. Du weißt, daß das mein altes Steckenpferd ist: wir müssen dieses Reservoir aktivieren und mobilisieren.
> Was die älteren Sozialdemokraten, die emotional denken und am liebsten immer wieder nachgeben würden, angeht, so sollte man ihnen doch folgendes zu bedenken geben: im Grunde denken sie mit ihrer Stellungnahme zu deinem großartigen Verhalten gegenüber Peter genauso wie die kommunistischen Führer Polens in den vergangenen Monaten — wenn es dort auch härter zuging. Weil die Söhne demonstrierten, wurden die Väter verfolgt und abgesetzt."

Wenn er hier den Parteivorsitzenden aufforderte, dem Druck autoritätsgläubiger Sozialdemokraten nicht nachzugeben, sondern ihnen beispielhaft die Fähigkeit zur Toleranz in der politischen Auseinandersetzung mit der jungen Generation vorzuleben, so darf man daraus nicht schließen, daß er generell dafür war, die SPD für Diskussionen der politischen Ziele der APO stärker als bisher zu öffnen. Im Gegenteil: seine Duldsamkeit in Bezug auf die eigene Partei war sehr begrenzt. Als sozialdemokratischer Politiker, der sich die

Partei nicht von „akademischen Spinnern" kaputtmachen lassen wollte, fühlte er sich aufgefordert, Dämme gegen den von einem Teil der protestierenden Jugend proklamierten „Marsch durch die Institutionen" — soweit er die SPD betraf — zu errichten. Besonders als die Jungsozialisten mit der „Strategie der systemüberwindenden Reformen" Ziele der APO in die SPD hineinzutragen begannen, wandte er sich scharf dagegen.
Die generelle Gefahr, die nach seiner Meinung für die SPD von der APO ausging — daß sie die verbreitete Angst vor „den Roten" erneut schüre und damit das seit dem Godesberger Programm langsam gestiegene Ansehen der SPD auch bei eher konservativen Schichten der Bevölkerung mit aufs Spiel setze — nahm für ihn bei dieser reformsozialistischen Tendenz der Jusos die Form der konkreten Bedrohung für die Partei an.
Bereits im Frühjahr 1968 äußerte er sich erschreckt über die Aggressivität gegenüber der SPD, die bei manchen Diskussionsrednern beim Bundeskongreß der Jusos zum Ausdruck gekommen sei. Nach dem Münchener Juso-Kongreß im Dezember 1969, der die Übernahme des Verbandes durch die junge Linke besiegelte, nahm er diesen Wandel zum Anlaß, um in einem längeren Artikel in der NG den Zustand der Jusos zu analysieren und ihnen die Grenzen einer von der Gesamtpartei tolerierbaren politischen Auseinandersetzung zu verdeutlichen. In diesem Artikel forderte er von den Jusos kein parteikonformes Verhalten, er gestand ihnen auch zu, daß in der Partei über die praktische Regierungsarbeit hinaus theoretische Auseinandersetzungen über langfristige Perspektiven sozialdemokratischer Politik ernsthafter als bisher geführt werden müßten. Wogegen er sich jedoch entschieden abgrenzte, waren innerparteiliche Diskussionen um politische Ziele, die die SPD in eine ähnliche Isolierung und Selbstisolierung zurückbringen könnten, wie er sie bei den Jusos auf dem Münchener Kongreß meinte erlebt zu haben.

> „Es würde sich lohnen, die Geschichte der jungsozialistischen Bewegung innerhalb der Sozialdemokratischen Partei Deutschlands seit ihrem Bestehen darzustellen. Stets waren die Jungsozialisten radikal, und es würde schlecht um eine Partei bestellt sein, wenn ihre Jugend konformistisch redete und handelte.
> Dennoch gibt es einige Unterschiede:
> — Noch nie war eine Generation der Jungsozialisten so arrogant, daß sie glaubte, von sich sagen zu dürfen, niemand aus der Parteiführung entspräche ihrer Vorstellung. Immer gab es eine gemeinsame Vorstellungswelt zwischen Teilen der älteren und der jungen Generation innerhalb der SPD. Heute kann Karsten Dietrich Voigt — wiederum und ausgerechnet in der ‚Welt' — erklären, außer Jochen Steffen entspräche niemand seinen Vorstellungen. Und bei Steffen

gäbe es nicht einmal Übereinstimmung: ‚Freundschaftliche Zusammenarbeit mit starken sachlichen Berührungspunkten ...'
— Noch nie war eine jungsozialistische Bewegung so tierisch ernst — gepaart mit intellektueller Überheblichkeit — wie die jetzige.
— Noch nie war die jungsozialistische Bewegung so isoliert von den Arbeitern, wie dies jetzt der Fall ist. Es wurde schon erwähnt, daß auf dem Kongreß junge Arbeiter kaum vertreten waren.
— Noch nie spielten Jungsozialisten so leidenschaftlich gern und so gekonnt mit demokratischen Spielregeln, obwohl sie von ihnen als ‚formaler Demokratismus' abgetan werden.
Gemeinsam ist vielen Generationen der Jungsozialisten das berechtigte Unbehagen am Bestehenden. Mögen in den Analysen viele Dinge überspitzt und daher falsch dargestellt sein — vieles entspricht in den Analysen den Tatsachen. Gemeinsam ist aber wiederum den vielen Generationen von Jungsozialisten, daß sie Utopien zur Überwindung der Schwächen unserer Gesellschaft anbieten, die irreal sind.
Die Ursache für das unterschiedliche Verhalten verschiedener Generationen der Jungsozialisten mag unter anderem darin zu sehen sein, daß die heutigen Jungsozialisten nicht genau wissen, wo sie stehen oder, besser gesagt, wo der Ausgangspunkt ihrer Kritik liegt. Andere Generationen hatten es da leichter. Für sie war der Staat, in dem sie lebten, ein Klassenstaat. Selbst in der Weimarer Zeit war es nicht gelungen, weite Teile der Arbeiterschaft in den Staat zu integrieren oder zu erreichen, daß die Arbeiter sich mit diesem Staat identifizierten.
Heute ist das anders. Hat man die Diskussionen des Münchener Jungsozialisten-Kongresses verfolgt, so ergibt sich das Dilemma derer, die dort zum Aufstand gegen die SPD oder zur ‚Unterwanderung' der SPD (Norbert Gansel) angetreten sind. Für die einen gibt es durch die Integration der Arbeiterschaft in den Staat der Bundesrepublik nur die Marcusesche Lösung: Da die Arbeiterklasse aufgehört hat, revolutionäre Klasse zu sein, ist es Aufgabe einer kleinen Elite, den Staat zu zerstören. Für die anderen existiert noch der Klassenstaat. Zur Überwindung sehen sie nur ein Mittel: Hinter Godesberg zurück."

Während er den Anhängern des deutsch-amerikanischen Sozialphilosophen Herbert Marcuse einen schnellen Rückfall in die sektenhafte Bedeutungslosigkeit voraussagte und sich mit ihnen nicht weiter auseinandersetzte, erinnerte er diejenigen, die den Wandel der SPD zur „Volkspartei" in Frage stellten, daran, daß das Godesberger Programm den Rahmen setzte, innerhalb dessen eine Auseinandersetzung über Ziele und Methoden sozialdemokratischer Politik von der Partei toleriert werden könne.

„Die utopische Forderung der Jungsozialisten — ,Hinter Godesberg zurück' — [ist] in Wirklichkeit nicht links, sondern im wahrsten Sinne des Wortes reaktionär, das heißt rückschrittlich. Es kann unter den heutigen Bedingungen der Entwicklung von Wirtschaft, Staat und Gesellschaft keinen Fortschritt auf dem Weg des demokratischen Sozialismus geben, wenn man glaubt, diesen mit der Terminologie und den Methoden des 19. Jahrhunderts erreichen zu können . . . In der Frage der Demokratie gibt es für die Sozialdemokraten kein Wenn und kein Aber. Nur dadurch, daß die Mehrheit gewonnen wird, kann man jene Macht erreichen, um das Ziel zu verwirklichen. Das Ziel der Sozialdemokraten ist im Godesberger Programm im Grundsatz umrissen. Es gibt kein Zurück hinter Godesberg. Es gibt nur eine Weiterentwicklung, die sich der objektiven Entwicklung anpaßt."

Im Vergleich zu seinen sonstigen Auseinandersetzungen mit APO-Gruppen fällt bei diesem Artikel auf, daß er sich — trotz aller Polemik — insgesamt um eine differenzierte Argumentation bemüht und pauschalisierende Urteile vermeidet. Diesen reformsozialistischen Flügel, der sich gern selbst als „SPD der 80er Jahre" sah, nahm Bauer im Gegensatz zu anderen Gruppierungen der APO politisch wirklich ernst. Hinzu kam aber, daß seit der Bildung der sozialliberalen Regierung im Herbst 1969 der unmittelbare Druck nicht mehr vorhanden war, alle politischen Einflüsse möglichst auszuschalten, die einen Wahlsieg der SPD gefährden könnten und Leo Bauer die Entwicklung der SPD in den siebziger Jahren — auch ohne die Jusos — nicht ohne Sorgen sah. Es ist deshalb kein Zufall, daß er den Artikel mit einem versöhnlich gemeinten Appell an die Gesamtpartei schließt:

„Administrative Lösungen sind keine Lösungen. An anderer Stelle wurde schon erwähnt, daß das Verhältnis zwischen Jungsozialisten und Gesamtpartei stets und richtigerweise gespannt war. Es muß so bleiben. Wenn in der heutigen Zeit die Spannung größer und härter erscheint, so liegt das nicht nur an den Jungen. Führende Funktionäre der Partei sollten sich überlegen, ob sie durch ihr Beharrungsvermögen, durch ihre Ablehnung jeder Diskussion, durch ihre Intoleranz, durch ihr Unverständnis für die Fragen der Zeit, nicht dazu beigetragen haben, das Verhältnis zwischen jung und alt zu verschärfen. . . . Die Reform der Sozialdemokratischen Partei Deutschlands ist ein Teil der Reformen, die im Interesse des Ganzen realisiert werden müssen. Die Verwirklichung dieser Reformen ist aber ohne engste Zusammen- und Mitarbeit mit der jungen Generation unmöglich.

So kamen — neben Parteirechten wie Klaus-Peter Schulz — auch Vertreter der Jungsozialisten in der Zeitschrift zu Wort. Das Verhältnis Leo Bauers zu führenden Jusos entspannte sich nach dem Schlagabtausch vom Jahresbeginn 1970. Mit Wolfgang Roth und Norbert Gansel traf er verschiedentlich — auch privat — zusammen und legte — bei Aufrechterhaltung seiner Position — manches Vorurteil ab. Karsten Voigt berichtet, Bauer habe bei einer Delegationsreise der Jungsozialisten nach Italien, wo sie Gespräche mit Vertretern aller linken Strömungen führten, insbesondere für den Kontakt mit der PCI, wertvolle Hilfe geleistet.

Historische Voraussetzungen und Bedingungen des Dialogs der SPD mit der PCI

Das Jahr 1968 ist im Bewußtsein der westdeutschen Öffentlichkeit vor allem als Hochphase jener Jugendradikalisierung haften geblieben, die die bereits vorher einsetzende Studentenbewegung zu einem gesamtgesellschaftlich relevanten politischen und kulturellen Phänomen werden ließ. Dieser Vorgang wurde in der Bundesrepublik deshalb als besonders gravierend empfunden, weil scharfe ideologische und soziale Konflikte als durch die Modernität der westdeutschen Gesellschaft weitgehend überholt galten. Die internationale Bewegung der (in erster Linie, aber nicht nur akademischen) Jugend war das spektakulärste, aber nicht das einzige Symptom einer Epochenscheide gegen Ende der sechziger Jahre, deren Bedingungen in dem Jahrzehnt zuvor herangereift waren.

Die Wirtschaftsrezession mehrerer kapitalistischer Länder 1966/67 kündigte das Ende eines rund zwanzigjährigen, nicht oder kaum unterbrochenen Nachkriegsbooms an, der dem Konzept des „Sozialstaats" und der Klassenkooperation außerordentlich günstige Bedingungen verschafft hatte. Die materiellen Verbesserungen regten indes verstärkt neue Bedürfnisse nach einer anderen „Lebensqualität" an; Gegenstand von Arbeiterkämpfen bildeten — neben Lohnforderungen — zunehmend qualitative, insbesondere die betriebliche Autoritätsstruktur in Frage stellende Forderungen. Für die Gewerkschaften und die traditionellen sozialdemokratischen wie kommunistischen Parteien wurde es schwieriger, die politische Kontrolle über namentlich die Jüngeren ihrer Anhänger so unangefochten wie in der Zeit zuvor aufrechtzuerhalten. Am spektakulärsten zeigte 1968 der „Pariser Mai", daß inmitten der westlichen Konsumgesellschaft soziales Konfliktpotential angehäuft worden war, dessen Explosion den größten Massenstreik der französischen Geschichte nach sich zog; die Straßenschlachten zwischen linken Studenten und Polizei wirkten lediglich als Detonator.

In Osteuropa wurden die einzelnen Volkswirtschaften nicht mit dem Übergang vom extensiven zum intensiven industriellen Wachstum fertig. Diese Problematik, die sich in den unentschiedenen Diskussionen über Wirtschaftsreformen spiegelte, förderte Beharrungstendenzen der sozial verselbständigten bürokratischen Apparate: die von Nikita Chruschtschow eingeleitete „Entstalinisierung" stagnierte spätestens seit Mitte der sechziger Jahre. Der „Prager Frühling" bewies, daß eine Demokratisierung des „realen Sozialismus" in der Bevölkerung ungeahnte Energien mobilisierte, die erstmals in die Lage versetzt wurde, das formale Volkseigentum an den Produktionsmitteln tatsächlich in Anspruch zu nehmen. Gerade darin lag die Herausforderung für die Führung der UdSSR.

Auf der Ebene der internationalen Beziehungen war nicht zu übersehen, daß eine Desintegration beider Paktsysteme der nördlichen Hemisphäre eingetreten war: das Veto Frankreichs gegen den Beitritt Großbritanniens zur EWG (1963) und gegen deren supranationale Weiterentwicklung sowie der Austritt Frankreichs aus der militärischen Integration der NATO (1966) einerseits, der mit der „Kulturrevolution" in China (seit 1966) endgültige Bruch Pekings mit den „Roten Zaren" im Kreml andererseits vor dem Hintergrund eines inzwischen weitgehend erreichten globalstrategischen Gleichgewichts zwischen der Sowjetunion und den USA schufen einen größeren Spielraum für eigenständige Politik der europäischen Staaten, namentlich für Osteuropa. Zwar blieb die „deutsche Frage" — aus deutscher Sicht die Teilung des Landes, aus europäischer Sicht das Sicherheitsproblem Deutschland — für Europa ungelöst; doch wurde diese Problematik von den anderen Europäern zunehmend lediglich als Hindernis für eine Normalisierung der Ost-West-Beziehungen wahrgenommen. Jedenfalls hatte sich das Terrain des Systemkonflikts seit den fünfziger Jahren in die Dritte Welt verschoben und überlagerte dort nationale Unabhängigkeitskämpfe verschiedenen Typs. Vietnam, wo die USA — während sie mit der UdSSR zu einem modus vivendi zu gelangen suchten — einen exemplarischen Krieg gegen die antiwestlichen, nationalrevolutionären Bewegungen der Dritten Welt (und in ihrer Interpretation gegen die aggressive chinesische Strömung des Weltkommunismus) führten, wurde zum Kristallisationspunkt dieser Auseinandersetzung.

In dieser historischen Situation begannen — in der zweiten Jahreshälfte 1967 — regelmäßige Gespräche zwischen der größten kommunistischen und der bedeutendsten sozialdemokratischen Partei Westeuropas, PCI und SPD, bei denen auf deutscher Seite Leo Bauer als ständiger Kontaktmann eine zentrale Rolle spielte.

Mindestens ein Teil der PCI-Führung hatte längst verstanden, daß die Blockkonfrontation in Europa demokratisch-sozialistische Veränderungen in beiden Teilen des Kontinents, wenn nicht ausschloß, so doch strukturell behin-

derte. Auch deshalb befürwortete die PCI nachhaltig eine Politik der Ost-West-Entspannung. Das außenpolitische Konzept, das die PCI seit 1967 in die Gespräche mit der SPD einbrachte, stand mit ihrer innenpolitischen Strategie in engstem Zusammenhang. Als eine fest in der Arbeiterklasse und über ihre Rolle in der Resistenza in der nationalen politischen Kultur verankerte Massenpartei hatte die PCI bereits ein Jahrzehnt ihrer Suche nach einem „italienischen Weg zum Sozialismus" hinter sich. In gewisser Weise ließ sich ihre — wie wir heute sagen würden: eurokommunistische — Traditionslinie bis auf ihren Mitgründer und führenden Theoretiker der faschistischen Zeit, Antonio Gramsci, zurückführen, dessen Ansatz seit 1944 von Palmiro Togliatti weiterverfolgt wurde. Gramsci kritisierte an der deutschen Arbeiterbewegung — dem revolutionären wie dem reformistischen Flügel — ihre „Negativität", wobei er sich auf den Mangel an konkreten Zielen zur Veränderung der deutschen Gesellschaft bezog, und am institutionalisierten Marxismus dessen ökonomistischen Determinismus. Lenins, aus den russischen Erfahrungen hervorgegangenen, Vorstellungen von der notwendigen „Zerschlagung" des bürgerlichen Staates modifizierte Gramsci durch seine Analyse entscheidend: Das Herrschaftssystem der entwickelten kapitalistischen Länder beruhe nicht nur auf unmittelbarem Zwang, sondern auf einem komplexen Gefüge von rechtlichen, politischen, sozialen und ideologischen Institutionen, die über die sozial herrschende Klasse hinaus gesellschaftlichen Konsens und Legitimität vermittelten. Die Strategie der sozialistischen Umwälzung als einer Transformation der Gesellschaft in „allen ihren Aspekten" müsse also mit der Einbeziehung aller politischen und kulturellen Vermittlungsinstanzen der Gesellschaft die „Hegemonie" der bürgerlichen Klasse in Frage stellen. Deren Ersetzung durch die — nicht diktatorisch verstandene — Hegemonie der Arbeiterbewegung sei jedoch nur möglich über die aktive Teilnahme breitester Volksschichten an der Lösung ihrer sozialen, ökonomischen, politischen und kulturellen Probleme durch weitestgehende Demokratisierung aller gesellschaftlichen Bereiche.
Es liegt auf der Hand, daß diese Strategie und Zielsetzung eine andere Art von Beziehung zwischen Partei und Klasse (einschließlich konkurrierender sozialistischer Gruppierungen) sowie zwischen der Arbeiterpartei und ihren Bündnispartnern aus den städtischen Mittelschichten und der Bauernschaft verlangten, als sie in der Tradition der Kommunistischen Internationale angelegt war. Wenn auch der „Historische Kompromiß" als ein Bündnis zwischen PCI und Democrazia Christiana erst 1973 — in Reaktion auf den Militärputsch in Chile — festgeschrieben wurde, war die PCI seit vielen Jahren überzeugt, daß der italienische Weg zum Sozialismus auf einem Konsens der drei großen historischen Strömungen der nationalen demokratischen Tradition beruhen müsse: der kommunistischen, der sozialistischen

und der christlich-populistischen. Soweit die Sozialisten/Sozialdemokraten und die Christdemokraten antikommunistisch orientiert waren, galt es, durch die eigene Politik deren progressive Evolutionstendenzen zu fördern — wobei ein solcher Annäherungsprozeß immer auch die kommunistische Seite einschloß —, nicht aber sie zu „zerschlagen", zu „zersetzen" oder „auszumanövieren". Als vereinheitlichende Etappenziele wurden schon seit Beginn der sechziger Jahre demokratisch-antikapitalistische Strukturreformen („Neuer [gemeinwirtschaftlicher] Kurs der Staatsbetriebe", „Nationalisierung der Großindustrie", „Antimonopolistisches Programmieren" der Gesamtwirtschaft, radikale Agrarreform) formuliert, durch die die PCI als „Träger positiver Lösungen" auftrete. Die politische Demokratie erlaube es, „schon heute, unter den Bedingungen des kapitalistischen Regimes" das Monopolkapital zu entmachten, den Block der herrschenden Kräfte zu sprengen und Gegenmachtpositionen zu besetzen und für die sozialistische Umgestaltung zu nutzen.

Diese Konzeption, die die PCI zunehmend auch auf die europäische Ebene anwandte — sie trat zum Beispiel frühzeitig für eine demokratische Weiterentwicklung der EWG/EG statt für ihre Auflösung ein —, mußte, da sie ernst gemeint war, eine wachsende Entfremdung zu den regierenden kommunistischen Parteien des Ostblocks, insbesondere der KPdSU, nach sich ziehen. Togliatti hatte noch auf die Selbstreform der sowjetischen Führung gesetzt und Chruschtschow gegen dessen altstalinistische Widersacher den Rücken zu stärken versucht. In einem Interview im Sommer 1956 hatte er die Geheimrede Chruschtschows vor dem XX. Parteitag der KPdSU bestätigt und zugleich seine radikalere Problemstellung dargelegt:

> „Solange man sich im wesentlichen darauf beschränkt, die persönlichen Fehler Stalins für alles verantwortlich zu machen, bleibt man immer im Rahmen des ‚Personenkults'. Früher war alles Gute den übermenschlichen positiven Eigenschaften eines Mannes zu verdanken; jetzt wird alles Schlechte seinen ebenso außergewöhnlichen, ja unglaublichen Fehlern zugeschrieben. Im einen wie im anderen Falle befinden wir uns außerhalb marxistischer Kriterien. Auf diese Weise geht man an den wahren Problemen vorbei, der Frage nämlich, wie und warum es in der sowjetischen Gesellschaft zu gewissen Formen der Abweichung von der demokratischen Praxis und von der ursprünglichen Legalität und selbst zu gewissen Entartungserscheinungen kommen konnte und gekommen ist... Für uns steht es außer Zweifel, daß die Fehler Stalins mit dem zunehmenden Gewicht zusammenhängen, das die bürokratischen Apparate im wirtschaftlichen und politischen Leben der Sowjetunion und besonders im Leben der Partei gewonnen

haben. Und es ist schwer zu sagen, was Ursache und was Wirkung ist. Das eine wurde mehr und mehr zum Ausdruck des anderen."

In der weltpolitischen Situation der fünfziger und frühen sechziger Jahre konnten sich die italienischen Kommunisten nur langsam und diskontinuierlich von ihrer Loyalität zur Sowjetunion lösen. Sie nutzten allerdings den ab 1960 offen ausbrechenden sowjetisch-chinesischen (und den mit Unterbrechungen seit 1948 andauernden sowjetisch-jugoslawischen) Konflikt, ihren eigenen Spielraum systematisch zu erweitern. Ein Memorandum, das Palmiro Togliatti kurz vor seinem Tod im Sommer 1964 verfaßt hatte und das die PCI-Führung als sein „Testament" veröffentlichte, behauptete die Existenz „verschiedener Bereiche" der internationalen kommunistischen Bewegung, von denen Westeuropa einen eigenen bilde. Statt einer zentralistischen Internationale postulierte Togliatti (schon seit 1956) einen „Polyzentrismus" und empfahl „Bereich für Bereich" gruppenweise Zusammenkünfte der kommunistischen Parteien anstelle von Weltkonferenzen.

Von ganz anderen Voraussetzungen und teilweise abweichenden Zielen ging der deutsche sozialdemokratische Partner der PCI aus. Ihren dramatischen Übergang auf die außen- und sicherheitspolitischen Grundpositionen der Bundesrepublik im Jahre 1960 hatte die SPD mit der Veränderung der Weltlage seit der erfolglosen Vier-Mächte-Außenministerkonferenz in Genf im Vorjahr begründet. Die internationale und nationale Entwicklung — mit dem Mauerbau am 13. August 1961 als Höhepunkt — ließ sich jedoch ebenso als negative Bestätigung der bisherigen sozialdemokratischen Politik interpretieren. Tatsächlich hatte der Kurswechsel von 1960, dem 1959 die Verabschiedung eines neuen Grundsatzprogramms vorausgegangen war, vorwiegend innenpolitische Ursachen. Es hatte sich gezeigt, daß die politische Polarisierung über Grundsatzfragen eher der CDU/CSU zugute kam, die mit Geschick an das nach Faschismus, Krieg und Nachkriegselend vorherrschende Ruhebedürfnis der Mehrheit der Westdeutschen anknüpfte und es immer wieder verstand, die SPD als Sicherheitsrisiko hinzustellen. Die von der SPD jetzt praktizierte Umarmungstaktik gegenüber der CDU/CSU war hinsichtlich ihres unmittelbaren Ziels, die Partei in die Regierung zu bringen, letztlich erfolgreich. Allerdings wurde dabei weiterer gravierender Zeitverlust in der Deutschlandpolitik in Kauf genommen.

Mit der Besinnung auf neue Wege in der Deutschlandpolitik zogen der Berliner Bürgermeister und (seit 1964) SPD-Vorsitzende Willy Brandt und sein enger Vertrauter Egon Bahr die Lehren aus Ulbrichts „Lektion in Beton und Eisen". Dazu gehörte die Einsicht in die Rolle der westlichen Führungsmacht. Die Absperrung West-Berlins am 13. August 1961 war unter — zuvor signalisierter — amerikanischer Duldung erfolgt. So diktierte die faktische

Desavouierung der deutschen Hoffnungen, die sich lange auf Berlin als „Hauptstadt im Wartestand" gerichtet hatten, die Anpassung an die amerikanische Interessenlage. Während Anfang der sechziger Jahre die Bundesregierung unter Adenauer amerikanische Verhandlungsinitiativen zu hintertreiben versuchte, forderte die SPD, die Deutschlandpolitik in den zögernd einsetzenden Prozeß des Ausgleichs zwischen der Sowjetunion und den USA einzuordnen. Im Zuge der Entspannung zwischen den Supermächten, der Annäherung der Blöcke und der fortschreitenden „Entideologisierung" und Zusammenarbeit — so die Perspektive Egon Bahrs — sei eine Friedensordnung in Europa erreichbar, in der die deutsche Teilung — in welcher Form immer — überwunden sei. Entspannung zwischen den Blöcken erlaube in einer späteren Phase die Auflösung der Militärbündnisse; Kooperation zwischen den Staaten bilde den äußeren Rahmen des europäischen Friedens, seine innere Struktur werde Europa langfristig in der Praxis des „demokratischen Sozialismus" finden.

Während der Großen Koalition brachte die Amtsübernahme Willy Brandts im Außenministerium nur begrenzte Fortschritte in der Ost- und Deutschlandpolitik. Mit Vorschlägen zum Austausch von bilateralen Gewaltverzichtserklärungen wollte die Koalitionsregierung den Ausgleich mit den osteuropäischen Staaten in Gang bringen. Schnellere Bewegung ließ die Rücksicht auf den rechten Flügel der CDU/CSU nicht zu. Dabei mußte jedem längst klar sein, daß die Zeit in der „deutschen Frage" gegen die Interessen der Deutschen arbeitete. Die westdeutschen Rechtspositionen hatten in den Augen der ehemaligen Kriegsgegner nie hohen Kurswert besessen, jetzt wurden sie durch die sich verfestigenden politischen Realitäten gegenstandslos.

Seitdem die beiden Supermächte im Gefolge der Kuba-Krise vom Herbst 1962 erste Schritte zu einem Ausgleich unternommen hatten (die allerdings deutlich von dem Bestreben gekennzeichnet waren, ihre Vormachtstellung nicht zu gefährden) und einige europäische Staaten seit Mitte der sechziger Jahre daneben eine eigenständige, auf nationale Unabhängigkeit zielende, blockübergreifende Außenpolitik eingeleitet hatten — namentlich Frankreich und Rumänien —, schien das Deutschlandproblem das letzte entscheidende Hindernis für eine einvernehmliche Neuregelung der gesamteuropäischen Sicherheitsfragen zu bilden. Der SED war die besondere Instabilität ihres Regimes in der DDR bewußt und ebenso die Schlüsselrolle, die ihr, solange sie Rückendeckung durch die KPdSU erhielt, innerhalb der kommunistischen Weltbewegung dadurch zufiel. Nachdem die SED ungefähr ein Jahrzehnt lang eine Konföderation beider deutscher Staaten — bei Neutralisierung und weitgehender Entmilitarisierung — als Etappe auf dem Weg zu einer Wiedervereinigung auf antiimperialistischer Basis propagiert hatte, war davon nach dem Amtsantritt der Bundesregierung der Großen Koalition keine Rede mehr: Während die neue westdeutsche Regierung erstmals die faktische Anerkennung der europäischen Nachkriegsordnung ins Auge faßte — ohne sich letztlich von den Dogmen der CDU/CSU-Deutschlandpolitik trennen zu können —, verschärfte die DDR die Abgrenzung zur Bundesrepublik; der Schaffung einer eigenen DDR-Staatsbürgerschaft 1967 folgte 1968 die Einführung eines Visums- und Gebührenzwangs auf den Zugangswegen nach West-Berlin und die Verabschiedung einer neuen Verfassung, die nicht mehr von der Einheit Deutschlands ausging — wenn diese auch im Sinne der sozialistischen Wiedervereinigung für die fernere Zukunft weiter postuliert wurde.

Ohne Zweifel waren es gerade die Anfangserfolge der Ostpolitik der Großen Koalition, vor allem die Aufnahme diplomatischer Beziehungen mit Rumänien, die die DDR veranlaßten, auf die Bremse zu treten. Unterstützung fand die SED vor allem bei den Polen, weniger bei den Sowjets und noch weniger bei den Ungarn. Die Karlsbader Konferenz von 24 kommunistischen Parteien Europas im April 1967 beschloß einstimmig ein Aktionsprogramm, das die Aufnahme diplomatischer Beziehungen osteuropäischer Staaten zur Bundesrepublik faktisch von mehreren Vorbedingungen abhängig machte: Anerkennung der Oder-Neiße-Grenze, der DDR und des Sonderstatus West-Berlins, Verzicht auf Verfügungsgewalt über Kernwaffen und andere mehr. Zwar bekräftigte die Konferenz die Bindung der Ostblockstaaten an die UdSSR, bestätigte aber zugleich die Autonomie der westeuropäischen kommunistischen Parteien in ihrer Innenpolitik, insbesondere bei der Suche nach Bündnispartnern. Die PCI durfte sich ermutigt fühlen, zur Beförderung gemeinsamer Ziele — einer gesamteuropäischen Sicherheitskonferenz, der Auflösung der Militärblöcke (was im sowjetischen Verständnis nicht bilateral vereinbarte Interventionsmöglichkeiten beziehungsweise die „Gewährung brüderliche Hilfe" ausschloß) und der Verdrängung der USA aus Europa — eigene Aktivitäten zu unternehmen; dabei ist offensichtlich, daß die PCI diese Ziele bereits in den sechziger Jahren anders akzentuierte als die meisten regierenden Bruderparteien. Jedenfalls begriff sie am klarsten die Gefahr einer erneuten Blockierung des europäischen Entspannungsprozesses durch die deutsche Frage, diesmal mit der DDR als Bremser. Gleichzeitig befähigte ihre in Italien erprobte Sicht anderer politischer Formationen die PCI, die deutsche politische Konstellation und die zentrale Bedeutung der westdeutschen Sozialdemokratie nicht nur für eine Änderung der Innenpolitik in der Bundesrepublik, sondern auch für eine Neugruppierung der politischen Kräfte in Europa, nüchterner zu erkennen.

Leo Bauer als Gesprächsführer im Dialog SPD/PCI

Am 28. September 1967 traf der Ressortleiter für Außenpolitik bei der PCI-Zeitung „Unità", Alberto Jacoviello, auf einer Europareise in Bonn mit dem Chefredakteur des SPD-Pressedienstes, Günter Markscheffel, zusammen; vorausgegangen war ein Kontakt bei einem PCI-Parteitag, den Markscheffel als Journalist besucht hatte. Jacoviello schlug ein Informationsgespräch zwischen Vertretern der SPD und der PCI vor. Die Italiener waren daran interessiert, die sicherheits-, außen- und deutschlandpolitischen Positionen der SPD erläutert zu bekommen; sie sahen die Gespräche im Zusammenhang mit ihren Bemühungen um die Zusammenarbeit mit verschiedenen westeuropäischen sozialdemokratischen Parteien einerseits und mit dem Ziel der Blocküberwindung auf gesamteuropäischer Ebene andererseits. Beides war für sie unlösbar im Sinne eines dialektischen Zusammenhangs miteinander verbunden. Vordergründig mußte jede Unterhandlung mit der westdeutschen Regierungspartei SPD dem Prestige der PCI — inneritalienisch wie innerkommunistisch — und damit ihrem Autonomiekurs zugute kommen. Die SPD hatte an solchen Gesprächen gerade zu diesem Zeitpunkt ein ganz spezielles Interesse: Obgleich sie ihre Kontakte zur Sowjetunion seit einigen Jahren intensiviert hatte, reichten ihre Verbindungen augenscheinlich nicht aus, um den Einflüsterungen der SED-Spitze, die die Ostpolitik der Großen Koalition als ein raffiniertes Mittel zur Erreichung der alten revanchistischen Ziele darstellte, ein Gegengewicht entgegenzusetzen.
Die sich mit dem Geprächsangebot der PCI bietende Gelegenheit, aufgeschlossenen Gesprächspartnern aus dem kommunistischen Lager die eigenen Motive ohne diplomatische Verkleidung und im Zusammenhang darlegen zu können, die das Gehörte authentisch nach Moskau und in die anderen Hauptstädte weiterberichten würden, mußte verlocken. Um die Ernsthaftigkeit des PCI-Angebots zu prüfen, schickte der SPD-Vorsitzende Willy Brandt in Absprache mit seinem Stellvertreter Herbert Wehner den Mann nach Rom, der ihm aufgrund seiner politischen Erfahrungen am ehesten für eine solche Mission geeignet schien: Leo Bauer.
Wie im vorigen Kapitel geschildert, kannte sich Bauer in Italien seit Jahren aus; das Thema „Kommunismus" hatte ihn seit seiner Rückkehr aus Sibirien ohnehin nie losgelassen. Als 1964 Togliattis „Testament" bekanntgeworden war, war es Bauer gelungen, den neuen Generalsekretär der PCI, Luigi Longo, für ein Interview mit dem „Stern" zu gewinnen. Ein solches Interview in einer Massenillustrierten mit einem kommunistischen Parteiführer war um die Mitte der sechziger Jahre in der Bundesrepublik noch keineswegs normal. Sicherlich erleichterte es die persönliche Bekanntschaft aus dem Stade Roland Garros (siehe S. 83), miteinander ins Gespräch zu kommen.

Die äußeren Umstände zeigen aber auch das anfängliche Mißtrauen: Während des Interviews, das am 28. Oktober 1964 in Rom stattfand, liefen zwei Tonbandgeräte, so daß die Italiener Gelegenheit hatten, die Authentizität vermeintlicher Aussagen Longos selbst zu überprüfen. Obwohl der „Stern" nur einen Auszug abdruckte, mußten dem deutschen Leser nicht nur die Positionen des PCI-Generalsekretärs zur „Entstalinisierung", zur Entmachtung Chruschtschows und zur Innenpolitik der PCI bemerkenswert erscheinen, sondern auch die unbefangene Art, in der Bauer und Longo zueinander sprachen. Gerade dieser Effekt lag wohl in Leo Bauers Absicht, der im letzten Teil des Interviews auf die „deutsche Frage" zu sprechen kam. Diese Passage des vollständigen ursprünglichen Textes sei hier wiedergegeben.

> *Longo:* ... Unsere Stellungnahme zur Deutschen Frage gründet sich auf die Anerkennung des Bestehens zweier Deutscher Staaten, der Bundesrepublik und der DDR. Unseres Erachtens muß sich zwischen ihnen eine Zusammenarbeit entwickeln. Voraussetzung hierfür ist jedoch eine grundlegende Änderung der von der Bundesrepublik unter Adenauer und jetzt auch in ihren wesentlichen Zügen unter Bundeskanzler Erhard verfolgten Politik. Eine Weigerung, die Oder-Neiße-Linie und die DDR anzuerkennen, der Versuch, in den Besitz von Kernwaffen in der einen oder anderen Form zu kommen, stellt eine Politik dar, die sich nur schwer mit der Suche nach einem System kollektiver Sicherheit und der friedlichen Koexistenz auch auf unserem zerrissenen Kontinent vereinen läßt. Alle europäischen Länder sollten bestrebt sein, ein solches System zu finden. Aus diesem Grunde haben wir die polnischen Vorschläge von Rapacki und Gomulka (und auch einige englische Vorschläge) zur Schaffung einer atomwaffenfreien Zone in Mitteleuropa so hoch geschätzt.
> Auf der gleichen Linie liegen die verschiedenen von der Regierung der DDR gemachten Vorschläge, die den Abschluß eines goodwill-Abkommens zwischen den beiden deutschen Staaten zum Ziele hatten. Dieses Abkommen sollte sich in erster Linie auf den Verzicht jeglicher Atombewaffnung gründen ...
> Wir wissen selbstverständlich, daß die Deutschen aufgrund ihrer Herkunft, ihrer Sprache und so weiter ein Volk sind. Aber ich will jetzt keine Geschichtsstudien treiben. Ich muß aber doch daran erinnern, daß es nach dem Kriege nicht nur Möglichkeiten gab, sondern aufgrund zum Beispiel des Potsdamer Abkommens sogar die Verpflichtung bestand, die Einheit Deutschlands herzustellen. Wenn nun nach und nach diese Chance verspielt wurde, so ist das nach meiner Überzeugung in erster Linie die Schuld des amerikanischen Imperialismus

und der konservativen Kräfte in Westdeutschland. So entstand die Bundesrepublik und daraufhin die DDR. Jetzt haben wir zwei deutsche Staaten, oder wenn Sie wollen, zwei deutsche Gemeinschaften. Zwei deutsche Gemeinschaften, zwei deutsche soziale und wirtschaftliche Realitäten. Davon hat man auszugehen, um zu prüfen, welche Möglichkeiten bestehen, um Schritt für Schritt die Einheit Deutschlands wieder herzustellen. Will man aber die Realitäten nicht anerkennen und glaubt man in der Bundesrepublik, früher oder später die DDR ‚schlucken' zu können, so fürchte ich, wird es noch sehr lange dauern, bis Sie die Einheit Deutschlands erreichen werden . . . Ich kenne niemand, der es sich hätte jemals einfallen lassen, die ‚Mauer' in Berlin als ein ‚glückliches Symbol' der kommunistischen Welt zu bezeichnen. Es handelt sich um eine Grenze, wie es viele in der Welt gibt. Diese Grenze wurde auch deswegen errichtet, weil West-Berlin, das rechtlich nicht zur Bundesrepublik gehört, von Westdeutschland zu einer Reihe von Handlungen ausgenutzt wurde, die gegen die DDR gerichtet waren. Kein Staat kann eine solche Lage dulden. Die DDR hat daher Abhilfe geschaffen, indem sie zum Schutz ihrer Souveränität die Trennungsmauer errichtete. Auch wir hoffen, daß die ‚Mauer' abgerissen wird. Dies kann aber erst mit dem Beginn einer neuen Politik Bonns gegenüber der DDR erfolgen. Eine solche Politik muß von der Anerkennung eines zweiten deutschen Staates ausgehen und auf die Herstellung einer solchen Zusammenarbeit gerichtet sein. Das vom Senat von West-Berlin nach Überwindung des Widerstandes der Regierung Erhard erneuerte Passierscheinabkommen betrachten wir als einen wichtigen Schritt. Dieses Abkommen, wie auch das frühere im vergangenen Jahr, wurde von der Regierung der DDR vorgeschlagen. Dies beweist zweifellos, daß Widerstände gegen die Herstellung normaler Beziehungen zwischen den beiden Deutschland nicht von Ost-Berlin, sondern von Bonn ausgehen."

Diese Schlußfolgerung ließ sich für den Zeitpunkt, an dem sie gemacht wurde, kaum bestreiten. Es dauerte aber noch mehrere Jahre, bis sie zum Gemeingut wenigstens der linken Hälfte des politischen Spektrums der Bundesrepublik geworden war, und Leo Bauer war in dem speziellen Punkt des Verhältnisses zur DDR und ihrer führenden Partei wohl kein Vorreiter. Bis in die siebziger Jahre, als er mit Vertretern der Sowjetunion längst unbefangen verkehrte, fiel es ihm schwer, sich damit abzufinden, daß auch die DDR von der Bundesregierung — ungeachtet des Beharrens auf der „Einheit der Nation" — jetzt als gleichberechtigter Verhandlungspartner anerkannt und behandelt wurde. Mit Sicherheit hat Leo Bauer die Entwicklung der PCI nach diesem Interview noch aufmerksamer verfolgt als zuvor, so daß er nach Aufnahme der Parteigespräche seine Eindrücke rasch zu Analysen verarbeiten konnte. Schien sich hier nicht endlich seine Hoffnung in den Mittfünfzigern auf eine demokratische Evolution des Kommunismus zu bestätigen? Darüber hinaus sah er die italienischen Kommunisten — und zum Teil auch andere westeuropäische kommunistische Parteien — in einem historischen Prozeß, in dessen Verlauf sie eine ähnliche Entwicklung durchmachen würden wie die Sozialdemokraten in der ersten Hälfte des 20. Jahrhunderts: eine Tendenz zum Sozialreformismus in der praktischen Politik, die schließlich den Gesamtcharakter der Parteien verändern müsse.

„... denn das Kennzeichen ist",

meinte Leo Bauer Jahre später, am 13. Juli 1969, im „Internationalen Frühschoppen" des Fernsehens — und Aufzeichnungen aus früheren Jahren zeigen, daß er diese Meinung nicht erst im direkten Kontakt gewonnen hatte —,

„daß sie Reformarbeit leisten, daß sie akzeptieren, daß man in der Gesellschaft, in der wir leben, in dem Staat, in dem wir leben, man Kleinarbeit leisten muß, um die Lebenslage der Arbeiterschaft, der Bevölkerung zu verbessern. Das ist eine prinzipielle Sache und da ist es tatsächlich so, daß meiner Meinung nach zum Beispiel die italienischen Sozialisten, um mit Olof Palme, dem künftigen schwedischen Ministerpräsidenten zu sprechen, die italienischen Sozialisten zu jenen Sozialdemokraten in Europa gehören, die sich mehr der Ideologie, der ideologischen Diskussion, der theoretischen Diskussion hingaben als der praktischen Arbeit. Bei den Kommunisten, bei bestimmten kommunistischen Parteien erleben wir jetzt das Phänomen, den Widerspruch, daß sie auf der einen Seite noch eine sehr harte Aussage machen, theoretischer Art, ideologischer Art, daß sie aber in der Innenpolitik, in der praktischen Arbeit so arbeiten, wie zum Beispiel in Bologna oder im Pariser Stadtrat oder im Ceinture rouge de Paris, wo sie seit Jahrzehnten eine ganz hervorragende Arbeit geleistet haben. Und dadurch, dadurch und nicht durch ihre Ideologie, sondern durch ihre praktische Arbeit eine Verbindung zu den Massen bekommen haben."

Bauer konnte zu dieser — in dieser Form u. E. nicht zutreffenden — Prognose gelangen, weil er — paradoxerweise gerade wegen seiner Erfahrungen im kommunistischen Apparat — für die Bewegungselemente im Charakter der PCI wenig Verständnis aufbrachte. Jedenfalls enthalten seine Ausführungen über Italien nirgends einen Hinweis darauf, daß er die Entwicklung der PCI in einem direkten Zusammenhang mit den aktuellen Massenbewegungen dieses

Landes und der Notwendigkeit, sich diesen gegenüber zu verhalten, gebracht hätte. Die „permanenten Streiks" in Italien hielt er offenbar im wesentlichen für kommunistisch angezettelt; sie erschienen ihm nur als Störfaktor für eine vernünftige Politik.

Selbst im Kalten Krieg hatte Leo Bauer nie die alte Sehnsucht aller Sozialisten nach der Überwindung des großen Schismas der Arbeiterbewegung aufgegeben. Diese Haltung war typisch für eine ganze Generation von Kommunisten, linken Exkommunisten, Linkssozialisten und Sozialdemokraten. Dieses Ziel der sozialistischen Einheit, das beide Hauptströmungen mit anderen und sich großenteils ausschließenden programmatischen Inhalten verbanden, hatte eine rationale Triebkraft: die Erkenntnis der historischen Wirkungen der Spaltung gerade in Deutschland, sowohl beim Sieg des Nationalsozialismus, als auch bei der Teilung des Landes nach 1945. In einer tieferen Schicht der Psyche war das Verlangen nach Einheit der Arbeiterbewegung emotional, ja vielfach sentimental begründet. Einem Mann wie Leo Bauer mußte die Möglichkeit, die historische Spaltung zu überwinden, auch als Aufhebung biographischer Brüche und Widersprüche und insofern als Versöhnung mit sich selbst erscheinen. Sergio Segre wagt aus eigener Anschauung die Einschätzung:

> „Ich glaube, seine [Bauers] Überzeugung war ganz genau unsere [der PCI] Überzeugung, daß das nicht ein Phänomen sein konnte von einer allgemeinen Konvergenz von diesen beiden Strömungen, sondern daß es ein selektiver Prozeß sein wird. Das wird einige sozialistische und sozialdemokratische Parteien auf der einen Seite und einige kommunistische auf der anderen Seite geben und nicht eine allgemeine Vereinigung. Darum auch die Selektivität der Beziehungen."

Bauers Denkmodell war dabei eine Art dialektischer Konvergenztheorie. Diese hob die politische Auseinandersetzung, insbesondere zwischen Kommunisten und Sozialdemokraten, nicht auf, gab ihr aber eine neue Perspektive: reformerische kommunistische und „moderne" (nicht unbedingt gerade „linke") sozialdemokratische Parteien würden im Verlauf eines historischen Prozesses längerer Dauer zur gemeinsam bestimmenden Kraft in einem neugeordneten Europa.

Bei dem erwähnten Vorgespräch, das Leo Bauer am 1. und 2. November 1967 in Rom führte, traf er mit Alberto Jacoviello, Carlo Galluzzi, Leiter der Abteilung für Internationale Politik und Mitglied der PCI-Parteileitung, und Sergio Segre, Sekretär des Sekretariats des ZK der PCI, zusammen. In einem internen Bericht hob Bauer das „ausgesprochen herzliche" Verhalten der Italiener ihm als einem „Renegaten" gegenüber hervor. Gemäß seinem Verhandlungsauftrag schlug er als Themenkreis eines größeren Treffens den

Komplex „Europäische Sicherheit — Gewaltverzichtserklärung — Entspannungspolitik" vor. „Die Vorschläge wurden ohne jede Diskussion angenommen und begrüßt." Im weiteren wurden Einzelheiten der vorgesehenen Tagung der beiden Delegationen besprochen und „ausdrücklich erklärt ..., daß die Gespräche vertraulich geführt werden sollen". Im Hinblick auf ihre Bruderparteien, in erster Linie die SED und die KPdSU, legten die Italiener „zumindest so viel Wert auf die Vertraulichkeit" wie die Deutschen.
Die politischen Positionen der PCI zur Deutschlandpolitik, wie sie in dem Gespräch deutlich geworden seien, gab Leo Bauer zusammenfassend wieder:

> „Ich habe bei den Gesprächen den Eindruck gewonnen, daß die Italiener das Verhalten der Sowjetunion und der DDR gegenüber der Bundesregierung für falsch halten. Dabei ließen sie ziemlich offen durchblicken, daß ihre Kritik sich gegen die Taktik der beiden Länder richtet. Sie meinen, das jetzige Verhalten würde auch nicht den Interessen der beiden Länder entsprechen. Die Italiener sind der Überzeugung, daß in dem Moment, in dem die Bundesrepublik mit allen Volksdemokratien diplomatischen Beziehungen aufnehmen könnte, sozusagen als Folgeerscheinung die DDR international aufgewertet werden würde. Die Bundesregierung könnte dann kaum verhindern, daß Länder der Dritten Welt und selbst westliche Länder die DDR ihrerseits anerkennen. Dabei behaupten sie, über Informationen zu verfügen, aus denen hervorginge, daß zum Beispiel Frankreich, besonders aber Belgien an einer solchen Entwicklung interessiert seien.
> Es war interessant, daß in diesem Zusammenhang Galluzzi mir von den Vorbereitungen der Karlsbader Konferenz, an denen er im Auftrag der KPI teilnahm, ausführlich erzählte. Es ist in dem Vorbereitungsausschuß zu heftigen Angriffen gegen die DDR gekommen. Die Russen sollen bei dieser Gelegenheit sehr schwankend gewesen sein. Die SED-Vertreter hätten einen einzigen, aber entschiedenen Verbündeten von Beginn an gehabt: Die Polen. Sie haben dann den Ausschlag gegeben. Wörtlich ergänzte Segre, der auch in Karlsbad war: ,Die Polen sind im Moment der Haupthinderungsgrund für eine andere Haltung der Volksdemokratien.' Gleichzeitig fügte er aber hinzu, daß er aufgrund einiger Gespräche, die er kürzlich mit Polen geführt habe, glaube, daß es auch dort Diskussionen über die Richtigkeit oder Falschheit der starren Haltung gäbe.
> Mein Eindruck ist also, daß das Bemühen der Italiener um Informationsgespräche mit der SPD und anderen sozialdemokratischen Parteien zumindest zur Zeit weniger althergekommenen Volksfrontabsichten entspringt als vielmehr dem Versuch, in den innerkommunisti-

schen Auseinandersetzungen anders auftreten zu können. Und das scheint mir wichtig und interessant."

Die verabredete Begegnung fand vom 28. bis 30. November 1967 in Rom statt. Zur italienischen Delegation gehörte neben Galuzzi und Segre auch Enrico Berlinguer, Mitglied des Politbüros, später nach der Erkrankung Longos wichtigster Führer der PCI; die deutsche Delegation setzte sich außer Bauer aus Egon Franke, Mitglied des SPD-Präsidiums, und Fried Wesemann, Informationsdirektor beim Parteivorstand und gelernter Journalist, zusammen. Franke war als Chef der „Kanalarbeiter" in der SPD-Bundestags-Fraktion ganz bewußt um Mitwirkung gebeten worden. Zusätzlich zu den Sitzungen der Delegierten fanden ein Arbeitsessen mit dem Generalsekretär der linken Gewerkschaft CGIL, Luciano Lama, bei dem es um Fragen der Gewerkschaftseinheit in Italien und im Rahmen der EWG — namentlich die Verständigung zwischen CGIL und DGB — ging, und ein abschließendes Essen mit Luigi Longo statt, der sein großes Interesse an den Gesprächen bereits vorher hatte ausrichten lassen.

Der Bericht der deutschen Delegation für die SPD-Führung übergeht die Ausführungen Frankes, der vermutlich die offiziellen Positionen der SPD erläuterte, und der anderen deutschen Teilnehmer, referiert dagegen ausführlich die Stellungnahme der Italiener:

> „Nach dem Bericht von Egon Franke über die Lage in der Bundesrepublik und über die Haltung der SPD als Regierungspartei entspann sich eine Diskussion über das Verbot der KPD und über die Möglichkeit der Aufhebung dieses Verbotes. Aus den Äußerungen der italienischen Gesprächspartner (siehe auch Gespräch mit Longo) war zu entnehmen, daß sie diese Frage für sehr wesentlich ansehen. Es entstand aber auch der Eindruck, daß sie unsere Argumente, warum das Verbot des Bundesverfassungsgerichtes nicht aufgehoben werden kann (natürlich wurde dabei von uns betont, daß gegen eine Neugründung der KPD im Rahmen und auf der Grundlage des Grundgesetzes nichts einzuwenden sei) bis zu einem gewissen Grade anerkannten.
> Wesentlicher war, daß sie unserer Meinung zustimmten, Ost-Berlin habe zur Zeit kein Interesse an einer Neubelebung der Partei in der Bundesrepublik.
> *Berlinguer* sagt nach einem vorbereiteten Papier über internationale Fragen:
> Fragen des europäischen Friedens können nicht von den Weltproblemen getrennt werden: Vietnam, amerikanische China-Politik, Korea und Naher Osten. Vietnam-Krieg vergiftet internationale Atmosphäre,

schafft neue Spannungen zwischen den Weltmächten, ermutigt andere, den gleichen Weg der Gewalt einzuschlagen . . .
Die tieferen Gründe für das schlechte Klima sind noch nicht ausgeräumt. Militärblöcke, Atombasen, fremde Truppen. Die Bundesrepublik hat noch nicht die Unverletzlichkeit der Grenzen anerkannt. Maximales Ziel: Überwindung der militärischen Blöcke und Schaffung kollektiver Sicherheit. Wir verstehen, daß das nur Schritt für Schritt gehen kann; es ist aber wichtig, daß alle am Frieden interessierten Gruppen öffentlich erklären, daß dies ihr Ziel ist, und daß sie konkret die dahin führenden Schritte nennen. Vorrangige Bedeutung der Anerkennung aller aus dem zweiten Weltkrieg hervorgegangenen Grenzen. Allgemeine Erklärungen reichen dazu nicht aus. Für Italien auch wichtig wegen Südtirol. Verstehen, daß wegen der Regierungsbeteiligung der SPD gewisse Schwierigkeiten bestehen, die aber für die Partei nicht gelten können.
Die Anerkennung der Realität der beiden deutschen Staaten bis zur internationalen Anerkennung bedeutet natürlich die Aufgabe des Ziels, das wir verstehen, das aber kurzfristig nicht zu erreichen ist, der Wiederherstellung der Einheit Deutschlands. Normalisierung zwischen beiden deutschen Staaten ist aber eine Lebensfrage für ganz Europa. Mit Unterstützung sozialistischer und katholischer Kräfte, die für eine Verbesserung der Beziehungen zu Ulbricht sind, entwickeln wir eine Bewegung in Italien. Teilen nicht die Auffassung Brandts von der alleinigen demokratischen Legitimation der Bundesregierung.
Gleichzeitiger Prozeß auf zwei Wegen: Wenn die Bundesregierung es hinnehmen würde, daß Italien seine Beziehungen zur DDR verbessert, würden sich auch die Beziehungen der Ostblockstaaten zu Bonn verbessern.
KPI wünscht wie PSU [Sozialisten] Vertretung in EWG und Straßburg.
Segre und *Galluzzi* zu Karlsbad: Unter Hinweis auf die Beziehungen Bonn—Bukarest warf Longo in Karlsbad die Frage auf, warum Italien einen anderen Status haben sollte. Diese Haltung wurde von anderen Parteien übernommen.
Während manche sagten, die neue Bundesregierung entspreche den früheren, war die Mehrheit dafür, unter Bedingungen Vertrauen zu schenken, Bereitschaft zur Diskussion, auch wenn Beschlüsse anderen Eindruck erwecken."

Berlinguer habe unterstrichen, daß es bei den kommunistischen Parteien keine vorgefaßte Meinung bezüglich der Glaubwürdigkeit der Bonner Politik gebe — auch bei den Italienern nicht.

„Verstehen, daß Anerkennung der DDR nur am Ende eines Prozesses stehen kann, wozu auch Gegenleistungen gehören. Zur Grenzfrage können aber keine Gegenleistungen gefordert werden."

Generell würden die Standpunkte der PCI und der SPD vom jeweils anderen jetzt besser verstanden als vorher.

„*Galluzzi* anerkennt die Schwierigkeiten, die die SPD hat, eine noch weitergehende Position zu beziehen, denn sie sei ja schon sehr weit gegangen. Die deutsche Seite unterschätze aber die Lage im Osten, wo eine echte Bereitschaft zum Dialog mit Bonn bestehe, auch in der DDR.

Meint, daß in dieser Begegnung von den vier Karlsbader Punkten zu zweien — Sperrvertrag und Militärblöcke — eine Annäherung erzielt worden sei. Blieben nur Grenzfrage, wo die Argumentation der SPD eine Grundlage sein könne, und die Anerkennung der DDR.

Longo bezeichnet dieses Treffen als Teil von Kontakten, die die KPI seit langem mit allen sozialistischen und linksfortschrittlichen Kräften unterhält.

Karlsbad habe für die KPI eine ganz große Bedeutung, weil selbst so harte Männer wie Gomulka, Kadar und Novotny gegen den früher unvermeidlich gewesenen Ausschluß der Rumänen wegen ihres Fernbleibens auf seinen Vorschlag hin auftraten.

Man müsse den Unterschied sehen zwischen der Diskussion über die deutsche Frage und den Resolutionen. ‚Ich bin der Meinung, daß es uns Italienern gelungen ist zu verhindern, daß der Standpunkt Ulbrichts, wonach die neue Bundesregierung schlimmer als alle früheren sei, in einer Resolution verankert wird.' Gomulka stand hier an der Seite Ulbrichts. Die Rede von Breschnew erhält Hinweise, daß auch Moskau den Dialog nicht ausschließt.

Haben die innerpolitischen Argumente sehr ernst genommen, doch besteht ein Junktim zwischen Grenzfrage und ost-westlicher Auflockerung."

Die römische Begegnung beschleunigte eine positive Neubewertung der SPD und damit zum Teil auch der Bundesrepublik, die in der PCI-Führung im Gange war und sich in einer zunehmend nüchternen bis freundlichen Berichterstattung der Parteipresse niederschlug. Offenbar fühlte sich die PCI ermutigt, nunmehr den Versuch einer Vermittlung zwischen SED und SPD zu machen. Im Dezember 1967 reisten Galluzzi und Segre nach Ost-Berlin, in der zweiten Februarhälfte 1968 hielt sich eine Delegation des ZK der SED zu Gesprächen auf höchster Ebene in Rom auf. Das Kommuniqué verzichtete auf Maximalforderungen und rituelle Polemik. Als wichtigster praktischer Erfolg konnte gelten, daß die SED der Neugründung einer kommunistischen Partei als einzig gangbaren Weg zu Relegalisierung der westdeutschen Kommunisten zustimmte. Damit war eines der Haupthindernisse aus dem Weg geräumt. (Die Konstituierung der DKP erfolgte ein halbes Jahr später, nachdem der Versuch von „Initiativausschüssen zur Wiedergründung der KPD", offen aufzutreten, noch im Frühjahr polizeilich unterbunden worden war.) Als weitere Bestätigung ihrer Bemühungen konnte die PCI eine halbstündige Unterredung ansehen, die Generalsekretär Longo bei einem Empfang für den in Italien weilenden Bundeskanzler Kurt Georg Kiesinger mit diesem geführt hatte.

Welche Erwartungen sich auch immer mit der Fortsetzung der November-Begegnung verbunden haben mögen, die am 6. und 7. März 1968 in München stattfand — die Grenzen des Dialogs wurden sichtbar, als Galluzzi und Segre auf Bauer, Franke und Egon Bahr stießen. Zwar war die Entsendung des ostpolitischen Vordenkers Bahr ein Beweis für den hohen Stellenwert, den die SPD-Spitze den Gesprächen mit der PCI inzwischen einräumte, aber die am 8. März nach Bekanntwerden des Vorgangs beginnende Pressekampagne nötigte — nach einem vergeblichen Dementi — zu einer defensiven und den eigenen Spielraum begrenzenden Presseerklärung des SPD-Präsidiums, in der sie allen „Volksfront"-Tendenzen eine Absage erteilte und die Normalität des Vorgangs hervorhob. Ob Bundeskanzler Kiesinger bereits vor dem Münchener Treffen unterrichtet worden war beziehungsweise wie genau, ist nicht klar. Eine den Koalitionsfrieden rettende Information des „Kreßborner Kreises" aus CDU/CSU- und SPD-Abgeordneten des Bundestages nahm Herbert Wehner am 4. April 1968 vor.

Die Bemühungen der SPD, die Führung der DDR zu größerer Flexibilität zu ermutigen, stießen in Verbindung mit der als besonders gefährlich eingeschätzten breiten Bündnispolitik der italienischen Kommunisten auf starkes Mißtrauen. Wenn man berücksichtigt, daß die westdeutsche Rechte in der Deutschland- und Außenpolitik ihre Hauptanstrengungen darauf richtete, alles zu verhindern, was das Verhältnis zwischen NATO- und Warschauer-Vertrags-Staaten, insbesondere zwischen der Bundesrepublik und der DDR, qualitativ verändern und damit eine auch innen- und gesellschaftspolitische Dynamik der Entspannung auslösen könnte, erscheint die aufgeregte Reaktion nicht als gänzlich unverständlich. Führende Sozialdemokraten galten beim Bundesnachrichtendienst (BND), dessen Beamte in die Auseinandersetzung mit „dem Bolschewismus" großenteils noch während des „Dritten Reiches" eingeführt worden waren, wegen ihrer Auffassungen als Sicherheitsrisiken. Leo Bauer, über den beim BND eine umfangreiche Akte angelegt war, wurde bei seinen Kontakten mit der PCI ohnehin observiert. In den Presseveröffentlichungen der „Christ und Welt", der „Welt", der „Welt am Sonntag" und anderer Zeitungen wurden vor allem der konspirative Charakter — der so konspirativ nicht war, denn sowohl in Rom als auch in München tagten die Delegationen in bekannten Hotels — und die mangelnde Unterrichtung des christdemokratischen Koalitionspartners der SPD kritisiert. Die italienische Christdemokratie zeigte sich höchst verärgert über die vermeintliche Einmischung der SPD in die Innenpolitik Italiens (der SPD-Pressedienst hatte, vom Präsidium anschließend gerügt, auf die Möglichkeit einer späteren Regierungsbeteiligung der PCI verwiesen). Der „Welt" zufolge waren auch vom CIA informierte amerikanische Politiker besorgt. Diese Turbulenzen legten in den Gesprächen zwischen SPD und PCI eine „Denkpause" nahe, zumal sich die SED jetzt sperrte.

Darüber hinaus hatte sich aber auch gezeigt, daß die SPD noch nicht bereit war, die Frage der DDR-Anerkennung in der einen oder anderen Form öffentlich aufzuwerfen. Die in der Rede Willy Brandts auf dem Nürnberger Parteitag der SPD im März 1968 formulierte Bereitschaft, die Oder-Neiße-Grenze bis zu einer friedensvertraglichen Regelung „zu respektieren und anzuerkennen" und den Atomwaffensperrvertrag zu unterzeichnen, markierte die äußerste Linie dessen, was die SPD zu diesem Zeitpunkt glaubte vertreten zu können.

Bereits im November 1967 waren Leo Bauer und Sergio Segre beauftragt worden, den ständigen Kontakt aufrechtzuerhalten. Segre war in den fünfziger Jahren lange Korrespondent der „Unità" in Ost-Berlin gewesen und mit einer Deutschen verheiratet. Zwischen beiden Partnern entspann sich bald ein von Wertschätzung und Sympathie getragenes persönliches Verhältnis. Besuche Bauers in Rom sind für April und Juni 1968 belegt. Durch die Invasion der WVO-Staaten in der Tschechoslowakei am 21. August 1968 bekam der Dialog einen neuen Anstoß. Gerade weil die Scharfmacher in beiden Blöcken wieder dauerhaft an Einfluß zu gewinnen drohten — wobei sich im Osten insbesondere die SED und ihr Erster Sekretär hervortaten —, fühlten sich SPD und PCI herausgefordert, um den gerade erst zögernd begonnenen Entspannungsprozeß nicht in einen neuen Kalten Krieg umschlagen zu sehen. Dafür hatten beide Seiten auch handfeste innenpolitische Gründe. Dabei erleichterte die unzweideutig ablehnende Haltung der PCI zur CSSR-Invasion ganz ohne Zweifel eine weitere Annäherung. Luigi Longo gab kurz nach der Invasion der Wochenzeitschrift „Astrolabio" ein Interview, in dem er die Stellungnahme der PCI erläuterte. Die italienischen Kommunisten hielten an ihrer Position auch in der Folgezeit fest und trotzten, obwohl die Kritik an der Sowjetunion in der Partei nicht unumstritten war, den Drohungen Breschnews, der die mit den tschechoslowakischen Kommunisten solidarischen Bruderparteien des Westens „auf den Stand von Grüppchen reduzieren" wollte. (Während die PCI-Führungsgruppe auf prosowjetische Tendenzen Rücksicht nahm, schloß sie die besonders sowjet-kritischen Linkskommunisten um die Zeitschrift „Il Manifesto" 1969 aus.) Die für die SPD besonders relevanten Äußerungen Longos vom September 1968 lauteten:

> „Für uns sind die Autonomie, die Unabhängigkeit und nationale Souveränität eines jeden Staates, die Autonomie und die Souveränität jeder Kommunistischen Partei unverrückbare Prinzipien. Wir stimmen zwar zu, daß das Schicksal und die Zukunft des Sozialismus in einem Lande nicht nur die Kommunisten, die Demokraten und das Volk dieses Landes interessieren, sondern auch die Kommunisten, die Demokraten und die Völker aller Länder; jedoch kann dieses Prinzip unserer Meinung nach auf keinen Fall als ein Recht zur militärischen Intervention in das innere Leben einer anderen Kommunistischen Partei oder eines anderen Landes [interpretiert] werden . . .
> Die italienischen Kommunisten können eine Konzeption nicht gutheißen, die davon ausgeht, daß nur über die Konsolidierung der bestehenden beiden Blöcke der Weg zur Entspannung führt . . .
> Wir anerkennen keinen führenden Staat und auch keine führende Partei. Die Formel von der Bipolarität der internationalen Politik läßt sich angesichts der neuen Tatsachen immer weniger aufrechterhalten, obgleich niemand die besondere Bedeutung der beiden Großmächte im Geschehen verkennen kann."

Das erste praktische Ergebnis der durch einen Besuch Bauers in Rom noch im September 1968 wieder forcierten Kontakte zwischen SPD und PCI war die Bitte der Italiener um ein Interview der linken Zeitung „Paese Sera" mit Willy Brandt. Der Grundgedanke bestand darin, Willy Stoph, dem Ministerpräsidenten der DDR, und Brandt als dem Außenminister der Bundesrepublik gleichlautende Fragen zur Deutschland- und Sicherheitspolitik zu stellen anläßlich des zwanzigjährigen Bestehens beider deutscher Staaten. Das am 6. Februar 1969 abgedruckte Interview war zuvor neben Brandt selbst von Leo Bauer, der Antworten entworfen hatte, Egon Bahr und Herbert Wehner bearbeitet worden — ein Indiz für die Brisanz, die in diesem einer prokommunistischen Zeitung gewährten Interview gesehen wurde. In dem Interview, das in Italien starke und positive Beachtung fand, verwies Brandt auf das Bestreben, zu einem geregelten „Nebeneinander" und perspektivisch zu einem „Miteinander" mit der DDR zu kommen (Formeln, die in der Regierungserklärung vom 28. Oktober 1969 einen zentralen Stellenwert erhielten) und skizzierte auf die Frage nach der Wirkung der CSSR-Invasion eine Zielrichtung, die sich mit der der PCI stark berührte.

„Der Einmarsch in die CSSR, an dem tragischerweise auch Deutsche beteiligt waren oder sich beteiligen mußten, hat die Überwindung des Blockdenkens erneut erschwert. Ich betrachte die Ereignisse um und nach dem 21. August 1968 als einen tragischen Einschnitt, aber nicht als eine historische Wende. Die Zeiten des Kalten Krieges alter Prägung sollten endgültig vorbei sein. Vom Ziel der europäischen Zusammenarbeit und Verständigung darf man sich gerade jetzt nicht abbringen lassen . . .
Die Völker Europas finden ihre relative Sicherheit heute im Rahmen der NATO und des Warschauer Paktes. Das gehört auch zu den Realitäten, die man erkennen muß. Was uns nicht dazu veranlassen kann, darauf zu verzichten, sie positiv verändern zu wollen. Die Zukunftsaussichten Europas liegen in einer Friedensordnung, die die Blöcke überwindet und ein einheitliches System der Sicherheit für Europa schafft. Die Suche danach hat begonnen: sie wird uns in den siebziger Jahren stark beschäftigen."

Die positiven Eindrücke Leo Bauers von der Ernsthaftigkeit der Absichten der PCI bei ihren Kontakten mit der SPD wurden bestätigt, als er im Februar 1969 als Beobachter der Zeitschrift „Die Neue Gesellschaft" am Parteitag der PCI in Bologna teilnahm. Der Parteitag bekräftigte die Ablehnung der sowjetischen Invasion der CSSR — er feierte überdies demonstrativ die tschechoslowakische Gastdelegation — und verzichtete andererseits auf alle Ausfälle gegen den „westdeutschen Revanchismus".
Über ein Telefonat Segres mit Bauer wurde die SPD-Führung Ende März 1969 von einer Umorientierung der sowjetischen Westpolitik in Kenntnis gesetzt: Es sei damit zu rechnen, „daß noch vor den [westdeutschen] Wahlen [am 28. September 1969] in der Politik der Sowjetunion gegenüber der Bundesrepublik ein grundsätzlicher Wandel bekanntgemacht werden würde". Offenbar setzten sich in der sowjetischen Führung im Frühjahr 1969 tatsächlich jene Kräfte durch, die reale Chancen für einen Ausgleich in Europa sahen, wenn auch die östliche Seite Entgegenkommen signalisiere. Die „Budapester Erklärung" der Außenminister des Warschauer Vertrags vom 17. März 1969 konnte jedenfalls so interpretiert werden. Am 29./30. März erfuhr Leo Bauer in Rom von Berlinguer, Segre und Galluzzi, daß „höchste sowjetische Stellen" tagelang mit dem PCI-Außenpolitiker Galluzzi verhandelt hätten. Dieser sei skeptischer als Berlinguer hinsichtlich des „neuen Kurses". „Einmütig" seien die Italiener „aber der Meinung, daß die Politik der SPD gut war und ist und fortgesetzt werden sollte". Dagegen seien die SED und ihre Rolle im kommunistischen Lager übereinstimmend scharf kritisiert worden.

Neben Hinweisen auf ein Gesprächsinteresse der Polen und das Interesse der KPdSU an Parteibeziehungen mit der SPD trugen die PCI-Vertreter das sowjetische Ansinnen „einer Art Volksbewegung für eine europäische Konferenz" — parallel zu staatlichen Verhandlungen — vor, was der üblicherweise zurückhaltend kommentierende SPD-Vorsitzende mit der Randbemerkung „Quatsch!" und dem apodiktischen Satz richtete, darauf könne sich die SPD „nicht einlassen".

Einen Monat später, am 29. April 1969, konferierte eine italienische Delegation unter Leitung von Enrico Berlinguer in Bonn mit Herbert Wehner, Egon Bahr und Leo Bauer und besprach Einzelheiten der Fortsetzung des Dialogs zwischen beiden Parteien, ohne daß ein konkretes Ergebnis zustande kam.

Im Sommer 1969 häuften sich die Indizien für den Kurswechsel in Moskau; der Notenwechsel mit der Bundesregierung über ein Gewaltverzichtsabkommen kam wieder in Gang und vor allem eine Verständigung der vier Siegermächte des Zweiten Weltkriegs über die Aufnahme von Berlin-Verhandlungen. Die italienischen Kommunisten hatten die ersten Anzeichen der „Neuen Westpolitik" der UdSSR richtig erkannt, ihre Motive indes zu optimistisch gedeutet: Aufgrund ihrer Behauptung in der tschechoslowakischen Frage und der zunehmenden Isolierung Ulbrichts unter den europäischen Kommunisten — die sie dann auch durch den Verlauf der kommunistischen Weltkonferenz vom Juni 1969 bewiesen sahen — gingen die PCI-Führer davon aus, daß Moskau auf eine Kompromiß-Lösung in der CSSR ausweichen müsse; Galluzzi interpretierte die Idee der „Volkskonferenz" als Versuch, ohne Prestigeverlust einen Rückzug einzuleiten.

Tatsächlich verhielt es sich gerade umgekehrt: Am 17. April 1969 wurde der kommunistische Generalsekretär Alexander Dubček auf sowjetischen Druck durch Gustav Husák ersetzt, der die „Normalisierung" forcierte. Erst jetzt war der sowjetische Hegemonialbereich wieder ganz unter Kontrolle — die rumänischen Extratouren in der Außenpolitik bedrohten das Imperium weniger, da sie mit einer extrem diktatorischen Innenpolitik verbunden waren — und die Gefahr einer kurzfristigen Aufweichung des Ostblocks im Gefolge einer Entspannung gemindert. Außerdem legte die Verschärfung des Konflikts mit China (Ussuri-Grenzkrieg Anfang März 1969) eine Entlastung an der sowjetischen Westfront nahe, zumal die UdSSR militärisch mittlerweile ungefähr mit den USA gleichgezogen hatte. Schließlich galt eine wirtschaftliche Modernisierung ohne Gefährdung der bürokratisch-zentralistischen Herrschaftsstrukturen nur als möglich, wenn der Westen an einer weitgehenden und langfristigen Kooperation interessiert werden könnte. Aus allen diesen Gründen konnte Willy Brandt unmittelbar nach seiner Wahl zum Bundeskanzler mit Verhandlungen beginnen, deren Grundlinien in einer

Reihe von Vorgesprächen, vor allem auf der Außenministerebene mit Gromyko, aber nicht zuletzt auch mit der PCI seit 1967, ausgelotet worden waren: Anerkennung des Status quo mit dem Ziel und unter dem Vorbehalt seiner langfristigen friedlichen und einvernehmlichen Verbesserung.
Während also die Entspannungspolitik aus der Sicht der PCI — und nicht unerheblicher Kräfte in den osteuropäischen Parteien — jene bipolare Struktur des europäischen Staatensystems überwinden sollte, die Demokratisierungsbestrebungen im Osten und sozialistische Bestrebungen im Westen im Sinne einer Feindbildblockade fesselte, zielte die sowjetische Version der Entspannung gerade auf die Festigung der Teilung Europas durch Garantie des 1944/45 eroberten osteuropäischen Glacis. Auf der westlichen Seite gab es vergleichbare Differenzen geostrategischen und gesellschaftspolitischen Ursprungs, die aber durch die Parallelität der US-amerikanischen und westdeutschen Entspannungsbemühungen sowie — innerhalb der Bundesrepublik — durch die zeitweise und partielle Übereinstimmung großindustrieller Osthandelsinteressen, des Verlangens nach erweitertem außenpolitischem Spielraum, der langfristigen sozialdemokratischen Konzepte und einer elementaren Sehnsucht der Bevölkerung nach Frieden, nationaler und internationaler Verständigung überdeckt wurden.
Unterschätzt hatte vor allem die PCI — trotz aller konstruktiven Anstöße für die Entspannungspolitik — die Vielschichtigkeit und Kompliziertheit der Beziehungen zwischen den beiden deutschen Staaten und hatte wohl auch nicht klar gesehen, daß ein Neuanfang nicht ins Werk gesetzt werden konnte, ohne daß die Bundesrepublik zuvor ihre Beziehungen zur Sowjetunion geklärt hatte.
Die unmittelbare Bedeutung des Kontakts zwischen PCI und SPD nahm mit der Aufnahme der Verhandlungen Bonns mit Moskau, Ost-Berlin und Warschau ohne Frage ab. Bedeutungslos wurde er nicht, wenn man die historischen Perspektiven vor allem der PCI im Auge behält. Carlo Galluzzi verriet Bauer, allerdings als persönliche Meinung, am 1./2. November 1969 in Rom, wo diesem — auch von Berlinguer — das ernsthafte Interesse „zumindest eines Teils der Führung" des Ostblocks an den westdeutschen Angeboten bestätigt wurde, „nur auf diesem Wege [„der europäischen Sicherheit und der europäischen Friedensordnung"] sei eine ‚Loslösung' [der PCI] von Moskau auf die Dauer möglich". Obwohl beide Seiten ihr Interesse an der Aufrechterhaltung der Verbindung und der Fortsetzung des Dialogs wiederholt bekundeten — 1969 wurde er ja in der „Neuen Gesellschaft" und in „Rinascita" schriftlich und damit öffentlich geführt —, waren besonders auf seiten der SPD die Bedenken — erstmals auch im Hinblick auf die italienische Innenpolitik —gewachsen. Auch die Frequenz der Treffen sank ab Herbst 1969. Insgesamt fanden zwischen Herbst 1967 und Herbst 1971 mindestens 15

Treffen zwischen Vertretern der SPD und der PCI statt, an denen auf deutscher Seite in mindestens fünf Fällen zusätzlich zu Leo Bauer oder anstatt seiner weitere Vertreter beteiligt waren.

Am 29. Februar 1972 — sieben Monate vor seinem Tod — schrieb Leo Bauer an den „Lieben Sergio": „Mein Gespräch mit Amendola fällt nicht aus. Ich muß nur die Begegnung verschieben . . . Sobald es mein Gesundheitszustand erlaubt, werde ich wieder einmal in Rom auftauchen." Es blieb bei dieser Ankündigung. Nach Leo Bauers Tod im September 1972 haben die Verbindungen zwischen SPD und PCI nach und nach den Geruch des Außergewöhnlichen verloren. Während ihre ostpolitische Relevanz — auch im Hinblick auf die Loslösung der PCI von Moskau — für die siebziger und achtziger Jahre wesentlich geringer zu veranschlagen ist, haben sie für die Westeuropa-Politik, besonders die Arbeit im Europäischen Parlament, an Gewicht gewonnen.

Hilfe für einen Häftling?

Im Zusammenhang mit den Gesprächen SPD/PCI ist eine Episode für die Beurteilung der Persönlichkeit Leo Bauers besonders aufschlußreich: sein Engagement für die Begnadigung eines der letzten im Ausland inhaftierten, wegen Kriegsverbrechen verurteilten Deutschen, des früheren SS-Obersturmbannführers Herbert Kappler, der in einem italienischen Gefängnis einsaß, weil er für Geiselerschießungen verantwortlich war. Für Kappler setzten sich — ebenso wie frühere Bundesregierungen — in der Zeit der Großen Koalition und danach namentlich Willy Brandt und Herbert Wehner ein, und in deren Auftrag sondierte auch Leo Bauer zu Beginn des Jahres 1969 in Rom.

Leo Bauer hielt weder von der andauernden Inhaftierung der Kriegsverurteilten aus Gründen der Vergeltung, wie sie im Fall Kappler praktiziert wurde, noch von der Fortsetzung der NS-Prozesse in der Bundesrepublik etwas. An Horst Ehmke, damals Staatssekretär im Justizministerium, schrieb er am 18. September 1968 zur Frage der 1969 anstehenden Verjährung von NS-Verbrechen:

> „Als altem und erfahrenem Knastologen widerstrebt es meinem Rechtsgefühl, nach knapp 25 Jahren noch versuchen zu wollen, ‚Fälle' zu klären. Mein Widerwille gegen ein solches Verfahren wird noch größer, wenn ich daran denke, daß ein entscheidender Teil der *wirklich Verantwortlichen* nicht faßbar ist und zum Teil eine mehr oder weniger wichtige Rolle in der BRD spielte oder noch spielt.
> Wenn ich an meine Erfahrungen in Sibirien im ‚Zusammenleben' mit

KZ-Verbrechern (sie leugneten gar nicht) denke und weiß, wie diese armen Hunde durch höher gestellte Personen in ihre Verbrechen hineingetrieben wurden, dann fällt es mir schwer, in diesem Zusammenhang noch von einem Rechtsstandpunkt zu sprechen."

Außerdem fürchtete Bauer im Hinblick auf die Bundespräsidenten- und Bundestagswahlen des Jahres 1969 die „Mentalität" der Bevölkerungsmehrheit, die — so meinte er wohl — von Prozessen und Verurteilungen wegen Vorgängen der NS-Zeit einfach genug habe. Andererseits müsse auf die Emotionen der Ausländer natürlich Rücksicht genommen werden. Als Ausweg bot sich ihm eine Aufhebung der Verjährungsfrist mit anschließender Generalamnestie nach der Übernahme der Regierung durch die SPD an. Nur die SPD sei in der Lage, eine solche Maßnahme nach außen glaubwürdig zu vertreten. Bauer wäre nicht er selbst gewesen, wenn er dabei nicht zugleich an den parteipolitischen Nutzen gedacht hätte: an die Werbewirksamkeit einer solchen Idee, an den unmittelbaren Gewinn für die SPD bei einem Gelingen der Aktion und an ihren symbolischen Wert für die innere Aussöhnung des deutschen Volkes. Aus einer ähnlichen Mischung humanitärer Empfindungen, nennen wir es schlicht Mitleid, und politischen Kalküls erklärt sich Bauers Einsatz für Kappler.

Nachdem bislang nichts erreicht worden war, ging ein neuer Anstoß in dieser Sache von einem Glückwunsch-Schreiben Kapplers an Willy Brandt anläßlich der Zuerkennung des Friedensnobelpreises für 1971 aus:

„Sehr verehrter Herr Bundeskanzler!
Die Nachricht von der internationalen Anerkennung Ihrer echten Bemühungen um den Frieden in der Welt und Ihres mutigen Einsatzes der Tat in diesem Sinne sprach sich auch durch dicke Gefängnismauern durch und erfüllte mich mit umso mehr Freude, als ich weiß, wie es in Wirklichkeit mit jenem ‚Frieden' bestellt ist und wie die Zweckreden davon tatsächlich zu bewerten sind.
Ich schrieb und sagte es schon oft aus aufrichtigem Herzen: Wenn tatsächlich der Frieden für immer unter den Menschen einziehen würde, dann wollte ich gerne auch für die letzten Jährchen meines Daseins hier am Wegrand eines schrecklichen Orlogs liegenbleiben!
In Gedanken und in dankbarer Verbundenheit gratulierte ich Ihnen bereits als innerlich freier Mensch, der sich mitverantwortlich fühlt für die Fehlleistungen der Vergangenheit und für die kommenden Generationen aller Menschen. — Wollen Sie mir bitte gestatten, dies hiermit auch noch schriftlich zu tun?
In Ihnen grüße ich die geliebte und entbehrte Heimat,
Ihr Ihnen sehr ergebener
Herbert Kappler"

Von dem Brief Kapplers zeigten sich auch die PCI-Gesprächspartner Bauers am 14. November 1971 Segre, Longo und Pajetta — Mitglied des Politbüros und, als Nachfolger Galluzzis, Vertreter der internationalen Kommission beim ZK der PCI — „sichtlich beeindruckt". Sie betonten aber die innenpolitischen Schwierigkeiten, die es der PCI unmöglich machten, von sich aus aktiv zu werden, in erster Linie die Haltung der Widerstandsorganisationen. Im Hinblick darauf schlugen sie in der Angelegenheit Kappler folgendes Verfahren vor:

> „Kappler sollte ein neues Gnadengesuch an den Präsidenten der italienischen Republik richten. In diesem Gnadengesuch müsse er allerdings eindeutig zugeben, daß er an Verbrechen beteiligt war und dies aufrichtig bedaure. Vor allem müsse er im Sinne seiner Worte an den Bundeskanzler vor neuen faschistischen oder nazistischen Entwicklungen warnen und den Menschen aus seinem eigenen Erlebnis sagen, was dies für ein Volk bedeute.
> Sollte nach Erhalt des Gnadengesuchs beim Präsident der Republik dieser die italienischen Kommunisten nach ihrer Stellungnahme befragen..., würden sie keine Einwände erheben. Sie könnten anhand dieses Briefes aber ihre Haltung gegenüber den Widerstandsorganisationen und auch der Jüdischen Gemeinde rechtfertigen."

Leo Bauer konnte aus gesundheitlichen Gründen nicht weiter tätig werden, und die Bemühungen um eine Freilassung Kapplers wurden durch den Fall des Münchener Weihbischofs Defregger schon bald wieder hinfällig. Immerhin zeigt dieser Vorgang eine Seite im Wirken Bauers, die öffentlich am wenigsten gewürdigt worden ist. Es fällt schwer, wenn man die Überlegungen und Einsichten verantwortlicher Männer der westdeutschen und italienischen Politik in dieser Sache zu Beginn der siebziger Jahre mit den gespenstischen Auseinandersetzungen im Vorfeld und nach der „Entführung" des totkranken Kappler 1977 konfrontiert, sich eines bitteren und sarkastischen Kommentars zu enthalten.

IX. Das Ende

Als die CDU/CSU und die ihr nahestehenden Medien nach dem Regierungswechsel, den sie übereinstimmend mit ihren Gegnern, allen voran Leo Bauer, für einen „Machtwechsel" hielten, begannen, die Kommunistenfurcht zu schüren, um so kurzfristig eine „Tendenzwende" herbeizuführen, bot sich der enge Vertraute des neuen Bundeskanzlers, Leo Bauer, geradezu an. Das Amt des Bundeskanzlers setzte weiteren Kampagnen gegen Willy Brandt Grenzen, und auch die Anwürfe gegen Herbert Wehner schienen sich totgelaufen zu haben. In maßloser Übertreibung wurde Leo Bauer, neben Egon Bahr, zu einem der mächtigsten Männer Westdeutschlands stilisiert. Anfragen im Bundestag, bei denen sich besonders der CSU-Abgeordnete Anton Ott hervortat, Artikel in der „Nationalzeitung", dem „Deutschland-Magazin", der „Welt" und anderen Organen wechselten einander ab. Sie waren insgesamt nicht nur gedanklich niveaulos, sondern beruhten auch auf einer äußerst mageren Kenntnis der Biographie Bauers. Teilweise scheint geradezu Methode darin gelegen zu haben, Dinge als unklar darzustellen, die sich unschwer hätten recherchieren lassen. Immer wieder wurden dieselben fünf oder sechs „Enthüllungen" in neuen Variationen präsentiert.

Die gegen Leo Bauer Anfang der 70er Jahre von der Rechtspresse geführte Kampagne weist drei zentrale Momente auf: Zum einen handelt es sich um den Versuch, den frühen Bauer als einen linientreuen, dabei kaltschnäuzig handelnden Agenten der Kommunistischen Partei darzustellen. Zum anderen wird Bauers politischer Wechsel zur Sozialdemokratie geschickt mit Fragezeichen und Spekulationen versehen. An einem Gesinnungswandel Bauers müsse gezweifelt werden. Letztlich wird ein konspirativer Zusammenhang zwischen ihm und Bundeskanzler Willy Brandt konstruiert; die Person Leo Bauer erhält dadurch eine zusätzliche aktuelle politische Brisanz.

Der politische Werdegang, der die Beständigkeit in Bauers kommunistischer Gesinnung aufweisen soll, liest sich im „Bayernkurier" vom 3. 4. 1971 so: Er „wurde 1931 [tatsächlich 1932] ‚endgültig Mitglied der Kommunistischen Partei'. Im Berliner KP-Apparat wurden ihm ‚Sonderaufgaben' übertragen, über deren Art er sich nicht äußert". Später in der Schweiz soll Bauer im

Zusammenhang mit dem sowjetischen Spionagering gestanden haben: „In einem amerikanischen Bericht, der sich in einem Stahlschrank der Regierung Brandt befindet, wird Bauer als ‚einer der wichtigsten Männer des internationalen kommunistischen Spionagenetzes in der Schweiz' bezeichnet, der bedenkenlos die schmutzigsten Aufträge ausführte."

> „Nach Kriegsende taucht er unter sonderbaren Begleitumständen wieder in Deutschland auf, wird KP-Spitzenmann in Hessen und später Chefredakteur von Ulbrichts Deutschlandsender. In Ost-Berlin wurde Bauer von führenden Genossen gefürchtet. Als er sein Amt bei dem Sender antrat, lief eine Säuberungswelle unter dem Personal an. Gleichzeitig funktionierte Bauer das westdeutsche Korrespondentennetz des Senders in eine Spionageorganisation um."(Ebd.)

Seine spätere Verhaftung und Verurteilung wird zu einer zwielichtigen Angelegenheit:

> „Über Bauer gibt es keine authentische Biographie. Der Lebensweg des 58jährigen Berufssozialisten zeigt abenteuerliche Züge."
> „Unter mysteriösen Umständen verschwand er 1948 nach Ost-Berlin. Im Verlauf von Fraktionskämpfen innerhalb der SED wurde er im August verhaftet und nach eigenen Angaben zum Tode verurteilt, kurz darauf begnadigt. 1955 tauchte Bauer wieder in der Bundesrepublik auf." (Dieselbe Zeitung am 13. 2. 1971) Und einem Mann, der „auftaucht" und wieder „verschwindet", dem kann man schwerlich trauen.

Am 11. 9. 1971 geht der Kolumnist des „Bayernkuriers", Emil Franzel, sogar so weit, alle Angaben Bauers betreffs seiner Verhaftung in Zweifel zu ziehen. Unter der Überschrift „Eine auffällige Begnadigung" findet sich folgender Satz:

> „Das Auffälligste an der Laufbahn Bauers aber ist denn doch wohl seine Begnadigung nach drei — einer anderen Aussage zufolge zwei — Jahren Sibirien . . . Nicht jeder von den Bolschewisten zum Tode verurteilte ‚Parteifeind' hat so viel Glück gehabt."

Folglich kann es bei Bauers späterem Engagement in der SPD nicht mit rechten Dingen zugehen. Am 26. 6. 1971 referiert der „Bayernkurier" die Einlassungen des CSU-Bundestagsabgeordneten:

> Er „. . . sei in Ost-Berlin nicht aus ideologischen Gründen unter die Räder gekommen; erst als Bauer ‚seine persönliche Karriere im Land des Kommunismus nicht mehr betreiben konnte, kam seine demokratische Wandlung'."

Nachdem so die Indizienkette geschlossen ist, die die Kontinuität in Bauers opportunistischer Gesinnung aufweist, stellt sich nur noch die Frage, weshalb Bundeskanzler Brandt solche Berater unterhält. Ein Blick in die „dunkle Vergangenheit" beider genügt; eine Art Verschwörung zeichnet sich ab:

> „Sein Festhalten an Bauer hat bereits zu der öffentlich geäußerten Vermutung Anlaß gegeben, der Kanzler könne es sich anscheinend nicht leisten, seinen Mitarbeiter aus Volksfront-Tagen fallenzulassen . . . Daher ist Bauer über Vorgänge bestens informiert, an die sich der Kanzler Brandt heute nicht gern erinnert."

Der Kolumnist der „Welt am Sonntag", der am rechten Rand des konservativen Spektrums operierende ehemalige Kommunist William S. Schlamm, sieht deshalb schon 1970 die Gefahr, die von dieser „Volksfront-Konspiration" ausgeht:

> „Herr Brandt ist von ‚persönlichen Ratgebern' programmiert, deren Lebensstudium die Kunst des Staatsstreichs war. Und wer diese Kunst erlernt hat wie der Herr Leo Bauer, wird selbst noch im vorsichtig gewobenen Grundgesetz der Bundesrepublik Lücken finden, durch die eine verwegene Regierung in die ‚Permanenz' schlüpfen kann . . ."

Schlamm verstand es, Leo Bauer bei jeder sich auch nur entfernt bietenden Gelegenheit als besonderen Bösewicht in seine Kolumnen aufzunehmen — ob es um die hessischen Landtagswahlen — den Anknüpfungspunkt bildete Bauers parlamentarische Tätigkeit für die KPD Hessens 1945—47 — oder um eine Amerika-Reise des Bundeskanzlers ging, auf der ihn Leo Bauer begleitete, um unter anderem mit der amerikanischen Gewerkschaftsführung zu sprechen. (Stein des Anstoßes war hier die vermeintliche Provokation, die William Schlamm darin sah, ausgerechnet den linken Exkommunisten Bauer zur stramm antikommunistischen AFL/CIO zu schicken). Plumper als Schlamm in Springers „Welt am Sonntag" hetzte die „Nationalzeitung" des Dr. Gerhard Frey, die im August 1971 mit der Schlagzeile erschien:

> „Brandts Chefberater war Moskaus Spion. Deutschlands Schicksal in den Händen von Altkommunisten."

Leo Bauer selbst hatte im Frühjahr 1970, also bevor die Kampagne ihren Höhepunkt erreichte, im ARD-Fernsehen auf die Frage, ob ihn der Vorwurf berühre, erst aufgrund eigenen Leids Gegner des Kommunismus geworden zu sein, geantwortet:

„Ich weiß nicht, was einen richtig erschüttern könnte, wenn man zum Tode verurteilt war, man an drei Jahre hintereinander im Keller gesessen, wenn man sechs Monate in der Todeszelle gesessen hat und jede Minute darauf gewartet hat, erschossen zu werden, da gibt es, ganz offen gesagt, wenig Dinge, die einen noch erschüttern können. Man ist engagiert, aber oft erwischt man sich dabei, daß man neben sich steht und zuschaut und fragt, ist das nicht alles etwas komisch, was ihr da treibt?"

Willy Brandts Nachruf auf Leo Bauer zufolge haben ihn die Angriffe aber doch

„tiefer geschmerzt als er es zeigte. Er empfand sie als eine Erniedrigung — nicht seiner Person, sondern als eine Erniedrigung der anderen, die ihre eigene Würde in der Verletzung preisgaben und mit ihr die selbstverständliche Menschlichkeit, die ihnen hätte sagen müssen, daß dieser Mann genug gelitten habe".

Ein Teil der westdeutschen Journalisten bemühte sich, Leo Bauer fair zu behandeln, darunter auch mancher Kritiker und politische Gegner. Vereinzelt erschienen positive Würdigungen, wie von Peter Pragal am 30. August 1971 in der „Süddeutschen Zeitung". Am wirkungsvollsten konnte Bauer indessen der Hetzkampagne entgegentreten, wenn er Gelegenheit fand, über Rundfunk oder — besser noch — Fernsehen sich selbst zu äußern. Ein „Kreuzfeuer"-Interview in „Monitor" mit Claus H. Casdorff und Rudolf Rohlinger am 16. März 1970 brachte Leo Bauer neben einer Reihe Zuschriften früherer Weggefährten, die ihn offenbar freuten und die er durchweg ausführlich beantwortete, auch Briefe von Fremden ein, die sich tief beeindruckt zeigten. So schrieb ihm der Ehrenvorsitzende der Landsmannschaft Schlesien, Dr. Rumbaur, daß er „in der Sache wie in der Diktion einen vorzüglichen Eindruck gemacht" habe. Belobigungen dieser Art zeigten erneut die persönliche Ausstrahlungskraft Leo Bauers. Ob sie die Attacken der Gegner, die ihm als Feinde entgegentraten, aufwiegen konnten, ist allerdings zu bezweifeln.

Das Leben Leo Bauers war in dieser Zeit bereits zunehmend bestimmt durch seine sich verschlimmernde Krankheit. Im Januar 1971 erlitt er auf einer Reise in die Vereinigten Staaten in New York einen Schwächeanfall; er erbrach Blut und mußte in ein Krankenhaus eingeliefert werden. Nachdem er wieder so weit hergestellt war, daß er die Strapazen der Reise verkraften konnte, kehrte er nach Deutschland zurück und unterzog sich einer gründli-

chen Untersuchung. Die Diagnose war niederschmetternd und löste tiefe Depressionen bei ihm aus.
Die chronische Hepatitis mit einer daraus resultierenden Leberzirrhose, Varizen in der Speiseröhre, Aszites (Bauchwassersucht), Magengeschwüre und Bluthochdruck sorgten von nun an für sich immer häufiger wiederholende Schwächeanfälle. Immer wieder war Leo Bauer auch ans Bett gefesselt, mit Infusionen belastet, litt an Schlaf- und Konzentrationsstörungen und schließlich an schwersten Krämpfen in Händen und Füßen. Er suchte verschiedene Leber-Spezialisten und Kliniken auf, schließlich 1972 die Mayo-Klinik in den USA, ohne daß sich eine Verbesserung seines Zustands erreichen ließ.
Die Nächte seien das Schlimmste, schrieb er im Februar 1972 an Herbert Wehner. „Gleichzeitig bemühe ich mich, doch etwas zu arbeiten, um einfach nicht an die harte Wirklichkeit permanent zu denken." Selbst als er im August 1972 von den Ärzten der Mayo-Klinik die Bestätigung erhalten hatte, ein hoffnungsloser Fall zu sein, als die Krämpfe in den Händen ihm nicht mehr ermöglichten, Briefe selber zu schreiben, und ihn seine häufigen Todesgedanken so schnell wie möglich nach Hause zurückkehren ließen, schrieb er an Wehner, „mein sehnlichster Wunsch wäre, auch noch etwas helfen zu können, vielleicht schaffe ich es sogar noch einmal". Sechs Wochen später, in der Nacht vom 18. zum 19. September 1972, starb Leo Bauer.
Der schwerkranke, schon vom Tod gezeichnete Leo Bauer konnte sich kein Leben vorstellen, das ohne Arbeit, ohne Erfüllung der selbst auferlegten Verpflichtung möglich sein sollte. Auf die Frage Rudolf Rohlingers in der Monitor-Sendung vom 16. März 1970, was eigentlich passieren müsse, daß er aufgebe und erkläre, er habe den falschen Weg gewählt, hatte Bauer mit einem Bekenntnis zur Gesellschaft der Bundesrepublik Deutschland geantwortet. Gerade seine Haftzeit, die ihm in unterschiedlichen Ländern acht Jahre seines Lebens gekostet hatte, verpflichte ihn,

„für eine Gesellschaft einzutreten, in der die Vernunft mehr regiert, in der Grausamkeiten — soweit es überhaupt menschenmöglich — ausgeschaltet sind. Jedenfalls ist das meine Auffassung und meine Pflicht, die ich mir selbst gestellt habe. Und deshalb lebe und arbeite ich. Ich glaube, daß ich ohne diese Arbeit nicht mehr leben würde. Physisch nicht mehr leben würde".

Diese Rastlosigkeit, diesen inneren Zwang zur Tätigkeit, beschreibt Günter Grass in seinem Buch „Aus dem Tagebuch einer Schnecke":

„Das Mißtrauen der neugewonnenen Genossen, der Haß der verlorenen und die Niedertracht politischer Gegner haben ihn gezeichnet. Eigentlich müßte er aufgeben, hinwerfen, abtreten. Aber Willen, wie ihn nur vielfach Gebrochene, Totgesagte und aus eigener Kraft Schuldbewußte aufbringen, läßt ihn, wenn nicht richtig leben, so doch immerhin tätig sein."

Die Arbeit, die für Leo Bauer politische Arbeit gewesen war, hatte für ihn immer im Mittelpunkt seines Lebens gestanden, dahinter mußten das „Private", Ehefrauen und Kinder, stets zurückstehen. Besonders in den letzten Jahren seines Lebens suchte er stärker als je zuvor in ihr eine Bestätigung, jetzt die Bestätigung, im Rahmen seiner Möglichkeiten Optimales für die Sozialdemokratie zu leisten, der er sich ganz verschrieben hatte. Dazu brauchte er nicht ein Bundestagsmandat oder gar ein Regierungsamt. (Bauer hatte wohl recht, wenn er davon ausging, daß es ihm ohne weiteres gelungen wäre, irgendwo in Hessen ein Bundestagsmandat zu erhalten, wenn er es darauf angelegt hätte). Es ging ihm offensichtlich weniger darum, Orden an die eigene Brust zu heften, als sich vielmehr zu vergewissern, daß die Erfahrungen, die er zum Teil freiwillig, zum Teil gezwungenermaßen gemacht hatte, einen Sinn gehabt hatten, daß sie jetzt nutzbringend einsetzbar waren. Bauer war der Meinung, er könne am besten dadurch tätig sein, daß er Willy Brandt und der Partei, so weit es in seinen Kräften stand, diene und ihnen mit Rat und Tat auf Grund seines Wissens und auf Grund seiner persönlichen bitteren Erfahrungen helfe. Dazu bedurfte es keines speziellen Amtes. Wenn er sich selber gern als „Kanzlerberater" bezeichnete und wohl auch nichts dagegen hatte, daß man ihm beträchtlichen Einfluß auf den Bundeskanzler nachsagte, so war dies für ihn die befriedigende Bestätigung, daß er an dem Platz, an dem er stand, nützlich war.

„... er erlaubte sich nicht den Rückzug aus unseren täglichen Sorgen, aus unseren Kämpfen, aus unseren Hoffnungen. Er nahm an ihnen teil, fast bis zur letzten Stunde. Es wurde ihm schwer, sich aus der Welt zu lösen, für die er ein hartes und manchmal bitteres Leben lang gedacht, geredet, debattiert, geschrieben hat: Die Welt einer ‚neuen Gesellschaft', die eine Welt der freien Menschen sein soll."

Diese Worte Willy Brandts anläßlich der Gedenkstunde zu Ehren des verstorbenen Leo Bauer entsprachen dem Empfinden vieler, die Bauer in seinen letzten Lebensjahren kennengelernt hatten. Politiker, Schriftsteller und Journalisten hatten ihn gleichermaßen schätzen gelernt, einige bewunderten ihn, namhafte Repräsentanten des politischen Lebens, Walter Scheel, Bruno Kreisky und der amerikanische Botschafter in der Bundesrepublik, Martin J.

Hillenbrand, um nur diese drei zu nennen, gehörten zu den Kondolierenden. Kaum eine Zeitung oder Zeitschrift von Rang, „Der Spiegel", „Stern", „Die Zeit", „Neue Zürcher Zeitung", „The New York Times", „Die Welt", „Deutsche Zeitung Christ und Welt", „Frankfurter Allgemeine Zeitung" und andere, versäumte es, ihm einen Nachruf zu widmen. „Leo Bauers Seele hatte Narben", formulierte Herbert Wehner in seiner Totenrede. Und selbst nach seinem Tod werde es Menschen geben, die seine Ruhe zu stören versuchten. Man sagt, jeder sürbe so, wie er gelebt habe. Leo Bauers schwerer Tod war der Abschluß eines schweren und vielfach qualvollen Lebens.

Nachwort

Wir haben in diesem Buch versucht, Zeitgeschichte an einem individuellen Schicksal zu verdeutlichen. Die Voraussetzung dafür war, daß wir die Person unseres „Helden" ernst nahmen. Wäre die Persönlichkeit Leo Bauers peripher oder aufgesetzt geblieben, hätten wir das, worauf es uns ankam: die Verflechtung von Biographischem und Allgemein-Historischem aufzuzeigen, nicht realisieren können. Unterstellen wir, dieses Ziel sei erreicht worden und damit das ungewöhnliche Vorhaben gerechtfertigt, eine biographische Abhandlung über einen Menschen zu veröffentlichen, ohne den die Geschichte an kaum einem Punkt anders verlaufen wäre — unabhängig davon, in welchem Maße man überhaupt historische Leistung individuell zuzurechnen geneigt ist.
Es ist nicht auszuschließen, daß manche der hier dargestellten Vorgänge von denjenigen aufgegriffen werden, die in Leo Bauer schon zu dessen Lebzeiten nichts als einen zwielichtigen Apparatschik sehen konnten. Solchen Leuten ist nicht zu helfen. Sich von ihren Äußerungen positiv oder negativ abhängig zu machen, bedeutet, seine Mitmenschen für genauso dumm zu halten, wie andere sie verkaufen möchten, und damit gerade jene „Glaubwürdigkeit" einzubüßen, deren Mangel in den letzten Jahren wortreich beklagt wird.
Die Autoren verstehen dieses Buch als weder pro- noch antisozialdemokratisch, als weder pro- noch antikommunistisch. Der Weg Leo Bauers von der KPD/SED zur SPD war unter den gegebenen objektiven und subjektiven Umständen naheliegend, wenn auch nicht zwangsläufig, und es oblag den Verfassern, die Entscheidung für die Sozialdemokratie nachvollziehbar zu machen. Absurd wäre es, hier politische Handlungsanweisungen zu erwarten; ebenso wenig konnte es unsere Aufgabe sein, die hier dargestellten Abläufe und Zusammenhänge theoretisch zu analysieren. Aus dem Lebensschicksal Bauers können durchaus unterschiedliche Konsequenzen gezogen werden. Was bleibt, ist ein massiver Protest gegen linke Selbstgerechtigkeit in jeder Form. Leo Bauer „hat verfolgt, er wurde verfolgt . . . bedrückt von den Erfahrungen aufgelaufener Revolutionen und bürokratischer Hoffnungen. Geschlagen von der Gewalttätigkeit, die im Namen der Brüderlichkeit ausgeübt wird." (Peter Härtling)

Die Erfahrungen und Leiden der älteren Sozialisten-Generation behalten nur dann ihren Sinn, wenn sie — statt parteipolitischen Grabenkämpfen zwischen Kommunisten und Sozialdemokraten als Stoff zu dienen — in einer jeweils selbstkritischen Weise analytisch aufgearbeitet und zugleich zum Gegenstand echter, eigener Trauerarbeit gemacht werden. Gänzlich unzulässig scheint es uns zu sein, nach den blutigen Konvulsionen des Imperialismus von 1914 und 1939, nach Faschismus und Holocaust, nach Stalinismus, Rekonstruktion des Kapitalismus, Teilung Europas mit der Teilung Deutschlands und der deutschen Arbeiterbewegung eine Mentalität zu pflegen, als sei die eigene Position — welche immer im linken Spektrum — lediglich bestätigt worden.
Gewiß wird sich keine Übereinstimmung erzielen lassen, wie Verantwortung und Schuld für die Niederlagen und Selbsterniedrigungen des Sozialismus in den letzten siebzig Jahren zu verteilen sind. Daß keine Partei, keine Gruppe und keine handelnde Person ganz davon frei sind, sollte indessen von jedem akzeptiert werden, der das „Prinzip links" für sich in Anspruch nimmt.
Viel Unheil geht auf die Neigung zurück, aus der Not eine Tugend zu machen — diesen Vorwurf erhob Rosa Luxemburg schon 1918 gegen die von ihr insgesamt unterstützten russischen Bolschewiki, als die Hexenjagden der dreißiger, vierziger und anfangsfünfziger Jahre außerhalb des Vorstellungsvermögens lagen.
Ob Leo Bauer nun die richtigen Konsequenzen aus dem gezogen hat, was ihm angetan worden war und was er anderen angetan hatte, oder nicht: sein Schicksal fordert eine Besinnung auf die Achtung des menschlichen Individuums heraus — nicht nur des Andersdenkenden, sondern sogar des Gegners, der einem in einer existentiellen Auseinandersetzung auch als Feind begegnen kann, ohne deshalb zu einem zu vertilgenden Ungeziefer zu werden.
Und ein Weiteres kommt hinzu: Das volkstümliche Sprichwort, Politik sei ein schmutziges Geschäft, findet seine relative Berechtigung in der korrumpierenden Wirkung, die von jeder Machtausübung ausgeht — sei es materiell, sei es moralisch, sei es intellektuell. Bis an sein Lebensende zeigte sich Leo Bauer von dem Phänomen der MACHT fasziniert, und er hütete sich zu Recht, die daraus erwachsende Problematik auf die kommunistische Periode seines Lebens zu begrenzen. Der Verzicht auf Macht ist letzten Endes gleichbedeutend mit dem Verzicht auf politisches Gestalten. Umso mehr muß man auf ihrer Kontrolle bestehen, die auch Selbstkontrolle, und das heißt: Distanz von der eigenen Person, verlangt.

Zur Tradition und Identität der SPD.
Ein Interview mit Willy Brandt, 25. März 1983

Frage:
Wir beginnen mit einer persönlichen Frage und bitten Dich, in jeweils wenigen Sätzen zu formulieren, worin für Dich — aus heutiger Sicht — die Lehren Deiner politischen Lebenserfahrungen in je bestimmten Etappen (Weimarer Republik, skandinavische Emigration, Berlin usw.) bestehen.

Antwort:
Man kann die Raffung von Erfahrungen eines langen politischen Lebens auch übertreiben, doch ich will es versuchen.

— Die wohl wichtigste Lehre aus Weimar ist für mich, daß unnütz darüber gestritten wurde, ob Demokratie oder Sozialismus den Vorrang zu beanspruchen hätte. Das geschichtliche Versagen beider — oder aller drei — Hauptrichtungen der alten Arbeiterbewegung liegt darin, nach dem Krieg die Demokratie nicht hinreichend gesichert zu haben, wozu es freilich auch deren sozialer Verankerung bedurft hätte. Ich bleibe davon überzeugt, daß Hitler zu verhindern gewesen wäre, wenn sich die Spaltung der Arbeiterbewegung insoweit noch hätte überwinden lassen; die geschichtliche Verantwortung hierfür lastet besonders stark auf der KPD und ihrer Moskauer Vormundschaft. Die Arbeiterbewegung im ganzen hatte kein hinreichend entwickeltes Verhältnis zur Ausübung demokratischer Staatsmacht und zu den Möglichkeiten, öffentliche Verantwortung gegen Wirtschaftskrisen einzusetzen.

— In Skandinavien machte ich meine besonderen Erfahrungen auf den eben bezeichneten Gebieten: mit einem vitalen bis kraftvollen Reformismus, der auch von denen mitgetragen wurde, die — wie in Norwegen oder bei einem Teil der Schweden — von einem linkssozialistischen oder exkommunistischen Ausgangspunkt aus wirkten. Kein Zweifel, daß die günstigeren historischen Bedingungen dem demokratischen Prozeß zugute kamen. Kein Zweifel auch, daß von den Skandinaviern im Kampf gegen die Krise der dreißiger Jahre und danach im Ringen um den Sozialstaat gewichtige eigenständige Beiträge erbracht wurden. Mich beeindruckten diese Bei-

träge — oder viele von ihnen — um so mehr, als sie sich wohltuend von revolutionär firmierender Rechthaberei abhoben, mit der ich im Exil auch noch reichlich zu tun hatte.
— In Berlin hatte ich zu erfahren, wie wichtig ein demokratischer Abwehrkampf sein kann, um nicht nur Chancen der Selbstbestimmung wachzuhalten, sondern damit auch friedenssichernde Aufgaben wahrzunehmen. Dies bleibt für mich die Lehre der Blockade. Zwölf Jahre später machte der Mauerbau allen Illusionen ein Ende, daß die deutsche und die europäische Einheit durch Konfrontation erzwungen werden könnten. Stattdessen versuchte ich mit anderen, die Koexistenz als »ordeal«, als Zwang zum Wagnis, zu begründen.
— In den sechziger Jahren, als Leo Bauer und ich einander begegneten und zu enger Zusammenarbeit fanden, meinten wir, die Chancen von Entspannungspolitik zu erkennen, ohne deren Risiken und Grenzen zu verkennen. Wir sahen früher als andere, wenn auch bei weitem nicht deutlich genug, daß die Umweltgefährdung eine immer größere Rolle spielen werde. Bei der Konzentration auf Ost-West fand ich weder Zeit noch Kraft, die Nord-Süd-Dimension (auch in deren zusätzlich friedensgefährdender Bedeutung) deutlich genug ins Auge zu fassen. Ich habe mich bemüht, etwas davon nachzuholen.

Frage:
Leo Bauer, auf den Tag genau ein Jahr älter als Du, war — ebenso wie Herbert Wehner — lange Zeit führender Kommunist. Du selbst warst führendes Mitglied der Sozialistischen Arbeiterpartei. Kann man davon ausgehen, daß es zwischen Ex-Kommunisten und ehemaligen Linkssozialisten einen gemeinsamen Erfahrungshorizont gibt? Wo sind hier die Gemeinsamkeiten zu sehen im Lebensweg dieser beiden Gruppen in der Wahrnehmung der Realität, auch dann, wenn sie wieder oder erstmals in der Sozialdemokratie tätig sind, und wo sind die Unterschiede zu sehen?

Antwort:
Natürlich gab es einen gemeinsamen Erfahrungshorizont von Gleichaltrigen aus den erwähnten Gruppen. Zum Teil waren sie noch miteinander in der SAJ gewesen, bevor die einen zum SJV, dem Jugendverband der SAP, gingen und die anderen Parteikommunisten wurden. Sie wollten mit unterschiedlichen Akzenten mehr, als die Weimarer Sozialdemokratie zu leisten vermochte. Sie begehrten auf gegen die Schwächlichkeiten der Republik, gegen die Vernachlässigung sozialistischer Zielsetzungen, nicht selten auch gegen einen zur Lähmung verleitenden Glauben an die notwendige Gesetzmäßigkeit gesell-

schaftlicher Veränderungen. Wer zur KPD ging, hat — wie Leos Beispiel zeigt — häufig noch mehr als andere durchzumachen gehabt. Wer zwischendurch bei einer kleineren, unabhängigen Gruppe blieb, hat meistens mehr als andere an sich arbeiten können oder müssen.
Der generationsmäßige Hintergrund sollte insgesamt wichtig genommen werden: Nicht nur Linkssozialisten und Ex-Kommunisten, wie Leo und ich, sondern auch die meisten Gleichaltrigen, die ihrem Selbstverständnis nach immer Sozialdemokraten blieben, empfanden sich zu unserer Zeit als Söhne und Töchter der einen Arbeiterbewegung, die während des Weltkriegs gespalten worden war und von der man — bei aller heillosen Zerstrittenheit der Parteiführungen — hoffte, daß sie doch wieder zusammenfinden werde.

Frage:
Wir wollen also festhalten, daß so etwas wie politische Generationsunterschiede eine wichtige Rolle spielen. Kann man nicht in der heutigen SPD, grob gesagt, drei Gruppen feststellen: erstens Politiker, die vor 1933 und im Widerstand beziehungsweise in der Emigration ihre politischen Erfahrungen gesammelt haben, zweitens Politiker, die unter dem Nazismus aufgewachsen sind und zur SPD in den unmittelbaren Nachkriegsjahren respektive in den fünfziger Jahren gestoßen sind, und drittens die Generation der Politiker nach dem Godesberger Programm? Wenn man will, könnte man dann noch die Generation von 1968 ff. als eine vierte Gruppe hinzufügen. Und es scheint doch, daß die Berufung auf Tradition der Partei für diese Gruppen etwas Unterschiedliches bedeutet — wir würden nicht so weit gehen zu sagen, daß es für eine dieser Gruppen überhaupt nichts bedeutet; es bedeutet sicherlich anderes. Wo liegen jetzt für die erste Gruppe, der sowohl Leo Bauer als auch Du zuzurechnen wären, die entscheidenden Unterschiede im Verhältnis zu den andere Gruppen, wenn sie von der Tradition der Arbeiterbewegung, der Tradition des Sozialismus, sprechen?

Antwort:
Ich stimme zu, daß man es in etwa mit den folgenden generationsmäßigen „Gruppen" in der heutigen SPD zu tun hat:
— diejenigen, die wie Leo und ich — unabhängig davon, ob in der Sozialdemokratie oder nicht — schon 1933 dabei waren und auf die eine oder andere Weise die nazistische Barbarei überlebten; es liegt auf der Hand, daß die Zahl dieser, die die Kontinuität zur alten Arbeiterbewegung verkörpern, nun immer mehr zusammenschmilzt,
— diejenigen, die durch die Jahre der NS-Herrschaft geprägt wurden und in der Reaktion darauf zur Sozialdemokratie fanden (und an denen man

exemplifizieren kann, wie wenig schematisch Generationsgrenzen verlaufen, sondern daß ein Altersunterschied von einem halben Jahrzehnt den Abstand zwischen zwei Generationen bedeuten kann),
— die vielen, die seit der frühen Nachkriegszeit dabei sind; zu ihnen gehören manche, die es zunächst mit einer anderen Partei versucht hatten (Zentrum und BHE, aber auch KPD und Union) und von denen die 1957 mit Gustav Heinemann und Helene Wessel zur SPD übergetretenen GVP-Mitglieder einen erheblichen Einfluß auszuüben vermochten,
— gewichtiger noch als die vielzitierten 68er: viele Jüngere, die sich 1972 der SPD anschlossen, weil sie sich durch Friedens- und Reformpolitik (unbeschadet der diesen anhaftenden Unzulänglichkeiten) angesprochen fühlten.

Die Vermutung spricht in der Tat dafür, daß die Verbindung mit der Tradition der Arbeiterbewegung — nicht notwendigerweise mit der Geschichte des Sozialismus — bei denen am stärksten ist, die die alte Arbeiterbewegung noch selbst erlebt haben und nicht allein auf Literatur (oder der Zahl nach immer dünner werdende persönliche Zeugnisse) angewiesen sind. Wer Ende der zwanziger Jahre — wie Leo und ich — in die Bewegung hineinwuchs, hatte den Vorteil, noch auf viele zu stoßen, die in der Bebelschen Partei großgeworden waren. Das Empfinden, vieles erlebt zu haben, was mit dem Versagen der eigenen Bewegung verbunden ist, hat bei den meisten zu dem Entschluß geführt, nach Kräften dazu beizutragen, daß sich die Schrecken der Vergangenheit nicht wiederholen. Aber ich bin mir natürlich darüber im klaren, daß sich aus einer solchen Einstellung nicht ohne weiteres ein übereinstimmendes und hinreichend kraftvolles politisches Verhalten ergeben konnte. Hinzu kommt, zusätzlich zu den schwerwiegenden Auswirkungen des Ost-West-Konflikts auf die Arbeiterbewegung, der unterschiedliche soziale Boden, den, verglichen mit der Zeit vor Hitler, nicht nur die sozialdemokratischen beziehungsweise sozialistischen Parteien, sondern auch die Gewerkschaften vorfinden. Es liegt wiederum auf der Hand, daß diese Veränderungen am stärksten von denen wahrgenommen werden, die selbst vergleichen können.

Frage:
Hat dieser Unterschied der „Veteranen" gegenüber den Jüngeren möglicherweise auch etwas mit dem Arbeiterbewegungs*milieu* zu tun, das in der Weimarer Republik unter anderem in Form von Jugendgruppen, Freizeit- und Konsumvereinen existierte (heute etwas mißverständlich „Subkultur" genannt) und das von der Sozialdemokratie und den Gewerkschaften nach 1945 nicht wieder aufgebaut wurde? Sicherlich ist diese Entwicklung zu einem großen Teil Ergebnis objektiver gesellschaftlicher Tendenzen, zum Teil aber

wohl auch Resultat bewußter Entscheidungen, möglicherweise Fehlentscheidungen?

Antwort:
Ich meine, daß es sich bei der sogenannten Subkultur — in Wirklichkeit: den spezifischen Formen von Arbeiterbewegung, die sich unter den Bedingungen des Obrigkeitsstaats und durch deutsche Ordnungstradition herausbildeten — um ein eigenes Thema handelt. Leo Bauer und ich haben, wegen unserer unterschiedlichen Herkunft, insoweit nur zum Teil übereinstimmende Erfahrungen mitgebracht. Über die meinen habe ich in »Links und frei« berichtet. Es gibt nicht viel her, darüber zu streiten, ob 1945—46 in organisatorischer Hinsicht fehlentschieden worden sei. Allerdings würde es lohnen, den vielfältigen, auch außerdeutschen Einflüssen systematisch nachzugehen, die sich auch insoweit nach Kriegsende geltend machten.

Frage:
Man kann von älteren Sozialdemokraten häufig das Lamento hören, die heutige Sozialdemokratie sei nicht mehr die Partei, in die sie einmal eingetreten seien. In der Tat hat sich die soziale Zusammensetzung der SPD, auch der Wählerschaft, auch der Mitgliedschaft, aber vor allem in den Rängen der Funktionäre, ganz entscheidend gewandelt. Inwiefern ist es berechtigt, aufgrund dieses Wandels noch von einer Bindung an Traditionen der Arbeiterbewegung zu sprechen?
Man hat häufig versucht, diesem Problem dadurch zu entgehen, daß man von der „Arbeitnehmerpartei" gesprochen hat. Das scheint uns ein sprachlicher Trick zu sein. Denn in einer Gesellschaft, wo 80 und mehr Prozent der Bevölkerung „Arbeitnehmer" sind, kann eine Massenpartei gar nicht anders, als „Arbeitnehmerpartei" zu sein. Die Frage, die sich stellt, ist: Gibt es eine spezielle Bindung an die traditionelle Arbeiterklasse, die Industriearbeiter in engerem Sinne? Und allgemeiner gefragt: Wie würdest Du die qualitative Differenz der SPD gegenüber der bürgerlichen Volkspartei CDU definieren, und zwar nicht in erster Linie auf die Programmatik bezogen, sondern im Hinblick auf den Gesamtcharakter der Partei?

Antwort:
Die Veränderungen in der sozialen Zusammensetzung der SPD spiegeln weithin Veränderungen in der Gesamtgesellschaft wider. Die in der Frage zum Ausdruck kommende Skepsis gegenüber dem Begriff „Arbeitnehmerpartei" kann ich gut nachvollziehen. Innerhalb der breiten Mehrheit der „Lohnabhängigen" sind die unterschiedlichen Kategorien und Kriterien

wichtiger geworden. Die SPD — und das hat für sie eine prägende Bedeutung — findet ihre entscheidende Verankerung weiterhin in der Facharbeiterschaft. Ihre Funktionäre rekrutieren sich zu einem erheblichen Teil aus den Reihen des Öffentlichen Dienstes beziehungsweise der öffentlichen Dienstleistungsberufe. Mit einem Schuß Selbstironie könnte man sagen: Als August Bebel kurz vor der Jahrhundertwende die deutschen Lehrer aufrief, sich der Sozialdemokratie anzuschließen, blieb sein Erfolg sehr bescheiden, während es heute Vorstände und Diskussionen gibt, die von Lehrern (im weiteren Sinne des Wortes) geradezu dominiert werden. Zeitweilig und noch nicht überall abgeschlossen ist die abschreckende Wirkung, die von unverdauter Wissenschaft und arroganter Hochschulsprache auf Facharbeiter (oder Handwerker oder Büroangestellte oder Hausfrauen) ausgeht. Ich habe den Eindruck, daß sich Gegenkräfte entfalteten und daß jedenfalls nicht mehr die Gefahr besteht, die erwähnten Einseitigkeiten könnten die Tradition der Arbeiterbewegung fast völlig verblassen lassen.

Was den Vergleich zwischen den beiden großen Volksparteien in der Bundesrepublik angeht: Auf die Verankerung der SPD in der Facharbeiterschaft habe ich schon hingewiesen; eine starke Position in den Gewerkschaften, bei Betriebs- und Personalräten kommt hinzu. In ihrem Gesamtcharakter unterscheidet sich die SPD von der CDU nicht nur in programmatischer Hinsicht, sondern auch in Bezug auf ihre sozialen Schwerpunkte. Für die SPD stellt sich allerdings zusätzlich zu anderem — und durchaus in einem Sinne, in dem Leo Bauer tätig war — mit einiger Dringlichkeit die Frage, ob sie ihre traditionelle Anhängerschaft bewahren und ihr die Verbindung mit der (zumal technischen) Intelligenz und mit den neuen sozialen Bewegungen, deren wichtigen Themen und integrationsfähigen Menschen, auf solide Weise hinzuzufügen vermag.

Frage:
Du hast um die Jahreswende 1969/70 Leo Bauer für die „Neue Gesellschaft" ein Interview gegeben, relativ kurz nach Deiner Amtsübernahme als Kanzler der Bundesrepublik. In diesem Interview hast Du — in Bezug auf das Godesberger Programm — ausgeführt, die freiheitlich-sozialdemokratischen Grundwerte seien Deiner Meinung nach in ihrem Kern nicht wandelbar. Wie würdest Du heute diese freiheitlich-sozialdemokratischen Grundwerte definieren, und gibt es Unterschiede gegenüber 1969 beziehungsweise 1959? Müßte manches präziser gefaßt werden? Müßte anderes ergänzt werden? Es gibt mindestens Diskussionen in der SPD, ob man nicht ein neues Grundsatzprogramm anstreben müßte.

Antwort:
Ich bin auch heute der Meinung, daß die Grundwerte und weiterhin die Grundforderungen des Godesberger Programms Bestand haben. Man kann freilich fragen, warum nicht zum Beispiel auch Frieden zum Grundwert erhoben werden sollte oder ob nicht Veranlassung bestehe, über die Bedingungen von Gleichheit — im Verhältnis zu Freiheit, Gerechtigkeit, Solidarität — neu nachzudenken. Gleichwohl vertrete ich den Standpunkt, daß es weder ratsam noch sachdienlich wäre, die grundsätzlichen Positionen von Godesberg in Frage zu stellen. Ich befürworte vielmehr eine Bestätigung der deutschen Sozialdemokratie als Partei des Godesberger Programms.
Dies ändert nichts daran, daß die in den entsprechenden Teilen des Grundsatzprogramms beschriebene Wirklichkeit sich in den zurückliegenden 25 Jahren nicht wenig verändert hat. Hierüber zu berichten, hat der Münchener Parteitag (vom Frühjahr 1982) den Parteivorstand beauftragt; die Grundwertekommission — mit Erhard Eppler als Vorsitzendem, Richard Löwenthal und Heinz Rapp als stellvertretenden Vorsitzenden — sitzt an dieser Arbeit. Wenn hierüber im nächsten Frühjahr berichtet werden kann, würden einem nächsten Parteitag Vorschläge für eine Neufassung der in Betracht kommenden Programmteile unterbreitet werden können. Wenn man dann eine angemessene Zeitspanne für eine umfassende Diskussion, die ja mindestens so wichtig sein kann wie das Ergebnis, in Rechnung stellt, so würde dies bedeuten, daß über das revidierte Programm jedenfalls noch im Laufe der achtziger Jahre befunden werden könnte. Ein solcher Zeitplan muß kein Malheur sein.
Im übrigen wird sich zeigen müssen, ob die dringend gebotene Durchdringung der veränderten, im weiteren Sinne ökonomischen Faktoren mit einer Überprüfung des Grundsatzprogramms identisch ist. Ich vermute, daß dies nicht zwingend ist.

Frage:
Ein berühmt gewordenes Schlagwort Eurer Regierungsarbeit ab 1969 lautete: „Mehr Demokratie wagen". Inwiefern wart Ihr, wenn man die letzten 13 Jahre überblickt, damit erfolgreich und wo waren die Grenzen — auch im Sinne von Systemgrenzen — doch enger, als es ursprünglich aus Eurer Sicht schien?

Antwort:
Das mit den Systemgrenzen ist natürlich bei der Mitbestimmung besonders deutlich geworden. Ich habe die Verbesserung des Betriebsverfassungsgesetzes für ganz wichtig gehalten, und ich meine, daß auch die spätere Gesetzgebung für die Aufsichtsräte von Aktiengesellschaften — obwohl unterhalb der Parität — ebenfalls als ein wichtiger Schritt hätte betrachtet werden sollen.

Ohne Zweifel ist durch die sozial-liberale Koalition für die Jugend, für die Rechte der Frauen, für den Schutz von Minderheiten — zum Teil schon durch sozialdemokratische Initiativen in der Großen Koalition — nicht wenig erreicht worden. Auch bei dem Bemühen, Entscheidungsbefugnisse „nach unten", auf die örtliche Ebene, herunterzuziehen, konnten Anfangserfolge erzielt werden. Gewiß hat es 1969 auch Illusionen und in späteren Jahren Erschlaffungen — von der Rückentwicklung der FDP abgesehen — gegeben, aber es gibt doch manches, an das man wieder anknüpfen könnte.

Frage:
In dem erwähnten Interview mit Leo sprichst Du — bezogen auf das Godesberger Programm — die Notwendigkeit an, eine „modernere" Wirtschaftspolitik vorzuschlagen, also sich zu lösen von traditionellen Sozialismus-Modellen. Ich zitiere: „Wer verfügt über die Produktionsmittel, und wer kontrolliert die, die darüber verfügen?" Das sei die entscheidende Frage. Es liegt uns fern, diese These zu bestreiten; sie klammert aber unseres Erachtens eine Dimension aus. Wir behaupten: Der Hauptunterschied zwischen Sozialdemokraten und Linkssozialisten besteht nicht darin, daß letztere besonders viel oder besonders schnell verstaatlichen wollten. Das ist allenfalls eine abgeleitete Forderung. Sondern die Differenz scheint uns darin zu liegen, daß Linkssozialisten den Kapitalismus für ein System halten mit einer eigenen Systemlogik und daß sie die Notwendigkeit sehen, mit dieser Logik, der Logik des Profits, zu brechen und insofern auch qualitative Veränderungen der Gesellschaft in allen ihren Bereichen, bis in die Alltagskultur hinein, vorzunehmen — was die italienischen Kommunisten mit dem Begriff der Hegemonie ausdrücken.
Eine solchermaßen linkssozialistische Position würde heute sicherlich nicht in einem naiven Sinne Räte-Utopien der frühen zwanziger Jahre beinhalten, sondern durchaus auch von der Notwendigkeit ausgehen, die direkte mit der repräsentativen Demokratie zu vermitteln. Die italienischen Kommunisten zum Beispiel versuchen es. Kurzum: Ist eine solche Position in der SPD legitim? Anders gesagt: Kann man in der SPD Marxist sein?

Antwort:
Um mit dem Letzten anzufangen: Selbstverständlich kann man — wie Kurt Schumacher feststellte und wie es dem Geist des Godesberger Programms entspricht — in der SPD sein, wenn man sich als Marxist versteht. Was im übrigen die KPI und die SPD angeht, so dürfte es kein Geheimnis sein, daß auch im letzten Jahrzehnt mehrfach ein nützlicher Austausch von Meinungen stattgefunden hat.

Die Erfahrung seit Einbruch der neuen Weltwirtschaftskrise scheint mir, gerade auch in Anbetracht der Ergebnisse von Staatsökonomien, nicht dafür zu sprechen, marktwirtschaftliche Erfahrungen geringzuachten oder gar das ihnen zugrundeliegende Prinzip über Bord zu werfen. Allerdings muß erneut klargemacht werden: erstens, daß eine marktwirtschaftliche Orientierung nicht an spezifische Formen von Unternehmensverfassung oder Eigentum gebunden ist, und zweitens, daß — nicht nur wegen der Energie- und Umweltprobleme — deutlich geworden ist, wie sehr sich die Bereiche erweitern, innerhalb derer öffentliche Verantwortung nicht entbehrt werden kann, sondern größer geschrieben werden muß. Es ist wohl kein Zweifel daran, daß sozialdemokratische Programmarbeit sich in hohem Maße wird auf die Gebiete veränderter wirtschaftlicher Grundannahmen beziehen müssen.

Frage:
Die deutsche Sozialdemokratie hat eine zwar nicht katastrophale, aber doch deutliche Wahlniederlage hinter sich. Das Bild ist nicht einheitlich. In Schweden hatte sie gerade einen Erfolg, in anderen skandinavischen Ländern auch Niederlagen einzustecken. Muß man nicht davon ausgehen, und die Wahlergebnisse sind hier wirklich nur Anlaß der Frage, daß nach dem offensichtlichen Bankrott des Sowjet-Kommunismus auch diejenige sozialdemokratische Politik am Ende ist, die in den fünfziger, sechziger und großenteils siebziger Jahren mit dem Schlagwort des Sozialstaats beziehungsweise des Wohlfahrtsstaats versucht hat, im Rahmen des expandierenden Kapitalismus eine ständige Erweiterung des materiellen Wohlstands und des Einflusses der Arbeiterbewegung in der bürgerlichen Gesellschaft vorzunehmen. War diese Politik, die hier durchaus nicht als illusionär in dem Sinne gekennzeichnet werden soll, als ob sie nicht auch gesellschaftliche Realitäten verändert hätte, war diese Politik nicht an eine ganz bestimmte Epoche der Entwicklung des Kapitalismus nach dem Zweiten Weltkrieg gebunden, und haben wir es nicht seit mindestens Mitte der siebziger Jahre mit einer allumfassenden Offensive der bürgerlichen Reaktion zu tun, die versucht, das gesellschaftliche Kräfteverhältnis wieder zu verschieben zuungunsten der Arbeiterbewegung?
Ist nicht die Linke insgesamt in dieser Situation ratlos? Das würde durchaus auch die Strömungen einschließen — es soll hier nicht in der Pose des Besserwissers gefragt werden —, die ideologisch zwischen dem Sowjet-Kommunismus und den reformistischen sozialdemokratischen Parteien des skandinavischen Typs stehen?

Antwort:
Der Hinweis auf Wahlniederlagen ist berechtigt. Vielleicht sollte man sich

noch klarer machen, daß wir uns in einer Phase befinden, in der — wo gewählt werden kann — Regierungen unterschiedlicher Couleur abgewählt werden, weil man von ihnen wirtschaftspolitisch enttäuscht ist. Das ist ja in Skandinavien besonders deutlich geworden: In Schweden hat man die Sozialdemokraten aus weitgehend den gleichen Gründen wieder an die Regierung gebracht, aus denen sie in Norwegen aus der Führung der Regierungsgeschäfte abgewählt wurden. In Österreich gab es einen begrenzten Rückschlag der Sozialdemokraten, in Portugal profitierte die P.S. gleichzeitig vom Versagen der Mitte-Rechtsregierung. Unabhängig davon kann ich den Hinweis auf eine Offensive der Reaktion — verstärkt noch durch die Wirkungen des Rüstungswettlaufs — durchaus unterstreichen. Aber wir sind uns vermutlich auch darüber einig, daß zu optimistische Einschätzungen nach dem Zweiten Weltkrieg nicht dadurch vernünftig überwunden werden, daß man frühere Teilanalysen mit heutiger Gesamterkenntnis und Handlungsanweisung verwechselt. Ich sehe keinen Teil der europäischen Linken, der heute zu mehr als Teilantworten fähig wäre. Einen resignierenden Schluß würde ich hieraus nicht notwendigerweise ziehen.

In der deutschen Sozialdemokratie wird seit geraumer Zeit über die Grenzen des Wohlfahrtstaats beziehungsweise darüber diskutiert, welche — auch sozialpolitischen — Folgerungen sich aus grundlegend veränderten ökonomischen Rahmendaten ergeben. Einiges hiervon klingt in dem Wahlprogramm an, das der außerordentliche Parteitag der SPD im Januar '83 in Dortmund beschlossen hat. An dieser Thematik wird viel gearbeitet werden müssen, von deutschen Sozialdemokraten wie von anderen.

Frage:
Ganz offensichtlich gibt es ein bestimmtes Verhältnis von Innenpolitik und Außenpolitik. Muß dieses Verhältnis von Sozialdemokraten nicht anders bestimmt werden als von Konservativen und Rechtsliberalen? Die Ostpolitik und die Reformpolitik in den Jahren 1969 bis 1972 bildete einen klaren Zusammenhang. Um die Widerstände etwa gegen die neue Ost- und Deutschland-Politik zu überwinden, war eine breite innenpolitische Mobilisierung nötig. Und umgekehrt erweiterte der durch die Ostpolitik erleichterte Abbau des primitiven Antikommunismus natürlich den Spielraum für Reformpolitik im Innern. Es ist deutlich, daß diese Art von Außenpolitik auch Menschen begeistern konnte, Menschen in Bewegung bringen konnte. Wir vermuten, daß dieses unter anderem damit zusammenhing, daß die Politik in einer Perspektive gezeichnet wurde: In dem Interview, das Du Anfang 1969 der italienischen Zeitung „Paese Sera" gabst, wird sehr klar, anknüpfend auch an die Erfahrungen der Tschechoslowakei, die Perspektive der Überwindung

der Blöcke aufgezeigt, auch eine Gemeinsamkeit mit den italienischen Kommunisten, die von einem anderen politischen Standort aus dieses Ziel anstrebten und anstreben. Ist nicht der Versuch, durch blockübergreifende Absprachen das Netz immer enger zu machen, Verbindungen immer weiter zu treiben und dadurch schließlich zur Auflösung der Blöcke zu gelangen, gescheitert an der Fortsetzung des Großmachtkonflikts und Systemkonflikts, der vor allem durch die Supermächte betrieben wird? Muß man nicht seit 1979 — Stichworte: NATO-Beschluß, Afghanistan — zurück zu früheren Überlegungen aus der zweiten Hälfte der fünfziger Jahre, die auf Disengagement hinzielen?
Um auf Deutschland zu kommen: 1969 sagst Du, »es geht darum, Mauern abzutragen«. Du führst weiter aus, in Deutschland gebe es besonders große Widerstände gegen die Normalisierung der Verhältnisse, insbesondere, was die menschlichen Erleichterungen betrifft. Ist — bei aller Anerkennung der historischen Leistungen von 1969 bis 1972 — der „Wandel durch Annäherung" nicht längst ins Stocken geraten? Muß nicht eine neue Anstrengung gemacht werden, wie damals am Ende der sechziger Jahre, um den Status quo, so wie er hier existiert, zu überwinden? Wo sind Ansatzpunkte, um wirkliche Veränderungen im Sinne des Schlagworts des SPD-Wahlkampfes, „Im deutschen Interesse", vorzunehmen?

Antwort:
Den Hinweis auf den Zusammenhang zwischen Außen- und Innenpolitik, Friedens- und Reformpolitik halte ich für wichtig. Was wir Anfang der siebziger Jahre damit verbunden hatten, mag noch so unzulänglich gewesen sein: es interessierte viele, gerade auch jüngere Menschen und fand ihre Unterstützung. Gleichzeitig muß man sich natürlich darüber im klaren sein, daß wir es — zumal auf die beiden Weltmächte bezogen — Anfang der siebziger Jahre mit einem außenpolitischen Rahmen zu tun hatten, der bald erheblich in Frage gestellt wurde.
Die Chancen für eine Überwindung der Blöcke haben sich in den zurückliegenden Jahren nicht verbessert, und eine Aussicht für eine positive Veränderung der deutschen Lage durch Ausscheren aus den Blöcken ist weder zu erwarten noch realistischerweise anzustreben. Genauer gesagt: Auch wenn die Deutschen dies wollten, würde man ihnen nicht die Möglichkeit geben, sich aus den Block-Einbindungen zu lösen. Für die Deutschen ergibt sich die Chance größerer nationaler Nähe — nach allem, was ich heute erkennen kann — nur aus umfassenderen europäischen und/oder internationalen Veränderungen. Doch zweifle ich nicht daran, daß es im Verlauf eines widerspruchsvollen Prozesses darum gehen wird, ob und wie es den Europäern unbeschadet alles Trennenden gelingt, ihre Überlebensinteressen gegenüber den

ineinander verhakten Supermächten geltend zu machen. Außerdem halte ich es seit Jahren für wahrscheinlich, daß irgendwann in dem Sinne ein mittelgroßer Staat „aussteigen" wird, daß er sich der Scheinlogik des Wettrüstens entzieht.
Ob und wo es, auf Deutschland bezogen, neue Ansatzpunkte gibt, wird man erst feststellen können, wenn a) Klarheit besteht über die Gefahr einer neuen, qualitativ besonders gefährlichen Umdrehung der Rüstungsspirale, b) die Politik der konservativ-rechtsliberalen Regierung in Bonn über Allgemeinheiten hinaus formuliert worden ist, c) die DDR-Führung sich schlüssig darüber geworden ist, ob sie aus ihren Gründen an mehr Konfrontation und insoweit „klaren Verhältnissen" Gefallen findet oder nicht.

Frage:
Es ist vielleicht nicht zu optimistisch, davon auszugehen, daß die DDR als Staat in der Bundesrepublik inzwischen weitgehend anerkannt ist. Anders verhält es sich mit der führenden Partei Ostdeutschlands, der SED, die meist immer noch als reine Agentur oder gar Außenstelle der KPdSU betrachtet wird — nach unserem Eindruck auch von vielen Sozialdemokraten. Muß nicht der Dialog mit der DDR, den wir sicher übereinstimmend als friedens- und deutschlandpolitisch gleichermaßen notwendig ansehen, auch in verstärktem Maße die SED einbeziehen?

Antwort:
Es wäre ein Irrtum, anzunehmen, daß die SPD von der DDR mit Einschluß der diese tragenden Partei nicht Kenntnis genommen hätte. Auch wäre es nicht logisch, wenn die SPD, die sich doch mit Vertretern der KPdSU und anderer regierender kommunistischer Parteien seit geraumer Zeit zwar nicht in einem Zustand der Zusammenarbeit befindet, wohl aber — bei grundsätzlichen Meinungsverschiedenheiten — gelegentlich an einem für beide Seiten interessanten oder auch nützlichen Meinungsaustausch teilnimmt, die SED aussparen wollte. Ich bin nicht dagegen, sondern dafür, daß der Meinungsaustausch mit den in Staat und Partei Verantwortlichen auch in der DDR ohne Scheuklappen geführt und inhaltlich angereichert wird. Und zwar nicht allein auf die praktischen deutsch-deutschen Angelegenheiten bezogen, sondern vor allem auch in Bezug auf das objektiv beiderseitige Interesse an einem Abbau der zumal auf Europa bezogenen Spannungen zwischen den Supermächten.

Frage: Leo Bauer sah offenbar die Gespräche mit der Italienischen Kommunistischen Partei in der langfristigen Perspektive der Aufhebung jenes Schismas, das infolge des Ersten Weltkriegs und der Oktober-Revolution in Rußland die Arbeiterbewegung gespalten hatte: der Einheit der Linken. Wie haben sich diese Verbindungen zwischen SPD und PCI nach Leo Bauers Tod weiterentwickelt?
Und darüber hinaus: nach welchen Gesichtspunkten soll die deutsche Sozialdemokratie ihre internationale Bündnispolitik ausrichten? Bekanntlich gibt es seit jeher Kontakte mit Teilen der Demokratischen Partei in USA, es gibt Kontakte mit Befreiungsbewegungen in der Dritten Welt und so weiter.

Antwort:
Es hat zwar nicht offizielle, dafür aber — auch in der Zeit nach Leo Bauer — durchaus ergiebige Kontakte zwischen Vertretern der beiden Parteien gegeben, nicht selten auch im Rahmen von Diskussionsveranstaltungen an dritten Orten. Es ist weiter kein Geheimnis, daß Enrico Berlinguer und ich, zumal wir bis vor kurzem beide dem Europäischen Parlament angehörten, verschiedentlich Meinungen ausgetauscht haben. Dies hat nichts daran geändert, daß unsere italienischen Partner innerhalb der Sozialistischen Internationale PSI und PSDI sind.
Ich bestätige außerdem meine früheren Aussagen darüber, daß die SPD — über die Zusammenarbeit im Bund der EG-Parteien und in der Sozialistischen Internationale hinaus — einer breitgefächerten Partnerschaft in der internationalen Zusammenarbeit bedarf. Wir haben dies, neben allen anderen Aufgaben, nicht hinreichend systematisieren können. Aber ich bin sicher, daß Versäumtes nachgeholt werden kann. In der Sozialistischen Internationale und ihren flexiblen Formen von Zusammenarbeit gibt es dazu wichtige Ansätze.

Abkürzungen

ADGB	Allgemeiner Deutscher Gewerkschaftsbund
ADN	Allgemeiner Deutscher Nachrichtendienst
AFL/CIO	American Federation of Labor/Congress of Industrial Organizations
APO	Außerparlamentarische Opposition
BdKJ	Bund der Kommunisten Jugoslawiens
BHE	Block der Heimatvertriebenen und Entrechteten
BND	Bundesnachrichtendienst
BuA	Bundesarchiv (Koblenz)
CDP	Christlich-Demokratische Partei
CDU	Christlich-Demokratische Union Deutschlands
CDUD	Christlich-Demokratische Union Deutschlands
CGIL	Allgemeiner Italienischer Gewerkschaftsbund
CIA	Central Intelligence Agency
CSS	Centrale Sanitaire Suisse
CSU	Christlich-Soziale Union
DANA	Deutsch-Amerikanische Nachrichtenagentur
DBD	Demokratische Bauernpartei Deutschlands
DEFA	Deutsche Film A. G.
DGB	Deutscher Gewerkschaftsbund
DKP	Deutsche Kommunistische Partei
DNVP	Deutschnationale Volkspartei
DPA	Deutsche Presseagentur
EG	Europäische Gemeinschaft
EWG	Europäische Wirtschaftsgemeinschaft
FD	Freies Deutschland
FR	Frankfurter Rundschau
Gestapo	Geheime Staatspolizei
GULAG	Hauptverwaltung der Lager (in den UdSSR)
GVP	Gesamtdeutsche Volkspartei
HO	Handelsorganisation
IfZG	Institut für Zeitgeschichte (München)
IISG	Internationaal Instituut voor Sociale Geschiedenis (Amsterdam)
ISK	Internationale Sozialistische Kommission
Juso	Jungsozialisten in der SPD
KAPD	Kommunistische Arbeiterpartei Deutschlands
Kominform	Informationsbüro der kommunistischen Arbeiterparteien
Komintern	Kommunistische Internationale
KP	Kommunistische Partei
KPD	Kommunistische Partei Deutschlands
KPdSU	Kommunistische Partei der Sowjetunion

KPI	Kommunistische Partei Italiens
KPO	Kommunistische Partei Deutschlands (Opposition)
KPÖ	Kommunistische Partei Österreichs
LAZ	Landesarchiv Berlin, Abteilung Zeitgeschichte
LDP	Liberal-Demokratische Partei
LDPD	Liberal-Demokratische Partei Deutschlands
ML	Marxismus-Leninismus
MWD	Ministerium für Innere Angelegenheiten der UdSSR
NA	National Archives
ND	Neues Deutschland
NDPD	National-Demokratische Partei Deutschlands
NG	Die Neue Gesellschaft
NKFD	Nationalkomitee Freies Deutschland
NKWD	Ministerium für Staatssicherheit der UdSSR
NS	Nationalsozialismus
NSDAP	Nationalsozialistische Deutsche Arbeiterpartei
NWDR	Nordwestdeutscher Rundfunk
OCI	Office of the Coordinator of Information
OMGUS	Office of Military Government, U.S.
OSS	Office of Strategic Services
PCF	Kommunistische Partei Frankreichs
PCI	Kommunistische Partei Italiens
Prov. Ltg.	Provisorische Leitung
PS	Sozialistische Partei
PSI	Sozialistische Partei Italiens
PSDI	Sozialdemokratische Partei Italiens
RGO	Revolutionäre Gewerkschaftsopposition
RIAS	Rundfunk im Amerikanischen Sektor
SA	Sturmabteilung
SAJ	Sozialistische Arbeiter-Jugend
SAP	Sozialistische Arbeiterpartei Deutschlands
SBZ	Sowjetische Besatzungszone
SD	Sicherheitsdienst
SDS	Sozialistischer Deutscher Studentenbund
SED	Sozialistische Einheitspartei Deutschlands
SJV	Sozialistischer Jugend-Verband Deutschlands
SMAD	Sowjetische Militäradministration in Deutschland
SP	Sozialdemokratische (Sozialistische) Partei
SPD	Sozialdemokratische Partei Deutschlands
SS	Schutz-Staffel
SSD	Staatssicherheitsdienst
SSG	Sozialistische Schülergemeinschaft
SSR	Sozialistische Sowjetrepublik
USC	Unitarian Service Committee
USPD	Unabhängige Sozialdemokratische Partei
WVO	Warschauer Vertragsstaaten
ZA	Zentralausschuß
ZK	Zentralkomitee
ZPKK	Zentrale Parteikontrollkommission
ZVE	Zentralvereinigung der deutschen Emigranten

Anmerkungen

Anmerkungen zu Kapitel I:

Seite 13: Zur Familiengeschichte von Leo Bauer: Auskünfte von Ilse Beck, Gitta Bauer, André Bauer, Marlies Wieczorek und Gertrud Bauer.
Bauers Aussage über die fünfzig Angehörigen: Wallach, 1969, S. 229.
Seite 14: Bauers Selbstverständnis als Verfolgter: Auskunft von Ilse Beck.
„Du siehst ja so jüdisch aus ...": Auskunft von Marlies Wieczorek. Erst nach langen Diskussionen mit seiner früheren Frau Gitta willigte Bauer ein, daß seinem Sohn André die Herkunft des Vaters und der Großeltern erklärt werde: Auskunft von Gitta Bauer.
„Die ersten Erinnerungen ...": Bauer, Fragment.
Über die Verhandlungen mit dem Verlag: Auskunft von Ilse Beck.
Seite 15: Die Lage der Juden in Osteuropa: Shmuel Ettinger: Vom 17. Jahrhundert bis zur Gegenwart, in: Ben-Sasson, 1980; Ellbogen, 1967; Dubnow, 1923.
Zur Lage der deutschen und ausländischen Juden im Kaiserreich und in der Weimarer Republik: Richarz, 1979, 1982; Adler-Rudel, 1959; Lestschinsky, 1932.
Soziale Struktur der Juden: Ruppin, 1930, S. 356 ff.
Skalat: Gemeindelexikon, 1907.
Seite 16: Der Geburtsname von Leo Bauer: Auskunft von Gitta Bauer.
Die Bedeutung der Namensgebung: Encyclopaedia Judaica, Vol. 12, 1971, S. 808 f.
Seite 17: „Er wurde deshalb zum Prototyp ...": Encyclopaedia Judaica, Vol. 6, 1971, S. 618 f.
Kriegsschauplatz Galizien: Österreich-Ungarns letzter Krieg, Bd. 1, 1931.
„Kürzlich kamen wir ...": Stepun, 1963, S. 37 ff.
Seite 19: Pogrom in Lemberg: Österreich-Ungarns letzter Krieg, Bd. 1, 1931, S. 107.
Über Chemnitz: Chemnitz in Wort und Bild, 1911; Chemnitz, 1923; Das Buch der Stadt Chemnitz, 1926; Chemnitz, 1929.
„Einen über alles Erwarten ...": Uhle, 1919, S. 224.
Seite 20: Über Bauers Vater: Adreßbücher von Chemnitz, einschließlich Straßenverzeichnisse und Branchenteile 1914—1943/44; Telefonbücher von Chemnitz 1927—1933; Reichsadressbuch 1933.
Seite 21: Über die Ausweisung von Ostjuden aus Leipzig und Dresden: Diamant, 1970, S. 20 u. 49.
Hilfsausschüsse für österreichisch-ungarische Familien: Uhle, 1919, S. 329.
Über das Verhältnis der deutschen Juden zu den Ostjuden: Richarz, 1982, S. 16; Adler-Rudel, 1959.

Seite 22: Gottesdienstordnung in der großen Synagoge: Diamant, 1970, S. 42.
„Wir in Sachsen...": Adler-Rudel, 1959, S. 67.
Seite 23: „Und das Merkwürdige war...": Interview mit Gitta Bauer.
Die Kewra Kedischa: Diamant, 1970, S. 54 f.
„Der kleine Ludwig Bergmann...": Bauer, Fragment.
Seite 24: Über Bauers Schulzeit in Chemnitz: Auskünfte von Helmut Kötz, Wolfgang Rother, Gottfried Müller, Sally Dziubek, Willy Zehmisch, Wolfgang Theyson, Hans Natusch und Edgar Böttger; Haubold 1928, 1929.
Seite 25: „Zu einem großen Teil...": Chemnitz, 1926, S. 195 ff.
„Wie ein Wesen...": Bauer, Fragment.
Seite 26: Klassenzeitung: erhalten von Helmut Kötz. Bauer als Schüler: Brief von Bauer an Rother, Juni 1960, erhalten von Wolfgang Rother.
Seite 27: Tafellied: erhalten von Helmut Kötz.
„Die vom Vater...": Bauer, Fragment.
Seite 29: Bauers Stellung im Elternhaus: Auskunft von Ilse Beck.
Seite 30: „Die Zionisten versuchen...": Knütter, 1971, S. 24.
Seite 31: „Durch den Lehrer...": Bauer, Fragment.

Anmerkungen zu Kapitel II:

Seite 33: „Er beantwortete im...": Bauer, Fragment.
Seite 34: „Als Fünfzehnjähriger fuhr...": Bauer, Utopie, S. 77.
Zur SAJ: Eberts, 1979; Giesecke, 1981; Martin Martiny, Sozialdemokratie und junge Generation am Ende der Weimarer Republik, in: Luthardt, 1978, Bd. II.
Zur Überalterung der SPD: Hans Mommsen, Die Sozialdemokratie in der Defensive: Der Immobilismus der SPD und der Aufstieg des Nationalsozialismus, in: Mommsen, 1974, S. 124.
Seite 35: „Auch ich war...": Protokoll des SPD-Parteitages 1927, S. 106.
„bedenkenlos die radikale...": Neumann, 1973, S. 36.
Seite 36: Bauer als Schüler in Berlin: Auskünfte von Walter Kochmann.
Seite 37: Wahlergebnisse Chemnitz: Alfred Milatz, Das Ende der Parteien im Spiegel der Wahlen 1930 bis 1933, in: Matthias/Morsey, 1979, S. 777—778; Uhlmann, 1971, S. 309.
Seite 38: Wahlergebnisse der SPD und KPD in Berlin: Milatz, in: Matthias/Morsey, 1979, S. 777—778.
„Richtlinien zur Wehrpolitik": Protokoll des SPD-Parteitages 1929, S. 288—289.
Seite 39: Zur Entwicklung der innerparteilichen Opposition in der SPD und der Entstehung der SAP: Drechsler, 1965.
Seite 40: Zur SPD, SAJ und SAP in Berlin 1931: Soell, 1976, S. 18 ff.; Erich Schmidt, Der Berliner Jugendkonflikt vom April 1933, in: Matthias/Morsey, 1979, S. 242—250.
„Die Weltwirtschaftskrise mit...": Bauer, Utopie, S. 77.
„Wir waren bereit...": Ebd., S. 78.
Seite 41: Die Wahlergebnisse der SAP: Drechsler, 1965, S. 252 ff.
SAP-Parteitag eine „groteske" Veranstaltung: Bauer, Interview.

Seite 42:	Bauer in der Rück-Düby-Fraktion: Ebd. „Zwei Gründe waren...": Bauer, Utopie, S. 78. Zur KPD in den letzten Jahren der Weimarer Republik und zum „Apparat" der Partei: Bahne, 1976; Feuchtwanger, 1981; Retzlaw, 1971; Weber, 1969; Wehner, 1982; Wollenberg, o. J.. „Leitsätze über die Grundaufgaben der Kommunistischen Internationale": Der zweite Kongreß der Kommunistischen Internationale, 1921, S. 746—766.
Seite 44:	„daß die KPD...": Bauer, Interview. „ganz spezifisch angesetzt...": Ebd. „das Gehalt eines...": Feuchtwanger, 1981, S. 500. „oblag der Schutz...": Ebd., S. 498.
Seite 45:	Zur Theorie des „Sozialfaschismus": Protokoll. 6. Weltkongreß, 1928/29; Protokoll des 12. KPD-Parteitags, 1929; Bahne, 1976; Flechtheim, 1969; v. Plato, 1973; Lange, 1969; Kadritzke, 1974. Zum Streik bei den Berliner Verkehrsbetrieben: Anderson, 1948, S. 209 f.; v. Plato, 1973, S. 273 f.; Geschichte der deutschen Arbeiterbewegung, Bd. 4, 1966, S. 174; Link, 1964, S. 165.
Seite 46:	„Viele Kommunisten...": Bauer, Utopie, S. 79. Statut der KPD: Weber, 1967, S. 136—139, hier S. 136. Wehner, 1982, S. 50.
Seite 48:	„So ernst wir...": Zit. nach Bahne, 1976, S. 42. Zur „Reichstagsbrandverordnung": 1933, 1983, S. 26.
Seite 49:	Über Bauers Verhaftung: Auskünfte von Walter Kochmann. Über Rudolf Hörig: Bauer, Fragment; Bauer, Utopie, S. 80.
Seite 50:	„Ich litt für...": Bauer, Utopie, S. 79.

Anmerkungen zu Kapitel III:

Seite 51:	Zu den Verhaftungen: Duhnke, 1972, S. 113; Dallin, 1956, S. 115 ff. „Paris wird...": Willi Münzenberg an Fritz Brupbacher, 15. 5. 1933, zit. nach Gross, 1967, S. 254. Die folgenden Ausführungen orientieren sich vor allem an Badia u. a., 1979, S. 68 ff.; siehe auch die unter S. 64 angegebene Literatur.
Seite 52:	„Reichte es...": W. Brandt, 1982, S. 130. „... achtstöckigen Mietshaus...": Scheer, 1964, S. 85 (ebd. auch das folgende Zitat).
Seite 53:	„„Sind Sie...'": Ebd., S. 86. „Hier zum...": Bauer, Utopie, S. 80. Zur KPD 1933/35: Duhnke, 1972; Vietzke, 1966; Sywottek, 1971; Langkau-Alex 1977, S. 50 ff.
Seite 54:	Zum Saarland: v. z. Mühlen, 1979. Zur innenpolitischen Entwicklung in Frankreich nach 1933: Bloch, 1972, S. 378 ff.; Braunthal, 1963, S. 437 ff.; Lefranc, 1965. Zum VII. Weltkongreß der KI: Protokoll des VII. Weltkongresses, 1974; Sywottek, 1971, S. 36 ff.
Seite 55:	„An der Spitze...": Sperber, 1982, S. 110. „totale Wende...": Bauer, Interview.

Seite 56: „Laut Statut...": Unveröffentlichte Ausarbeitung Leo Bauers, erhalten von U. Langkau-Alex.
Seite 57: Zur KPD in Frankreich seit 1933: Schiller u. a., 1981, S. 60 ff.; Langkau-Alex, 1977, S. 50 ff.; Duhnke, 1972; Gross, 1967, S. 246 ff.; Dahlem, 1977.
Seite 58: Zur „Brüsseler Konferenz": Mammach, 1975; Sywottek, 1971, S. 51 ff.
„begann jetzt...": Bauer, Utopie, S. 80.
„Ich mache..."' und die beiden folgenden Zitate: Bauer, Interview.
Zur „Deutschen Volksfront" im Exil: Schiller u. a., 1981, S. 83 ff.; Gross, 1967, S. 292 ff.; Duhnke, 1972, S. 231 ff.; Sywottek, 1971, S. 63 ff.; Langkau-Alex 1977; dies., 1970.
Seite 59: „Erfüllt von...": Geschichte der deutschen Arbeiterbewegung, Bd. 5, 1966, S. 489 f.
Seite 60: „enge Fühlungnahme..." und die drei folgenden Zitate: Wehner 1982, S. 158 f.; 175 f.
„Allmonatlich werden..." BuA, R 58, Nr. 355.
Zu den „Freundeskreisen" ansonsten: Schiller u. a., 1981, S. 104 ff.
Seite 61: Zu Münzenberg: Gross, 1967; Badia u. a., 1979, bes. 127 ff., 397 ff.; Duhnke, 1972, S. 276 ff.
„Für viele...": Gross, 1967, S. 278.
„gelungen, freundschaftliche...": Weiss, Bd. 1, 1975, S. 163.
Seite 62: „Für uns Kommunisten...": Bauer, Utopie, S. 81.
Zum Spanischen Bürgerkrieg: Thomas, 1961; Broué/Témime, 1969.
Seite 63: Zur Spanienhilfe der KPD: Gross, 1967, S. 298 ff.; Schäfer, 1976, bes. S. 58 f.; vgl. W. Brandt, 1982, S. 215 ff.; Duhnke, 1972, S. 266 ff.
„Wie rücksichtslos..." Bauer, Fragment.
„an die ersten...": H. Wehner in NG 10/1972, S. 726.
Seite 64: „Im Gegensatz...": Information von Emigranten für Emigranten, Sondernummer, Juni 1936.
Allgemein zur Lage der deutschen Emigranten in Frankreich: Badia u. a. 1979; Schiller u. a., 1981, S. 41 ff.; Vormeier in Schramm, 1977; Fabian/Coulmas, 1978; Langkau-Alex 1977, S. 35 ff.
Seite 65: Quantitative Angaben nach Langkau-Alex, 1977, S. 40 ff.; vgl. Badia u. a., S. 15 ff.
„Vor allem...": Dahlem, 1977, Bd. 1, S. 349 ff.
Seite 66: Zu Leo Bauers Privatleben: Briefe Bauers an Erica Glaser aus der Schweizer Haft (verlesen von Erica Wallach); Brief W. Kochmann an Leo Bauer, 20. 9. 1969 u. Brief Kurt Rosenberg, 27. 6. 1969, in: Material NG; Auskunft W. Kochmann.
Seite 67: Zu den Konferenzen: Information von Emigranten für Emigranten 1935—1937; Protokolle im AsD, Emigration SOPADE 175; Literatur wie unter S. 64.
„Schaffung eines...": Information von Emigranten für Emigranten, Sondernummer, Juni 1936.
Seite 68: Zu Bauers Mitarbeit im Comité Consultatif: Auskunft Erica Wallach (nach Aussagen Bauers); dazu Langkau-Alex, 1977, S. 38.
Seite 69: Prag: Darstellung nach Grossmann, 1969, S. 125 ff.
Seite 70: Klagen des SPD-Exilvorstands: Sopade an S. Grumbach v. 15. 12. 1938 im AsD, Emigration SOPADE 46; Rabold an Rühle v. 4. 1. 1939 in: IISG,

Amsterdam, Nachl. Rühle, Mappe 58, erhalten von U. Langkau-Alex.
„daß Herr Bauer...": Bescheinigung Aufhäusers v. 22. 2. 1956, Material Wehner.
Verhalten Bauers aus Sicht einer tschechischen Kommunistin: Auskunft Lucie Taub.
Zu den Moskauer Prozessen: Pirker, 1963.
Zu den Mai-Kämpfen: wie unter S. 62.
Zur Antitrotzkismus-Kampagne: Duhnke, 1972, bes. S. 279; Grossmann, 1969, S. 105 ff.; Jacoby, o. J., S. 21 ff.

Seite 71: „Beklommenheit, Gewissenskonflikte...": Weiss, Bd. 1, 1975, S. 154.
„Als später...": Jacoby, o. J., S. 26.
„das Zusammengehörigkeitsgefühl...": Koestler, 1971, S. 298.
Seite 72: „Otto Wollenberg...": Grossmann, 1969, S. 134 ff.
Seite 74: „daß er sich...": Kurt Hiller an Leo Bauer, 16. 4. 1970, Material NG.
„Mit Katz...": Hiller 1951, S. 88 ff.; vgl. Hiller, 1969, S. 319 f.
Seite 76: „In der Nacht...": Bauer, Fragment.
Seite 77: Zum folgenden: Grossmann, 1969, S. 137 ff.; Auskunft Hermann Field.
Seite 78: Zur französischen Innenpolitik seit 1938: Bloch, 1972, S. 478 ff.
Seite 79: Zur „Berner Konferenz": Mammach, 1974; Sywottek, 1971, S. 89 ff.
„unter Berufung...": Bauer, Interview.
Zur KPD-Bündnispolitik seit 1937: Sywottek, 1971, S. 71 ff.; Duhnke, 1972, S. 274 ff.; Schiller u. a., 1981, S. 107 ff.; Dahlem, 1977.
Zur Haltung der KPD zum Nichtangriffspakt: Sywottek, 1971, S. 101 ff.; Duhnke, 1972, S. 333 ff.; Badia u. a., 1979, S. 124 ff.; Dahlem, 1977, Bd. 2, S. 345 ff.; vgl. Braunthal, 1963, S. 515 ff.
Seite 80: „Wenn Hilferding...": Walter Ulbricht, Hilferding über den ‚Sinn des Krieges', in: Die Welt Nr. 6 v. 2. 2. 1940. Vollständig wiedergegeben bei Kliem, 1957, Anhang; Auszüge bei Weber, 1963, S. 364 ff. und Duhnke, 1972, S. 347.
Seite 81: „So sehr...": Bauer, Fragment.
Seite 82: Zu Frankreich im Herbst 1939: Bloch, 1972, S. 506 ff.; Zorn, 1964.
Seite 83: „Man hatte...": Koestler, 1971, S. 364.
Seite 84: Zu den Internierungen allgemein, besonders zu Le Vernet: Badia u. a., 1979, S. 169 ff.; Schramm, 1977; Frei, 1950; ders., 1972, S. 216 ff.; Koestler, 1971, S. 351 ff.; Institut für Zeitgeschichte, 1958, S. 94 ff.
Internierung: Antrag Leo Bauers an den Hessischen Regierungspräsidenten wegen Haftentschädigung und weitere Schriftstücke im Material Gertrud Bauer.
Zur Reorganisation der KPD in Frankreich 1940: Fech 1974, S. 30 ff.

Anmerkungen zu Kapitel IV:

Seite 85: Bauers Ankunft in Genf: Anklageschrift des Militärgerichts vom 11. 6. 1943, Übersetzung aus dem Französischen v. Verf., Material Wehner.
Zur Situation der Schweiz im Zweiten Weltkrieg, besonders in den Jahren 1939 und 1940: Bonjour, Band IV-IX, 1970—1976; Kurz, 1959; A. Meyer, 1965; Rings, 1974.
„Der Bundesrat hat...": Bonjour, Band VII (Dokumente), 1974, S. 161 f.

Seite 86: Zur Pressekontrolle seit Beginn des Krieges und zum Verbot von Rauschnings „Gespräche mit Hitler": Bonjour, Bd. V, 1970, S. 161 ff. und Bd. VII, 1974, S. 257 ff.; K. Weber, 1948.
Zur rechtsextremen Frontenbewegung in der Schweiz seit Ausbruch des Krieges: Wolf, 1969, S. 341 ff; Bundesratbericht, 1. Teil vom 28. 12. 1945; Bonjour, Bd. IV, 1970, S. 461 ff.
Seite 87: Empfang der Führer der Fronten bei Pilet: Bonjour, Bd. IV, 1970, S. 323 ff.
Verbot der Kommunistischen Partei und Hilfsorganisationen: Bundesratbericht, 3. Teil vom 25. 5. 1946; Gruber, 1966, S. 290 ff.; Teubner, 1975, S. 82 ff.
Zum Widerstand gegen die Anpassungspolitik im Schweizer Heer und in der Öffentlichkeit: Meyer, A., 1965; Bonjour, Bd. IV, 1970, S. 151 ff.; Mittenzwei, 1981, S. 36 ff.
Vollmachtenregime in der Schweiz seit Kriegsausbruch: Bonjour, Bd. IV, 1970, S. 32 ff.
Zur Flüchtlingspolitik und Asylpraxis der Schweiz allgemein: Häsler, 1968; Ludwig, 1957; Mittenzwei, 1981, S. 20 ff.; Stahlberger, 1970, S. 58 ff.; Stock, in: Bergmann, 1974, S. 7 ff; Bonjour, Bd. VI, 1970, S. 13 ff..
Zu den einzelnen Maßnahmen seit Anfang September 1939: Ludwig, 1957, S. 168 ff.; Teubner, 1975, S. 78 ff.
Zur Praxis der „Ausschaffung": Imhoff, 1982, S. 31 ff.; Teubner, 1975, S. 82 ff.
„Alle Ausländer, die . . .": Ludwig, 1957, S. 186 f.
Seite 88: Situation des FD in Genf: IfZG, Depositum Bergmann, Liste der Abonnenten in Genf und diverse Aufstellungen.
Internierung führender KPD-Mitglieder: Teubner, 1975, S. 89 ff.; zur Internierung sonstiger Emigranten im Frühjahr 1940: Ludwig, 1957, S. 177 ff.
Seite 89: Zur Stellung des ZK-Mitglieds Bertz in der Schweiz: Bergmann, 1974, S. 28 f.; Teubner, 1975, S. 80 ff.; Auskunft Jo Mihaly.
„wir wußten, daß . . .": Interview Erica Wallach.
Keine Unterstützung für Bauer durch KPD in der Schweiz: Auskunft Hermann Field.
„Verstoß gegen die . . .": Anklageschrift des Militärgerichts vom 11. 6. 1943, S. 1 ff., Material Wehner.
Seite 92: Bauers Genfer Wohnung: Interview Erica Wallach.
Situation der Exilpresse in der Schweiz: Kommer, 1979, S. 97 ff.; Schmidt, W. A., 1958, S. 536 ff.; Teubner, 1975, S. 147 ff.
Zur „Deutschen Kolonie" in der Schweiz: Bundesratsbericht, 1. Teil v. 28. 12. 1945; Lachmann, 1963; Bergmann, 1974, S. 87 ff.
Seite 93: Zu den Verhaftungen Anfang 1942 und zum Prozeß gegen Mitarbeiter an „Der Deutsche": Schmidt, W. A., 1958, S. 540 f.; Teubner, 1975, S. 147 ff.
Lager Witzwil und Reaktion der Öffentlichkeit: Teubner, 1975, S. 94 ff.
„Nun ist der . . .": Mayer, 1982, S. 270.
Seite 94: Flüchtlingssituation, Rückweisung und Reaktionen der Schweizer Öffentlichkeit im Herbst 1942: Ludwig, 1957, S. 203 ff.
„Politische Informationstätigkeit . . .": Anklageschrift Bauers v. 11. 6. 1943, S. 4 f., Material Wehner.

Seite 95: „Merker brauchte vertrauenswürdige...": Lewis, 1965, S. 116 ff.
Seite 97: Als Beispiel für die Darstellung der Tätigkeit Fields in der heutigen DDR-Literatur: Teubner, 1975, S. 158.
Verbindung Südfrankreich — Schweiz: Ebd., S. 126 f.
Politische Linie der KPD nach dem Angriff Deutschlands auf die Sowjetunion: Sywottek, 1971, S. 113 ff.; Teubner, 1975, S. 134 ff.
Biographie Noel Fields: Lewis, 1965.
Kindheit und Jugend von Erica Glaser (Wallach): Wallach, 1969, S. 45 ff.; Interview Erica Wallach.
Seite 98: Zur Organisation der illegalen Grenzarbeit: Interview Erica Wallach.
„Ich hatte einen...": Ebd.
Seite 99: „Ein Volk, in...": Appell der KPD-Führung an das deutsche Volk v. Oktober 1941, zit. nach Sywottek, 1971, S. 116.
Seite 100: Zur Politik der KPD in der Schweiz nach dem Überfall auf die Sowjetunion: Teubner, 1975, S. 134 ff.
Kontaktaufnahme des OSS mit Bauer: Lewis, 1965, S. 120 ff.
Zur Geschichte des OSS: Smith, 1972; Koch, 1982, S. 79 ff; Auskunft Erica Wallach.
Seite 101: „Meine erste und...": Dulles, 1948, S. 11.
„als Leo zum...": Lewis, 1965, S. 121.
Seite 102: „Die Verhaftung von...": Wallach, 1969, S. 51 f.
Kontakte des FD zum OSS seit 1943: Bergmann, 1974, S. 122 ff.; Heideking, 1982, S. 172; Persico, 1979, S. 166 f.
„Allen Welsh Dulles...": Bergmann, 1974, S. 129.
Seite 103: Ankunft Allen W. Dulles' in der Schweiz: Dulles, 1948, S. 11; Heideking, 1982, S. 150.
„Militärspionage zu Lasten...": Anklageschrift Bauer v. 11. 6. 1943, S. 5, Material Wehner.
In der Schweiz tätige Geheimdienste: Eugster, 1959, S. 115 ff.; Heideking, 1982, S. 143 ff.; Kurz, 1972; Bonjour, Bd. V, 1970, S. 91 ff.
Seite 104: „Im November 1944...": Heideking, 1982, S. 145 f.
„Dora"-Gruppe und ihre Verbindungen zu anderen Organisationen, u. a. der Roten Kapelle: Blank/Mader, 1979, S. 338 ff.; Foote, 1954; Pünter, 1967; Radó, 1971:
Seite 105: OSS und seine Verbindungen zum deutschen Widerstandskreis des 20. Juli: Dulles 1948; Hoffmann, 1969; Persico, 1979.
Freispruch von Anklage der Militärspionage: Interview Erica Wallach.
Kenntnis Bauer von Kontakten des FD zu OSS: Auskunft Karl Hans Bergmann.
Bauers Wohnung im Haus einer Funkstation der „Dora"-Gruppe: Interview Erica Wallach.
Schwierigkeiten Bauers mit KPD aufgrund des Fragebogens: Lewis, 1965, S. 126; Wallach, 1969, S. 52.
Seite 106: „Er hatte schon...": Interview Erica Wallach.
„Als man ihn...": Wallach 1969, S. 52.
Vermittlungtätigkeit von Erica Glaser (Wallach) zu OSS und zu KPD-Genossen: Interview Erica Wallach.
Seite 107: „Er kam nach...": Ebd.

Seite 108: Internierung von „Linksextremisten" im Sonderlager Malvaglia, Tessin (1941), Gordola (1942—1944) und Bassecourt (seit Feb. 1944): Mittenzwei, 1981, S. 307 ff.; Teubner, 1975, S. 111 ff. und 149 ff. Zur Organisation der politischen Arbeit im Lager außerdem: Bergmann, 1974, S. 27; Berichte über die Lagerarbeit v. Mai 1944 und März 1945, in: IfZG, Depositum Bergmann.
„In Zukunft könnten...": Protokoll der erweiterten Fraktionssitzung vom 11. 11. 1944, IfZG, Depositum Bergmann.
Zu Programm und Organisation des NKFD: Scheurig, 1961 und 1965; Sywottek, 1971, S. 123 ff.

Seite 109: Zur Gründung des FD in der Schweiz und zur politischen Linie der Umsetzung des Aufrufs des NKFD: Bergmann, 1974, S. 30 ff.; Teubner, 1975, S. 166 ff.
Programm des FD in der Schweiz: Flugblatt in: IfZG, Depositum Bergmann; abgedruckt auch bei Teubner, 1975, S. 180 ff.

Seite 110: „Deutschland muß leben...": Ebd., S. 183.
Zur sozialdemokratischen und liberalen Kritik am FD: Bergmann, 1974, S. 30 ff.; Teubner, 1975, S. 185 ff.
„Wir sind der...": Teubner, 1975, S. 179.
Organisationsstruktur des FD: Bergmann, 1974, S. 58 ff.; Protokoll der Sitzung der Provisorischen Leitung des FD v. 29. 7. 1944, in: IfZG, Depositum Bergmann.

Seite 111: Zum Verhältnis des FD zur KPD in der Schweiz: Bergmann, 1974, S. 23 ff.
„1. Die Bewegung...": Teubner, 1975, S. 178.
Schulungsarbeit des FD: Protokolle der Sitzungen der Provisorischen Leitung, in: IfZG, Depositum Bergmann.
Sondernummer des FD: Datum und Autorenangabe Bauer nach Auskunft Karl Hans Bergmann.

Seite 112: „Die Männer, die...": Sondernummer des FD, S. 5 f.
„Wir eröffnen mit...", Ebd., S. 1.

Seite 113: Zum Engagement von Karl Barth für deutschen Widerstand und Widerstand der Schweiz gegen Nationalsozialismus: Barth, 1945; Teubner, 1975, S. 262 ff.
Mitgliedschaft von Ch. von Kirschbaum in der Prov. Leitung des FD: Bergmann, 1974, S. 62.
„Wir sind in...": Protokoll vom 10. 2. 1945, S. 2 ff., in: IfZG, Depositum Bergmann.

Seite 114: „Mit diesem Bericht...": Brief der Prov. Leitung des FD in der Schweiz an das NKFD in Moskau von Anfang April 1945, S. 3, in: IfZG, Depositum Bergmann.

Seite 115: „Ja, ich kenne...": Brief von Leo Bauer an Brigitte Freudenberg vom 31. 3. 1945, im Besitz von Frau Gollwitzer.
Der Vater von Brigitte Freudenberg war Leiter der Flüchtlingsabteilung des Ökumenischen Rats in Genf. Diese Stellung erforderte eine Überparteilichkeit, die er durch die Berufung des FD auf seinen Namen gefährdet sah: Auskunft Brigitte Gollwitzer.
„Was werden Sie...": Brief von Leo Bauer an Brigitte Freudenberg vom 18./21. 4. 1945, im Besitz von Frau Gollwitzer.

Seite 116: Auflagenhöhe der Zeitschrift „FD": Abonnentenlisten und diverse Notizen zum Verkauf, in: IfZG, Depositum Bergmann.
"Bismarck-Broschüre", Über Inhalt, Funktion und Vertrieb in Deutschland: Bergmann, 1974, S. 33 ff.; Aufsatz Bergmann zum Faksimile-Nachdruck, 1975.
Kriegsziele der Sowjetunion nach Konferenz von Teheran: Sywottek, 1971, S. 144 ff.
Seite 117: „Solange das deutsche...": Sondernummer d. FD, S. 6 f.
Zusammensetzung und personelle Veränderungen in der Prov. Leitung des FD: Bergmann, 1974, S. 58 ff.
Vorwürfe an den Vorsitzenden des FD, K. H. Bergmann von KPD-Genossen bei Besprechung der mangelnden Zusammenarbeit zwischen Parteileitung der KPD und Prov. Leitung des FD: Protokoll der Besprechung vom 14. 2. 1945, in: IfZG, Depositum Bergmann.
Seite 118: Zusammensetzung der Redaktion und Pressekommission: Bergmann, 1974, S. 63 ff.
Reaktion des FD auf 20. Juli 1944: Protokoll der Tagung der Prov. Leitung vom 29. 7. 1944, in: IfZG, Depositum Bergmann; Zeitschrift „FD", Septembernummer 1944.
„die nationale Wiederaufbau- und...": Vierter Entwurf des Programms für den „Block der Kämpferischen Demokratie", zit. n. Sywottek 1971, S. 154.
Seite 119: Zu den Aufgaben des FD seit Herbst 1944: Protokolle der Sitzungen der Prov. Leitung vom 29. 7., 31. 10., 7. 11. und 18. 12. 1944, in: IfZG, Depositum Bergmann.
Aktionen des FD gegen nationalsozialistische Spitzel und Auflösungserscheinungen der deutschen Konsulate in der Schweiz: Bergmann, 1974, S. 91 ff.; Teubner, 1975, S. 297 ff.
Konferenz der KPD am 14. 1. 1945: Teubner, 1975, S. 235 ff.
Die Schritte zur Legalisierung des FD: Bergmann, 1974, S. 133 ff.
Bericht über 1. Landeskonferenz des FD am 27./28. 1. 1945: Unser Weg, 1945.
Zur 2. Landeskonferenz und zur Entwicklung des FD bis zu seiner Auflösung im Dezember 1945: Bergmann 1974, S. 149 ff.; Teubner, 1975, S. 294 ff.
Flüchtlingskonferenz in Montreux vom 29. 2. bis 1. 3. 1945: „Flüchtlinge wohin?", Bern, 1945; Über die Grenzen, Sondernummer (Nr. 5), Ende Februar 1945.
Seite 120: Programme und Durchführung von Schulungskursen für die Nachkriegsarbeit: Über die Grenzen, Nr. 5, S. 9.
Hilfsorganisation „Centrale Sanitaire Suisse": „Vor. der Spanischen Republik zu den Partisanen Titos", Zürich 1945; Teubner, 1975, S. 304 ff.
Einladung zur Tagung am 26./27. 4. 1945: Brief der CSS an die Prov. Leitung des FD vom 16. 4. 1945, in: IfZG, Depositum Bergmann.
Bauers Sanatoriumsaufenthalt: Interview Erica Wallach.
Seite 121: Zu den verschiedenen Funktionen Bauers im FD und in der KPD 1944/45: Bergmann, 1974, S. 67 und 134; Protokoll der erweiterten Fraktionssitzung vom 11. 11. 1944 und Brief von Leo Bauer an Léon Nicole vom 6. 5. 1945, in: IfZG, Depositum Bergmann; Auskunft Karl Hans Bergmann; Interviews Brigitte Gollwitzer und Erica Wallach.

325

Bauers Auftreten als Parteifunktionär: Lewis, 1965, S. 117; Auskunft Karl Hans Bergmann; Auskunft Jo Mihaly, Interview Erica Wallach.
„Der Typ eines . . .": Auskunft Karl Hans Bergmann.
„Leo Bauer, unter . . .": Ein Versuch der Rückbesinnung auf fast vergessene Zeiten, unv. Manuskript (7 S.), im Besitz von Frau Gollwitzer.
Seite 122: „Nicht-Kommunisten kamen . . .": Interview Erica Wallach.
Verhandlungen zwischen Politischem Department, Vertreter des „Demokratischen Deutschlands" und des FD Anfang Mai 1945: Bergmann, 1974, S. 141 ff.

Anmerkungen zu Kapitel V:

Seite 123: Über die Verbindung der KPD in der Schweiz nach Deutschland und die Vorbereitungen der Rückkehr: Bergmann, 1974; Mayer, 1982; Teubner, 1975, sowie Auskünfte von Erica Wallach und Jo Mihaly.
„Unser Kamerad Dr. . . .": Bergmann, 1974, S. 166—167.
Seite 124: Bauers Rückkehr: Niethammer u. a., 1976, S. 195.
Seite 125: „Wenn ich Dir . . .": Leo Bauer an Brigitte Freudenberg, 17. 7. 1945, im Besitz von Frau Gollwitzer.
Seite 126: „Den Gedanken an . . .": Bauer, Interview.
„ergab sich eigentlich . . .": Ebd.
Seite 127: Über Südbaden: Fisch/Krause, 1978, S. 126 ff; Niethammer u. a., 1976, S. 194 ff.
„Als ich aus . . .": Bauer, Interview.
Zur Frankfurter Nachkriegsgeschichte: Kropat, 1979; Hajo Dröll/Alfred Weinrich, Stadtteilantifas in Frankfurt, in: Niethammer u. a., 1976, S. 415—450; Fisch/Krause, 1978, S. 72—90; Schneider, 1980; Altmann u. a., 1980.
Seite 128: Wiedergründungsaufruf der KPD vom 11. 6. 1945: KPD 1945—1965, 1966, S. 145—153; zur Politik der KPD 1945: Laschitza, 1969; Müller, 1976; Staritz 1976.
Seite 129: „Den Gründungsaufruf fanden . . .": Bauer, Interview.
Seite 130: „der Wille und . . .": Leo Bauer an Brigitte Freudenberg, 17. 7. 1945, im Besitz von Frau Gollwitzer.
Aktionsausschuß SPD-KPD in Frankfurt: BuA, B 118/42; dazu auch: Müller, 1979, S. 73—94; Fisch/Krause, 1978, S. 72—90.
Rundschreiben Nr. 2 der provisorischen Landesleitung Hessen und Hessen-Nassau, Frankfurt/M., 30. 8. 1945, in: AsD, Büro Schumacher, J 4.
Zur Politik Kurt Schumachers 1945: Edinger, 1967; Kaden, 1964.
Seite 131: Zur Bildung der Regierung Geiler: Kropat, 1979, S. 26—40; Dörr, 1971; Wahrhaftig, 1970 u. 1971.
Seite 132: Aktionsausschußsitzung vom 22. 9. 1945: BuA, B 118/42.
Seite 133: „alle wichtigen politischen . . .": Gründungserklärung des Aktionsausschusses von CDP, KPD, LDP und SPD, in: Kropat, 1979, S. 71—72.
Seite 134: Delegiertenkonferenz der KPD am 4. 11. 1945: Brief KPD Frankfurt an Militärregierung Colonel Sheehan, 10. 11. 1945, in: NA, USA, 8/1-3/6; FR v. 5. 11. 1945.

Über die Anfänge der Frankfurter Rundschau: Hurwitz, 1972, S. 314 ff.
Wiedergründung der KPD in Frankfurt: Müller, 1979, S. 73—94; Fisch/Krause, 1978, S. 72—90.
Über Hans Mayers Rückkehr: Mayer, 1982, S. 307—324.

Seite 135: Zur „Freien deutschen Kulturgesellschaft": FR v. 7. 12. 1945, 21. 12. 1945 u. 1. 2. 1946, sowie Auskünfte von Jo Mihaly.
„keine verfemte Oppositionspartei...": Zit. nach Müller, 1979, S. 132.

Seite 136: „in der Isolierung...": Müller, 1979, S. 132.
Kassenberichte der KPD Frankfurt: NA, USA, 8/1-1/1; 8/1-3/3; 8/1-3/6; 8/1-3/9. Kassenberichte der SPD Frankfurt: Ebd., 8/2-3/3; 8/2-3/7.
Zur Politik der KPD um die Jahreswende 1945/46: Moraw, 1973.

Seite 137: Zur Ankündigung der Wahlen in der US-Zone und den Reaktionen der hessischen Parteien: Kropat, 1979, S. 90—103.
Zur Ablehnung der Publizierung der Vereinbarung des Aktionsausschusses durch die SPD: Aktionsausschuß vom 22. 9. 1945, in: BuA, B118/42.
„für die kommunalen...": FR v. 23. 11. 1945.

Seite 138: „selbständig und selbstverantwortlich...": FR v. 30. 11. 1945.
Zum Landesparteitag der hessischen SPD: FR v. 11. 12. 1946.
Protokoll der Sechziger-Konferenz: Gruner/Wilke, 1981.
„Wenn es gar...": Willi Knothe, SPD Groß-Frankfurt, an Dr. Kurt Schumacher, 28. 12. 1945, in: AsD, Büro Schumacher, J 4.

Seite 139: „Die gegenwärtige Aufteilung...": FR v. 4. 1. 1946.
„den Willen von...": Aufruf der Bezirksleitung der KPD Groß-Hessen, in: FR v. 4. 1. 1946.
„die Hemmungen, die...": Eine Erklärung der KPD, in: FR v. 4. 1. 1946.

Seite 140: „Minderheiten, lächerliche kleine...": Bauer, Interview.
„Einheit — trotz alledem!": Aufruf des Sekretariats der KPD, Bezirk Groß-Hessen, in: FR v. 15. 1. 1946.

Seite 141: „Mit Entrüstung weisen...": Ebd.
„Nur im Interesse...": Ebd.

Seite 142: Wahlen in Hessen im Jahre 1946: Kropat, 1979, S. 90—103.
„Mit Freude stellen...": FR v. 25. 1. 1946.

Seite 143: „Wir wissen, daß...": Zit. nach Kropat, 1979, S. 109—110.
„distanziere sich bewußt...": FR v. 15. 3. 1946.

Seite 144: „Solange eine Vereinigung...": Der Hessische Landbote [KPD], Jg. 1, Nr. 5 v. 10. 3. 1946.
15. Parteitag der KPD: Müller, 1979, S. 213—224.

Seite 145: „Wir hielten diesen...": Bauer, Interview.

Seite 147: Zur Ausarbeitung der Hessischen Verfassung: Kropat, 1979, S. 111—153; Dörr, 1971; 30 Jahre Hessische Verfassung, 1976; Die Auseinandersetzungen um die Länderverfassungen, 1978.
„1. die demokratische...": Walter Fisch, Verfassungsfragen — Machtfragen, in: Wissen und Tat, 1. Jg. (1946), 2. Heft, S. 6.

Seite 148: „in jede Auseinandersetzung...": Walter Fisch, ebd., S. 7.
Über das Auftreten von Leo Bauer: FR v. 19. 3. 1946, v. 7. 5. 1946 u. 17. 5. 1946.

Seite 149: Wahlaufruf der KPD: „Das Reich muß uns doch bleiben...", in: FR v. 28. 6. 1946.

Seite 150: „Wir als Kommunisten...": FR v. 6. 8. 1946.
Seite 151: Erklärung der CDU vom 1. 7. 1946, in: Die Auseinandersetzungen um die Länderverfassungen, 1978, S. 92—93.
Seite 152: „eine Verfassung auf...": Erklärung von Ludwig Bergsträsser: Ebd., S. 165.
„Wir haben uns...": Ebd., S. 163.
Seite 154: „trotz großer Bedenken...": Ebd., S. 143.
Seite 155: „Die Kommunistische Partei...": FR v. 4. 1. 1947.
„Jede Erkrankung gefährdet...": FR v. 21. 1. 1947.
Seite 156: Auskünfte von Jo Mihaly und Brigitte Gollwitzer.
„die Engstirnigkeit und...": Ein Versuch der Rückbesinnung auf fast vergessene Zeiten, unv. Manuskript (7 S.), im Besitz von Frau Gollwitzer.
Seite 157: Fritz Heine, SPD-Büro der Westzonen, Hannover, an Willi Knothe, SPD Bezirk Hessen, 24. 4. 1946, in: AsD, Büro Schumacher, J 18.
Hans Etzkorn erkundigte sich bei S. Höxter: Brief Hans Etzkorn an Fritz Heine, 23. 5. 1946, in: AsD, Büro Schumacher, J 18.
„zu den klügsten...": Willi Knothe an Fritz Heine, 14. 6. 1947, in: AsD, Büro Schumacher, J 45.
Seite 159: „Die Kommunistische Partei...": Zit. nach Müller, 1979, S. 327.
„die Kräfte der...": Beschluß der Frankfurter KPD-Funktionäre, 10. 3. 1947, in: Richard Kettner, Grundsätze und Ziele der SED, in: Wissen und Tat, 2. Jg. (1947), 5. Heft, S. 8.
Seite 160: Walter Fisch, Die Einheit Deutschlands und die Moskauer Konferenz, in: Wissen und Tat, 2. Jg. (1947), 2. Heft, S. 1—6.
Erica Glaser, Die Vereinigten Staaten von Europa, in: Wissen und Tat, 2. Jg. (1947), 4. Heft, S. 1—5.
Seite 161: Über die Münchener Ministerpräsidenten-Konferenz: Deuerlein, 1961; Gniffke, 1966; Krautkrämer, 1972; Die Reise des Generalsekretärs, 1975; Steininger, 1975.
Seite 163: „Bildung einer deutschen...": Protokoll über die Vorbesprechung der Ministerpräsidenten über die Tagesordnung am Donnerstag, dem 5. Juni 1947, in der Bayerischen Staatskanzlei in München, in: Steininger, 1975, S. 420—442, hier S. 425.
Seite 164: „Leo Bauer über seine Eindrücke in England", in: FR v. 8. 3. 1947 u. Leo Bauer, Reise nach England, in: Wissen und Tat, 2. Jg. (1947), 5. Heft, S. 11—14 u. 6. Heft, S. 8—13.
„Ulbricht, das hat...": (Leo Bauer), Das Jahr 1947. Entscheidung über Deutschlands Zukunft, in: Die Neue Gesellschaft, 1969, Sonderheft Mai, S. 35/36.

Anmerkungen zu Kapitel VI:

Seite 167: „Diese Rücksprache ist...": Brief Walter Fisch an die Militärregierung, Kpt. Thomas, 21. 1. 1948, in: BuA, B 118/37.
Seite 168: Zum Verdienst der hessischen KPD-Funktionäre: Brief der SPD Hessen an den Parteivorstand in Hannover, 19. 6. 1947, in: AsD, Büro Schumacher, J 45.
Über den Erholungsurlaub in der Hohen Tatra: Bauer, Fragment.

Seite 170: Über den Konflikt zwischen der SPD und dem „Berliner Rundfunk": Walther, 1961, S. 16—17.
Seite 171: Rundfunkhörer in Berlin: Hurwitz, 1984.
Seite 172: Über den Konflikt zwischen der CDU und dem „Berliner Rundfunk": Walther, 1961, S. 21; Der Tagesspiegel v. 9. 1. 1948; dazu auch Conze/Kosthorst/Nebgen, 1969, S. 175—221.
Seite 173: Zu den Auseinandersetzungen zwischen der Sowjetunion und den Westmächten über die Kontrolle des Rundfunks in Berlin: Hurwitz, 1984.
„im Ausbau des . . .": Neues Deutschland v. 12. 11. 1948.
„Mißbrauch des Gastrechts . . .": Der Tagesspiegel v. 2. 10. 1948.
Seite 174: Bauer über seinen Einsatz beim Rundfunk: Utopie, S. 85.
Seite 175: „Anweisungen für die . . .": Zit. nach Moraw, 1973, S. 216.
Mitgliederverluste der SED: Staritz, 1976, S. 165.
Anton Ackermann, Gibt es einen besonderen deutschen Weg zum Sozialismus? in: Einheit, H. 1, Febr. 1946, S. 22—32.
„Der Versuch, einen . . .": Neues Deutschland v. 24. 9. 1948.
Seite 176: „die unserem Volk . . .": Der Rundfunk, 3. Jg. (1948), 44. Heft.
Seite 177: Bauer zur Oder-Neiße-Linie 1946: Bauer, Interview.
Über die zunehmende Kritik an Bauer 1949: Auskünfte von Rudolf Maerker.
„Hein 'ten Hoff . . .": Telegraf v. 2. 7. 1950.
Seite 178: „selbst in der Frühgymnastik . . .": Brief Leo Bauer an Hans Schönleber, 1. 6. 1970, in: Material NG.
„Wir Mitarbeiter des . . .": Der Rundfunk, 4. Jg. (1949), 52. Heft.
Über die Hochzeitsreise: Auskünfte von Gitta Bauer.
Seite 179: „unseren Problemen zu . . .": in: LAZ, Nr. 14839.
„Zum Neuen Jahr": Der Rundfunk, 5. Jg. (1950), 1. Heft.
„ein treuer Freund . . .": Hermann Zilles, in: Der Rundfunk, 5. Jg. (1950), 17. Heft.
Seite 180: Bauer als kalter, linientreuer Parteifunktionär: Brief Hans Schönleber an Leo Bauer, 6. 5. 1970, in: Materialien NG und Brief Leo Bauer an Hans Schönleber, 1. 6. 1970, Ebd.
Abwurf von Kartoffelkäfern: ND v. 1. u. 11. 7. 1950
Stellungnahme der Regierungskommission: ND v. 1. 7. 1950.
Allgemein über Bauer in dieser Zeit: Auskünfte von Gitta Bauer, Kurt Müller, Rudolf Maerker.
Bauers Informationsbedürfnis: Auskünfte von Erica Wallach und Gitta Bauer.
Seite 181: „Er war so groß . . .": Interview mit Gitta Bauer.
Seite 183: Bauers Reaktion auf die Tito-Krise: Auskunft von Gitta Bauer.
Bauers Gedächtnis: Auskünfte von Erica Wallach und Gitta Bauer.
Seite 184: Über Gertrud Bauer, damals Wilke: Auskunft von Gertrud über Bauer.
Der Abfall Titos und die Säuberungsprozesse: Fejtö, 1972; Fricke, 1971; Stern, 1957.
Seite 185: Ausmaß der Säuberungen: Fejtö, 1972, S. 264 f.
Entschließung vom 3. 7. 1948: Dokumente, Bd. III, 1952, S. 81 f.
Einrichtung von Partei-Kontrollkommissionen: Dokumente, Bd. III, 1952, S. 100 ff.

Seite 186: Polemik gegen Tito: z. B. Kurt Hager (Vorwort) in: Lazlo Rajk, 1949, S. 3 ff.
„Angeblich hatte Field . . .": Erklärung des Zentralkomitees, in: Dokumente, Bd. III, 1952, S. 197 ff.
Seite 186: Gerichtsverhandlung gegen Rajk: Lazlo Rajk, 1949.
„Ihre Tragödie . . .": Fricke, 1971, S. 37.
Seite 187: Über die gesamte Field-Affäre: Lewis, 1965.
„Gott sei Dank . . .": Lewis, 1965, S. 188.
„Ich habe gezeigt . . .": Erklärung des Zentralkomitees, in: Dokumente, 1952, Bd. III, S. 201.
Seite 188: „keinerlei Klassenbewußtsein . . .": Ebd.
„*Das* kannte man": Auskunft von Karl Hans Bergmann.
Seite 189: Müllers Warnung: Eidesstattliche Erklärung von Leo Bauer, 25. 7. 1957, Material NG.
Über die Funktionärstagung im Juni 1950: Bericht von Bauer, „Betreff Fritz Sperling", Material Wehner.
Seite 190: Über die Umstände von Erica Wallachs Reise nach Berlin im August 1950: Auskunft Erica Wallach.
„Als er den Hörer auflegte . . .": Lewis, 1965, S. 182.
„Drei Tage später . . .": Ebd.
„Er gab ihn Matern . . .": Ebd.
Seite 191: Bauers Parteitagsverbot: Auskunft von Rudolf Maerker.
„Der Rajk-Prozeß erbrachte. . .": Rechenschaftsbericht von Wilhelm Pieck, in: ND v. 21. 7. 1950.
Operation Splinter Factor: Stevens, 1974.
Seite 192: Über die Begegnung mit Rompe: Auskunft von Gitta Bauer.
Über den Spitzel-Kollegen beim Rundfunk: Auskunft von Rudolf Maerker.
„Die letzte Woche. . .": Brief von Bauer an seine Frau, 22. 8. 1950, im Besitz von Gitta Bauer.
Seite 193: Über das Gespräch mit seinem Fahrer: Brief von Walter Dubro an seine Tochter Maria und seinen Schwiegersohn, 6. 9. 1950, erhalten von Gitta Bauer.
„Am Dienstag . . .": Ebd.
Die Umstände von Bauers Verhaftung: Bauer, Die Partei, S. 409.
Seite 194: „Aber die innere Abhängigkeit . . .": Giordano, 1980, S. 36 f.
Erica Wallachs Verhaftung: Wallach, 1969, S. 18 ff.; Lewis, 1965, S. 183 ff.
Über Gitta Bauer und ihre Schwester: Auskunft von Gitta Bauer und Erica Wallach.
Seite 195: „In unterrichteten Kreisen . . .": dpa-Meldung vom 2. 9. 1950, in: AsD, Personenakte Leo Bauer.
Seite 196: Über Alfred Schürz: Schriftliche Fassung eines Interviews, das Bauer mit Schürz führte, Hintergrundmaterial für die geplante Ulbricht-Serie im „Stern", Material Wehner.
„Am 25. August . . .": Bauer, Die Partei, S. 409.
Seite 198: Über die Zeugen Jehovas: ND, 30. 8. 1950.
Zustimmende Reaktionen auf den „historischen Beschluß des Zentralkomitees": ND v. 7. 9. 1950.
Über Kreikemeyer: ND v. 25. 10. 1950.
Seite 199: „Das Fenster wurde wieder geöffnet . . .": Bauer, Die Partei, S. 414.

Seite 201: „über jeden einzelnen ...": Ebd.
Seite 202: Art. 58 des sowjetischen Gesetzbuches, nach: Strafgesetzbuch 1953, S. 16 ff.
„Er beruhigte sich ...": Wallach, 1969, S. 229 f.
Seite 203: „Die Nacht ist ...": Bauer, Fragment.
Seite 204: „Als ich im Sommer 1953...": Brief von Bauer an Günter Grass, 28. 8. 1970, Material NG.
Über deutsche Häftlinge in sowjetischen Straflagern und Gefängnissen der Nachkriegszeit: Bährens, Bd. V1, V2, 1965.
Über Bauers Aufenthalt in verschiedenen Lagern: Sammlung von acht eidesstattlichen Erklärungen ehemaliger Mithäftlinge vom April 1956, im Besitz von Gertrud Bauer.
Seite 205: Über die Baikal-Amur-Magistrale: Karger, 1980.
„Die weiten Strecken ...": Bährens, Bd. V2, 1965, S. 345.
Seite 206: Sowjetisches Rechtssystem: Schmidt, 1961, S. 88 ff.
Häftlingszahlen: Bährens, Bd. V1, 1965, S. 132 f.
„Im Anfang der ...": Bährens, Bd. V1, 1965, S. 141.
Seite 207: Über die Ausrichtung der einzelnen Straflager: Bährens, Bd. V2, 1965, S. 350 f.
Seite 208: Besetzung der Lager: Ebd., S. 353.
„Wir waren nur politische ...": Bährens, Bd. V2, 1965, S. 389.
Seite 209: „Die Atmosphäre eines solchen Krankenhauses ..": Bauer, Häftlingsgespräch.
„Solchen Männern ...": Bauer, Ebd.
„Viele Kameraden ...": Bauer, Häftlingsgespräch.
„Diese Freundschaft ...": Ebd.
Seite 210: „Während K. die Freuden ...": Ebd.
„Was wesentlicher war ...: Ebd.
Seite 211: „Schauen Sie, Genosse Bergmann ...": Ebd.

Anmerkungen zu Kapitel VII:

Seite 213: Zum Adenauerbesuch in Moskau und zur Freilassung der Kriegsgefangenen: Auswärtige Politik, 1972, S. 39 ff. und 305 f.; Schwarz, 1981, S. 273 ff.; Böhme, 1966, S. 141 ff.
„Ich schrieb sofort ...": Bauer, Partei, S. 418.
Seite 214: Über seine Aussagen über Walter Ulbricht hat Bauer mehrfach gesprochen. Eine schriftliche Wiedergabe in: Bauer, Exposé „Walter Ulbricht", S. 5 f., Material Wehner.
Zum Zwischenfall in Frankfurt/Oder: Augenzeugin des Vorfalls war seine spätere Frau Gertrud: Interview Gertrud Bauer.
Seite 215: Zur Politik der SED nach Stalins Tod und nach dem 17. Juni 1953: Weber, Band 1, 1966, S. 85 ff.
Zur Reaktion der SED auf den XX. Parteitag der KPdSU im Februar 1956: Ebd., Band 2, 1967, S. 7 ff.; erst auf der 28. Tagung des ZK der SED Ende Juli 1956 erklärte die SED die Maßnahmen im Zusammenhang mit der Field-Affäre für ungerechtfertigt, ohne allerdings die Betroffenen zu rehabilitieren.

Reaktion der Öffentlichkeit auf die Ankunft der Transporte: Schwarz, 1981, S. 278; Jahrbücher der öffentlichen Meinung, 1956, S. 173 ff.

Seite 216: Bauers Rückkehr: Verschiedene Handzettel und Einladungen von Hilfsorganisationen, die Bauer im Aufnahmelager Friedland bekommen hatte: Material Gertrud Bauer.
Zur Teilnahme am Empfang in Frankfurt/Main: Auskunft Gitta Bauer.
Zeitungsbericht über Bauers Rückkehr: Göttinger Tageblatt v. 21. 10. 1955.
Aufforderung, sich nicht in der Öffentlichkeit zu äußern: Handzettel des Aufnahmelagers Friedland, Material Gertrud Bauer.

Seite 217: Monatelange Verhöre Bauers durch westdeutschen und amerikanischen Geheimdienst: Interview Gitta Bauer.
Zur privaten Situation Bauers nach seiner Rückkehr: Interviews mit Gertrud Bauer, Gitta Bauer, André Bauer und Ilse Beck.

Seite 219: Bauers Wunsch, in die SPD einzutreten: Brief H. Wehner an E. Ollenhauer, 15. 10. 1956.
Zur Kontroverse über den Artikel von Bauer: Ebd.; Brief von R. Löwenthal an d. Verf., 15. 2.1983.

Seite 220: Zu Bauers Idee vom Sozialismus: Bauer, Fragment; Bauer, Gespräche; Bauer, Utopie.
„Keiner von uns . . .": Bauer, Utopie, S. 97.

Seite 221: Über den Bruch früherer Kommunisten mit der Partei: Roloff, 1969; Krüger, 1963, S. 15 ff.
„Ich war immer . . .": Interview Gitta Bauer.

Seite 222: „Er hatte bis . . .": Wehner, in: NG 10, 1972, S. 726.
Über Bauers berufliche Tätigkeit 1956 bis 1959: Material Gertrud Bauer und Wehner; Interviews Gertrud Bauer und Ilse Beck.
Zur beruflichen Situation von früheren Kommunisten in der Bundesrepublik: Krüger, 1963, S. 18 ff.; Interview Carola Stern.
Über Klima des Antikommunismus in Medien: Interview Carola Stern.

Seite 223: Ablehnung der Veröffentlichung des Artikels durch den „Monat": Brief von Leo Bauer an Günter Grass, 28. 8. 1968.
H. Wehners Rat zur politischen Zurückhaltung: Brief von H. Wehner an E. Ollenhauer, 15. 9. 1956.
„Die jetzt im . . .": FR v. 10. 8. 1957.

Seite 224: Zur Wiedergutmachungsangelegenheit: Einspruch Bauers gegen Verfügung des Regierungspräsidenten vom 4. 6. 1956; Brief von L. Bauer an den Bundesminister für Flüchtlinge und Heimatvertriebene Oberländer vom 18. 6. 1956; Antrag auf Entschädigung für Opfer der nationalsozialistischen Verfolgung vom 11. 10. 1956 (mit Anlagen), Material Gertrud Bauer; Interviews Gertrud Bauer und Ilse Beck.
Zur Vortagstätigkeit Bauers: Interviews Gertrud Bauer und Ilse Beck, Manuskripte in: Material H. Wehner.

Seite 225: Bauers Verhältnis zu früheren Kommunisten: Auskunft Ilse Beck.
„Mögen auch die . . .": Bauer, Vortragsmanuskript, S. 1 ff., in: Material Wehner.

Seite 226: Zu Bauers These, die Jugend der Sowjetunion kämpfe für den demokratischen Sozialismus: Pressenotiz über Vortrag Bauers bei der Bezirkskonferenz der Gewerkschaft Chemie, Papier, Keramik in: FR v. 18. 3. 1957.

Zu Bauers Vorstellung einer Annäherung zwischen Ost und West: Nachruf auf Bauer in: Rhein-Zeitung, Koblenz, v. 20. 9. 1972.
Seite 227: Bauers Tätigkeit bei der „Quick": Interview Ilse Beck.
Zum Wechsel von der „Quick" zum „Stern": Brief von G. Gründler an d. Verf., 11. 5. 1979: Auskunft I. Beck und H. Nannen; Interview H. Wehner.
Zur Illustriertenpresse in den fünfziger Jahren: Holzer, 1967.
Zum geistig-kulturellen „Klima" in der Bundesrepublik Mitte der fünfziger Jahre: Schwarz, 1981, S. 375 ff. und S. 445 ff.; Tenbruck, in: Die Zweite Republik, 1974, S. 294 ff.
Seite 228: „Als Leo beim...": Interview Carola Stern.
Seite 229: „daß einem Manne...": Brief von E. Bahr an d. Verf. v. 22. 6. 1979.
Zum Wandel des „Stern" seit 1959/60: Stern-Jahrgänge 12 (1959) bis 21 (1968); Brief v. G. Gründler an d. Verf., 11. 5. 1979.
„Nannen verkörperte alles...": „Ein Stern versinkt", in: Die Zeit, Nr. 21 v. 20. 5. 1983.
Seite 230: „Von seinem journalistischen...": Brief von G. Gründler an d. Verf. v. 11. 5. 1979.
Zur Ulbricht-Serie: Literatur- und Namenslisten, Korrespondenz und Exposé „Walter Ulbricht", Material H. Wehner; Zwerenz, 1974, S. 277 f.; Interview Carola Stern.
Zusammenarbeit mit G. Zwerenz: Zwerenz, 1974, S. 276 ff.
„Als erstes kam...": Interview Carola Stern.
Seite 231: „Ulbricht hat nie...": Bauer, Exposé „Walter Ulbricht" (Anfang Oktober 1960), S. 7 ff., Material Wehner.
Seite 232: Mehrere Stern-Artikel über Ulbricht und die DDR 1961 und 1962 sind erschienen, aber keine Serie.
Bauers Kommentare im Westdeutschen Rundfunk: Manuskripte in: Material H. Wehner.
„Am Tag vor...": Nollau, 1978, S. 183.
Manuskripte und Skizzen zu den Sendungen „Zwietracht unter roten Fahnen" (sowjetisch-chinesischer Konflikt) und „Was will die SED von der SPD?" (Volksfront), Material H. Wehner.
Seite 233: „irgendwo hin beordert...": Interview Ilse Beck.
Artikel „Messias der Afrikaner" in: Stern Nr. 11, 1961.
Artikel zur Ermordung E. Thälmanns: „Vier Schüsse um Mitternacht", in: Stern Nr. 25, 1962.
„Das Unglück wollte...": „Ohne Marx in den Knochen", in: Stern Nr. 20, 1963, S. 20.
Seite 234: „Auf dem Godesberger...": Ebd., S. 29.
Artikel zu Johannes XXIII.: Joachim Heldt: „Vatikan und die Diktaturen", in: Stern Nr. 25, 1963.
„Ich habe noch...": Brief von L. Bauer an J. Heldt, 9. 5. 1963.
Der erste Berufsreport erschien in: Stern Nr. 52, 1963 und Nr. 1 bis 5, 1964.
Seite 235: Zur Situation der Berufsausbildung: Abel, 1963; Automation, 1965; als erste Empfehlung zur Berufsausbildung erschien erst 1965 das Gutachten des Deutschen Ausschusses für Erziehungs- und Bildungswesen; zur Situation des Bildungssystems in der Bundesrepublik Anfang der sechziger Jahre: Picht, 1964; Becker, 1962; über die Fortschritte in der Diskussion um

die Berufsausbildung geben die Empfehlungen des Deutschen Bildungsrats „Zur Verbesserung der Lehrlingsausbildung" von 1969 Aufschluß.
Seite 236: Über die Reaktion auf den Berufsreport: Stern Nr. 6, 1964, Leserbriefe.
„Kein Zweifel, der...": druck und papier, Organ der IG Druck und Papier, Nr. 4, v. 24. 2. 1964, S. 80.
Internationales Kolloquium des „Stern": Protokoll des Kolloquiums v. 30. 10. 1964 in: Berufsaussichten, 1965, S. 235 ff.
Überarbeitung des Berufsreport in: Stern Nr. 49 — 52, 1964.
Gewerkschaftsvortrag: Auskunft Walter Fabian.
Seite 237: „Sollte das stimmen...": Brief von L. Bauer an H.-J. Wischnewski, 7. 5. 1969.
„Wenn es Politik...": G. Gründler in: Stern Nr. 41, 1972, S. 190.
Seite 238: Kontakte Bauers zur SPD seit 1960: Auskünfte von Willy Brandt, Egon Bahr, Horst Ehmke, Jochen Severin, Herbert Wehner.

Anmerkungen zu Kapitel VIII:

Seite 242: Organisatorische und finanzielle Fragen der NG: Briefwechsel im Material NG und im Material W. Brandt; Auskünfte der früheren Mitarbeiter, bes. von Hans Schumacher.
Seite 244: „Wir wollen...": Brief v. 4. 10. 1968, erhalten von H. Grebing. Der Aufsatz Grebings ist auch abgedruckt in: Kolb, 1972, S. 386 ff.
Seite 245: „von der Opposition...": NG 8/1971, S. 529.
Eine Auswahl der Gespräche erschien 1973 im Verlag Neue Gesellschaft unter dem Titel: Leo Bauer, Gespräche.
Einschätzung durch Servan-Schreiber: Leo Bauer an Günter Grunwald, 15. 7. 1970, Material NG.
„Er ist...": Interview Herbert Wehner.
Seite 246: Kontroverse Kreisky/Galluzzi: NG Sonderheft zum 1. 5. 1969 (Gespräch mit Kreisky), Hefte 3—5/1969.
„Wir stehen...": NG 3/1969.
„Sehnsucht nach...": Gerhard Gründler an Verf., 11. 5. 1979.
Programmatische Entwicklung der SPD, Rezeption des Godesberger Programms: Klotzbach, 1982; Heimann, 1983.
Seite 247: Bauers Position ist aus zahlreichen Artikeln, Papieren und Briefen erschlossen. Siehe auch Egon Bahr an Verf., 22. 6. 1979; Willy Brandt an Verf., 15. 5. 1979.
Einschätzung Frühjahr 1969: Leo Bauer an Willy Brandt, 28. 4. 1969, Material W. Brandt.
Auskunft Ilse Beck. Siehe auch das Gespräch mit J. J. Servan-Schreiber in NG 5/1970 und den Artikel von P. Mendès-France, Industriegesellschaft, Wirtschaftspolitik und moderner Sozialismus, in: NG 1/1969.
Seite 248: „1. Ausgangspunkt der...": Manuskript im Material W. Brandt.
Seite 251: Zu den Jugoslawien-Kontakten: diverse Aufzeichnungen und Protokolle im Material Kiehne.
Seite 252: Gespräch mit Gligorov in NG 1/1969; vgl. Gespräche mit Kardelj in Heft 5/1969 und mit Dolanc in Heft 3/1972.

Seite 253: „Perspektiven": Entwürfe und Schriftwechsel im AsD, Depositum Horst Ehmke.
Schriftwechsel mit Ludz: Material NG.
„die Linken...": Interview Ehmke.
Seite 254: „Der Sieg...": Entwurf für eine Rede in Essen am 24. 8. 1969, Material NG.
„Wie gewinnt...": Wortprotokoll des Gesprächs zum Thema: „Eigentum verpflichtet" am 2. 12. 1970 im Kanzleramt, Material NG.
Wählerinitiative: Protokolle und Briefe im Material NG und Material W. Brandt.
Journalistenrunde: Auskünfte Horst Ehmke, Dettmar Cramer.
Wahlkampfstil: Briefe an W. Brandt, Material W. Brandt.
Seite 255: „Wir sollten...": Brief v. 14. 5. 1968 im Material W. Brandt.
Redeentwürfe: Material NG.
„Die nahezu...": Schmidt, 1979, S. 235.
Seite 256: Verhältnis zu Brandt und Wehner: Briefwechsel im Material NG, Material W. Brandt, Material Kiehne; Auskünfte Willy Brandt, Herbert Wehner, Egon Bahr, Ilse Beck, Katrin Kiehne, Eugen Selbmann, Horst Ehmke.
„Du hast...": Brief im Material NG.
Seite 257: „nicht in...": zit. nach Der Spiegel Nr. 37 v. 13. 9. 1971.
Einstellung von Ahlers: Auskünfte Ilse Beck, Willy Brandt, Katrin Kiehne, Eugen Selbmann.
Seite 258: Studenten- und Jugendrevolte: Fichter/Lönnendonker, 1979; Langguth, 1978; auch Otto, 1977, und Baring, 1982, S. 361 ff.
Seite 259: Bauers Haltung zur APO: neben verstreuten Hinweisen in der NG und im Briefwechsel Auskünfte André Bauer, Ilse, und Barbara Beck, Peter Brandt und Karsten Voigt.
„schulterklopfende...": Rhein/Ruhr-Spiegel 2/1970.
Bauers Konflikt mit André: neben André Bauers Auskünften Briefwechsel im Material NG.
Seite 260: „André ist...": Leo an Gitta Bauer, 13. 11. 1968, Material NG.
Begründung des Antrags: Text v. 1. 3. 1969, Material NG.
„Ich schäme...": Leo an André Bauer, 30. 4. 1969, Material NG.
Seite 261: G. Grass, Eine pädagogische Lektion, in: NG 1/1969.
Seite 262: Stern-Artikel über Willy und Peter Brandt in Nr. 20, 1968.
„Man kam...": Brief im Material W. Brandt.
Seite 263: Allgemein zu den Jusos: Heimann/Martens/Müller, 1977.
Juso-Kongreß 1968: Leo Bauer an Willy Brandt, 14. 5. 1968, Material W. Brandt.
„Es würde sich...": Leo Bauer, „Hinter Godesberg zurück", in: NG 1/1970.
Seite 266: Siehe die Artikel von Hans Apel (NG 6/1970), Peter Corterier (3/1970), Norbert Gansel (4/1970), Wolfgang H. Glöckner (4/1970), Wolfgang Roth (3/1970), Klaus-Peter Schulz (2/1970).
Weiteres Verhältnis zu Jusos: Auskünfte Karsten Voigt, Wolfgang Roth; Briefwechsel, Material NG.
Seite 268: Zur Herausbildung der PCI-Strategie: Gramsci, 1967; Togliatti, 1976; Berlinguer, 1975; Kramer, 1975; Priester, 1981; Krippendorff, 1976.
Seite 269: Strukturreformen: Natta/Pajetta, 1962; Longo, 1963.
„Solange man...": Togliatti, 1967, S. 107.

Seite 270: „Testament" Togliattis, in: Ebd., S. 210 ff.
Zur Revision der SPD-Deutschland-, Außen- und Sicherheitspolitik: Wilker, 1977; Hütter, 1975.
Seite 271: Zur Politik der „kleinen Schritte" und der Konzeption Bahrs: W. Brandt, 1976; P. Brandt/Ammon, 1981, S. 220 ff.; Bahr, 1981; Prowe, 1977; Löwenthal, 1974.
Seite 272: Karlsbader Konferenz: Berner, 1967.
Seite 273: Kontakte SPD/PCI generell: Timmermann, 1971; Der Spiegel Nr. 15 v. 8. 4. 1968; Material Kiehne, Material NG, Material W. Brandt; Auskünfte Günter Markscheffel, Fried Wesemann, Egon Bahr, Sergio Segre, Willy Brandt.
Seite 274: Longo-Interview: Tonbänder, Niederschriften und Schriftwechsel im Material Wehner.
„Longo: ... Unsere ...": Niederschrift ebd.; vgl. Stern Nr. 46, 1964.
Seite 276: „denn das ...": Abschrift im Material NG.
Seite 277: „Ich glaube ...": Interview Sergio Segre.
Seite 278: Vorgespräch: Protokoll Bauers, Material Kiehne.
Seite 279: Begegnung vom 28.—30. 11. 1967: Protokoll, Material Kiehne; dort auch ergänzende Aufzeichnungen.
Seite 281: Kommuniqué des Treffens PCI/SED: Neues Deutschland v. 27. 2. 1968; vgl. Christ und Welt v. 8. 3. 1968.
Seite 282: Begegnung am 6./7. 3. 1968: Timmermann, 1971, S. 395 f.; Christ und Welt, 5. 4. 1968.
Observation Bauers: Zwerenz, 1974, S. 278 f.; vgl. Deutschland-Magazin 4/1978, 6/1979.
Seite 283: SPD-Presseerklärung: Parlamentarisch-Politischer Pressedienst, 5. 4. 1968; vgl. Frankfurter Rundschau v. 5. u. 6. 4. 1968; Welt am Sonntag v. 7. 4. 1968 (Leserbrief Frank Sommer).
Pressekampagne: Die Welt v. 1. 4., 6. 4. 1968; Christ und Welt v. 5. 4., 8. 4. 1968; Welt am Sonntag, 7. 4. 1968.
Briefwechsel mit Segre: Material NG, Material Kiehne.
„auf den Stand ...": Garaudy, 1970, S. 178 f.
Seite 284: „Für uns ...": L'Astrolabio Nr. 35, September 1968.
Seite 285: „Der Einmarsch ...": Paese Sera v. 6. 2. 1969, deutsch in: SPD-Pressemitteilungen und Informationen v. 5. 2. 1969.
PCI-Parteitag: Bericht Bauers, Material Kiehne.
Telefonat Segre: Bericht Bauers, Material Kiehne.
Treffen am 29./30. 3. 1969: Bericht Bauers, Material Kiehne.
Seite 286: Begegnung am 29. 4. 1969: Bauer an Willy Brandt, 30. 4. 69, Material NG.
Außenpolitische Wende Moskaus und Beginn der sozialliberalen Ostpolitik: Baring, 1982, S. 229 ff.; Schmidt, 1979; Löwenthal, 1974.
Seite 287: Treffen am 1./2. 11. 1969: Protokoll Bauers, Material Brandt.
Seite 288: Brief an Segre: Material Kiehne.
„Als altem ...": Brief erhalten von H. Ehmke.
Seite 289: „Sehr verehrter...": Kopie im Material Kiehne. Dort weitere Schriftstücke, ebenso im Material NG.
Seite 290: „Kappler sollte ...": Protokoll Bauers, Material Kiehne.

Anmerkungen zu Kapitel IX und Nachwort:

Seite 291: Anfragen: Deutscher Bundestag. 6. Wahlperiode. 96. Sitzung (3. 2. 1971), S. 5320; 107. Sitzung (11. 2. 1971), S. 6294; 114. Sitzung (2. 4. 1971), S. 6702; 127. Sitzung (16. 6. 1971), S. 7350; 148. Sitzung (4. 11. 1971), S. 8531 f.
Seite 293: „Herr Brandt...": Welt am Sonntag v. 25. 10. 1970. Für das Folgende. Ebd., 15. 11. 1970; Ebd., 11. 7. 1971; Deutsche Nationalzeitung v. 13. 8. 1971. Siehe u. a. auch dies. v. 19. 6. 1970; Berliner Morgenpost v. 4. 5. 1971; Mut Nr. 45 (Mai 1971).
Seite 294: „Ich weiß nicht...": Niederschrift im Material NG
„tiefer geschmerzt...": NG 10/1972, S. 730.
Brief Dr. Rumbaur und weitere Briefe: Material Kiehne.
Seite 295: Diverse Briefe Bauers in den Materialien W. Brandt, Kiehne, NG; Diagnose der Mayo-Klinik, erhalten von Ilse Beck.
Grass, 1980, S. 263.
Seite 296: „er erlaubte...": NG 10/1972, S. 728.
Seite 299: „hat verfolgt...": Härtling, 1981, S. 173.

Verzeichnis der zitierten und angegebenen Quellen und Literatur

I. Autobiographische Zeugnisse von Leo Bauer

Bauer, Leo, in: Das Ende einer Utopie. Hingabe und Selbstbefreiung früherer Kommunisten. Eine Dokumentation im zweigeteilten Deutschland, hrsg. u. eingel. v. Horst Krüger, Olten u. Freiburg i. Br. 1963 (in den Anmerkungen abgek.: Bauer, Utopie).

Fragment eines unv. autobiographischen Romans.

Häftlingsgespräch, unv. Manuskript.

Interview mit Peter Brandt, Bonn, 8. 9. 1971.

Die Partei hat immer recht, in: Aus Politik und Zeitgeschichte. Beilage zur Wochenzeitung „Das Parlament", 27/56 v. 4. Juli 1956.

II. Archivalien und Materialien im Besitz von Institutionen bzw. Privatpersonen

Archiv der sozialen Demokratie der Friedrich-Ebert-Stiftung (AsD), Bonn-Bad Godesberg
— Bestand Büro Schumacher
— Bestand Emigration SOPADE
— Personenakte Leo Bauer
— Depositum Horst Ehmke

Bundesarchiv Koblenz (BuA)
— Bestand B 118 KPD
— Bestand R 58 Reichssicherheitshauptamt

Institut für Zeitgeschichte (IfZG)
— Depositum Karl Hans Bergmann

Landesarchiv Berlin
— Quellensammlung zur Berliner Zeitgeschichte (LAZ)

Material Gertrud Bauer (Teil des Nachlasses Bauer)

Material W. Brandt (Briefwechsel des Parteivorsitzenden mit Leo Bauer)

Material Katrin Kiehne (Teil des Nachlasses Bauer)

Material Neue Gesellschaft (NG)
— Unterlagen der Zeitschrift und des Chefredakteurs 1968—1972

Material Wehner (Teil des Nachlasses Bauer)

National Archives USA (NA, USA)
— RG 260
　Office of Military Government, U.S. (OMGUS)
　(Alle nachgewiesenen Aktenbestände befinden sich beim Zentralinstitut für sozialwissenschaftliche Forschung der Freien Universität Berlin).

Stadtarchiv Karl-Marx-Stadt
— Diverse Adreß- und Telefonbücher (siehe unter VII.)

III. Zeugenbefragungen

Egon Bahr
André Bauer
Heinz Dieter Bauer
Gertrud Bauer
Gitta Bauer
Barbara Beck
Ilse Beck
Heide Beck
Karl Hans Bergmann
Edgar Böttger
Willy Brandt

Dettmar Cramer

Sally Dziubek

Horst Ehmke

Walter Fabian
Hermann Field

Brigitte Gollwitzer
Günter Grass
Gerhard E. Gründler

Stephan Hermlin
Karl-Ludolf Hübener

Katrin Kiehne
Walter Kochmann
Helmut Kötz

Richard Löwenthal

Rudolf Maerker
Günter Markscheffel

Hans Mayer
Jo Mihaly
Gottfried Müller
Kurt Müller

Henri Nannen
Hans Natusch

Wolfgang Roth
Wolfgang Rother

Heidrun Schliebusch
Hans Schumacher
Sergio Segre
Eugen Selbmann
Jochen Severin
Carola Stern

Lucie Taub
Wolfgang Theyson
Stefan Thomas

Karsten D. Voigt

Samuel L. Wahrhaftig
Erica Wallach
Herbert Wehner
Fried Wesemann
Marlies Wieczorek

Willy Zehmisch

IV. Einzelne Dokumente und wissenschaftliche Auskünfte erhalten von:

Gitta Bauer
Ilse Beck

Horst Ehmke

Brigitte Gollwitzer
Helga Grebing

Helmut Kötz

Ursula Langkau-Alex

Wolfgang Rother
Helène Roussel

Heinz Timmermann

Barbara Vormeier

Erica Wallach

V. Zeitungen, Zeitschriften

Der Deutsche. Mitteilungsblatt für Deutsche im Ausland. 1941—1942
Einheit. Monatsschrift zur Vorbereitung der Sozialistischen Einheitspartei. 1946
Frankfurter Rundschau (FR), 1945—1948
Freies Deutschland. Organ der Bewegung „Freies Deutschland" in der Schweiz, 1943—1946
Information von Emigranten für Emigranten (Paris), 1935—1937
Die Neue Gesellschaft (NG), 1968—1972
Neues Deutschland (ND), 1947—1950
Der Rundfunk, 1948—1950
Der Spiegel, 1967—1972
Stern, 1959—1968
Der Tagesspiegel, 1948—1950
Wissen und Tat. Zeitschrift für Wirtschaft, Politik und Kultur, 1946—1950

VI. Einzelne Ausgaben folgender Zeitungen und Zeitschriften

L'Astrolabio
Bayernkurier
Berliner Morgenpost
Christ und Welt
Deutsche Nationalzeitung
Deutscher Bundestag (Protokolle)
Deutschland-Magazin
Dialog
Frankfurter Allgemeine Zeitung
Frankfurter Rundschau
Göttinger Tageblatt
Der Hessische Landbote
Mut
Neues Deutschland
Paese Sera
Parlamentarisch-Politischer Pressedienst
Rhein/Ruhr-Spiegel
Rhein-Zeitung
SPD-Pressemitteilungen und Informationen
Süddeutsche Zeitung
Telegraf
Die Welt
Welt am Sonntag
Die Zeit

VII. Gedruckte Quellen und Literatur

Abel, H., Das Berufsproblem im gewerblichen Ausbildungs- und Schulwesen Deutschlands, Braunschweig 1963

Adler-Rudel, S.: Ostjuden in Deutschland 1880—1940, Tübingen 1959

Adreßbuch der Industrie- und Handelsstadt Chemnitz, Chemnitz 1914 (57. Ausgabe) bis 1943/44 (85. Ausgabe). (Hieß noch im Kaiserreich: Adreßbuch der Fabrik- und Handelsstadt Chemnitz. Seit den 30er Jahren: Chemnitzer Adreßbuch)

Altmann, Peter/Brüdigam, Heinz/Oppenheimer, Max: Das Jahr 1945. Wege in die Freiheit: Erlebnisse und Ereignisse. Mit Dokumenten und einer Chronik 1945, Frankfurt/M. 1980

Anderson, Evelyn: Hammer oder Amboß. Zur Geschichte der deutschen Arbeiterbewegung, Lauf 1948

Arbeiterbewegung, Erwachsenenbildung, Presse. Festschrift für Walter Fabian zum 75. Geburtstag, Köln — Frankfurt/M. 1977

Die Auseinandersetzungen um die Länderverfassungen in Hessen und Bayern 1946: Dokumente. Hrsg. v. Institut für Marxistische Studien und Forschungen, Frankfurt/M. 1978

Automation. Risiko und Chance, Bd. I u. II. Beiträge zur 2. intern. Arbeitstagung der IG Metall für die Bundesrepublik Deutschland, Frankfurt/M. 1965

Badia, Gilbert, u. a.: Les barbelés de l'exile. Etudes sur l'émigration allemande et autrichienne (1938—1940), Grenoble 1979

Bährens, Kurt: Deutsche in Straflagern und Gefängnissen der Sowjetunion. Bd. 5.1 u. 5.2, München 1965. (Zur Geschichte der deutschen Kriegsgefangenen des Zweiten Weltkrieges.)

Bahne, Siegfried: Die KPD und das Ende von Weimar. Das Scheitern einer Politik 1932—1935, Frankfurt/New York 1976.

Bahr, Egon, u. a. (Streitgespräch v. 15. 6. 1979), in: Vom Umgang mit der Deutschen Frage, hrsg. v. der Juso-Hochschulgruppe der TU Berlin, Berlin (West) 1981

Barth, Karl: Eine Schweizer Stimme 1938—1945, Zollikon-Zürich 1945

Bauer, Leo: Gespräche, Bonn 1973

(Bauer, Leo): Das Jahr 1947. Entscheidung über Deutschlands Zukunft, in: Die Neue Gesellschaft, Sonderheft Mai 1969

Becker, Helmut: Quantität und Qualität. Grundfragen der Bildungspolitik, Freiburg 1962

Ben-Sasson, Haim Hillel (Hg.): Geschichte des jüdischen Volkes, Bd. 3: Ettinger, Shmuel: Vom 17. Jahrhundert bis zur Gegenwart. Die Neuzeit, München 1980

Bergmann, Karl Hans: Die Bewegung „Freies Deutschland" in der Schweiz 1943—1945, München 1974

Bergmann, Karl Hans: Vom Bismarck in der Schweiz, Erlangen 1975

Bergmann, Karl Hans: Im Kampf um das Reich (Bismarck-Broschüre), Faksimile Nachdruck, Erlangen 1975

Bericht des Bundesrates an die Bundesversammlung über die antidemokratische Tätigkeit von Schweizern und Ausländern im Zusammenhang mit dem Kriegsgeschehen 1939—1945, 1. Teil: Die deutschen Nationalsozialisten in der Schweiz und die schweizerischen Rechtsextremisten, Bern 28. 12. 1945

Bericht des Bundesrates an die Bundesversammlung über die antidemokratische Tätigkeit von Schweizern und Ausländern im Zusammenhang mit dem Kriegsgeschehen 1939—1945 (Motion Boerlin), 3. Teil: Die Kommunisten, Bern 25. 5. 1946

Berlinguer, Enrico: Für eine demokratische Wende. Ausgewählte Reden und Schriften 1969—1974, Berlin (DDR) 1975

Berner, Wolfgang: Das Karlsbader Aktionsprogramm. Eine Bilanz der Konferenz der kommunistischen Parteien Europas über Fragen der europäischen Sicherheit, in: Europa-Archiv 22 (1967), S. 393 ff.

Berufsaussichten und Berufsausbildung in der Bundesrepublik. Eine Dokumentation des Stern von B. Lutz, L. Bauer und J. v. Kornatzki. Überarb., erw. u. erg. Auflage, Hamburg 1965

Binder, David: The Other German. Willy Brandt's Life and Times, Washington 1975

Blankt, Alexander/Mader, Julius: Rote Kapelle gegen Hitler, Berlin (DDR) 1979

Bloch, Charles: Die Dritte Französische Republik. Entwicklung und Kampf einer Parlamentarischen Demokratie (1870—1940), Stuttgart 1972

Böhme, Kurt W.: Die deutschen Kriegsgefangenen in sowjetischer Hand. Eine Bilanz, München 1966

Bonjour, Edgar: Geschichte der schweizerischen Neutralität, Bd. IV—IX, Basel und Stuttgart 1970—1976

Brandt, Peter/Ammon, Herbert: Die Linke und die nationale Frage. Dokumente zur deutschen Einheit seit 1945, Reinbek 1981

Brandt, Willy: Begegnungen und Einsichten. Die Jahre 1960—1975, Hamburg 1976

Brandt, Willy: Links und frei. Mein Weg 1930—1950, Hamburg 1982

Brandt, Willy: Über den Tag hinaus. Eine Zwischenbilanz, Hamburg 1974

Braunthal, Julius: Geschichte der Internationale, Bd. 2, Hannover 1963

Broué, Pierre/Témime, Emile: Revolution und Krieg in Spanien, Frankfurt/Zürich 1969

Das Buch der Stadt Chemnitz, Dresden 1926

Chemnitz. Hrsg. vom Rate der Stadt Chemnitz, Berlin 1923 (Deutschlands Städtebau)

Chemnitz. Hrsg. vom Rate der Stadt Chemnitz, 3. Aufl. Berlin 1929 (Deutschlands Städtebau)

Chemnitz in Wort und Bild. Festschrift zur Einweihung des neuen Rathauses, Chemnitz 1911

Conze, Werner/Kosthorst, Erich/Nebgen, Elfriede: Jakob Kaiser. Politiker zwischen Ost und West, 1945—1949, Stuttgart 1969

Dahlem, Franz: Am Vorabend des Zweiten Weltkrieges, 2 Bde., Berlin (DDR) 1977

Dallin, David J.: Die Sowjetspionage, Köln 1956

Deuerlein, Ernst: Die Einheit Deutschlands, Bd. I. Die Erörterungen und Entscheidungen der Kriegs- und Nachkriegskonferenzen 1941—1949, Frankfurt/Berlin 1961

Um Deutschlands nächste Zukunft, Bewegung „Freies Deutschland" in der Schweiz, Zürich 1945

Deutscher Ausschuß für Erziehungs- und Bildungswesen: Empfehlungen und Gutachten (Gesamtausgabe), Stuttgart 1966

Deutscher Bildungsrat: Empfehlungen der Bildungskommission des Deutschen Bildungsrates. Zur Verbesserung der Lehrlingsausbildung, Bonn 1969

Deutsches Reichs-Adreßbuch für Industrie, Gewerbe und Handel, Bd. 2: Freistaat Sachsen, Berlin 1933
Diamant, Adolf: Chronik der Juden in Chemnitz, heute Karl-Marx-Stadt, Frankfurt a. M. 1970
Dörr, Manfred: Restauration oder Demokratisierung? Zur Verfassungspolitik in Hessen 1945—1946, in: Zeitschrift für Parlamentsfragen 1971
Dokumente der Sozialistischen Einheitspartei Deutschlands. Bd. II u. III, Berlin (DDR) 1952
Drechsler, Hanno: Die Sozialistische Arbeiterpartei Deutschlands, Meisenheim am Glan 1965
30 Jahre Hessische Verfassung 1946—1976. Im Auftrag der Hessischen Landesregierung und des Hessischen Landtages hrsg. v. Erwin Strein, Wiesbaden 1976
Dubnow, S. M.: Die neueste Geschichte des jüdischen Volkes. 1789—1914, Bd. 3, 4. Abt.: Die Epoche der zweiten Reaktion. 1881—1914. Berlin 1923
Duhnke, Horst: Die KPD von 1933 bis 1945, Köln 1972
Dulles, Allen W.: Verschwörung in Deutschland, Zürich 1948
Dulles, Allen W./Schule-Gaevernitz, Gero: Unternehmen „Sunrise". Die geheime Geschichte des Kriegsendes in Italien, Berlin 1967

Eberts, Erich: Arbeiterjugend 1904—1945. Sozialistische Erziehungsgemeinschaft — Politische Organisation, Frankfurt/M. 1979
Edinger, Lewis J.: Kurt Schumacher. Persönlichkeit und politisches Verhalten, Köln/Opladen 1967
Elbogen, Ismar: Ein Jahrhundert jüdischen Lebens. Die Geschichte des neuzeitlichen Judentums, hrsg. von Ellen Littmann, Frankfurt/M. 1967
Encyclopaedia Judaica. Vol. 6 u. 12, Jerusalem 1971
Das Ende einer Utopie. Hingabe und Selbstbefreiung früherer Kommunisten. Eine Dokumentation im zweigeteilten Deutschland, hrsg. u. eingel. v. Horst Krüger, Olten u. Freiburg i. Br. 1963
Eugster, Jakob: Die Spionageabwehr im Aktivdienst, in: Kurz, H. R. (Hg.): Die Schweiz im Zweiten Weltkrieg, Thun 1958

Fabian, Ruth/Coulmas, Corinna: Die deutsche Emigration in Frankreich nach 1933, München u. a. 1978
Fejtö, François: Die Geschichte der Volksdemokratien. Bd. 1: Die Ära Stalin, 1945—1953, Graz, Wien, Köln 1972
Feuchtwanger, Franz: Der militärpolitische Apparat der KPD in den Jahren 1928—1935. Erinnerungen, in: Internationale wissenschaftliche Korrespondenz zur Geschichte der deutschen Arbeiterbewegung (IWK), 17. Jg. (1981), H. 4
Fichter, Tilman/Lönnendonker, Siegward: Kleine Geschichte des SDS. Der Sozialistische Deutsche Studentenbund von 1946 bis zur Selbstauflösung, Berlin 1979
Fisch, Gerhard/Krause, Fritz: SPD und KPD 1945/46. Einheitsbestrebungen der Arbeiterparteien, Frankfurt/M. 1978
Flechtheim, Ossip K.: Die KPD in der Weimarer Republik, Frankfurt/M. 1969
Fricke, Karl Wilhelm: Warten auf Gerechtigkeit. Kommunistische Säuberungen und Rehabilitierungen, Köln 1971
Flüchtlinge wohin? Bericht über die Tagung für Rück- und Weiterwanderungsfragen in Montreux, Zürich 1945

Foote, Alexander: Handbuch für Spione, Darmstadt 1954
Frei, Bruno: Die Männer von Vernet. Ein Tatsachenbericht, Berlin (DDR) 1950
Frei, Bruno: Der Papiersäbel. Autobiographie, Frankfurt/M. 1972
Garaudy, Roger: Toute la vérité, Paris 1970
Gemeindelexikon der im Reichsrate vertretenen Königreiche und Länder. Hrsg. von der K. K. Statistischen Zentralkommission, Bd. 12: Galizien, Wien 1907
Geschichte der deutschen Arbeiterbewegung, Bd. 4 u. Bd. 5, hrsg. v. Institut für Marxismus-Leninismus beim Zentralkomitee der SED, Berlin (DDR) 1966
Giesecke, Hermann: Vom Wandervogel bis zur Hitler-Jugend. Jugendarbeit zwischen Politik und Pädagogik, München 1981
Giordano, Ralph: Die Partei hat immer recht, Berlin 1980
Gniffke, Erich W.: Jahre mit Ulbricht, Köln 1966
Gramsci, Antonio: Philosophie der Praxis. Eine Auswahl, hrsg. von Ch. Riechers, Frankfurt/M. 1967
Grass, Günter: Aus dem Tagebuch einer Schnecke, Darmstadt/Neuwied 1980
Gross, Babette: Willi Münzenberg. Eine politische Biographie, Stuttgart 1967
Grossmann, Kurt R.: Emigration. Geschichte der Hitler-Flüchtlinge 1933—1945, Frankfurt/M. 1969
Gruber, Christian: Die politischen Parteien der Schweiz im 2. Weltkrieg, Zürich 1966
Gruner, Gert/Wilke, Manfred (Hg.): Sozialdemokraten im Kampf um die Freiheit. Die Auseinandersetzungen zwischen SPD und KPD in Berlin 1945/46. Stenographische Niederschrift der Sechziger-Konferenz am 20./21. Dezember 1945, München 1981
Gutachten des Instituts für Zeitgeschichte, Bd. 1, München 1958

Härtling, Peter: Meine Lektüre. Literatur als Widerstand, Darmstadt/Neuwied 1981
Häsler, Alfred A.: Das Boot ist voll — Die Schweiz und die Flüchtlinge 1933—1945, Zürich 1968
Kaufmännisches Handels- und Gewerbe-Adreßbuch des Deutschen Reichs (Klockhaus), Bd. 1 C, 2. Teil: Freistaat Sachsen, Berlin 1934
Haubold, Rudolf: Jahresbericht des Reformrealgymnasiums mit Realschule zu Chemnitz für das Schuljahr 1927/28, 1928/29, Chemnitz 1928, 1929
Heideking, Jürgen: Die „Schweizer Straßen" des europäischen Widerstands, in: Schulz, Gerhard (Hg.): Geheimdienste und Widerstandsbewegung im Zweiten Weltkrieg, Göttingen 1982
Heimann, Siegfried/Martens, Gitta/Müller, Peter: Die Linke in der SPD, in: Probleme des Klassenkampfs 7 (1977), Heft 28
Heimann, Siegfried: Die Sozialdemokratische Partei Deutschlands, in: Parteienhandbuch. Die Parteien in der Bundesrepublik Deutschland 1945—1980, Opladen 1983
Hiller, Kurt: Leben gegen die Zeit (Logos), Reinbek 1969
Hiller, Kurt: Rote Ritter. Erlebnisse mit deutschen Kommunisten, Gelsenkirchen 1951
Hoffmann, Peter: Widerstand, Staatsstreich, Attentat. Der Kampf der Opposition gegen Hitler, München 1969
Holzer, Horst: Illustrierte und Gesellschaft. Zum politischen Gehalt von Quick, Revue und Stern, Freiburg 1967

Hütter, Joachim: SPD und nationale Sicherheit. Internationale und innenpolitische Determinanten des Wandels der sozialdemokratischen Sicherheitspolitik 1959—1961, Meisenheim 1975
Hurwitz, Harold: Demokratie und Antikommunismus in Berlin nach 1945, Bd. III: Die Eintracht der Siegermächte und die Orientierungsnot der Deutschen 1945—1946 (erscheint 1984 im Verlag Wissenschaft und Politik, Köln)
Hurwitz, Harold: Die Stunde Null der deutschen Presse, Köln 1972

Imhoff, Markus: War das Boot wirklich voll?, in: Ausgestoßen. Schicksale in der Emigration, Materialien zu ZDF-Fernsehprogrammen, Mainz u. München 1982

Jacoby, Henry: Davongekommen. 10 Jahre Exil 1936—1946, Frankfurt/M., o. J.
Jahrbücher der öffentlichen Meinung 1947—1955, hrsg. v. Noelle, Elisabeth, und Neumann, Erich Peter, Allensbach 1956

Kaden, Albrecht: Einheit oder Freiheit. Die Wiedergründung der SPD 1945/46, Hannover 1964
Kadritzke, Niels: Reformismus als Sozialfaschismus, in: Probleme des Klassenkampfes 4 (1979), H. 11/12
Karger, Adolf: Bam — Die Bajkal-Amur-Magistrale. Das „Jahrhundertwerk" im sowjetischen Osten, in: Geographische Rundschau, 1980, Heft 1
Kliem, Kurt: Der sozialistische Widerstand gegen das Dritte Reich, dargestellt an der „Gruppe Neu Beginnen", Phil. Diss., Marburg 1957
Klotzbach, Kurt: Der Weg zur Staatspartei. Programmatik, praktische Politik und Organisation der deutschen Sozialdemokratie 1945—1965, Berlin/Bonn 1982
Kluth, Hans: Die KPD in der Bundesrepublik. Ihre politische Tätigkeit und Organisation 1945—1956, Köln 1959
Knütter, Hans Helmuth: Die Juden und die deutsche Linke der Weimarer Republik 1918—1933, Düsseldorf 1971 (Bonner Schriften zur Politik und Zeitgeschichte. 4)
Kock, Thomas: Der amerikanische Geheimdienst OSS und die Widerstandsbewegungen, in: Schulz, Gerhard (Hg.), Geheimdienste und Widerstandsbewegungen im Zweiten Weltkrieg, Göttingen 1982
Koestler, Arthur: Abschaum der Erde. Gesammelte autobiographische Schriften. Zweiter Band, Wien u. a. 1971
Kolb, Eberhard (Hg.): Vom Kaiserreich zur Weimarer Republik, Köln 1972
Kommer, Raimund: Exilpublizistik in der Schweiz, in: Presse im Exil, Beiträge zur Kommunikationsgeschichte des deutschen Exils 1933—1945, hrsg. v. H. Hardt, E. Hilscher u. W. B. Lerg, München-New York-London-Paris 1979
Der zweite Kongreß der Kommunistischen Internationale. Protokoll der Verhandlungen vom 19. Juli in Petrograd und vom 23. Juli bis 7. August 1920 in Moskau, Hamburg 1921
KPD 1945—1965, Abriß-Dokumente-Zeittafel, Berlin (DDR) 1966
Kramer, Annegret: Gramscis Interpretation des Marxismus, in: Gesellschaft 4 (1975)
Krautkrämer, Elmar: Ergänzende Bemerkungen zur Münchener Ministerpräsidentenkonferenz 1947, in: Vierteljahreshefte für Zeitgeschichte, 20. Jg. (1972), H. 4
Krautkrämer, Elmar: Der innerdeutsche Konflikt um die Ministerpräsidentenkonferenz in München 1947, in: Vierteljahreshefte für Zeitgeschichte, 20. Jg. (1972), H. 2
Krippendorff, Ekkehart: Italien: der Historische Kompromiß, in: Kursbuch 46 (1976)

Kropat, Wolf-Arno: Hessen in der Stunde Null 1945/1947, Wiesbaden 1979
Kurz, Hans Rudolf: Nachrichtenzentrum Schweiz. Die Schweiz im Nachrichtendienst des Zweiten Weltkriegs, Frauenfeld-Stuttgart 1972

Lachmann, Günter: Der Nationalsozialismus in der Schweiz 1931—1945. Ein Beitrag zur Geschichte der Auslandsorganisation der NSDAP, Phil. Diss., Berlin 1963
Lange, Peer H.: Stalinismus versus Sozialfaschismus und Nationalfaschismus. Revolutionspolitische Ideologie und Praxis unter Stalin 1927—1935, Göppingen 1969
Langguth, Gerd: Die Protestbewegung in der Bundesrepublik Deutschland 1968—1978, Köln 1978
Langhoff, Wolfgang: Die Bewegung „Freies Deutschland" und ihre Ziele, Zürich 1945
Langkau-Alex, Ursula: Deutsche Emigrationspresse (Auch eine Geschichte des „Ausschusses zur Vorbereitung einer deutschen Volksfront" in Paris), in: International Review of Social History 15 (1970)
Langkau-Alex, Ursula: Volksfront für Deutschland? Bd. 1: Vorgeschichte und Gründung des „Ausschusses zur Vorbereitung einer deutsche Volksfront" 1933—1936, Frankfurt/M. 1977
Laschitza, Horst: Kämpferische Demokratie gegen Faschismus. Die programmatische Vorbereitung auf die antifaschistisch-demokratische Umwälzung in Deutschland durch die Parteiführung der KPD, Berlin (DDR) 1969
Latour, Conrad F./Vogelsang, Thilo: Okkupation und Wiederaufbau. Die Tätigkeit der amerikanischen Militärregierung in der amerikanischen Besatzungszone Deutschlands, Stuttgart 1973
Lefranc, Georges: Histoire du Front Populaire, Paris 1965
Leonhard, Wolfgang: Die Revolution entläßt ihre Kinder, Köln/Berlin 1974
Lestschinsky, Jakob: Das wirtschaftliche Schicksal des deutschen Judentums, Berlin 1932 (Schriften der Zentralwohlfahrtsstelle der deutschen Juden und der Hauptstelle für jüdische Wanderfürsorge, Nr. 7)
Lewis, Flora: Bauer im roten Spiel. Das Leben des Noel H. Field, Berlin, Frankfurt 1965
Link, Werner: Geschichte des Internationalen Jugendbundes (IJB) und des Internationalen Sozialistischen Kampfbundes (ISK). Ein Beitrag zur Geschichte der Arbeiterbewegung in der Weimarer Republik und im Dritten Reich, Meisenheim 1964
Löwenthal, Richard: Vom kalten Krieg zur Ostpolitik, in: ders./Hans-Peter Schwarz (Hg.), Die zweite Republik, 25 Jahre Bundesrepublik Deutschland — eine Bilanz, Stuttgart 1974
Longo, Luigi: Die revolutionäre Bedeutung des Kampfes für strukturelle Reformen, in: Probleme des Friedens und des Sozialismus, Heft 2, 1963
Ludwig, Carl: Die Flüchtlingspolitik der Schweiz seit 1933 bis zur Gegenwart, Bern 1957
Luthard, Wolfgang (Hg.): Sozialdemokratische Arbeiterbewegung und Weimarer Republik. Materialien zur gesellschaftlichen Entwicklung 1927—1933, 2 Bde., Frankfurt/M. 1978

Mammach, Klaus (Hg.): Die Berner Konferenz der KPD (30. Januar—1. Februar 1939), Berlin (DDR) 1974

Mammach, Klaus (Hg.): Die Brüsseler Konferenz der KPD (3.—15. Oktober 1935), Berlin (DDR) 1975
Matthias, Erich/Morsey, Rudolf (Hg.): Das Ende der Parteien 1933, Königstein/Ts., Düsseldorf 1979
Mausbach-Bromberger, Barbara: Arbeiterwiderstand in Frankfurt am Main. Gegen den Faschismus 1933—1945, Frankfurt/M. 1976
Mayer, Hans: Ein Deutscher auf Widerruf. Erinnerungen I, Frankfurt/M. 1982
Meyer, Alice: Anpassung und Widerstand. Die Schweiz zur Zeit des deutschen Nationalsozialismus, Frauenfeld 1965
Mittenzwei, Werner: Exil in der Schweiz (Kunst und Literatur im antifaschistischen Exil 1933—1945 in sieben Bänden, Bd. 2), Frankfurt/M. 1981
Mommsen, Hans (Hg.): Sozialdemokratie zwischen Klassenbewegung und Volkspartei, Frankfurt/M. 1974
Moraw, Frank: Die Parole der ‚Einheit' und die Sozialdemokratie, Bonn-Bad Godesberg 1973
Mosse, Werner E. (Hg.): Deutsches Judentum in Krieg und Revolution 1916—1923, Tübingen 1971
von zur Mühlen, Patrik: „Schlagt Hitler an der Saar!". Abstimmungskampf, Emigration und Widerstand im Saargebiet, 1933—35, Bonn 1979
Müller, Werner: Die KPD und die „Einheit der Arbeiterklasse", Frankfurt/New York 1979

Natta, Alessandro/Pajetta, Giuliano: Der Kampf für den Sozialismus in Italien (Über die Thesen zum X. Parteitag der Kommunistischen Partei Italiens), in: Probleme des Friedens und des Sozialismus, Heft 11, 1962
Neumann, Sigmund: Die Parteien der Weimarer Republik, Stuttgart 1973
1933. Fünfzig Jahre danach. Das Ermächtigungsgesetz. Hg.: Institut für soziale Demokratie (August-Bebel-Institut), Berlin 1983
Niethammer, Lutz/Borsdorf, Ulrich/Brandt, Peter (Hg.): Arbeiterinitiative 1945. Antifaschistische Ausschüsse und Reorganisation der Arbeiterbewegung in Deutschland, Wuppertal 1976
Nollau, Günther: Das Amt. 50 Jahre Zeuge der Geschichte, München 1978

Österreich-Ungarns letzter Krieg 1914—1918, hrsg. vom Österreichischen Bundesministerium für Heerwesen und vom Kriegsarchiv, Bd. 1: Das Kriegsjahr 1914, 2. Aufl. Wien 1931
Otto, Karl A.: Vom Ostermarsch zur APO. Geschichte der außerparlamentarischen Opposition in der Bundesrepublik 1960—1970, Frankfurt/M.-New York 1977

Pech, Karlheinz: An der Seite der Résistance. Zum Kampf der Bewegung „Freies Deutschland" für den Westen in Frankreich (1943—1945), Berlin (DDR) 1974
Persico, Joseph E.: Piercing the Reich. The Penetration of Nazi Germany by American Secret Agents during World War II, New York 1979
Picht, Georg: Die deutsche Bildungskatastrophe. Analyse und Dokumentation, Freiburg 1964
Pirker, Theo (Hg.): Die Moskauer Schauprozesse 1936—1938, München 1963
von Plato, Alexander: Zur Einschätzung der Klassenkämpfe in der Weimarer Republik: KPD und Komintern, Sozialdemokratie und Trotzkismus, Berlin 1973

Priester, Karin: Studien zur Staatstheorie des italienischen Marxismus: Gramsci und Della Volpe, Frankfurt/M. 1981
Prowe, Diethelm: Die Anfänge der Brandtschen Ostpolitik 1961—1963. Eine Untersuchung zur Endphase des Kalten Krieges, in: Wolfgang Benz/Hermann Graml (Hg.), Aspekte deutscher Außenpolitik im 20. Jahrhundert. Aufsätze. Hans Rothfels zum Gedächtnis, Stuttgart 1977
Die Auswärtige Politik der Bundesrepublik, hrsg. v. Auswärtigen Amt, Köln 1972
Die Internationale Politik 1955. Eine Einführung in das Geschehen der Gegenwart, hrsg. v. Bergstraesser, A. und Cornides, W., München 1959
Protokoll 6. Weltkongreß der Kommunistischen Internationale Moskau, 17. 7.—1. 9. 1928, Hamburg-Berlin 1928—1929
Protokoll des VII. Weltkongresses der Kommunistischen Internationale, Moskau 25. 7.—20. 8. 1935, 2 Bde., Erlangen 1974
Protokoll der Verhandlungen des 12. Parteitags der KPD (Sektion der KI), Berlin-Wedding 9.—16. 6. 1929, hrsg. v. ZK d. KPD, Berlin 1929
Protokoll über die Verhandlungen des SPD-Parteitags Kiel 1927, Kiel 1927
Protokoll über die Verhandlungen des SPD-Parteitags Magdeburg 1929, Magdeburg 1929
Pünter, Otto: Der Anschluß fand nicht statt, Bern 1967

Rado, Sandor: Deckname Dora, Stuttgart 1971
László Rajk und Komplicen vor dem Volksgericht, Berlin 1950
Die Reise des Generalsekretärs des Länderrats Rossmann in die Ostzone vom 15. bis 20. Mai 1947 (eingeleitet v. Manfred Overesch), in: Vierteljahreshefte für Zeitgeschichte, 23. Jg. (1975)
Retzlaw, Karl: Spartacus. Aufstieg und Niedergang. Erinnerungen eines Parteiarbeiters, Frankfurt 1976
Richarz, Monika (Hg.): Jüdisches Leben in Deutschland, Bd. 2: Selbstzeugnisse zur Sozialgeschichte im Kaiserreich, Stuttgart 1979, Bd. 3: Selbstzeugnisse zur Sozialgeschichte 1918—1945, Stuttgart 1982
Richert, Ernst: Agitation und Propaganda. Das System der publizistischen Massenführung in der Sowjetzone, Berlin/Frankfurt 1958
Riedel, Heide: Hörfunk und Fernsehen in der DDR, Köln 1977
Rings, Werner: Schweiz im Krieg 1933—1945. Ein Bericht, Zürich 1974
Roloff, Ernst-August: Exkommunisten. Abtrünnige des Weltkommunismus, Mainz 1969
Ruppin, Arthur: Soziologie der Juden, Bd. 1: Die soziale Struktur der Juden, Berlin 1930

SBZ von A bis Z, Bonn 1957
Schäfer, Max (Hg.): Spanien 1936 bis 1939. Erinnerungen von Interbrigadisten aus der BRD, Frankfurt/M. 1976
Scheer, Maximilian: So war es in Paris, Berlin (DDR) 1964
Scheurig, Bodo: Freies Deutschland. Das Nationalkomitee und der Bund Deutscher Offiziere in der Sowjetunion 1943—45, München 1961
Schiller Dieter u. a.: Exil in Frankreich (Kunst und Literatur im antifaschistischen Exil 1933—1945 in sieben Bänden, Bd. 7), Frankfurt/M. 1981

Schmid, Günther: Entscheidung in Bonn. Die Entstehung der Ost- und Deutschlandpolitik 1969/1970, Köln 1979

Schmidt, Lothar: Die Strafzumessung in rechtsvergleichender Darstellung, Berlin 1961

Schmidt, Walter A.: Damit Deutschland lebe. Ein Quellenwerk über den deutschen antifaschistischen Widerstandskampf 1933—1945, Berlin 1958

Schneider, Ulrich, u. a. (Hg.): Als der Krieg zu Ende war, Hessen 1945: Berichte und Bilder vom demokratischen Neubeginn, Frankfurt/M. 1980

Schramm, Hanna: Menschen in Gurs. Erinnerungen an ein französisches Internierungslager (1940—1941). Mit einem dokumentarischen Anhang zur französischen Emigrantenpolitik (1933—1944) von Barbara Vormeier, Worms 1977

Schramm, Wilhelm von: Verrat im Zweiten Weltkrieg, Düsseldorf/Wien 1967

Schulz, Gerhard (Hg.): Geheimdienste und Widerstandsbewegung im Zweiten Weltkrieg, Göttingen 1982

Schwarz, Hans-Peter: Die Ära Adenauer. Gründerjahre der Republik 1949—1957. Geschichte der Bundesrepublik, Bd. II, Stuttgart 1981

Schwarz, Hans Peter: Vom Reich zur Bundesrepublik, 2. Aufl., Stuttgart 1980

Die Schweiz im Zweiten Weltkrieg, hrsg. v. Kurz, H. R., Thun 1958

Smith, R. Harris: OSS. The Secret History of America's First Central Intelligence Agency, Berkeley 1972

Soell, Hartmut: Fritz Erler — Eine politische Biographie, Bd. 1, Berlin/Bonn — Bad Godesberg 1976

Sperber, Manès: Bis man mir Scherben auf die Augen legt. All das Vergangene . . ., München 1982

Stahlberger, Peter: Der Züricher Verleger Emil Oprecht und die deutsche politische Emigration 1933—1945, Zürich 1970

Staritz, Dietrich: Sozialismus in einem halben Land, Berlin 1976

Steininger, Rolf: Zur Geschichte der Münchener Ministerpräsidenten-Konferenz 1947, in: Vierteljahreshefte für Zeitgeschichte, 23. Jg. (1975)

Stern, Carola: Porträt einer bolschewistischen Partei, Köln 1957

Stepun, Fedor: Als ich russischer Offizier war, München 1963

Steven, Stewart: Sprengsatz. Die Operation Splinter Factor der CIA, Stuttgart 1975

Strafgesetzbuch der Russischen Sozialistischen Föderativen Sowjet-Republik vom 22. 11. 1926. Übers. von Wilhelm Gallas, Berlin 1953 (Sammlung außerdeutscher Strafgesetzbücher, 60)

Sywottek, Arnold: Deutsche Volksdemokratie. Studie zur politischen Konzeption der KPD 1935—1946, Düsseldorf 1971

Teubner, Hans: Exilland Schweiz. Dokumentarischer Bericht über den Kampf emigrierter deutscher Kommunisten 1933—1945, Berlin (DDR) 1975

Telefonbuch der Stadt Chemnitz, 1927—1933

Tenbruck, Friedrich H.: Alltagsnormen und Lebensgefühle in der Bundesrepublik, in: Die zweite Republik, 25 Jahre Bundesrepublik Deutschland — eine Bilanz, hrsg. v. R. Löwenthal u. H. P. Schwarz, Stuttgart 1974

Thomas, Hugh: Der spanische Bürgerkrieg, Berlin/Frankfurt/M. 1961

Timmermann, Heinz: Im Vorfeld der Neuen Ostpolitik. Der Dialog zwischen italienischen Kommunisten und deutschen Sozialdemokraten 1967/68, in: Osteuropa 21 (1971)

Togliatti, Palmiro: Reden und Schriften. Eine Auswahl, hrsg. von C. Pozzoli, Frankfurt/M. 1967

Uhle, P.: Chemnitz in großer und schwerer Zeit, 1914—1919, Chemnitz 1919
Uhlmann, Gerhard: Zur Politik der KPD in der Gemeindevertretungen 1932/33 im Chemnitzer Gebiet, in: Beiträge zur Geschichte der Arbeiterbewegung, 13. Jg. (1971), H. 2
Unser Weg. Bericht von der ersten Tagung der Bewegung „Freies Deutschland" in der Schweiz am 27./28. Januar 1945, o. O., o. J. (Jan. 1945)

Verrat hinter Stacheldraht? Das Nationalkomitee „Freies Deutschland" und der Bund Deutscher Offiziere in der Sowjetunion 1943—1945, hrsg. v. Bodo Scheurig, München 1965
Vietzke, Siegfried: Die KPD auf dem Weg zur Brüsseler Konferenz, Berlin (DDR) 1966
Von der Spanischen Republik zu den Partisanen Titos. Bericht über die Arbeit der Centrale Sanitaire Suisse in den Jahren 1937—1945, Zürich 1945

Wahrhaftig, S. L.: In jenen Tagen. Marginalien zur Frühgeschichte eines deutschen Bundeslandes (Hessen), in: Frankfurter Hefte, 25. Jg. (1970), H. 11 u. H. 12, 26. Jg. (1971), H. 2
Wallach, Erica: Licht um Mitternacht, München 1969
Walther, Gerhard: Der Rundfunk in der sowjetischen Besatzungszone Deutschlands, Bonn/Berlin 1961
Weber, Hermann (Hg.): Der deutsche Kommunismus. Dokumente, Köln 1963
Weber, Hermann (Hg.): Völker hört die Signale. Der deutsche Kommunismus 1916—1966, München 1967
Weber, Hermann: Von der SBZ zur DDR. Bd. 1: 1945—1955, Hannover 1966, Bd. 2: 1956—1967, Hannover 1967
Weber, Hermann: Die Wandlung des deutschen Kommunismus. Die Stalinisierung der KPD 1924—1929, Bd. 1 und 2, Frankfurt/M. 1969
Weber, Karl: Die Schweiz im Nervenkrieg. Aufgabe und Haltung der Schweizer Presse in Krisen und Kriegszeiten 1933—1945, Bern 1948
Wehner, Herbert: Zeugnis, Köln 1982
Weiss, Peter: Die Ästhetik des Widerstands. Roman, 2 Bde., Frankfurt/M. 1975, 1978
Wilker, Lothar: Die Sicherheitspolitik der SPD 1956—1966. Zwischen Wiedervereinigungs- und Bündnisorientierung, Bonn 1977
Wolf, Walter: Faschismus in der Schweiz. Die Geschichte der Frontenbewegungen in der Schweiz, 1930—1945, Zürich 1969
Wollenberg, Erich: Der Apparat, Stalins Fünfte Kolonne, Bonn o. J.

Zorn, Edith: Zu den Hintergründen des „seltsamen Krieges". Einige Probleme der Lage und des Kampfes deutscher Antifaschisten in Frankreich nach der Berner Konferenz der KPD bis Juni 1940, in: Zeitschrift für Geschichtswissenschaft 12 (1964)
Zwerenz, Gerhard: Der Widerspruch, Frankfurt/M. 1974

Personenregister

Abendroth, Wolfgang 243
Abraham 17
Abusch, Alexander 57
Ackermann, Anton 57, 128, 175 f.
Ackermann, Karl 123
Adenauer, Konrad 37, 180, 213, 215 f., 229, 255, 271
Ahlers, Conrad 255 ff.
Amendola, Giorgio 288
Anlauf 43
Appel, Reinhard 254
Aufhäuser, Siegfried 70

Backhaus, Wilhelm 262
Bahr, Egon 226, 229, 239, 255 f., 270 f., 282, 284, 286, 291
Barinow 209
Barth, Karl 113
Bauer, Aenne Sophie 67
Bauer, André 192 f., 200, 217 f., 259 ff.
Bauer, David Josef 20 f.
Bauer, Heinz Dieter 242
Bauer, Gertrud 184, 218
Bauer, Gitta 23, 168, 174, 181, 189, 192 ff., 197, 217 f., 260
Bauer, Marlies (s. Wieczorek, Marlies)
Baumann (d. i. Leo Bauer)
Bebel, August 304, 306
Becher, Johannes R. 42
Beck, Ilse 29, 219, 227, 233, 256, 259
Behrisch, Arno 35
Beling, Walter 57, 197
Berger (d. i. Leo Bauer)
Bergmann, Karl Hans 102, 113, 116, 121 f., 188
Bergmann, Ludwig (d. i. Leo Bauer)
Bergsträsser, Ludwig 132, 152, 158, 224
Berlinguer, Enrico 279 f., 285 ff., 313

Bernhard, Georg 67 f.
Bertz, Paul 57, 84, 89, 95 ff., 188
Bismarck, Otto von 37, 116
Blum, Léon 62, 78
Brandt, Peter 261 f.
Brandt, Willy 9, 52, 60, 238 f., 253 ff., 261 f., 270 f., 273, 280, 283 f., 286, 288 f., 291 ff., 296, 301—313
Braun, Max 59
Brentano, Heinrich von 158, 224
Breschnew, Leonid Iljitsch 281, 283
Brüning, Heinrich 39
Bucharin, Nikolai 3, 75
Buchmann, Albert 145

Carlebach, Emil 126, 128, 133
Casdorff, Claus Henrich 294
Chruschtschow, Nikita Sergejewitsch 267, 269, 274
Claudius, Eduard 124
Clay, Lucius D. 153
Clemens, Bernhard 167
Cramer, Dettmar 254

Dahlem, Franz 57, 65, 79, 145, 159
Daladier, Edouard 78
Defregger, Matthias 290
Dexter, Robert 130 f.
Dierks, Walter 135
Djilas, Milovan 252
Döblin, Alfred 33
Dollfuß, Engelbert 53
Donovan, William J. 100
Dovifat, Emil 172
Dubcek, Alexander 286
Dubro, Gitta (s. Bauer, Gitta)
Dubro, Hilde 194 f.
Dübendorfer, Rachel 104

353

Düby, Gertrud 41 f.
Dulles, Allen W. 101 ff., 186, 191
Dutschke, Rudi 262

Ebert jr., Friedrich 164
Ehmke, Horst 253 ff., 262, 288
Ehard, Hans 161 f.
Erhard, Ludwig 229, 275
Ehrlich, Hugo 164
Eichelsdörfer, Ernst 124, 126, 128, 168
Eisenhower, Dwight D. 137
Eisler, Gerhart 57, 198
Eliezer 17
Ende, Lex 57, 187, 197 f.
Engels, Friedrich 151
Eppler, Erhard 307

Fabian, Walter 40
Feuchtwanger, Franz 44
Feuchtwanger, Lion 33
Fick, Heidrun (s. Schliebusch, Heidrun)
Field, Hermann 77, 89, 95, 187, 192
Field, Hertha 186 f., 199, 213, 215 f.
Field, Noel H. 8, 89, 95 ff., 101, 180, 185 ff., 191, 197 ff., 213 ff.
Fisch, Walter 118, 123 f., 126, 128, 132 ff., 136, 144, 148, 160, 167
Fischer, Kurt 163
Florin, Wilhelm 57
Foote, Alexander 104
Franco y Bahamonde, Francisco 97
Franke, Egon 279, 282
Franzel, Emil 292
Frei, Bruno 57
Freudenberg, Brigitte (s. Gollwitzer, Brigitte)
Frey, Gerhard 293
Friedrichs, Rudolf 162 f.
Füllerer, Katrin (s. Kiehne, Katrin)
Fuhrmann, Bruno 197
Funk, Kurt (d. i. Wehner, Herbert)

Galluzzi, Carlo 246, 277 ff., 285 ff., 290
Gansel, Norbert 264, 266
Geffke, Hertha 187, 193
Geiler, Karl 131 f., 138, 142 f., 147
Gessner, Herbert 173
Giordano, Ralph 194
Glaser, Erica (s. Wallach, Erica)
Gligorow, Kiro 252

Gniffke, Erich W. 159
Goldhammer, Bruno 118, 124, 197 f.
Goldhammer, Esther 194
Gollwitzer, Brigitte 115, 121, 124, 156
Gomulka, Wladislaw 274, 281
Gräf, Hugo 67
Gramsci, Antonio 268
Grass, Günter 239, 254 f., 261, 295
Grebing, Helga 243 f.
Gromyko, Andrei 287
Gross, Babette 61
Grossmann, Kurt 67, 69, 72 ff.
Grotewohl, Otto 159
Gründler, Gerhard E. 230, 238, 246
Grzesinski, Albert 67 f.
Guisan, Henri 87

Hàcha, Emil 76
Härtling, Peter 299
Haffner, Sebastian 237
Harnack, Arvid von 104
Hartmann, Josef 167
Hauptmann, Gerhard 34
Heine, Fritz 157
Heinemann, Gustav 255, 304
Heldt, Joachim 233 f.
Hermlin, Stephan 34, 123
Hertz, Paul 67
Herzfelde, Wieland 75
Heydrich, Reinhard 90
Hilferding, Rudolf 80, 241
Hillenbrand, Martin J. 297
Hiller, Kurt 72, 74
Hilpert, Werner 135
Hindenburg, Paul von 47, 141, 255
Hitler, Adolf 47 f., 62, 78, 86, 99, 101, 109 f., 112, 117, 126, 141, 183, 210, 301
Hoecker, Wilhelm 162 f.
Hörig, Rudolf 49
Höxter, Siegfried 157
Hoff, Hein ten 178
Hoffmann-Szönyi, Tibor 186
Hollstein, Hans 189
Huebener, Erhard 162
Hübener, Karl Ludolf 242
Husák, Gustav 286

Isaak 17

Jacoby, Henry 71

Jaconviello, Alberto 273, 277
Johannes XXIII. 234

Kadar, Janos 281
Kaiser, Jakob 161, 171 f.
Kappler, Herbert 288 ff.
Kardelj, Edvard 245, 252
Katz, Otto 192
Katz, Rudolf (d. i. Leo Bauer)
Keil, Ludwig 132
Kellerhals, Otto 93
Kennan, George F. 245
Kiehne, Katrin 242
Kiesinger, Kurt Georg 282
Kippenberger, Hans 43
Kirschbaum, Charlotte von 113
Kisch, Egon Erwin 42
Knothe, Wilhelm 130, 138 f., 146, 151, 155, 157
Kochmann, Walter 37
Köhler, Erich 152
Koestler, Arthur 63, 71, 83
Kohlbrecher, Wilson 178
Koplenig, Johann 57
Kornatzki, Jürgen von 233, 235
Kostoff, Traitschko 197
Kreikemeyer, Willi 96, 98, 197 f., 223 f.
Kreisky, Bruno 246, 296
Kunz, Helmut 210

Ladewig, Louis 22
Lama, Luciano 279
Landauer, Hilde 30
Langhoff, Wolfgang 124, 181, 197
Lassalle, Ferdinand 234
Layton, Walter 69
Lemmer, Ernst 161
Lenin, Wladimir Iljitsch 75, 210, 268
Lenk 43
Leuschner, Wilhelm 150
Lewis, Flora 95, 97 f.
Lewis, Sinclair 102
Liebknecht, Karl 75
Löwenthal, Richard 220, 307
Lohmar, Ulrich 243
Longo, Luigi 83, 235, 273 f., 279 ff., 283 f., 290
Ludz, Peter Christian 253
Lumumba, Patrice 233
Luxemburg, Rosa 75, 300

Lyon, Aenne Sophie (s. Bauer, Aenne Sophie)

Maerker, Rudolf 177
Mahle, Hans 173, 178 f.
Mann, Heinrich 33, 42, 59, 62
Mann, Thomas 42, 79, 181
Marcuse, Herbert 100, 264
Markscheffel, Günter 273
Marx, Karl 33, 151, 233 f.
Matern, Hermann 178, 190
Mayer, Hans 93, 134
Mendes-France, Pierre 247
Merker, Paul 55, 57 f., 89, 95 ff., 188, 197 f.
Mielke, Erich 178, 195 ff.
Mihaly, Jo 89, 122 ff., 156
Mode, Heinz 124
Molotow, Wjatscheslaw M. 177
Morgenthau jr., Henry 118
Mühsam, Erich 33
Müller, Hermann 38
Müller, Kurt 183, 189, 196 f., 202
Müller, Oskar 128, 132 f., 139
Münzenberg, Willi 51, 55 f., 60 ff., 68
Mussolini, Benito 62

Nannen, Henri 227, 229 f., 237
Nau, Alfred 242
Naumann, Kurt 77
Neumann, Franz 170
Neumann, Franz L. 100
Neumann, Sigmund 35
Nexö, Martin Andersen 33
Nollau, Günther 232
Norden, Albert 57
Novotny, Antonin 281

Olden, Rudolf 75
Ollenhauer, Erich 219
Ott, Anton 291

Pajetta, Giuliano 290
Palme, Olof 276
Paul, Rudolf 162
Paulus, Friedrich 115, 121
Perret, Paul Eric (d. i. Leo Bauer)
Pfemfert, Franz 70
Pieck, Wilhelm 48, 53, 57, 159, 169, 191
Pilet-Golaz, Marcel 85 ff.

355

Pollatschek, Walter 124
Pragal, Peter 294
Prinz, Willi 197
Pünter, Otto 104
Puttkamer, Jesco von 239

Rado, Sandor 104 f.
Rädel, Siegfried 68, 187
Rajk, Laszlo 186 ff., 191, 197
Rapacki, Adam 274
Rapp, Heinz 307
Rauschning, Hermann 86
Reed, John 42
Regler, Gustav 63
Reimann, Max 77, 145 f., 164, 177, 189, 196
Richter, Willi 158
Roessler, Rudolf 104
Rohlinger, Rudolf 294 f.
Rolland, Romain 31, 42
Rompe, Robert 189, 192
Roosevelt, Franklin D. 100
Roth, Wolfgang 266
Roqués, Pierre 65
Rück, Fritz 41
Rühle, Jürgen 232
Rühle, Otto 70
Rumbaur, Waldemar 294

Scheel, Walter 9, 296
Scheer, Maximilian 52
Schlamm, William S. 237, 293
Schliebusch, Heidrun 242
Schlotterbeck, Friedrich 124
Schmid, Carlo 224
Schmid, Günther 255
Schmidt, Heinz 171, 173
Schmidt, Helmut 256
Schmolka, Marie 75
Schnitzler, Karl-Eduard von 173
Schürz, Alfred 196
Schukow, Grigorij K. 145
Schultz, Walter Detlef 74 ff.
Schulz, Klaus-Peter 266
Schulze-Boysen, Harro 104
Schumacher, Hans 242
Schumacher, Kurt 131, 137 ff., 146, 157, 161 f., 180, 308
Segre, Sergio 277 ff., 285, 288, 290
Servan-Schreiber, Jean-Jacques 245, 247

Severin, Jochen 238 f.
Seydewitz, Max 39, 171
Seydlitz, Walter von 109, 115, 121
Simone, André (d. i. Katz, Otto)
Smetana, Friedrich 77
Sobottka, Gustav 128
Sperber, Manès 55
Sperling, Fritz 124, 145, 164, 189, 197, 201
Stalin, Josef W. 8, 62, 71, 81, 90, 93, 99, 116, 145, 178, 183, 201, 204, 211, 222, 251, 269
Stauffenberg, Claus Graf Schenk von 150
Steffen, Jochen 263
Steinhoff, Karl 162
Steltzer, Werner 239
Stern, Carola 228, 230 f.
Stevens, Stewart 191
Stock, Christian 154 f.
Stoph, Willy 284
Strauß, Franz Josef 237, 255
Studer, Heinrich 167
Sweezy, Paul 100
Szalai, Andras 186

Taub, Lucie 70
Taub, Valter 70
Teubner, Hans 97, 113, 118, 123, 197
Thälmann, Ernst 48, 233
Thyssen, Fritz 80
Tichauer 68
Tito, Josep B. 183, 185 f., 251
Togliatti, Palmiro 268 ff., 273
Toller, Ernst 33, 42
Treitschke, Heinrich von 7
Trotzki, Leo 70
Truman, Harry S. 160
Tucholski, Kurt 33

Ulbricht, Walter 53, 57 f., 60 f., 80, 128, 158, 162 ff., 169, 177 f., 183, 189, 197 f., 201, 213 f., 230 ff., 254, 270, 280 f., 286, 292

Venedey, Hans 138 ff., 146
Voigt, Karsten D. 263, 266

Wahrhaftig, Samuel L. 189
Wallach, Erica 89, 96 ff., 100, 102,

105 ff., 122, 134, 160, 180, 183, 185, 189 ff., 194 f., 197, 199, 202 ff., 214 f., 217
Wallach, Robert 189
Wassermann, Jacob 42
Wehner, Herbert 46, 57, 60, 63, 67, 183, 219, 222 ff., 245, 252, 256 f., 273, 282, 284, 286, 288, 291, 295, 297, 302
Weinert, Erich 33
Weiss, Peter 61, 71
Weiterer, Maria 187 f., 198
Wels, Otto 35
Werner, Gerhard 195
Wesemann, Fried 279

Wessel, Helene 304
Wetter, Gustav A. 245
Wieczorek, Marlies 14, 218
Wildgrube, Wilhelm 123 f., 126
Wischnewski, Hans-Jürgen 237, 253, 256
Wollenberg, Erich 42
Wollenberg, Otto 72 ff.

Zaisser, Wilhelm 195
Zienau, Oswald 114
Zoller, E. (d. i. Leo Bauer)
Zundel, Rolf 254
Zwerenz, Gerhard 230

Über die Autoren

Peter Brandt, geboren 1948, Dr. phil. (Geschichte und Politikwissenschaft), Hochschulassistent am Institut für Geschichtswissenschaft der Technischen Universität Berlin, zahlreiche Buch- und Zeitschriftenveröffentlichungen, vor allem zur Geschichte der Arbeiterbewegung, zur Geschichte Preußens und zur »deutschen Frage«.

Jörg Schumacher, geboren 1950, M. A. (Geschichte und Germanistik/Medienwissenschaft), Lehrbeauftragter und Journalist, Freier Mitarbeiter beim SFB-Fernsehen.

Götz Schwarzrock, geboren 1945, Erstes und Zweites Staatsexamen (Politikwissenschaft und Geschichte), Lehrbeauftragter und Verlagsredakteur, Mitarbeit an Schulbüchern für Geschichte.

Klaus Sühl, geboren 1951, Dipl.-Pol., wissenschaftlicher Mitarbeiter am Zentralinstitut für Sozialwissenschaftliche Forschung der Freien Universität Berlin, Veröffentlichungen zur Nachkriegsgeschichte.

CIP-Kurztitelaufnahme der Deutschen Bibliothek

Karrieren eines Außenseiters: Leo Bauer zwischen Kommunismus und
Sozialdemokratie 1912—72 /
Peter Brandt . . . — Berlin; Bonn: Dietz, 1983. —

(Internationale Bibliothek; Bd. 126)
ISBN 3-8012-1126-6

NE: Brandt, Peter [Mitverf.]; GT